Nelles Verlag

Foto: Volkmar E. Janicke

Namibia

Botswana

Autor:
Heinrich Dannenberg

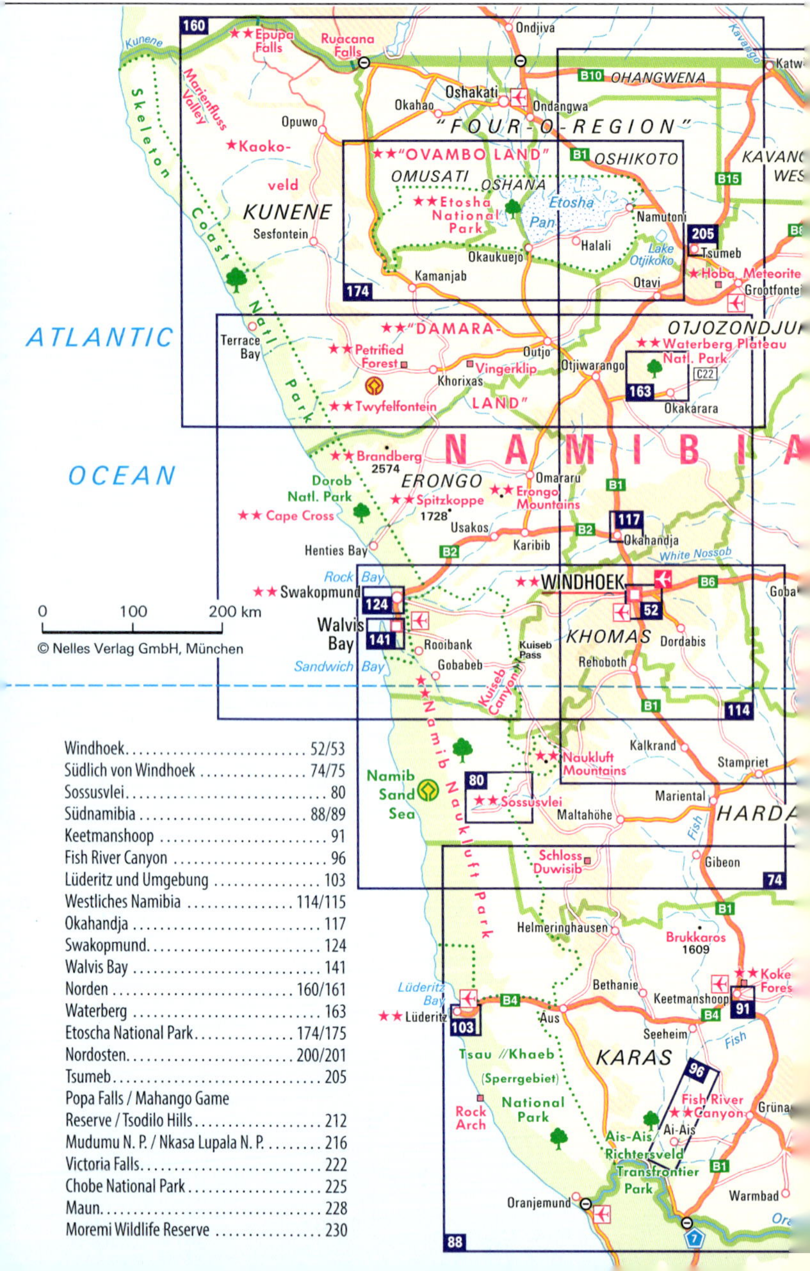
Kunene
Skeleton Coast Natl. Park
Epupa Falls
Ruacana Falls
Ondjiva
Marienfluss Valley
Opuwo
Okahao
Oshakati
Ondangwa
OHANGWENA
Kavango
Katwi
"FOUR-O-REGION"
Kaoko-veld
KUNENE
Sesfontein
"OVAMBO LAND"
OMUSATI
OSHANA
OSHIKOTO
KAVANG
WES
Etosha National Park
Etosha Pan
Namutoni
Halali
Okaukuejo
Lake Otjikoto
Tsumeb
Kamanjab
Otavi
Hoba Meteorite
Grootfontei
ATLANTIC
OCEAN
Terrace Bay
"DAMARA-LAND"
Petrified Forest
Vingerklip
Khorixas
Twyfelfontein
Outjo
Otjiwarongo
OTJOZONDJU
Waterberg Plateau Natl. Park
Okakarara
NAMIBIA
Brandberg
2574
ERONGO
Omararu
Erongo Mountains
Dorob Natl. Park
Spitzkoppe
1728
Cape Cross
Usakos
Karibib
Okahandja
Henties Bay
White Nossob
Rock Bay
Swakopmund
WINDHOEK
Goba
Walvis Bay
Rooibank
Kuiseb Pass
KHOMAS
Dordabis
Sandwich Bay
Gobabeb
Rehoboth
Kuiseb Canyon
Namib Naukluft Park
Kalkrand
Naukluft Mountains
Stampriet
Namib Sand Sea
Sossusvlei
Mariental
Maltahöhe
HARDA
Fish
Schloss Duwisib
Gibeon
Helmeringhausen
Brukkaros
1609
Koke Fores
Lüderitz Bay
Bethanie
Keetmanshoop
Lüderitz
Aus
Seeheim
Fish
Tsau //Khaeb (Sperrgebiet) National Park
KARAS
Rock Arch
Fish River Canyon
Grüna
Ai-Ais
Ais-Ais Richtersveld Transfrontier Park
Warmbad
Oranjemund
Ora
0 100 200 km
© Nelles Verlag GmbH, München
160
174
205
163
117
124
141
52
114
80
74
91
103
96
88
B10
B1
B15
B2
B6
B4
C22
7

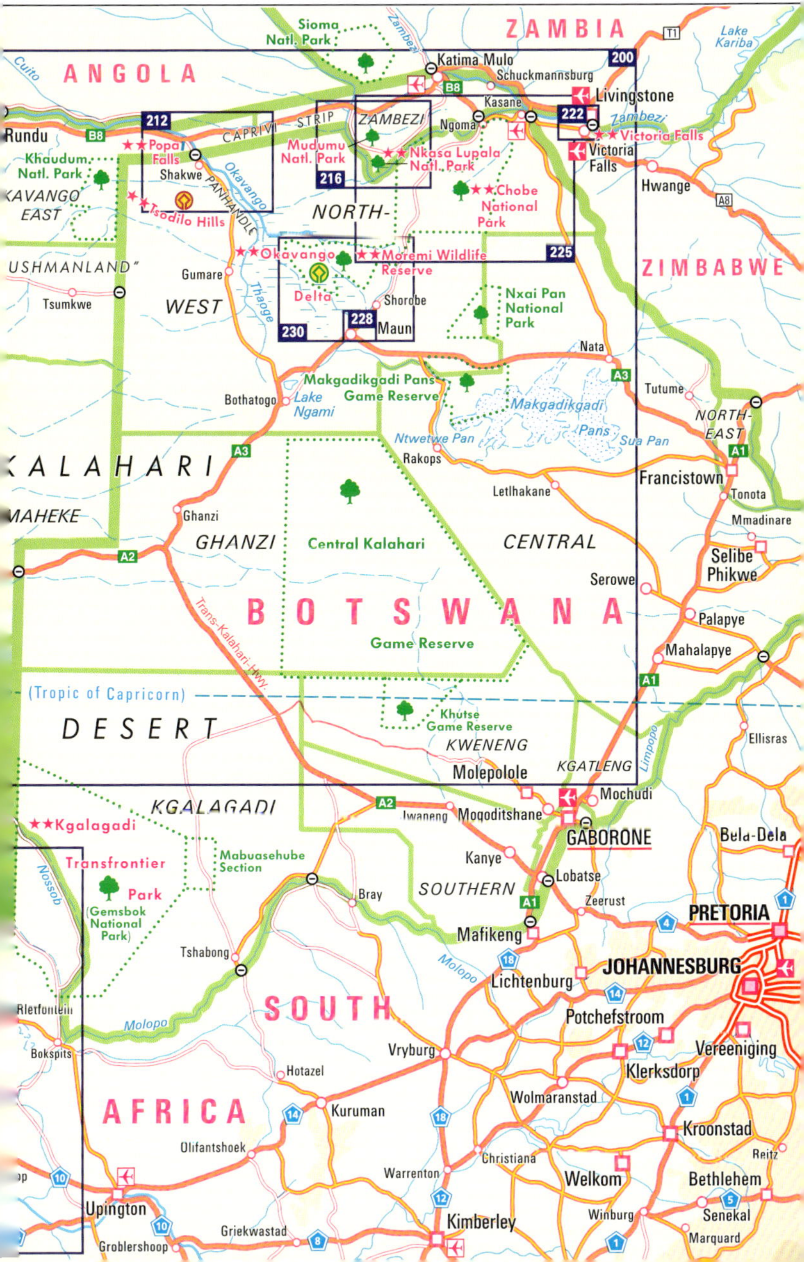
ZAMBIA
ANGOLA
ZIMBABWE
BOTSWANA
SOUTH
AFRICA
KALAHARI
DESERT
Sioma
Natl. Park
Zambezi
Katima Mulo
Schuckmannsburg
B8
Kasane
Livingstone
Lake
Kariba
T1
200
Cuito
Rundu
212
CAPRIVI STRIP
ZAMBEZI
Ngoma
222
Zambezi
★★Victoria Falls
Victoria
Falls
★★Popa
Falls
Mudumu
Natl. Park
★★Nkasa Lupala
Natl. Park
Khaudum
Natl. Park
Shakwe
Okavango
PANHANDLE
216
★★Chobe
National
Park
Hwange
A8
KAVANGO
EAST
★★Tsodilo Hills
NORTH-
★★Okavango
★★Moremi Wildlife
Reserve
225
"BUSHMANLAND"
Gumare
Delta
Thaoge
Shorobe
Nxai Pan
National
Park
Tsumkwe
WEST
228
230
Maun
Nata
A3
Makgadikgadi Pans
Game Reserve
Bothatogo
Lake
Ngami
Makgadikgadi
Pans
Tutume
NORTH-
EAST
Sua Pan
Ntwetwe Pan
Rakops
A1
Francistown
Tonota
Letlhakane
MAHEKE
Ghanzi
Mmadinare
GHANZI
Central Kalahari
CENTRAL
Selibe
Phikwe
A2
Serowe
Trans-Kalahari-Hwy.
Game Reserve
Palapye
Mahalapye
(Tropic of Capricorn)
Khutse
Game Reserve
Limpopo
Ellisras
KWENENG
Molepolole
KGATLENG
Mochudi
KGALAGADI
Jwaneng
Mogoditshane
★★Kgalagadi
Transfrontier
Park
(Gemsbok
National
Park)
Mabuasehube
Section
GABORONE
Bela-Bela
Nossob
Kanye
Lobatse
SOUTHERN
Bray
Zeerust
PRETORIA
Mafikeng
4
1
Molopo
18
Tshabong
JOHANNESBURG
Lichtenburg
14
Rietfontein
Potchefstroom
Molopo
12
Vereeniging
Bokspits
Vryburg
Klerksdorp
Hotazel
Wolmaranstad
Kuruman
18
Kroonstad
Olifantshoek
Christiana
Reitz
Warrenton
Welkom
Bethlehem
Upington
Winburg
Senekal
Kimberley
Griekwastad
Groblershoop
Marquard
8
10
5

Liebe Leserin, lieber Leser,

AKTUALITÄT wird in der Nelles-Reihe groß geschrieben. Unsere Korrespondenten dokumentieren laufend die Veränderungen der weltweiten Reiseszene, und unsere Kartografen berichtigen ständig die auf den Text abgestimmten Karten.
Wir freuen uns über jeden Korrekturhinweis! Unsere Adresse: Nelles Verlag, Machtlfinger Str. 26 Rgb., D-81379 München, Tel. +49 (0)89 3571940, Fax +49 (0)89 35719430, E-Mail: Info@Nelles.com, Internet: www.Nelles.com
Haftungsbeschränkung: Trotz sorgfältiger Bearbeitung können fehlerhafte Angaben nicht ausgeschlossen werden, der Verlag lehnt jegliche Produkthaftung ab. Alle Angaben ohne Gewähr. Firmen, Produkte und Objekte sind subjektiv ausgewählt und bewertet.

LEGENDE

Symbol	Bedeutung	Symbol	Bedeutung	Symbol	Bedeutung
	Top-Attraktion	Rundu *(Ort)* *The White Lady* *(Sehenswürdigkeitt)*	in Karte gelb Unterlegtes wird im Text erwähnt		Staatsgrenze
★★	*(in Karte)*				Provinzgrenze
★★	*(in Text)*		internationaler Flughafen / nationaler Flughafen		Schnellstraße
	sehr sehenswert		Landepiste		Fernverkehrsstraße
★	*(in Karte)*		UNESCO Welterbe		Hauptstraße (asphaltiert)
★	*(in Text)*		Nationalpark, Naturschutzgebiet, Wildtierreservat		Hauptstraße (überwiegend Schotter)
8	Orientierungsnummer in Text und Karte				Nebenstraße (ungeteert)
8	Orientierungsnummer in Text und Stadtplan		Strand / Schiffswrack		Son. Piste, Fahrweg, Pfad
8	Orientierungsnummer in Text und Detailplan	Gamsberg 2347	Berggipfel (Höhe in Meter)		Gesperrte Straße
	Öffentliches bzw. bedeutendes Gebäude				Eisenbahn
	Hotel / Restaurant	Gaub Pass	Pass		Fußgängerzone
	Hospital /Postamt		Sehenswürdigkeit / Fort	B1 C26	Straßennummerierung
	Einkaufszentrum / Markt		Quelle / Wasserstelle	18	Entfernung in Kilometer
	Kirche / Friedhof		Höhle / Aussichtspunkt		Parkplatz / Golfplatz
	Touristeninformation / Polizei		Lodge, Camp / Campsite		

IMPRESSUM

NAMIBIA – Botswana

Druck: Bayerlein, Germany
Einband durch DBGM geschützt

 - F1519 -

1 FEATURES

2 LAND UND LEUTE

3 WINDHOEK

4 SÜDEN

5 WESTEN

6 NORDEN

7 NORDOSTEN

8 REISE-INFORMATIONEN

Friedrich H. Köthe

Die Wolwedans Dune Lodge im NamibRand Nature Reserve

Eine Gruppe von San („Buschleuten“) in der Kalahari

Günther Lahr

HÖHEPUNKTE NAMIBIAS

★**Gathemannhaus, Windhoek** (S. 57): Das aus drei Häusern bestehende nostalgische Ensemble ist eine der wenigen Erinnerungen an die Kolonialzeit an der Independence Ave.

★★**Christuskirche, Windhoek** (S. 62): Eine neugotische Backsteinkirche in Afrika – ein Hauch wilhelminischer Strenge in Windhoeks postmoderner Silhouette.

★★**Alte Feste, Windhoek** (S. 63): Wo Windhoeks Karriere als Hauptstadt der Kolonie begann, erinnert ein Museum an die ältere und jüngere Geschichte Namibias.

★★**Sossusvlei** (S. 81): Geschwungene Sandberge bis zum Horizont – sie gehören zu den höchsten Sterndünen der Welt (375 m).

★★**Naukluft-Gebirge** (S. 84): Gebirgsoase im Wüstenland – die Klüfte und Bäche nähren üppige Flora, Antilopen, Zebras, Leoparden und eine reiche Vogelwelt.

★★**Köcherbaumwald** (S. 87): Aloen als Scherenschnitte vor dem Sonnenuntergang – dieses Bild von den eleganten Köcherbäumen zählt zu den charakteristischen Motiven Namibias.

★★**Fish River Canyon** (S. 96): Eine der größten Schluchten der Welt, tief in Namibias Süden.

★**Felsenkirche, Lüderitz** (S. 104): Kolonialarchitektur an unwirtlichem Ort erinnert an „Deutsch-Südwest".

★★**Goerkehaus, Lüderitz** (S. 105): Jugendstil in Afrika – Glasfenster mit Flamingos, Erker, edles Mobiliar.

★★**Kolmanskop, Lüderitz** (S. 106): Geisterstadt der Diamantenschürfer. Die Wüste dringt durch Fenster und Türen, doch die Kegelbahn mutet noch fast wie neu an.

★★**Erongo-Gebirge / White Elephant** (S. 120): Bizarre Erosionsskulpturen, geheimnisvolle Felsbilder und wunderschöne Gebirgslandschaft.

★★**Bahnhof, Swakopmund** (S. 127): Luxus im wilhelminischen Bahnhof: Wo früher Dampflokomotiven schnauften, logieren und speisen heute Geschäftsleute und Touristen.

★**Altes Amtsgericht, Swakopmund** (S. 129): Ein Juwel deutscher Kolonialarchitektur unter afrikanischer Sonne.

★★**Museum, Swakopmund** (S. 129): Eine Apotheke von 1900, Ochsenkarren, Himba-Schmuck und Mineralien sind unter den vielen Exponaten.

★★**Cape Cross** (S. 144): Zehntausende Robben auf schwarz glänzendem Fels und in der Gischt des Atlantiks – es brüllt, jault, bellt und stinkt. Nicht weit entfernt steht das 1486 errichtete Steinkreuz des portugiesischen Seefahrers Diogo Cão.

★★**Versteinerter Wald** (S. 147): Zwischen den versteinerten Stämmen wurzelt der Pflanzen-Methusalem Welwitschia Mirabilis.

★★**Twyfelfontein** (S. 148): Eine Bildgalerie auf Fels: Antilopen und Giraffen, Löwen und Rhinos, Punktmuster und Linien stehen als Weltkulturerbe unter UNESCO-Schutz.

★★**Brandberg** (S. 151): Noch mehr Felsbildkunst, darunter die legendäre „Weiße Dame", eine geheimnisvolle Gestalt mit weißem Oberkörper, bewaffnet zur Jagd.

★★**Waterberg** (S. 163): Auf dem Bergplateau leben seltene Rappenantilopen, Nashörner und Büffel; ein Friedhof erinnert an die Schlacht, in deren Folge die Herero in die Wüste flohen.

★★**Etoscha-Nationalpark** (S. 171): Zebras, Gnus, Kudus und Oryx, Strauße und Giraffen, dazu Elefanten, Geparde, Leoparden und Löwen – ein Königreich der Tiere.

★**Kaokoveld** (S. 186): Die Heimat der Himba-Nomaden ist ein wilder Landstrich mit grandiosen Landschaften und einzigartiger Tierwelt.

★★**Epupa Falls** (S. 191): Die mächtigen Wasserfälle des Kunene bilden

Rechts: Geparden sind die schnellsten Jäger im Etoscha-Nationalpark.

Foto: Fritz Pölking (Tierbildarchiv Angermayer)

eine feuchte Oase in arider Landschaft; Palmen und Mopane säumen die Ufer des krokodilreichen Flusses.

★**Hoba-Meteorit** (S. 207): Begegnung mit einem Außerirdischen: Der 3 m lange Eisenblock landete vor 80 000 Jahren in Namibia.

★★**Popa Falls** (S. 212): Die Kaskaden des Okavango sind von üppiger Vegetation eingerahmt – ideal für die Vogelbeobachtung und für die erste Begegnung mit Flusspferden.

★★**Nkasa-Lupala-Nationalpark** (vormals **Mamili** genannt; S. 216): Das Okavango-Delta im Kleinen: Flussarme, Kanäle, Wasserrosen, Krokodile, große Elefantenherden, die scheuen Sitatungas – ein Wasser-Paradies im Caprivi-Zipfel.

SÜDAFRIKA / BOTSWANA

★★**Kgalagadi Transfrontier Park** (S. 92): Löwen und Oryx-Antilopen in der Kalahari: Ein Abstecher nach Südafrika in den für seinen Wildreichtum bekannten Wüstenpark bietet sich an.

BOTSWANA

★★**Tsodilo Hills** (S. 213): Felsbilder und Malereien mitten in der Kalahari: Die Inselberge der Tsodilo Hills sind ein uralter Ort der Magie und zählen zum UNESCO-Weltkulturerbe.

★★**Chobe-Nationalpark** (S. 223): Im Nationalpark am Chobe-Fluss bekommt man vor allem Elefanten in großen Herden ganz nah vor die Kamera.

★★**Moremi Wildlife Reserve** (S. 229), **Chief's Island** (S. 231), **Okavango-Delta** (S. 227): Afrikanische Wildnis mit Löwen, Elefanten, Warzenschweinen und Hyänen – und mit dem Mokoro durch die Wasserlandschaft des Deltas, auf Augenhöhe mit Flusspferden, Krokodilen und einer vielfältigen Vogelwelt.

SIMBABWE / SAMBIA

★★**Viktoriafälle** (S. 219): Auf 1700 Metern Breite stürzt der Sambesi unter enormer Gischtentwicklung in eine 110 Meter tiefe, enge Schlucht.

13 Mio. Jahre v. Chr. In der Nähe von Otavi gefundene Kieferknochen sind die ältesten Hominiden-(Großaffen-) Spuren in Namibia.

26 000 v. Chr. Steinplättchen mit aufgemalten Giraffen gelten als älteste kulturelle Zeugnisse der Ureinwohner, die wahrscheinlich Vorfahren der „Buschmänner", der San, waren.

Bis zur Zeitenwende Nomadisierende Jäger und Sammler, wahrscheinlich San und Damara, hinterlassen Felsbilder, Schmuck aus Straußeneiern und Knochen. Um die Zeitenwende wahrscheinlich Zuwanderung der Khoi, der Vorfahren der Nama.

Bis zum 13. Jh. Die Jäger und Sammler werden von den nomadisierenden Viehzüchtern der Khoi verdrängt. Sie hinterlassen an vielen Stellen am Brandberg, in der Namib-Wüste und im Tal des Ugab Steinkreise.

1200 Die Viehzüchter legen Wege an; das Wegnetz in der Hungorobschlucht am Brandberg stammt wahrscheinlich aus dem 13. Jh.

1486 Der Portugiese Diogo Cão landet bei Cape Cross und errichtet ein Steinkreuz.

1488 Bartolomeu Diaz erreicht Angra Pequeña, heute Lüderitzbucht.

15/16. Jh. Bantusprachige Völker aus dem Norden überschreiten den Kunene. Zu ihnen gehören Ovambo und Herero. Die Ovambo siedeln nördlich der Etoscha-Pfanne.

1589 Der Brite A. Battels lebt 16 Monate im Ovamboland.

1677 Nama greifen ein an der Kuisebmündung ankerndes Schiff an.

17./18. Jh. Sowohl für die Ovambo wie für die Nama sind Könige bzw. Ratsführer überliefert.

1760 Jacobus Coetzee überquert den Oranje und lebt unter Nama in der Region Warmbad. Seine Berichte über den Wildreichtum Südnamibias und die großen Rinderherden der Nama locken Jäger nach Namibia.

1785 Herero ziehen vom Kaokoveld bis Okahandja.

1793 Die Holländer erklären Walvisbucht und Angra Pequeña zu ihrem Territorium.

1798 Orlam-Nama wandern aus Südafrika in Namibias Süden ein.

1806-1814 Gründung der ersten Missionsstationen (Warmbad, Bethanie).

1836 James Edward Alexander bereist Namibia, besucht Okahandja, das spätere Windhoek und Walvisbucht.

1838 Jonker Afrikaner siedelt mit seinen Orlam-Nama in Ai-Gams (Windhoek).

1843 David Livingstone hält sich in der Region des späteren Caprivi-Zipfels auf. Im gleichen Jahr heiratet Carl Hugo Hahn die Engländerin Emma Hone. Sie gilt als Erfinderin der viktorianischen Tracht der Herero-Frauen.

Um 1850 Die Feindseligkeiten zwischen Orlam-Nama und Herero eskalieren; der englische Forscher Francis Galton vermittelt einen Friedensschluss. Zusammen mit dem Schweden Charles John Andersson erreicht Galton 1851 als erster Europäer die Etoscha-Pfanne.

Foto: Fabian von Poser (mauritius images / imageBROKER)

Die Woermann-Linie war ab 1891 das logistische Rückgrat der deutschen Kolonie Südwestafrika.

1876 England erklärt das Siedlungsgebiet der Nama und Herero zum Schutzgebiet, Walvis Bay folgt kurz darauf.

12.5.1883 Heinrich Vogelsang, Abgesandter von Adolf Lüderitz, erwirbt von den Nama das Land um die Lüderitzbucht.

1884 Reichskanzler Otto von Bismarck erklärt „Lüderitzland" zum „Deutschen Schutzgebiet".

1890 Deutschland einigt sich mit England über den Grenzverlauf zwischen deutschem und englischen Einflussgebiet und tauscht Wituland (im heutigen

Kenia) gegen den Caprivi-Zipfel und Helgoland.
1892 In zweijähriger Bauzeit lässt Curt von François eine „Feste" zwischen den Territorien der Nama und Herero errichten und gründet Windhoek. Im gleichen Jahr wird eine Bucht an der Mündung des Swakop zum Hafen der Kolonie bestimmt und Swakopmund gegründet.
1902 Fertigstellung der Schmalspur-Eisenbahnlinie Swakopmund – Windhoek.
1904 Herero-Aufstand: 123 weiße Siedler und Missionare werden getötet. Am 12. August flüchten die am Waterberg versammelten Herero in die an Wasserstellen arme Omaheke-Halbwüste, wo Tausende verdursten. Die genaue Zahl der Opfer und die Bezeichnung als Völkermord ist umstritten.

Foto: Camerapix

1990 wird Namibia unabhängig und der SWAPO-Führer Sam Nujoma erster Staatspräsident.

1904 Im Oktober erklären die Witbooi-Nama den Aufstand; Gefechte im Süden.
1907 Der Aufstand der Nama verliert nach dem Tod des Anführers H. Witbooi 1905 an Kraft; das Deutsche Reich erklärt den Kolonialkrieg für beendet.
1908 Ein Arbeiter des Bahnmeisters August Stauch entdeckt Diamanten in der Namib-Wüste; Kolmanskop (heute eine Geisterstadt bei Lüderitz, s. S. 106) wird Boomtown.
1909 Beginn der Karakul-Schafzucht.
1915 Nach Ausbruch des 1. Weltkriegs 1914 besetzen südafrikanische Truppen Deutsch-Südwestafrika; Kapitulation.
1919 Vertrag von Versailles: Südwestafrika wird südafrikan. Mandatsgebiet. Ausweisung deutscher Farmer, Ansiedlung von Buren.
1939 2. Weltkrieg, Internierung Deutschstämmiger in Lagern in Südafrika.
1951 Die südafrikanischen Apartheidsgesetze verschlimmern die soziale Lage der Farbigen und Schwarzen auch in Südwestafrika.
1958 Toivo ya Toivo gründet die OPO (Ovamboland People's Organization), später SWAPO (South West Africa People's Org.).
1959 Erste Anti-Apartheid-Proteste.
1964 Der Odendaal-Plan sieht Homelands für die nicht-weiße Bevölkerung vor.
1966 Erste Kampfhandlungen zwischen südafrikanischen Truppen und der SWAPO.
1973 Die UNO erkennt die SWAPO als offiziellen Vertreter Südwest-Afrikas an.
1975 Gründung der „Turnhallen-Allianz" (DTA) durch politisch gemäßigte Gruppen, die den bewaffneten Kampf ablehnen.
1978 Die von der UNO vorbereiteten Wahlen werden von der SWAPO boykottiert. Bildung einer namibischen Regierung durch die DTA. Die Apartheidsgesetze werden aufgehoben.
1988 Südafrika, Angola und Kuba einigen sich auf die Unabhängigkeit Namibias und den Abzug der kubanischen Truppen aus Angola.
1989 Die SWAPO gewinnt bei den ersten freien Wahlen die absolute Mehrheit.
21.3.1990 Namibia wird unabhängig, SWAPO-Führer Sam Nujoma Staatspräsident.
1994 Die SWAPO gewinnt die 2/3 Mehrheit.
1999 Aufstand des Unabhängigkeit fordernden Caprivi Liberation Movement wird niedergeschlagen.
2005 Erste Enteignung mit Entschädigung einer „weißen" Farm.
2011 Die Ev. Kirche Deutschlands bedauert, sich nicht gegen die Kolonialmacht beim Völkermord an Herero und Nama 1904-8 gestellt zu haben. Deren Nachkommen fordern 30 Mrd. Euro Entschädigung.
2015 Hage Geingob (SWAPO) wird neuer Präsident.
2018 Der Tourismus floriert. Auch die Zahl der Elefanten hat sich erholt.
2019 Deutsche Straßennamen sollen verschwinden

AUTOFAHREN UND SICHERHEIT

Nahezu alle Besucher Namibias sind mit einem Kraftfahrzeug unterwegs, sei es organisiert oder individuell im Mietfahrzeug. Nur wenige leisten sich ein kleines Charterflugzeug für die ganze Tour. Entsprechend viele Firmen bieten in Namibia Mietwagen an, vom einfachen Pkw über Campmobile bis zu geländegängigen Fahrzeugen.

Das dünn besiedelte Land mit seinen großen Entfernungen und den endlos weiten Landschaften verlockt zur Planung ausgedehnter Tagesstrecken. Dies ist aus zwei Gründen ein Fehler: Immer wenn man unterwegs übernachtet, sei es in einer Lodge oder einer Gästefarm, gibt es sowohl morgens als auch am späteren Nachmittag das Angebot, eine Farmrundfahrt, eine Tierbeobachtungsfahrt, den Besuch von Felsmalereien etc. zu unternehmen. Das heißt, man kommt relativ spät weg, sollte aber seine neue Unterkunft beizeiten erreichen (etwa um 16 Uhr), um an den Aktivitäten teilnehmen zu können.

Der zweite Grund: Auf 1000 Besucher aus Deutschland kommen ein Todesfall und etwa fünf Schwerverletzte, und schuld daran sind Autounfälle – die meisten ohne Fremdbeteiligung.

Unfallursachen

Wildunfälle, überhöhte Geschwindigkeit und Schleudern sind die Hauptunfallursachen. Bei zu lang angesetzten Tagesetappen – für 100 km Schotterstraße sollte man zwei Stunden veranschlagen – ist man gezwungen, zu schnell zu fahren und gerät womöglich in die Dunkelheit. Dabei lautet die wichtigste Regel, nur bei Tageslicht zu fahren! In der Dämmerung ziehen die Wildtiere zu den Wasserlöchern und ihren Nachtruhezonen und überqueren dabei auch Straßen. Der mit Busch bewachsene Straßenrand erlaubt dem Fahrer oft keinen Überblick über die angrenzenden Flächen, so dass er ein sich näherndes Tier zu spät sieht. Immer wieder landen Antilopen im panikartigen Sprung in der Frontscheibe von zu schnell passierenden Fahrzeugen. Wenn man größere Tiere wie Warzenschweine überrollt, kann dies das Fahrzeug in die Luft katapultieren.

Wildunfälle sind zwar in der Dämmerung häufiger (zudem kann dann auch die tiefstehende Sonne blenden), kommen aber auch tagsüber vor.

Zudem bergen Namibias Geröll- und Sandpisten – auch hier nur angeschnallt fahren, und beide Hände ans Steuer – besondere Gefahren. Auch wenn die Einheimischen an einem vorbeibrasen, sollte die eigene Geschwindigkeit auf Pisten sicherheitshalber höchstens 80 km/h betragen – die Namibier kennen ihre Pisten und das Verhalten ihres Fahrzeugs darauf besser.

Früher oder später bildet sich auf Pisten eine als „Wellblech“ bekannte Querrippen-Bodenform heraus, die den Reifen nur wenig Bodenkontakt gewährt. Der Bremsweg wird entsprechend länger, gefühlloses oder abruptes Bremsen kann zum Überschlag führen! Zudem entstehen Spurrillen in Längsrichtung; zwischen diesen setzt sich weicheres Material ab, und beim Spurwechsel gerät man dann leicht ins Schleudern: Lenkrad festhalten und keinesfalls hektisch gegensteuern – Überschlaggefahr! Auch erhöhte Schotterbankette an der Seite können das Auto in die Luft katapultieren.

Wenn Staubentwicklung auf Pisten die Sicht vernebelt, das Licht einschalten und nie überholen, da mit Gegenverkehr zu rechnen ist. Nicht nur, aber häufig während der Regenzeit entstehen Kanäle, die Pisten kreuzen und aus der Ferne nicht erkennbar sind. Fährt man zu schnell in so einen Kanal hinein, ist der Wagen zerstört und die Insassen zumindest verletzt.

Das wichtigste ist, die Bodenhaftung

Rechts: Um Wildunfälle zu vermeiden, sollte man nur bei Tag fahren.

Foto: Thomas Stankiewicz

nicht zu verlieren. Voraussetzungen dafür sind korrekter Reifendruck, funktionierende Stoßdämpfer und niedrige Geschwindigkeit. Dies gilt für Pisten wie für Asphaltstraßen, da auch bei letzteren plötzlich große Schlaglöcher auftauchen können. Wegen solcher „Fallgruben", der Wildunfall- und Steinschlaggefahr sowie den (häufigen) Reifenplatzern ist es wichtig, immer beide Hände am Lenkrad zu haben!

Besondere Verkehrsregeln

In Namibia herrscht wie in seinen Nachbarländern (mit Ausnahme von Angola) Linksverkehr, was europäische Mietwagenfahrer auf langen Strecken ohne Gegenverkehr schon mal unterwegs vergessen. Die Maximalgeschwindigkeit außerorts auf befestigen Straßen beträgt 120 km/h, auf nicht-befestigten Straßen jedoch 100 km/h, und in geschlossenen Ortschaften 60 km/h.

Eine Besonderheit ist der All-Way-Stop, eine Kreuzung, an der an jeder Einmündung ein Stoppschild steht: Wer zuerst kommt, darf zuerst fahren; es steht meistens unter dem Stop-Schild ein Zusatzschild „All-Way", oder eine Zahl (4, 3 – je nachdem wie viele Straßen sich treffen).

Vorsicht: Wenn jemand rechts blinkt, will er rechts abbiegen – oder aber überholt werden! Man weiß es nie...

Das Querfeldeinfahren ist aus Naturschutzgründen verboten.

Sicherheit

Gelegentlich kommt es zu Diebstählen und Raubdelikten gegen Touristen, nicht nur in Windhoek und anderen Städten, auch bei Überlandfahrten. Auf Landstraßen sollte man Parkplätze in der Nähe größerer Siedlungen am besten gar nicht anfahren. Innerorts immer mit verriegelten Türen fahren! Bei Stadtbesuchen keine Wertgegenstände mitführen und nichts sichtbar im Wagen lassen, einsame Stadtviertel und nach Einbruch der Dunkelheit unbelebte Straßen meiden. Auch ist es hilfreich, in größeren Gruppen unterwegs zu sein.

NAMIBISCHE KÜCHE

Veldkost und andere Spezialitäten

Der Begriff Veldkost (Afrikaans: *veldkos*) bedeutet Nahrung, die in freier Natur vorkommt – wilde Melonen, Wurzeln, Knollen, Beeren und Früchte, aber auch Insekten und anderes essbares Kleingetier. Viele namibische Volksgruppen ernähren sich traditionell auch von Veldkost. Experten dafür sind die San (Buschleute).

Der europäische Magen wird auf die tierischen Veldkost-Spezialitäten etwas unruhig reagieren; für die Buschleute ist diese eiweißreiche Kost eine Delikatesse, besonders frittierte *Mopane*-Raupen und getrocknete Termiten. Letztere enthalten 40 % Eiweiß und ebensoviel Fett – für die oft wochenlang nur von pflanzlicher Nahrung lebenden Jäger und Sammler überlebenswichtig.

Anders als Termiten gibt es Mopane-Raupen nur wenige Wochen im Jahr; sie werden meist gegrillt verzehrt oder als Vorrat getrocknet. Raupen und gegrillte Warzenschweinhaut sind im Norden Namibias beliebte Spezialitäten und haben sogar ihren Weg auf die Speisekarten exklusiver Restaurants gefunden. Dort findet sich auch immer häufiger *N'abbas* oder *Omatumbula*, der Kalahari-Trüffel. Er wird im April/Mai von den San geerntet.

Wer die Veldkost der Ovambo oder Nama probieren möchte, hat dazu auch in Windhoek und Swakopmund die Gelegenheit, wo es „afrikanische" Lokale gibt und man bei einer organisierten Tour in den Townships typische Garküchen besuchen kann. Dazu trinkt man *Oshikundu* oder *Tombo*, alkoholische Getränke aus Mahango-Hirse, und *Millipap*, Maisbrei.

Eine weitere Delikatesse sind die *Omayova*: Gegrillt oder in einer Sahnesoße sind diese riesigen „Termitenpilze" eine Geheimtipp! Sie werden zum Beispiel im Restaurant Gathemann an der Independence Avenue in Windhoek zur Saison (in der Regenzeit) fachmännisch zubereitet.

Fleisch und Fisch

Der namibische Speiseplan basiert v. a. auf Fleisch, an der Küste auch auf Fisch und Meeresfrüchten. Fleisch liefert das Wild, das Farmer auf ihrem Grund für den Eigenbedarf schießen, also Springbock, Kudu, Oryx, Strauß, seltener Gnu oder Zebra – Rinder hingegen werden gezüchtet und mit Profit verkauft. Kudu-Steaks vom Grill, Gulasch aus Springbockfleisch, Gnu-Rouladen oder Oryx-Braten – es gibt kaum etwas Köstlicheres als dieses nach aromatischen Gräsern und Kräutern schmeckende Fleisch. Getrocknet ist Rind-, Kudu-, Impala- oder Straußenfleisch als *Biltong* ein haltbarer Snack.

Namibier lieben *Braai*, das Grillen auf Kameldornholz. Der abendliche Braai ist mehr als nur ein Essen, es ist geselliges Beisammensein mit Freunden. *Potjiekos* heißt der traditionelle (ursprünglich burische) Fleischeintopf, zubereitet im Dreibeintopf (*potje*).

An der Küste herrscht Fisch vor: Kabeljau (*cob*), Makrelen, Hai und Thunfisch, dazu Felshummer (*crayfish*) und Austern werden hier aufgetischt. Viele Namibier holen sich ihren Fisch selbst aus dem Atlantik und legen ihn auf den Grill – das ist dann Fisch-Braai.

Als Beilagen gibt es Gemüse aus dem Garten, gerne Kürbis (meist kleine grüne mit dem Namen *Squash*), aus dem die Namibier auch eine köstliche Suppe kochen, zudem Karotten, Tomaten und Kartoffeln. Frische, knackige Salate sind eine Errungenschaft jüngerer Zeit, ebenso vegetarische Gerichte.

Deutsche Reisende werden viel Vertrautes in der „Südwesterküche" entdecken, von Schwarzwälder Kirschtorte, Eisbein mit Sauerkraut, Wurst und Brot bis hin zu belegten *Brötchen* – die übrigens alle Namibier so nennen.

Rechts: Opulentes Frühstück in der Wildnis.

Foto: Harald Mielke

Namibische Getränke

Stolz sind die Namibier auf ihr Bier, *Windhoek Lager* und *Tafel Lager*, das nach deutschem Reinheitsgebot gebraut wird. Zudem ist Weißbier der Kleinbrauerei „Camelthorn" in Windhoek bei den Jüngeren Namibiern schwer angesagt. Ein *Savanna Dry* (bzw. auch in der alkoholärmeren Version als *Savanna Light*) oder *Hunters Dry*, beides Apfelwein-Getränke (Cidre) aus Südafrika, sind an heißen Sommertagen sehr beliebt. Ein beliebter Drink ist *Rock Shandy*, Zitronenlimo mit Soda und Angustura auf Eis. Die meisten Weine kommen zwar aus Südafrika, aber neuerdings auch aus Omaruru (*Kristall Kellerei*) und Neuras. Wasser ist, außer im feucht-tropischen Norden, überall von Trinkwasserqualität, insbesondere auf Farmen. In den größeren Städten muss man sich hingegen mit stark gechlortem Wasser aus dem Hahn begnügen, das aber Trinkwasserqualität hat.

Als *Sundowner* trinkt man bei Sonnenuntergang gerne Bier oder Sekt.

Essen gehen

Außer in den Städten gibt es in Namibia kaum eine Möglichkeit, Essen zu gehen. Wer reist, bekommt sein Frühstück und Abendessen dort, wo er übernachtet. Auf einer Gästefarm speist man meist mit der Familie und den anderen Gästen an einer großen Tafel ein festes Menü. Übernachtet man auf einem Zeltplatz, muss man vorher besorgen, was man abends auf den Grill legen möchte – ein Zeltplatz ohne Grillmöglichkeit ist in Namibia undenkbar. Wo aber isst ein Reisender unterwegs, trinkt einen Kaffee oder ein *Coke*? An einer Tankstelle mit angeschlossenem Imbissstand, einem *Take Away*, und die sind nicht eben häufig. Dort gibt es Sandwiches und Getränke, Schokoriegel und Biltong. Gästefarmen oder Lodges (die oft auf hohem Niveau kochen) verpflegen meist nur ihre Übernachtungsgäste. Deshalb sollte man sich für längere Strecken mit Getränken und Broten oder Obst eindecken oder sich von seiner Gästefarm ein Lunchpaket mitnehmen.

Foto: Erhard Pansegrau

LAND UND LEUTE

GESCHICHTE

Felsbilder und Steinkreise

Namibia scheint ein bis zur deutschen Kolonisation nahezu geschichtsloses Land: Zwischen den wenigen greifbaren Jahreszahlen liegen Jahrhunderte und Jahrtausende ohne Kunde von den Völkern und Ereignissen zwischen Oranje und Kunene. Bis zur Ankunft weißer Jäger, Missionare und Siedler lebten nur schriftlose Gesellschaften in Namibia, deren Überlieferungen mündlich an die nächste Generation weitergegeben wurden. Und anders als in West- oder Ostafrika gab es keine arabischen Händler oder Forschungsreisenden, die das, was sie sahen, aufgezeichnet hätten. Die einzigen Quellen für Namibias frühe Geschichte sind die Felsbilder, deren Datierung ebenso schwierig ist wie ihre Zuordnung zu einer Volksgruppe. Sie entstanden wohl ab 5000 v. Chr. und zeigen heute unfruchtbare Landstriche als Wildparadiese, in denen Elefanten, Nashörner, Antilopen und Giraffen weiden. Sich selbst stellen die Felsbildmaler bzw. -graveure als Jäger dar, man sieht sie beim Tanz oder kultischen Handlungen. Ähnlichkeiten in Gestalt und Tätowierung lassen vermuten, dass die Künstler Vorfahren der Buschleute oder San waren, die als Jäger und Sammler durch Namibia zogen. Zeitgleich mit den San haben wahrscheinlich auch die Damara in Namibia gelebt.

Um die Zeitenwende erscheint ein anderes Volk: Steinkreise in der Namib-Wüste und am Brandberg sind wohl Überreste temporärer Siedlungen der Khoi, der Vorfahren der Nama. Sie züchten Rinder und Schafe und vertreiben die San aus ihren angestammten Territorien. Sie legen sogar Wege an, wie ein aus dem 13. Jh. stammendes Wegenetz in einer Schlucht am Brandberg dokumentiert. Im 15./16. Jh. kommt es zu einer weiteren Zuwanderung: Bantusprachige Volksgruppen der Ovambo und der Herero aus dem ostafrikanischen Gebiet der Großen Seen erreichen den Kunene und überqueren ihn. Die Ovambo siedeln nördlich der Etoscha-Pfanne und gründen mehrere Königreiche, die Herero leben als Rindernomaden im Nordwesten.

Links: Eine Herero-Frau in typischer (ursprünglich viktorianischer) Tracht.

Europäische Kontakte, afrikanische Siedler

Zwischen 1486 und 1488 werfen die ersten Europäer an der namibischen Küste Anker: Diogo Cão landet bei Cape Cross und errichtet ein Steinkreuz *(padrão)*, Bartolomeu Diaz erreicht zwei Jahre später Angra Pequeña. Immer häufiger tauchen in den folgenden Jahrhunderten Schiffe vor der Küste auf, und einmal, 1677, greifen die Nama an. Dieses Gefecht ist der erste kriegerische Kontakt von Europäern mit den Bewohnern Südwestafrikas.

1760 überquert der Händler Jacobus Coetzee den Oranje. Er lässt sich beim heutigen Warmbad unter den Nama nieder und berichtet nach seiner Rückkehr nach Südafrika vom Wildreichtum Südwestafrikas und den großen Rinderherden der Nama. Diese Beschreibung ruft weitere Reisende wie etwa Hendrik Hob auf den Plan, der den Fish River erreicht. Doch die vom Kap durchs Namaqualand nach Norden führenden Wege sind unsicher; San-Gruppen überfallen die Reisenden. So bleibt Namibia auch weiterhin Terra incognita.

Im Jahr 1785 tauchen erste Herero-Gemeinschaften im Gebiet des heutigen Okahandja auf. Sie sind in mehreren Familienclans organisiert und einem Häuptling unterstellt. Die überlieferte Genealogie der Herero nennt für diese Zeit Mutjise als Herrscher. Die Ausbreitung der Herero im nördlichen Namibia führt schließlich zu Konflikten um Weideland mit den Nama. Vorerst lösen die Nama- und Herero-Oberhäupter diese Konflikte friedlich. Doch 1798 stößt eine aus Südafrika stammende Nama-Gruppe über den Oranje vor, und mit ihr kommt eine aggressivere Politik ins Land. Die Orlam-Nama haben in der Kapregion als Arbeiter auf Farmen gearbeitet, besitzen Feuerwaffen und sind in patriarchalischen Familienclans organisiert. Viele stammen von Verbindungen weißer Farmer mit Nama-Frauen ab, können lesen und schreiben und bilden in der nördlichen Kapprovinz eine Art einheimische Polizeieinheit zum Schutz der Siedler vor Viehdiebstählen und Überfällen der San. Nachdem jedoch ein Orlam einen weißen Feldkornet umgebracht hat, flieht der Verband nach Norden und erobert sich mit gezielten Attacken gegen Nama wie Herero bald Vieh und Weiderechte.

Jäger, Forscher, Missionare

Die europäischen Versuche der Landnahme beschränken sich zunächst auf die Küste. 1786 vermisst das britische Kriegsschiff *Nautilus* die Küste auf der Suche nach einem Platz für eine Strafkolonie. 1793 erklären die Holländer die Bucht von Walvis Bay zu ihrem Territorium. Ende des 18. Jh. ist auch der erste weiße Siedler auf namibischem Boden verbrieft. Er heißt William Visagie und lebt bei Swartmodder, dem heutigen Keetmanshoop. Anfang des 19. Jh. kommen die ersten Missionare – 1806 die Brüder Albrecht ins Namaqualand, 1814 Heinrich Schmelen nach Bethanie, 1841 Carl-Hugo Hahn ins Damaraland, ein Jahr später Heinrich Kleinschmidt in das Gebiet der Rehobother Baster. Dass Südwestafrika wirtschaftliche Anreize über den Wildreichtum hinaus besitzt, entdeckt 1829 der Amerikaner B. Morell: Er findet auf der Atlantikinsel Itchabo reiche Guanovorkommen, die einen Wettlauf auf Namibias Küste auslösen. 1840 ist erstmals vom Kupferabbau die Rede, den die „Eingeborenen" betreiben.

1851 findet die erste umfangreiche Expedition zur Erforschung Südwestafrikas statt: Sir Francis Galton und Charles John Andersson stoßen bis zur Etoscha-Pfanne vor. Andersson erreicht bei einer weiteren Reise als erster Europäer 1859 den Okavango.

In Südwestafrika nehmen die Konflikte um Vieh und Weideland zu. Weitere Nama-Gruppen wandern vom Kap nach Norden, so 1863 die Witboois, während zugleich der Druck der von Norden nach Süden drängenden Herero größer wird. 1850 überfallen Nama die Herero-Siedlung Okahandja und töten Hunderte.

1870 kommt auf Vermittlung der Missionare ein Friedensvertrag zustande, den Jan Jonker Afrikaner für die Nama und Kamaherero als Oberhäuptling der Herero unterzeichnet. Bereits zehn Jahre später herrscht erneut Krieg. Die Bitten der deutschen Missionare um britischen Schutz lehnt Großbritannien ab; 1878 annektiert es die Walvis Bay.

Die deutsche Kolonie entsteht

Ein neues Kapitel beginnt für Südwestafrika 1883 mit der Ankunft von Heinrich Vogelsang in der Bucht Angra Pequeña. Im Auftrag des Bremer Kaufmanns Adolf Lüderitz verhandelt Vogelsang mit dem Nama-Kapitän Joseph Fredericks in Bethanie über den Verkauf des Küstenstreifens. Über den tatsächlichen Umfang des verkauften Landes bzw. über dessen Nutzung gibt es nach erfolgreichem Abschluss unterschiedliche Vorstellungen: Vogelsang rechnet mit geografischen Meilen, Fredericks mit den kürzeren englischen. Zudem glaubt er, das Land nur auf Zeit vergeben zu haben. 1884 stellt Reichskanzler Otto von Bismarck Lüderitz' Besitz in Südwestafrika unter deutschen Schutz.

Rechts: Das Alte Amtsgericht in Swakopmund – ein Relikt der kaiserlich-deutschen Kolonialverwaltung.

Foto: Volkmar E. Janicke

Der erste Schritt hin zur Kolonie ist getan.

Lüderitz verkauft Teile seines Landes für 500 000 Reichsmark an die neu gegründete Deutsche Colonial-Gesellschaft, die Südwestafrika erschließen soll. Zwei Jahre später ertrinkt er bei einer Erkundungsfahrt auf dem Oranje. In Otjimbingwe hat sich mittlerweile die Kolonialverwaltung eingerichtet. Auf den ersten Generalkonsul Gustav Nachtigal folgt 1885 Heinrich Ernst Göring; 1889 gehen die ersten 21 Mann Schutztruppe unter Major Curt von François von Bord. Im Land tobt ein erbitterter Krieg der Witbooi-Nama gegen Damara und Herero, später auch gegen konkurrierende Nama-Verbände. Mit den erbeuteten Viehherden kaufen die Witboois Waffen.

1888 wird Wilhelm II. deutscher Kaiser, und Leo von Caprivi löst Bismarck als Reichskanzler ab. Unter seiner Ägide vereinbaren Großbritannien und Deutschland 1890 einen Gebietstausch: Südwestafrika soll den ersten Abschnitt eines „deutschen" Korridors durch britisches Gebiet bekommen, der später bis nach Deutsch-Ostafrika verlängert werden soll. Im Gegenzug fällt die deutsche Kolonie Wituland (in Kenia) an die Briten, auch der hypothetische Anspruch auf Sansibar muss aufgegeben werden. Dafür erhält Deutschland Helgoland. Der Caprivi-Zipfel, der dem Deutschen Reich einen Zugang zum Sambesi verschafft, erhält den Namen seines „Erfinders". Im gleichen Jahr beschließt Curt von François, Otjimbingwe zugunsten der Nama-Siedlung Windhoek aufzugeben und beginnt dort mit dem Bau eines Forts.

Kriege mit Nama und Herero

Hendrik Witbooi lässt sich nicht ruhig stellen und weigert sich, den angebotenen Schutzvertrag zu akzeptieren, weil er meint, keinen Schutz zu brauchen. Major Theodor Leutwein, seit 1894 Nachfolger von François, gelingt es nach Kämpfen im Naukluft-Gebirge, Witbooi zum Frieden zu überreden. Die Erschließung der Kolonie, die Deutsche

Foto: Friedrich H. Köthe

(im Gegensatz zu Togo, Kamerun und Tansania) großflächig besiedeln und mit Großfarmen bewirtschaften sollen – geht voran; 1897 wird die Schmalspurbahn von Swakopmund nach Windhoek in Angriff genommen, fünf Jahre später kann die Jungfernfahrt stattfinden.

Am 12. Januar 1904 bricht der Herero-Aufstand aus. Dem Aufstand vorangegangen waren Beschwerden der Herero über (Zwangs)-Verkäufe ihres Landes an weiße Siedler. Schutztruppen-Forts bei Okahandja, Otjimbingwe, Omaruru und am Waterberg werden angegriffen; bei Überfällen auf Farmen sterben 123 Deutsche, dabei kommt es zu Gräueltaten.

Gouverneur Leutweins Reaktion wird als zu zurückhaltend angesehen, deshalb muss er den Oberbefehl an den skrupelloseren Generalmajor Lothar von Trotha abgeben. Er versucht, die am Waterberg mit Familien und Vieh versammelten Herero einzukesseln; am Großen und Kleinen Waterberg kommt es am 11. August zu Gefechten.

Oben: Die Parade der Herero beim jährlichen Ahnengedenktag in Okahandja erinnert auch an die Opfer des Herero-Aufstands von 1904.

Am 12. August 1904 entscheiden sich die Herero zur Flucht nach Osten in die Halbwüste Omaheke, um Britisch-Betschuanaland (Botswana) zu erreichen. Ihr Anführer Samuel Maharero schafft dies mit seinem Tross (1200 Menschen) in acht Tagen, obwohl es nur wenige Wasserstellen gibt; von den Deutschen zwei Wochen später verfolgt, kommen aber nicht alle Herero mit Frauen und Kindern dort an, viele verdursten in der Kalahari. Die Zahl der Opfer ist nicht mehr zu klären, von Zehntausenden ist die Rede. Kriegsverbrechen gab es auf beiden Seiten; es wird jedoch bis ins 21. Jh. darum gestritten, ob dies ein Völkermord war – denn es drohen Reparationsforderungen in Höhe von 30 Milliarden Euro gegen Deutschland.

Kaum sind die Herero unterworfen, regen sich die Nama („Hottentotten") im Süden. Hendrik Witbooi akzeptiert von Trothas Herrschaft nicht, erklärt am 3. Oktober den Schutzvertrag für nichtig und attackiert Farmen und Mission in Mariental. Erst als Hendrik Witbooi 1905 fällt, verhandeln die Nama mit dem neuen Gouverneur Friedrich von Lindequist über einen Friedensvertrag. 10 000 Nama sind ums Leben gekommen, der Rest wird enteignet und in „Lokationen" (Reservate) verbannt. 1907 beginnt eine kurze friedliche Phase: Die Grundsteinlegung für die Windhoeker Christuskirche, die Ausweisung erster Wildreservate und der erste Diamantenfund des Deutschen August Stauch 1908 bei Kolmanskop fallen in diese Zeit. Ein Jahr später werden die ersten „schwarzen Diamanten" importiert: Karakulschafe, die den ariden Bedingungen Südnamibias angepasst und deren Felle damals heiß begehrt sind. Das Eisenbahnnetz wird fertig gestellt, und endlich wirft die Kolonie Erträge ab: Neben Diamanten wird ab 1911 in Karibib Marmor abgebaut; die Bergbaugesellschaft OMEG schürft bei Tsumeb erfolgreich Kupfererz.

Das südafrikanische Mandat

Nach dem Ausbruch des 1. Weltkriegs endet die deutsche Kolonialära in Südwestafrika: Die Briten lassen südafrikanische Truppen einmarschieren, am 12. Mai 1915 besetzen sie Windhoek. Zwei Monate später kapituliert die deutsche Schutztruppe. Nun siedeln sich verstärkt weiße Südafrikaner an, Tausende Deutsche werden ausgewiesen. 1919 wird Südwestafrika im Versailler Vertrag zum Mandatsgebiet Südafrikas erklärt. Ab 1929 regiert es ein General-Gouverneur. 1939 führt der Ausbruch des 2. Weltkriegs wieder zur Internierung vieler Deutschstämmiger, einige werden auf ihren Farmen unter Hausarrest gestellt. Nach Kriegsende bleiben die meisten in Südwestafrika.

Ab 1946 fordert die UNO als Nachfolgeorganisation des Völkerbundes von Südafrika die Rückgabe des Mandats über Südwestafrika. Den politischen und juristischen Streit um die Rechtmäßigkeit dieses Mandats heizt Südafrika dadurch an, dass es in Südwestafrika als seiner „fünften Provinz" 1948 u. a. die Apartheidsgesetze einführt. Zehn Jahre später formiert sich erster Widerstand: Ovambo, die in südafrikanischen Minen arbeiten, gründen den OPC, Ovamboland People's Congress unter Vorsitz Toivo ya Toivos, aus dem Sam Nujoma schließlich die SWAPO, South West African People's Organisation, als eigenständige namibische Organisation herauslöst.

In den 1960er und 1970er Jahren erleben die „schwarzen" und „farbigen" Namibier einschneidende Veränderungen: Das Windhoeker Township Katutura wird gebaut, die Menschen nach ethnischer Zugehörigkeit in eigens dafür geschaffene „Homelands" umgesiedelt.

Befreiungskampf

Die SWAPO beginnt aus Guerillalagern in Südangola und im Ovamboland den bewaffneten Kampf gegen die südafrikanischen Besatzer. Am 26. August 1966 bombardiert südafrikanisches Militär eines dieser Lager (Omgulambashe in Ovamboland) und erklärt den gesamten Norden Namibias einschließlich des Kaokoveldes zur „Polizeizone", de facto zum Kriegsgebiet. In dieser Region spielt sich die folgenden zwei Jahrzehnte der Guerillakampf um die Unabhängigkeit ab. Dabei geraten viele Himba und San ins südafrikanische Lager – teils freiwillig, teils unter Zwang arbeiten sie als Fährtenleser und Führer für das Militär, was Racheaktionen der SWAPO zur Folge hat. Nur einmal wird der Krieg ins weiße Herz Namibias getragen, als 1978 im Café Treff in Swakopmund eine SWAPO-Bombe explodiert.

1975 willigt Südafrika ein, Namibia schrittweise größere Autonomie zu gewähren. Bei der „Turnhallen-Konferenz" in Windhoeks historischer Turnhalle erarbeiten gemäßigte Oppositionspolitiker aller Hautfarben einen Verfassungsentwurf für das neue Namibia. Aus die-

ser Konferenz geht die neue Partei DTA (Democratic Turnhalle Alliance) hervor, die im Gegensatz zur SWAPO auf Verhandlungen mit Südafrika setzt. 1978 gewinnt die DTA die ersten allgemeinen Wahlen, ihr Vorsitzender Dirk Mudge wird namibischer Präsident. Südafrika behält jedoch die Kontrolle. Die UNO erkennt diese Wahlen nicht an, weil die SWAPO nicht teilgenommen hat.

1988 vereinbaren Südafrika, Kuba und Angola den Abzug aller kubanischen Truppen aus Angola, für Südafrika die Bedingung für Namibias Unabhängigkeit. Die SWAPO unter Sam Nujoma führt derweil in ihren Lagern in Angola grausame „Säuberungen" in den eigenen Reihen durch. 1989 finden unter UNO-Aufsicht Wahlen statt; SWAPO gewinnt. Die Unabhängigkeit erklärt Namibia am 21. März 1990, Präsident wird SWAPO-Führer Sam Nujoma.

Oben: Das SWAPO-Büro von Tsumeb ist in den Farben der namibischen Flagge gestrichen. Rechts: Diese Generation wächst in ihrem eigenen Staat auf.

Reconciliation

Die neue Regierung schreibt nicht Vergeltung, sondern Versöhnung – „Reconciliation" – auf ihre Fahnen. Die durch die Apartheid und den Kampf aufgerissenen Gräben zwischen Weiß und Schwarz einerseits und unter den namibischen Volksgruppen sollen zugeschüttet werden. Die befürchteten Enteignungen weißer Farmer bleiben aus. Selbst als die SWAPO bei den Wahlen 1994 die für eine Verfassungsänderung erforderliche Zweidrittel-Mehrheit gewinnt, bleibt Nujomas Politik besonnen. Allerdings mehren sich die Verbalattacken gegen weiße Farmer, denen Regierungsmitglieder Vertreibung androhen. Die Polemik soll das große Heer armer, land- und arbeitsloser Menschen beschwichtigen, die zumeist aus dem Ovamboland kommen und der Regierung Untätigkeit vorwerfen. Auch die alten SWAPO-Kämpen fordern Lohn, sprich Land, für ihren Einsatz. Die Regierung verabschiedet ein Gesetz, dass Enteignungen unter bestimmten Bedingungen vorsieht. Diese sollten aber nicht mit Gewalt, sondern nach dem Prinzip *willing seller, willing buyer* vorgenommen werden.

Erst 2005 kommt es zur ersten Farmenteignung. Der Zwangsverkauf einer Farm östlich Windhoeks, auf der Schnittblumen gezogen wurden, erfolgt weit unter Wert und hat unvorhergesehene Folgen: Mit dem Verkauf verlieren 12 Angestellte ihren Arbeitsplatz und mit ihnen 60 Angehörige ihren Lebensunterhalt. Seither sind die weißen Farmer wieder verunsichert; immer lauter fordern SWAPO-Funktionäre Enteignung. 2005 endet die dritte Amtsperiode von Präsident Sam Nujoma. Sein Nachfolger wird der Ovambo und SWAPO-Gründungsmitglied Hifikepunye Pohamba, der durch besonnene Regierungsführung positive Akzente setzt und 2009 im Amt bestätigt wird. 2015 löst ihn der Damara Hage Geingob als Präsident ab, ebenfalls „SWAPO-Urgestein".

Foto: Günther Lahr

VÖLKER UND KULTUREN

Mit nur 2,1 Mio. Einwohnern – 2,2 Menschen/km² – ist Namibia, zweieinhalbmal so groß wie Deutschland,nach der Mongolei der am dünnsten besiedelte Staat der Erde. Allerdings ist dies nur ein Durchschnittswert, denn fast 2/3 der Bevölkerung siedeln auf relativ engem Raum im Ovamboland, wo eine deutlich höhere Bevölkerungsdichte von 20 Einwohnern/km² herrscht. 38 % der Bevölkerung leben in Städten. 28 Idiome werden in Namibia neben der seit 1990 geltenden Amts- und Verkehrssprache Englisch gesprochen. Weit verbreitet ist Afrikaans, stellenweise auch Deutsch; Englisch beherrschten 1990 nur 7 % der Schwarzen. Zwölf größere ethnische Gruppen sind im Land heimisch.

Ovambo

Die größte Gruppe bilden mit rund 50 % die Ovambo. Ihr traditionelles Siedlungsgebiet liegt nördlich der Etoscha-Pfanne in der Region zwischen Kaokoveld im Westen und Kavango im Osten, wo der aus Angola kommende Fluss Kuvelai sich zu einem Delta verästelt und in den Kalaharisanden versickert. In diese weitgehend flache, von der *efundja* genannten Flut des Kuvelai alljährlich überschwemmten und deshalb sehr fruchtbare Region wanderten die Ovambo um das 16. Jh. ein. Linguistisch gehören sie zu den südwestlichen Bantu, einer Sprachengruppe, die im gesamten Zentralafrika beheimatet ist. Die sesshaften Ackerbauern und Fischer blieben als eines der wenigen Völker Namibias stets in der ursprünglich gewählten Region. Bevölkerungswachstum und territoriale Streitigkeiten führten später zu einer Aufspaltung in acht Untergruppen, denen jeweils ein König vorsteht und die unterschiedliche Dialekte sprechen. Größte Gemeinschaft sind die Kwanyama (37 %), gefolgt von den Ndonga (29 %). Die gemeinsame Sprache OshiVambo, die auch Schriftsprache ist, beruht auf dem Dialekt der Ndonga.

Die Ovambo besitzen eine mutterrechtliche Gesellschaftsordnung, das heißt, Erbe und Verwandtschaft definieren sich durch die Mutterliche. Dies bedeutet aber nicht, dass Frauen die Gemeinschaft führen. Nicht die Mutter, sondern der Bruder der Mutter ist Vorstand des Verwandtschaftsverbandes; die Kinder erben den Besitz oder die politische Stellung ihres Onkels.

Die meisten Familien sind polygyn (Vielweiberei), jede Frau besitzt ihre eigene Hütte, in der sie die Kinder aufzieht. In der traditionellen Religion verehren die Ovambo ein höchstes göttliches Wesen; bedeutender ist allerdings die Rolle der Ahnen, denen man opfert, um Unheil abzuwenden oder einen Wunsch zu äußern. Die Angst vor Hexerei führt zu vielerlei Schutzmaßnahmen wie dem Tragen von Amuletten oder dem Zelebrieren magischer Handlungen, die böse Kräfte fernhalten sollen. Aufgrund des Einsatzes vor allem finnischer Missionare sind die meisten Ovambo heute Christen.

Traditionell steht jeder der acht Gruppen ein *ohamba*, ein König, vor. Kolonialverwaltung und Apartheid haben diese Praxis erschwert oder gar unterbunden. Seit der Unabhängigkeit Namibias wurden aber wieder Könige eingesetzt.

2005 wurden die bislang geltenden Regeln der männlichen Nachfolge über Bord geworfen und mit Martha Nelumbu erstmals eine Frau zum Ohamba der Kvanyama ernannt.

Die Ovambo wurden in der Zeit der Apartheid als Wanderarbeiter von den Farmen Zentralnamibias, den Uran- und Diamantenminen der Namib und den Fischereihäfen von Walvis Bay und Lüderitz angeworben; viele fanden auch im Raum Windhoek einen Job. Für die Wanderarbeiter bedeutete dies, dass sie ihre Familien nur wenige Male im Jahr besuchen konnten. Trotz der Bemühungen der namibischen Regierung, im Ovamboland Arbeitsplätze zu schaffen, hat sich daran wenig geändert.

Rechts: Eine Himba-Familie vor ihrer Hütte im Kaokoveld.

Nama

Die Nama bilden mit ca. 5 % eine wichtige Volksgruppe. In Namibia leben 10 Nama-Gemeinschaften, denen je ein Kapitän genanntes Oberhaupt vorsteht. Die Position des Kapitäns ist erblich, ihm steht in beratender Funktion ein gewählter Rat zur Seite. Die Vorfahren der Nama, die Khoi, waren als Viehzüchter bereits um die Zeitenwende in Namibia heimisch; eine tiefgreifende Veränderung erfuhr die Gemeinschaft durch den Zuzug von Orlaam-Nama aus Südafrika, die, durch Bildung und Bewaffnung überlegen, die politische Führung übernahmen.

Lebensraum der Nama ist die südliche Hälfte Namibias, doch gibt es auch eine Gruppe, die bei Sesfontein im nördlichen Damaraland lebt. Auffällig ist die äußere Erscheinung: Von zierlicher Gestalt, mit rötlich brauner Haut und hohen Wangenknochen, muten die Nama fast asiatisch an. Ihre Sprache enthält ähnlich wie die der San (s. S. 33) Schnalz- und Klicklaute.

Die traditionelle Religion der Nama kreist um ein Götterpaar, den guten Gott im Osten, den man auch mit der Morgenröte assoziiert, und den bösen im Westen, der nach Sonnenuntergang im Schutz der Nacht Schlechtes tut. Geisterglaube ist weit verbreitet und die Angst vor den Ahnengeistern groß. Die Nama gehören wie die Ovambo zu den Völkern, die intensiv missioniert wurden. Geisterfurcht ist unter der christlichen Oberfläche aber noch sehr präsent. Anders als die Ovambo besitzen die Nama ein patrilineares Verwandtschaftssystem: Die Söhne erben das Vermögen und die Position des Vaters. Als Viehzüchter waren die Nama zu weiten Wanderungen mit ihren Rinder- und Schafherden gezwungen, die seit der Aufteilung ihrer Gebiete in Farmland nicht mehr möglich sind.

Foto: Friedrich H. Köthe

Im südlichen Namibia sind viele Nama Farmarbeiter; Nama-Frauen werden als Haushaltshilfen geschätzt.

Kavango

Knapp 10 % der rund 2 Mio. Namibier stellen die Kavango, Bewohner der gleichnamigen Region zwischen Ovamboland und Caprivi. Die in fünf Untergruppen aufgeteilten Kavango sind wie ihre Nachbarn von Bantu-Abstammung und zogen um das 18. Jh. in ihren Lebensraum am Okavango-Fluss. Eine Sonderrolle nehmen die Mbukushu ein, die sich früh mit den hier nomadisierenden San verbunden und einige Merkmale von San-Sprache und -Kultur übernommen haben.

Die Kavango sind mutterrechtlich organisiert und betreiben Feldbau und Viehzucht. Eine besondere wirtschaftliche Rolle kommt bei den Gruppen am Fluss der Fischerei zu, während die landeinwärts lebenden Mbukushu der Jagd den Vorzug geben. Weil der Lebensraum der Kavango von den sandigen Böden der Kalahari geprägt ist, benützen sie von Ochsenschlitten zum Transport von Ernte oder Baumaterial. Mit dem Tourismus haben die Kavango einen neuen Erwerbszweig entdeckt: Sie stellen die Mehrzahl der Holzschnitzer, deren Produkte in Souvenirgeschäften und auf den großen Holzmärkten in Okahandja verkauft werden.

Oberhaupt jeder Kavango-Gruppe ist der in matrilinearer Linie bestimmte Häuptling. Er ist auch spiritueller Führer und hält Verbindung zu seinen verstorbenen Vorgängern, um das Wohlergehen seines Volkes zu sichern. Symbol seiner Lebenskraft ist das Große Feuer, das bei seinem Tod erlischt. In der Religion spielen das höchste Wesen Karunga, Naturphänomene wie Sonne, Mond und Wind und die Ahnengeister eine wichtige Rolle. Abwehrzauber sollen Hexen und böse Magie fernhalten; in Fällen akuter Bedrohung suchen die Menschen einen Wahrsager oder Heiler auf. Die erfolgreiche Missionierung hat die traditionellen Glaubensvorstellungen noch nicht vollständig verdrängt.

Herero

Rund 7 % der Namibier werden zum Volk der Herero gerechnet, das sich in drei große, geografisch definierte Untergruppen – die Maharero-Herero von Okahandja, die Zeraoua-Herero von Omaruru und die Mbanderu von Gobabis – unterteilt. Zu den Herero gehören auch die Himba, die im Kaokoveld noch ein weitgehend nomadisches Leben wie früher alle Herero führen. Die Gruppen, die aus dem Kaokoveld nach Süden zogen (s. S. 14), veränderten unter dem Einfluss der Missionare und der Kolonialverwaltung ihren Lebensstil, wurden sesshaft und nahmen das Christentum an. Traditionell besitzen die Herero eine Gesellschaftsordnung, in der sowohl die mütterliche als auch die väterliche Linie bestimmend ist: Über die Mutterlinie wird das Erbe weitergegeben, die Vaterlinie bestimmt Wohnort und Autorität innerhalb der Familie. Ethnisch gehören die Herero zu den bantusprachigen Völkern, wenn gleich ihre Sprache Klick- und Schnalzlaute der Nama bzw. San übernommen hat.

Vorherrschende Wirtschaftsform ist die Rinderzucht. Früher trieben die Nomaden ihre Herden zu den guten Weiden und legten dabei große Wanderungen zurück; heute sind die Rinderzüchter sesshaft und müssen durch Weidewechsel innerhalb des Farmgebiets die Herden ernähren. Rinder spielen nicht nur eine materielle, sondern auch eine religiöse Rolle als Verbindungsglieder zu den Ahnen (dazu mehr unter den Himba). Die Kämpfe der Herero mit den Nama (s. S. 23) und den deutschen Kolonialtruppen haben die ursprünglich nur locker verbundenen Gemeinschaften zu einer Nation mit einem Headman als Oberhaupt geformt. Angefangen mit König Tjamuaha Anfang des 19. Jh. gab es eine Reihe von Führern wie z. B. Maharero, die durch Wahl bestimmt, aber nie wirklich von allen Herero akzeptiert wurden. Auch *Paramaount Chief* Kuaima Riruako (1978-2014) wurde von vielen Herero nicht als ihr legitimer Vertreter angesehen; lokale Chiefs agierten gegen seine Vorgaben. 2015 trat der Anwalt Vekuii Reinhard Rukoro dessen Nachfolge an.

Der Kontakt mit Mission und Kolonialbehörden hatte zwei seltsam anmutende Veränderungen bei den Herero zu Folge: Zum einen gaben die Frauen ihre Leder- und Fellkleidung zugunsten einer viktorianischen Tracht auf, die aus mehreren übereinander gezogenen, bodenlangen Röcken, einem engen Mieder mit Puffärmeln und einer Haube besteht, auf der querstehend ein steifer Stoffriegel angebracht ist. Mit dieser Kopfbedeckung übernahmen die Hererofrauen ihre ursprünglich zu zwei Zöpfen geflochtene Frisur, die Rinderhörner symbolisierte, in die neue Tracht. Die zweite Umwälzung betrifft Verhalten und Kleidung der Männer: Sie begannen bereits in der Kolonialzeit, in Fantasieuniformen und mit Holzgewehren in geheimbundähnlichen Gemeinschaften zu exerzieren. Diese bekamen für die Herero eine überragende Bedeutung, als die traditionelle Sozialstruktur nach der Niederlage am Waterberg weitestgehend aufgelöst war; die „Truppenspieler" wurden zum Bindeglied des versprengten Volkes. Das Exerzieren der Besiegten nach Vorbild der Sieger aktivierte den Überlebenswillen. Bis heute sind Truppenspieler als „Vereinigung der Roten Fahne" aktiv, und sie treten bei den großen Ahnengedenktagen der Herero in Okahandja oder Omaruru auf.

Himba

Rund 16 000 Menschen (2002) zählen zum Volk der Himba (eigentlich Ova-Himba), das mit den Herero verwandt ist und heute noch so im Kaokoveld lebt, wie es früher bei allen Herero üblich war. Sie sind Viehzüchter und ziehen mit ihren Rinderherden zwischen Wasserstellen und Weidegebieten im

Rechts: Zwei Damara in der Nähe der Spitzkoppe.

Foto: Harald Mielke

Kaokoveld umher. Ergänzend gehen die Männer auf die Jagd, während Frauen in den temporären Siedlungen kleine Felder anlegen. Im Gegensatz zu den Herero haben die Himba das Christentum kaum angenommen und traditionelle Glaubensvorstellungen bewahrt. Im Zentrum steht die Ahnenverehrung. Die Ahnen sind von einem höchsten Wesen als Mittler zu den Lebenden eingesetzt. Den Kontakt zu den Ahnen halten die Himba durch das Heilige Feuer aufrecht, das zwischen Häuptlingshütte und Viehkraal ständig brennen muss. Am Heiligen Feuer wird gebetet und den Ahnen geopfert; hier finden auch die Initiationsfeiern statt.

Rinder sind nicht nur Wirtschaftsgut und Statussymbol; einige gelten als Bindeglied zu den Ahnen, als heilig, und dürfen nicht geschlachtet werden. Sie verkörpern das Schönheitsideal der Himba, die in Frisur (zu „Hörner" geflochtene Zöpfe junger Mädchen, s. Bild S. 36), Kleidung (Fellhaube mit „Hornzipfeln" verheirateter Frauen) und Einreiben mit einer Salbe aus Rotholz und Butter, um die Haut glänzend und geschmeidig wie Fell zu machen, diesem Ideal nacheifern.

Damara

Nahezu ebenso zahlreich wie die Herero sind die Damara. Wahrscheinlich lebten sie, zugleich mit den San, vor allen später zugewanderten Völkern im Südwesten Afrikas. Äußerlich unterscheiden sie sich deutlich von den Khoi-San-Völkern: Sie sind hochgewachsen und von sehr dunkler Hautfarbe. Sprachlich könnte man sie den Nama zuordnen. Bei Ankunft der Nama lebten die Damara als Jäger und Sammler noch im gesamten Südwestafrika; wahrscheinlich wurden sie von den Nama unterworfen und haben im Lauf der Zeit deren Sprache übernommen. Durch Nama und Herero wurde ihr Lebensraum stark eingeschränkt; von der deutschen Kolonialverwaltung wurde ihnen dann ein Homeland zugewiesen, das die südafrikanische Administration erweiterte – Damaraland, das sich von

der Spitzkoppe bis Sesfontein erstreckt.

Die Damara besaßen keine Gesellschaftsorganisation über die einzelnen Familienklans hinweg. Unter dem Einfluss der Weißen bestimmten sie schließlich ein Oberhaupt, das 1993 zum Chief ernannt wurde, aber nicht von allen Damara anerkannt wird. Ihr ursprünglicher Glaube war wohl von einer starken Totenfurcht geprägt; die höchste Gottheit wurde in den Erscheinungsformen des Wassers, also als Wolke, Quelle und Regen, verehrt. Auch das Heilige Feuer spielt eine wichtige Rolle.

Die ehemaligen Jäger und Sammler übernahmen von ihren Nachbarn die Viehzucht, hielten zunächst Kleinvieh wie Ziegen und Schafe, später auch Rinder. Heute sind die meisten Damara in den Städten oder auf Farmen beschäftigt. Das Damaraland zählt zu den landschaftlich schönsten, aber auch zu den ärmsten Regionen Namibias.

Oben: Karg, aber landschaftlich reizvoll – das Damaraland. Rechts: San demonstrieren das Fallenstellen.

Die Völker des Caprivi

Unter der Bezeichnung „Caprivianer" werden jene Gemeinschaften zusammengefasst, die im zentralen und östlichen Caprivi-Zipfel leben (ca. 4 % der namibischen Bevölkerung). Fast alle haben Verwandte in den Nachbarländern. Der westliche Caprivi wird hauptsächlich von Mbukushu bewohnt, die zu den Kavango gehören (s. S. 29). Im östlichen Bereich gibt es die beiden Völker der Subia und Fwe, zu denen außerdem Totela und Lozi gehören. Im 17. und 18. Jh. wurden die Caprivianer von Lozi-Königen aus Sambia unterworfen und ihrem Reich einverleibt. Zu Beginn des 19. Jh. wurde dieses Reich von aus Südafrika vertriebenen Sotho erobert und ein neues Königtum der Kololo errichtet. 1864 erfolgte ein erneuter Umsturz, diesmal zugunsten der Lozi. Die Volksgruppen des Caprivi waren also wiederholt dem Einfluss fremder Kulturen unterworfen, was zu einer Verschmelzung führte. Heute sprechen sie eine gemeinsame Verkehrssprache, das

Silozi, und akzeptieren ein gemeinsames Oberhaupt aus der Häuptlingsfamilie Mamili.

Die Bewohner des Caprivi empfinden sich nicht so sehr Namibia zugehörig; ihre Volksgenossen wohnen ja außerhalb des künstlich geschaffenen Korridors auch in Angola, Sambia, Simbabwe und Botswana. Ende der 1990er Jahre kam es deshalb zu einem etwas laienhaften Versuch, durch einen Aufstand die Unabhängigkeit des Caprivi zu erzwingen. Damals wurden auch mehrere Lodges im Caprivi beschossen. Der Aufstand scheiterte, die „Kämpfer" flüchteten ins benachbarte Botswana, das sie an Namibia auslieferte. In Windhoek wurden 110 Aufständische vor Gericht gestellt.

San

Eine der kleinsten Gruppen vertreten die San mit knapp 3 % der Bevölkerung. Sie sind ohne Frage Nachkommen der Ureinwohner des südlichen Afrika. Als Jäger und Sammler nomadisierten sie in kleinen Familienverbänden durch die Savannen und Halbwüsten. Durch die Zuwanderung Vieh züchtender Nama und Herero und später durch die Umwandlung der Jagdgebiete in Farmland wurden sie in immer unfruchtbarere Regionen abgedrängt, bis sie schließlich lernen mussten, sich in den Wüstenregionen der Kalahari durchzuschlagen.

Die Weißen bezeichneten sie als Buschmänner, ein abfällig gemeinter Name, der aber der Einfachheit halber auch bei den San heute noch gebräuchlich ist. Sich selbst benennen die San nach ihrer jeweiligen Gruppe, so z. B. Haikom in der Region zwischen Etoscha und Tsumeb, JuHoasi im ehemaligen Homeland Buschmannland oder Naró in der Region Gobabis.

Die Sprache der San enthält zahlreiche Klick- und Schnalzlaute. In der wissenschaftlichen Literatur werden diese mittels Zeichen wie !, I, oder II dargestellt; in diesem Buch wird jedoch der

Foto: Friedrich H. Köthe

Lesbarkeit halber darauf verzichtet.

Rein äußerlich unterscheiden sich die San deutlich von allen anderen Volksgruppen Namibias: Von kleinem und sehr zierlichem Wuchs, mit mandelförmigen, schräg stehenden Augen, hohen Wangenknochen, gelblich-heller Haut und dem Pfefferkornhaar, das in deutlich abgegrenzten Büscheln wächst, haben sie höchstens etwas Ähnlichkeit mit den Nama, mit denen sie gemeinsame Sprachmerkmale verbinden. Traditionelle Kleidung ist ein Lendenschurz aus Leder. Abstammung und Erbe verlaufen meist in der väterlichen Linie, können aber auch mütterlicherseits oder in beiden Linien weitergegeben werden. Es gibt auch keine politische Autorität über das Oberhaupt einer Sippe hinaus, das meist der erfahrenste Jäger ist. Es liegt auf der Hand, dass eine so locker strukturierte Gemeinschaft den Zuwanderern nichts entgegensetzen konnte und auch heute nicht in der Lage ist, ihre Interessen politisch zu vertreten. Zahlreiche zumeist von Weißen geführte Organisationen mühen sich, den San im modernen Namibia eine Stimme zu geben.

Während die Männer mit Speeren, Pfeil und Bogen jagten, sammelten die Frauen Veldkost, das heißt Wurzeln, Beeren und Früchte, die im *veld*, der freien Natur, wachsen. Die Kenntnis der Natur, ihrer Pflanzen und Tiere sowie deren Heilkräfte ist phänomenal, geht aber nun, da Jagd und Sammeln zugunsten von Ackerbau und Viehzucht aufgegeben werden, schnell verloren. Die San glauben, dass um sie herum eine magische Kraft wirkt, derer man sich bedienen kann, die man aber auch fürchten muss. Erfahrene Heiler versuchen, sich bei Besessenheitszeremonien dieser Kraft zu bemächtigen, um sie z. B. in Jagdglück oder den ersehnten Regen zu verwandeln. Viel ist über die religiösen Vorstellungen der San nicht bekannt; an ein höchstes Wesen wird zwar geglaubt, aber man bringt ihm keine Verehrung entgegen.

Die San sind heute in Namibia ebenso wie in Botswana Ausgestoßene. Man verachtet sie wegen ihrer Rückständigkeit, sie haben kaum Zugang zu Bildungseinrichtungen, und viele reagieren auf den Verlust ihrer herkömmlichen Lebensform mit Alkoholismus. Nur wenige Gruppen wie die JuHoansi dürfen noch mit traditionellen Waffen auf Jagd gehen. Die meisten anderen arbeiten auf Farmen oder neuerdings verstärkt auf Lodges, wo sie Touristen ihre Fähigkeiten als Fährtenleser vorführen.

Mischlinge und Baster

Mit rund 7 % haben Mischlinge einen relativ großen Anteil an Namibias Bevölkerung. Unter der Apartheid waren Farbige gezwungen, in eigenen Siedlungen wie z. B. Khomasdal bei Windhoek zu wohnen. Als Kinder zumeist weißer Väter (die umgekehrte Verbindung kam kaum vor) haben viele Farbige eine bessere Bildung und Ausbildung genossen als ihre schwarzen Landsleute. Heute haben sie deshalb viele Führungspositionen inne.

Eine eigene Ethnie innerhalb der Gruppe der farbigen Namibier bilden die rund 30 000 Rehobother Baster. Sie sind Nachkommen aus Verbindungen von Buren mit Nama-Frauen, sprechen Afrikaans und führen ihre Herkunft auf vier Gründerfamilien aus der Kapprovinz zurück. Sie kamen 1870 in die Gegend von Rehoboth und leben hier seither nach strengen evangelischen Glaubensgrundsätzen und in monogamer, patriarchalischer Gemeinschaft als Kleinfarmer.

Die Baster strebten stets nach weitgehender Selbstverwaltung, was ihnen bislang – abgesehen von einer kurzen Phase unter südafrikanischer Herrschaft – meist gelungen ist.

Weiße Afrikaner

Auch die meisten der rund 100 000 Weißen (5 %) sehen sich als Afrikaner. Sie stammen von Buren (also ursprünglich Niederländern), Deutschen (heute knapp 20 000) oder südafrikanischen Engländern ab; seit der Unabhängigkeit Angolas sind auch zahlreiche Portugiesen zugewandert. Buren und Deutsche leben teils in dritter und vierter Generation in Namibia. Beide pflegen ihre heimatliche Kultur und Sprache, wobei die Buren mit dem Afrikaans einen Dialekt des Niederländischen entwickelt haben, der Lehnwörter aus Nama und Herero enthält. Die Deutschen wiederum verwenden zahlreiche Afrikaans-Begriffe, wie etwa *pad* für Schotterstraße, *lekker* für gut oder *veld* für das offene, unbebaute Land. Bis zur Unabhängigkeit war die Sprache der Buren, das Afrikaans, die Verkehrssprache in Namibia. Die neue Regierung erklärte das politisch am wenigsten belastete Englisch zur neuen Amts- und Verkehrssprache, was jedoch nicht unkompliziert war.

Rechts: Weiße in Windhoek pflegen teils noch die Traditionen ihrer europäischen Vorfahren.

Foto: Friedrich H. Köthe

Denn Englisch beherrschten nur diejenigen, die eine höhere Bildung genossen hatten; die Mehrheit bediente sich weiterhin des Afrikaans.

Obwohl die weißen Namibier eine Minderheit sind, gehört ihnen der Großteil des kommerziell nutzbaren Farmlandes. Nur 12 % der Fläche werden von schwarzen Namibiern bewirtschaftet. Dieses Ungleichgewicht wird seit einer Landreform 1990 allmählich verändert (s. S. 47).

Kultur und Literatur

Namibische Kultur und Literatur war lange von weißen Künstlern geprägt, und noch heute gibt es nur wenige bekannte schwarze Maler oder Autoren. Unter ersteren war *John Muafangejo* (1943-1987) ein großes Talent, das internationalen Ruhm erlangte. Seine schwarz-weiß gehaltenen Linolschnitte beschäftigen sich mit dem Aufeinandertreffen schwarzafrikanischer Traditionen und des von Weißen importierten Lebensstils. In *Joseph Madisia* (*1954 in Lüderitz) hat er einen würdigen Nachfolger gefunden. Madisia ist heute Leiter der angesehenen National Art Gallery of Namibia in Windhoek.

Die deutschstämmige Bildhauerin *Dörte Berner* wurde mit ihren in Stein gearbeiteten afrikanischen Tier- und Menschenfiguren berühmt. Einige ihrer Originale wurden später in Bronze gegossen, so die Perlhühner, die den Guinea-Fowls-Brunnen in Windhoeks Levinson Arcade schmücken. Sie lebt auf der Farm Peperkorell östlich von Windhoek. *Volker Berner* betrieb hier früher die Dorka-Karakulweberei, wo kunstvolles Textildesign mit afrikanischen Farben und Motiven verschmilzt (s. S. 235).

Die namibische Literatur ist reich an spannenden, interessanten und rührenden Lebensberichten der ersten Siedler und Farmer, wie dem packenden Bericht des Geologen *Henno Martin*, der sich zusammen mit seinem Freund Hermann Korn nach Ausbruch des 2. Weltkriegs in der Kuiseb-Schlucht vor der Internierung in Südafrika versteck-

Foto: Astrid Därr

te („Wenn es Krieg gibt, gehen wir in die Wüste"). *Ilse Schatz* hat eindringlich über ihre Kindheit und Jugend auf einer Farm berichtet, auf der sie mit San aufwuchs. „Unter Buschleuten" lässt die geheimnisvolle Welt der San durch die Augen der jungen Frau lebendig werden. Ihr Schicksal als in die DDR verbrachtes SWAPO-Kind, das schließlich deutsch sozialisiert nach Namibia zurückkehrt, schildert *Lucia Ngombe* in „Kind Nr. 95". Die Bücher von *Giselher Hoffmann* hingegen sind keine Erfahrungsberichte, sondern Literatur. In „Die Erstgeborenen" setzt auch er den San ein Denkmal.

Kunsthandwerk und Souvenirs

Namibia hat als Vielvölkerstaat keine einheitliche Kultur; jedes Volk hat eigene Traditionen. Das klassische Bild schwarzafrikanischer Kunst erfüllen die Holzschnitzer, in Namibia zumeist Kavango. Sie stellen für den Verkauf an Fremde wie Einheimische vorrangig Tierskulpturen her, die vom winzigen Flusspferd bis zu 3 Meter hohen Giraffen reichen und auf den großen Holzmärkten verkauft werden.

Manchmal wird auch Elfenbein verarbeitet, das in Namibia legal exportiert, in Europa aber nicht importiert werden darf. Das filigrane Kunsthandwerk der San ist inzwischen auch auf vielen Märkten und in Souvenirgeschäften zu bekommen.

Straußeneierschalen sind der Grundstoff, aus dem winzige, feine Scheiben geschnitten und zu Ketten, Ohrringen, Armreifen etc. aufgefädelt werden. Glasperlen finden bei den San ebenfalls gerne Verwendung, z. B. als Schmuck auf Lederbeuteln. Für Touristen stellen die San bemalte oder mit Ritzzeichnungen geschmückte Straußeneier her. In einigen San-Projekten wie z. B. Ombili flechten die Frauen dekorative Schalen und Körbe.

Ein beliebtes Souvenir sind die von Herero-Frauen hergestellten Puppen in der bunten viktorianischen Tracht.

Nama-Frauen arbeiten für Unternehmen, die mit Stickereien geschmückte Servietten, Bettwäsche, Tischdecken und Kleidung für den lokalen und den internationalen Markt produzieren.

Dekorativ und strapazierfähig sind aus Karakulwolle gewebte Teppiche mit afrikanischen Motiven. Mehrere gute Webereien stellen sie nach genauer Vorlage oder frei komponiert her.

Beliebt als Souvenir sind Erinnerungsstücke an die Kolonialzeit wie Orden, Literatur oder gar Hausrat. Einschlägige Geschäfte in Swakopmund und Windhoek sind auf dieses Sortiment spezialisiert.

Die edelsten namibischen Produkte sind schicke Mäntel und Jacken aus Karakulfell, in Namibia Swakara genannt, und kunstvolle Goldschmiedearbeiten mit den einheimischen Diamanten, die hier 5-10 % preiswerter sind als auf dem Weltmarkt.

Oben: Himba beiderlei Geschlechts und in jedem Alter tragen gerne Schmuck. Rechts: Solche Püppchen basteln die Himba für den Souvenirhandel.

Foto: Harald Mielke

Namibische Kultur verstehen

Die meisten Reisenden besuchen Namibia wegen seiner grandiosen Natur und des Wildreichtums. Die Kultur der namibischen Völker spielt eine eher untergeordnete Rolle, und bei einer normalen Rundreise gibt es wenig Gelegenheiten, mit schwarzen Namibiern ins Gespräch zu kommen. Dabei befinden sich viele Sehenswürdigkeiten auf „Kommunalland", das heißt, in Regionen, die nicht der kommerziellen Landwirtschaft dienen, sondern als ehemalige „Homelands" von den jeweiligen Volksgruppen bewohnt und bewirtschaftet werden.

Die gemeinnützige Organisation NACOBTA (Namibia Community Based Tourism Assistance Trust) hatte es sich dort zum Ziel gemacht, einerseits Touristen die kulturelle Vielfalt der namibischen Völker zu präsentieren, andererseits den lokalen Gemeinschaften die Möglichkeit zu geben, am Fremdenverkehr zu verdienen. So ist im Laufe der letzten Jahre auf Kommunalland eine ganze Reihe von Projekten realisiert worden, die eine reizvolle Ergänzung zum normalen Besuchsprogramm darstellen: Bei der Spitzkoppe führen Damara einen Campingplatz; auch in der Nähe der Palmwag-Lodge können Besucher im Khowarib-Camp auf Damara treffen; in Windhoeks Township Katutura führen Township-Bewohner von *Face-to-Face-Tours* Besucher zum Markt und begleiten sie in ein typisches Restaurant; im Ovamboland kann man In King Taapopi's Homestead sogar einem richtigen Ovambo-König begegnen.

Einen sehr guten Einblick in die Kultur einiger namibischer Volksgruppen bekommt man in einem der „Living Museums". Diese „lebenden" Museen, in denen jeweils eine Volksgruppe ihr traditionelles Leben „nachspielt" und dem Reisenden einen Einblick in dieses auf verschiedenen geführten Touren ermöglicht, wurden von der Living Culture Foundation Namibia (www.lcfn.info) ins Leben gerufen. Weitere Museen, unter anderem der Ovahimba und der Khwe, sind im Aufbau begriffen.

Foto: Barbara Credner

NATURRAUM, TIER- UND PFLANZENWELT

Namibia ist mit 825 000 km² mehr als doppelt so groß wie Deutschland. Von Nord nach Süd misst das Land 1500 km, von West nach Ost zwischen 600 und 1000 km. Zwischen dem 17. und 29. südlichen Breitengrad und dem 12. und 25. östlichen Längengrad gelegen, grenzt es an die Länder Angola und Sambia im Norden, Simbabwe und Botswana im Osten und an Südafrika im Südosten und Süden.

Die Lage im südlichen Trockengürtel Afrikas prägt Klima und Landschaft des weitgehend ariden Landes. Dabei bilden seine Grenzen an drei Seiten Gewässer: der Atlantik im Westen, die Dauerflüsse Kunene und Okavango im Norden und der Oranje (Orange River) im Süden. Die östliche Grenze entstand 1890 auf dem Reißbrett und verläuft entlang des 20. und 21. Längengrads durch die Buschwelt der Kalahari; der Caprivi-Zipfel, eine 460 km lange und teils nur 32 km schmale Gebietszunge, erstreckt sich weit nach Nordosten.

Oben: Im südlichen Teil des Landes begrenzt die Große Randstufe die Namib-Küstenwüste (hier: bei Solitaire).

Hochland und Gebirge

Landschaftlich ist Namibia in das zentrale Hochland und die es umgebenden wüstenhaften Senken gegliedert; mehrere Gebirge überragen dieses um 1700 m hohe Plateau: der Karasberg (2202 m) im Süden bei Keetmanshoop, die Auas-Berge (2483 m) südlich von Windhoek, der Waterberg (1857 m) bei Otjiwarongo und das karstige Otavi-Hochland (2148 m) bei Tsumeb. Nach Westen fällt das Hochland in einer Steilstufe zur Namib-Wüste ab. Diese Randschwelle wächst im südlichen Teil nahezu senkrecht aus der Wüste und streicht nordwärts in mehreren Gebirgen auf die Namib zu; Schwarzrand, Naukluft, Gamsberg (2351 m), Erongo-Berge (2350 m) und der Königsstein (2606 m) im Brandbergmassiv sind ein Teil davon.

Namib

Dass dieses Hochland so lange Entdeckern und Siedlern unzugänglich blieb, liegt an den Wüstensenken, die von allen Seiten den Zugang erschweren. Zwischen der Großen Randstufe und dem Atlantik dehnt sich eine der ältesten Wüsten der Welt, die Küstenwüste *Namib*, auf 80-150 km Breite und fast 2000 km Länge aus. Ihre Entstehung hängt mit dem kalten (und, was die Fischer freut, planktonreichen) Benguelastrom zusammen, der von der Antarktis kommend an der südwestafrikanischen Küste spezielle klimatische Verhältnisse schafft: über dem Meer abkühlende, oft neblige Luft wird von warmer Namib-Wüstenluft überlagert (Inversion), was Regenfälle über Land verhindert. Da dieser Strom bereits seit über 5 Mio. Jahren existiert, geht man von einem Mindestalter von 5 Mio. Jahren für die heutige Namib aus. Darunter haben Geologen anhand von Fosslilien eine noch ältere, vor 35 Mio. Jahren entstandene Wüstenschicht identifiziert.

Die Namib weist ganz unterschiedliche Formen auf: Ganz im Süden erstreckt sich die *Wannen-Namib* mit langen und bis zu 100 m tiefen, vom Wind ausgeblasenen Deflationswannen.

Zwischen Lüderitz und Kuiseb-Fluss befindet sich ein großes Sandmeer, gebildet aus parallel zur vorherrschenden Windrichtung von Süd nach Nord angeordneten Längsdünen im zentralen Teil und Sterndünen an den östlichen Grenzen der *Dünen-Namib* (Sand-Namib). Zu diesem Gebiet gehört auch die Lehmpfanne (*vlei*) des Sossusvlei; umgeben von besonders fotogenen, über 300 m hohen Sandbergen.

Nördlich des Kuiseb zeigt sich die Namib als Kies- und Steinwüste mit nur geringen Sandanwehungen (*Flächen-Namib*). Ursache dafür ist der Kuiseb: Wenn er abkommt, das heißt, wenn er nach guten Regenfällen im Hochland Wasser führt, reicht seine Kraft aus, die übers Jahr in sein *Rivier*, sein Trockenflussbett, angewehten Sandablagerungen fortzuschwemmen. So gelingt es dem Sand nicht, diese nördliche Grenze zu überschreiten.

Nördlich des Huab-Flusses beginnt mit der Skelettküste die vierte Namib-Landschaft aus Küstendünen und weiten Felsebenen mit vereinzelten stumpfen Inselbergen und zahlreichen von Ost nach West verlaufenden Trockenflusstälern, die *Kaokoveld-Namib*. Hier ist der Wüstenstreifen zwischen Küste und Großer Randstufe nur max. 40 km breit. Er endet im Norden an der angolanischen Grenze am Fluss Kunene.

Kalahari

Östlich und nördlich rahmt die „Wendekreiswüste“ der Kalahari das zentrale Hochland ein. Der Übergang vollzieht sich hier nicht abrupt wie im Westen. Die Hochebene senkt sich vielmehr allmählich nach Osten und Norden. Die Kalahari zählt zu den jungen Trockengebieten und entstand wohl erst vor 20 000 Jahren. Dank ihres unterirdischen Wasserreichtums ist sie relativ dicht mit Akazienbäumen bewachsen, während niedriges Buschwerk, das nicht so tief wurzelt, eher selten ist. Die typischen Kalaharidünen verlaufen teils über Hunderte von Kilometern in Süd-Nord- bzw. Südwest-Nordost-Richtung quasi auf den Tiefpunkt des Kalaharibeckens, das Okavango-Delta im benachbarten Botswana, zu. Zwischen ihnen fließen unterirdische Wasseradern, die *Omiramba*. Sie werden von Regenfällen, die im Sand versickern, und teilweise auch vom Gewässersystem des Okavango gespeist. Im Gegensatz zu den durch Winde vorangetriebenen Namib-Dünen wandern die meisten Sandrippen der Kalahari nicht, weil der Bewuchs sie stabilisiert. Darum erscheint die Kalahari eher als Savannen- denn als Wüstenlandschaft, besonders im etwas regenreicheren Nordosten Namibias, so z. B. im Kaudom-Wildpark oder im Caprivi Strip.

Auch das ebenfalls etwas regenreichere Ovamboland nördlich des Etoscha-Parks gilt als Teil der Kalahari: Hier sorgt zudem der aus Angola kommende Fluss Kuvelai für Fruchtbarkeit. Er versickert in einem weit verästelten Binnendelta, dessen Arme *Oshanas* genannt werden. Wenn sie sich nach der Regenzeit mit Wasser füllen, können hier Felder bewässert, Vieh getränkt und Fische gefangen werden.

Wasserlose Flüsse

Das Wort *Rivier* (Flussbett) begegnet Namibia-Reisenden als einer der ersten afrikaansen Begriffe. Es bezeichnet die typischen namibischen Flussläufe, die die meiste Zeit des Jahres trocken liegen, sich aber nach Regenfällen in reißende Ströme verwandeln können. Völlig trocken sind die Riviere nicht, denn das Wasser fließt oft unterirdisch. Wildtiere machen sich dies zunutze, indem sie in den Trockenflussbetten nach Wasser graben; Farmer holen es mittels Pumpen nach oben. Abgesehen von den Grenzflüssen Oranje, Okavango und Kunene sowie den Strömen, die den Caprivi-Zipfel durchqueren, besitzt Namibia keine ganzjährig Wasser führenden Flüsse. Die meisten Riviere verlaufen vom Hochland nach Westen, wo sie in der Namib versickern wie der Kuiseb, oder nach Osten wie der Eiseb in die Kalahari. Einige Riviere wie der Auob, Nossob und der Fishriver entwässern das Hochland nach Süden. Regnet es im Ursprungsgebiet des Rivier, dann kommt es ab. Das „Abkommen" kann ein langsamer Prozess sein, bei dem sich das Flussbett allmählich mit Wasser füllt; es kann aber auch als schnell fließender Strom alles mit sich reißen. Deshalb sollte man nie in einem Rivier campen. Das Abkommen kann einige Stunden oder mehrere Tage dauern.

Rechts: Die Dünen der Namib reichen bis an den kalten Benguela-Meeresstrom des Atlantiks; in dieser Zone entsteht häufig Küstennebel.

Gesteine erzählen Geschichte

Besonders faszinierend sind Namibias Landschaften für geologisch Interessierte, denn an vielen Stellen blickt man im Gestein und seinen Erosionsformen weit zurück in die Entstehungsgeschichte der Kontinente. Die ältesten in Namibia vorkommenden Gesteine sind 2,1 Milliarden Jahre alt! Weil es weder eine schützende dicke Erdschicht noch eine dichte Pflanzendecke gibt, liegen diese und andere Gesteine offen vor dem Betrachter.

Die ältesten deutlich abgesetzten Schichten entstammen der *Damara-Sequenz;* es sind Gesteinssockel, die vor über 700 Mio. Jahren aufgefaltet wurden, als zwei tektonische Platten im Bereich des heutigen Namibias aufeinander prallten und die dazwischen liegenden Ablagerungen durch den Druck nach oben verschoben. Zeitgleich floss vulkanisches Magma in diese aus Sedimenten geschaffenen Gesteine, trat aber nicht an die Oberfläche, sondern erstarrte in den umhüllenden Schichten. Daraus entwickelte sich Granit. In den Damaraschichten finden sich außerdem Namibias bedeutendste Erzvorkommen.

Etwa zeitgleich entstanden auch die *Nama-Schichten*, gebildet aus Sedimenten eines Flachmeeres. Diese Schichten wurden nicht gefaltet sondern liegen bis heute horizontal und bestehen aus Sandstein, Quarzit und Ton. Sie bilden die für Namibia so typischen Schichtstufenlandschaften, wie man sie im Süden am Schwarzrand oder am Fish River Canyon sieht.

Vor etwa 560 Mio. Jahren führten die tektonischen Prozesse auf der Südhalbkugel zur Bildung eines „Super-Kontinents", der aus dem heutigen Afrika, Südamerika, Australien, Antarktis sowie aus Madagaskar und Indien zusammengesetzt war. Namibias Position in diesem Gondwana genannten Erdteil war nahe an der Antarktis, was eine Vereisung zur Folge hatte. Diese „Gond-

Foto: Erhard Pansegrau

wana-Eiszeit“ der *Karoo-Zeit* endete, als Gondwana nach Norden driftete und vor ca. 280 Mio. Jahren die Eisschmelze einsetzte, die große Mengen von Geröll hinterließ. Rund abgeschliffene, teils regelrecht polierte Gesteine aus dieser Zeit findet man an vielen Stellen Südnamibias; sie werden der (bis zu 300 m mächtigen) *Dwyka-Formation* zugerechnet.

Auf die Vereisung folgte während der Schmelze eine Feuchtperiode mit üppiger Vegetation und schließlich die Wüstenbildung. Sanddünen bedeckten das Land und erstarrten. Im rötlichen *Etjo-Sandstein* Zentralnamibias ist diese Epoche präsent und in ihm versteinert wie auch die Spuren der damaligen Bewohner: Es waren offenbar dreizehige, auf den Hinterbeinen gehende Dinosaurier.

Der nächste radikale Einschnitt in der Erdgeschichte erfolgte vor 130 Mio. Jahren: Gondwana brach auseinander. Vulkanische Aktivität beförderte den von Süd nach Nord verlaufenden Aufspaltungsprozess. Der so entstandene, zunächst schmale Meeresarm entlang der heutigen namibischen Küste verbreiterte sich zum Atlantischen Ozean. Das südliche Afrika war in großen Teilen von Lava und mächtigen Vulkankratern bedeckt. Sie umhüllten ältere Gesteinsschichten und schützten sie. Zugleich hob sich der südliche Teil des Kontinents, und so entstand das *Kalahari-Becken* mit der Großen Randstufe an ihrem westlichen Rand.

Vor 65 Mio. Jahren begann mit dem Tertiär ein Prozess, in dem nicht Gesteinsbildung, sondern Abtragung dominierte. Dabei spülten einerseits Flüsse die mitgeführten Sedimente ins Kalaharibecken, das so aufgefüllt wurde (Kalahari-Sequenz). Andererseits nagte die Erosion an der Großen Randstufe, die ursprünglich näher am Atlantik stand. In einem über 35 Mio. Jahre dauernden Zeitraum legte die Erosion vielerorts die uralten Gesteine wieder frei. Ablagerungen am Fuß der Randstufe verfestigten sich zur *Tsondab-Sandstein-Formation*: Auf diesen versteinerten Dünen bildete sich später die Namib.

Foto: Koch (PhotoPress)

Vor 5 Mio. Jahren begann die Austrocknung; im Westen entstand allmählich die Namib-Wüste. Zugleich schnitten die damals noch öfter „abkommenden" Flüsse tief in ihre Betten ein.

Sommerregen und Küstennebel

Der jahreszeitliche Rhythmus auf der Südhalbkugel ist unserem im Norden entgegengesetzt. In Namibia ist also Winter, wenn wir im Sommer schwitzen und umgekehrt (siehe „Klima", S. 240). Der namibische Winter ist allerdings nicht mit dem mitteleuropäischen zu vergleichen. Die Temperaturen erreichen im Juli und August tagsüber bis zu 25 °C; nachts können sie aber unter den Gefrierpunkt fallen. Natürlich ist auch die geografische Lage ausschlaggebend: Im Süden ist es kälter als im Norden, in der Wüste sind die Temperaturunterschiede extremer als im Hochland. Der namibische Winter ist Trockenzeit, mit gelegentlichem Winterregen im äußersten Süden; die Regenperiode fällt im größten Teil des Landes in den namibischen Sommer. Dieser ist trotz hoher Temperaturen im Dezember und Januar (über 30 °C) dank geringer Luftfeuchtigkeit gut verträglich; wenn es aber einmal regnet, kann die feuchte Hitze empfindlichen Menschen zusetzen.

Oben und rechts: Zwei Anpassungskünstler der Wüste – der Köcherbaum speichert Wasser in Stamm und Blättern; die Oryx-Antilope kann unbeschadet 45 °C Körpertemperatur aushalten. (Rechts: Wolwedans, NamibRand Nature Reserve.)

Namibia liegt im südafrikanischen Trockengürtel um den Wendekreis und empfängt nur geringe Niederschläge, deren Menge von Südwesten nach Nordosten zunimmt. Die durchschnittliche Regenmenge im Jahresmittel beträgt im Süden um 100 mm, in der Region Windhoek 300 mm, bei Tsumeb im randtropischen Nordosten bis zu 600 mm, was Regenfeldbau möglich macht. Eine besondere Klimazone bildet die fast niederschlagsfreie Küstenwüste der Namib, hier liegt der Wert weit unter 25 mm. Dass hier dennoch Leben möglich ist, verdankt die Namib dem Phänomen des Küstennebels. Dieser entsteht durch die sehr kalten, küstennahen Wasserschichten des Benguelastroms. Diese aus der Antarktis kommende Strömung sorgt zusammen mit einer besonderen Schichtenzirkulation dafür, dass das Wasser direkt an der Küste am kältesten ist. Darüber bildet sich nachts häufig Nebel. Dieser wird vom Südwestwind landeinwärts getrieben – teils bis zu 30 km weit. Die Feuchtigkeit setzt sich auf dem Boden, auf Pflanzen und Tieren ab. Und diese haben besondere Tricks entwickelt, sich diese wenigen Tropfen Wassers zunutze zu machen.

Wunder der Anpassung

Beispielhaft für die vielen Pflanzen, die vom Küstennebel leben, sei die **Welwitschia mirabilis** (s. Bild S. 135) genannt. Sie wurde 1806 erstmals von dem österreichischen Botaniker Friedrich Welwitsch beschrieben, wächst in

Foto: Wolwedans (Mowani; Visions of Africa)

der Kies- und Geröllwüste der Namib nördlich des Kuiseb und wird mehrere hundert Jahre alt. Auf den ersten Blick mag man dem wie zusammengekehrt wirkenden Haufen trockener und noch grüner Blattlianen keine Beachtung schenken. Dabei hat man eine perfekt der Wüste angepasste, eigene Art und Gattung vor sich. Die getrenntgeschlechtige Pflanze besteht aus nur zwei stetig nachwachsenden breiten Blättern, die einer Art aufgespaltenem Stumpf entspringen. Diese Blätter reißen und teilen sich und bilden schließlich ein Gebilde, das an eine Krake erinnert. An ihnen setzen sich die Tropfen des Küstennebels ab, werden von extrem speicherfähigen Zellen aufgenommen oder von dem wie ein Schwamm strukturierten Stumpf aufgesogen. Die Wurzeln der Welwitschia verlaufen nahezu horizontal unter der Oberfläche in einer Tiefe, in der feuchtigkeitsspeichernde Schichten Wasser nach Regenfällen herbeiführen. **Flechten** funktionieren in küstennahen Gebieten der Namib ähnlich: Jahrelang können sie wie abgestorben erscheinen – benetzt sie der Nebel, blühen sie auf.

Anders ernähren sich die sukkulenten Pflanzen: Sie speichern Wasser in Stamm, Ästen oder Blättern. Eine charakteristische Sukkulente ist *Aloe dichotoma,* der **Köcherbaum**. Er wächst ausschließlich auf felsigen Böden und besitzt unter seiner rissigen, papieren wirkenden Rinde ein schwammiges Gewebe, in dem das Wasser spärlicher Regenfälle gelagert wird. Ähnlich verhalten sich die giftigen **Euphorbien** der Sukkulentensteppe im Süden.

Perfekte Anpassung praktizieren auch die Tiere der Namib: Eine Art des **Tenebrionidkäfers** oder *Tok-Tokkies,* wie sie auf Afrikaans heißen, stellt sich im Kopfstand auf den Dünenkamm, wenn sich Nebelbänke nähern. Das an seinem Körper kondensierende Wasser tropft ihm direkt ins Mäulchen. Eine andere Art baut Gräben im rechten Winkel zum Wind, der den Nebel heranträgt. Das kondensierte Wasser versickert in diesen Kanälen, und die Käfer saugen es daraus auf. Derart mit Feuchtigkeit

gesättigt werden sie zur begehrten Nahrung jener Tiere, die kein solches Geschick haben. Eines der größten in der Namib beheimateten Säugetiere, der **Spießbock** oder **Oryx** (afrikaans: Gemsbok), hat ebenfalls faszinierende Überlebensmechanismen entwickelt: Er kann seine Körpertemperatur über 45 °C erhöhen und so den Wasserverlust durch Schwitzen minimieren. Sind die Wasserlöcher versiegt, grast er nachts die mit Tau bedeckten Pflanzen ab, und wenn der Durst doch zu groß wird, buddelt er in den Trockenflussbetten nach Wasser.

Savannen-Bäume

Das namibische Hochland ist Savannenland mit ganz unterschiedlichen Vegetationsformen, die von der Regenintensität bestimmt sind. Von der **Kurzstrauchsavanne** im Süden über **Dornbuschsavanne** in der Landesmitte bis zu der **Mopanebaum-Savanne** des Nordwestens und der **Trockenwaldsavanne** des Nordostens reicht die Bandbreite der Vegetationsformationen. Dem ungeübten Auge erscheinen die verschiedenen Formen, abgesehen von Mopane- und Trockenwald, nahezu gleich. Akazien sind die beherrschende Pflanzenart in der südlichen Landeshälfte, je nach Nährstoffangebot als geduckter Busch oder schlanker Baum.

Die Giraffenakazie, der **Kameldorn** (*Acacia giraffae* – die Giraffe heißt auf Afrikaans *kameelperd*), ist zum Sinnbild Namibias geworden: „Hart wie Kameldorn ist unser Land …" – so beginnt das berühmte „Südwester-Lied". Hart ist das Holz tatsächlich; die dornenbewehrten Äste und Zweige tragen vor Beginn der Regenzeit frisches grünes Blattwerk und gelbe Blüten.

„Baum ohne Schatten" wird der **Mopane-Baum** (*Colophos Permam mopame*), die charakteristische Pflanze des Nordwestens, gerne genannt. Er besitzt wie Schmetterlinge geformte Blätter, die sich mittags schließen und ihre Schmalseite der Sonne zuwenden. So schützen sie sich, werfen aber eben auch keinen Schatten. Vom gedrungenen Busch bis zum über 20 Meter messenden Baum ernährt der Mopane Wild und Menschen: Wild- wie Haustiere weiden die Blätter seiner tieferen Äste ab, Menschen verwenden sein Holz zum Bau oder als Feuerholz, kauen seine Blätter wegen ihrer Heilkraft und essen die Mopanewürmer: Mottenraupen, die geröstet eine eiweißreiche Delikatesse darstellen sollen.

Verbreitungsgebiet des **Baobab** (*Adansonia digitata*), des Affenbrotbaums, sind die sandigen Kalahariböden im Nordosten und die Mopanesavannen. Mit dem dicken Stamm und den die meiste Zeit kahlen Ästen wirken die Bäume wie geheimnisvolle Riesen. Besonders alte Exemplare haben einen Stammumfang von mehr als 30 Metern und werden angeblich bis zu dreitau-

Oben: Eine Aufforderung zum Duell „Gepard gegen Landrover"? Rechts: Springböcke leben in kleinen Herden von etwa 100 Tieren.

Foto: Leonhard Lenz (PhotoPress)

send Jahren alt. Der Baobab dient auch als Naturheilmittel; seine Rinde soll nämlich fiebersenkende Eigenschaften besitzen.

Tierwelt

Die Wildtiere, die man im Etoscha-Nationalpark bewundern kann, waren früher im gesamten Hochland beheimatet. Landwirtschaftliche Nutzung und Jagd haben viele Wildarten wie etwa Löwen, Elefanten, Giraffen und Nashörner aus der Farmregion vertrieben, werden heute aber auf vielen Farmen wieder ausgewildert. Die tierreichsten Gegenden Namibias sind daher die nördlichen und nordöstlichen Landesteile. Antilopen findet man hingegen fast überall: Die majestätische **Oryx** mit den über 1 m langen und pfeilspitzen Hörnern hat die Größe eines Pferdes und eine eigenwillige, wie eine Maske gefärbte schwarz-weiße Gesichtszeichnung.

Die noch größeren eleganten **Kudubullen** mit ihrem graubraunen Fell und den kunstvoll gedrehten Hörnern sowie die kleineren, meist hellbraun gezeichneten Weibchen gelten als besondere Gefahr für Autofahrer, weil sie oft unversehens aus dem Busch hervorbrechen und über die Straße flüchten.

Häufig zu beobachten sind die zierlichen **Springböcke** mit leierartig geformtem Horn und der Eigenart, bei der Flucht wie Jojos auf und ab zu hüpfen.

In den ariden Felsregionen des Südens und des Naukluft-Gebirges fühlt sich **Hartmann's Bergzebra** wohl. Im Gegensatz zum Burchell's-Zebra der Savanne ist das Bergzebra dunkler, mit Querstreifen über dem Schwanzansatz.

Warzenschweine können mit ihren scharfen, nach oben gebogenen Hauern durchaus gefährlich sein, wirken aber sehr possierlich, wenn sie im Familienverband im Gänsemarsch und stets mit senkrecht aufgestelltem Schwänzchen unterwegs sind.

Possierlich sind auch die **Erdmännchen**, denen man besonders im Süden ab und zu am Straßenrand begegnet. Ein, zwei Tiere halten Wache, während der Rest des Clans eifrig gräbt.

Foto: Harald Mielke

Ebenfalls am Straßenrand kann man gelegentlich über einen sich auf einem warmen Stein sonnenden **Waran** stolpern. Vorsicht! Diese Reptilien sind außerordentlich schnell und auch bissig!

Häufig gesichtet werden **Strauße**, in panischer Flucht vor irgendetwas oder bei dem wie ein Tanz erscheinenden Versuch, den Körper mit zugefächerter Luft zu kühlen.

Paviane sind zahlreich und oft sehr zudringlich; im Rastlager am Unterberg sind sie eine Plage und klauen, was nicht niet- und nagelfest ist.

Schakale, die überwiegend nachts auf Jagd gehen, wird der Namibia-Besucher immer wieder hören und sehen.

Afrikanische Wildhunde (Hyänenhunde) kommen hingegen nur im Nordosten in freier Wildbahn vor.

Löwen sind erst seit 1996 gesetzlich geschützt. Sie leben heute nur noch im Norden Namibias, es sei denn, Wildfarmer halten sie als Touristenattraktion. Namibia-Löwen gehören zu einer bedrohten Unterart, die gegen den Katzenimmunschwächevirus FIV nicht resistent ist.

Oben: Leopard. Rechts: Vorsicht – die Puffotter ist hochgiftig!

Namibia ist das Land mit der größten **Gepardenpopulation** weltweit. Zudem leben 90 % dieser Tiere auf Farmland und nicht in Nationalparks; zu Gesicht bekommt sie der Gast auf speziellen Farmen, die sich der Erhaltung oder Zucht von Geparden widmen, viele davon in der Umgebung des Waterbergs.

Die Chance, **Leoparden** (die ja nachtaktive Jäger sind) in einem Nationalpark zu beobachten, ist äußerst gering; auf der Farm Okonjima der AfriCat Foundation hingegen sehr groß.

Unübersehbar hingegen (und unüberriechbar) sind die hunderttausende **Robben**, die um Cape Cross an der Atlantikküste die größte Robbenkolonie an der afrikanischen Küste bilden.

Namibia besitzt auch eine vielfältige Vogelwelt, zu der beispielsweise die **Webervögel** gehören. Sie bauen je nach Art ihre Nester einzeln oder als Mehrfamilienhaus in die Kronen der

Bäume, was diesen nicht immer gut tut.

Zu den charakteristischen Vögeln der nördlichen Landeshälfte zählen die **Tokos** mit unterschiedlich bunt gefärbtem Gefieder und dem langen, gebogenen Hornschnabel.

Am Ruf leicht zu erkennen ist der **Graulärmvogel**, der Schlafende bereits im Morgengrauen mit seinem *go away* aus den Federn holt.

Wunderhübsch anzusehen sind **Rosenpapageien** mit ihrem grünen Federkleid und rosa Köpfchen.

In Lagunen am Atlantik leben **Flamingos** und **Pelikane** in Großkolonien.

Vom Aussterben bedroht ist der **Kap-Geier**. Einige Paare nisten am Waterberg; im Farmland sind sie kaum noch anzutreffen. Eine Initiative kümmert sich um Beringung und Bestandskontrolle des majestätischen Vogels.

Löwen, **Elefanten**, **Nashörner** und **Giraffen** sind die Hauptattraktionen des Etoscha-Nationalparks; am Waterberg sind **Nashörner**, **Büffel**, **Rappenantilopen** und **Elands** zu beobachten, in den wasserreichen Naturschutzgebieten des Caprivi-Zipfels leben außerdem **Flusspferde**, **Krokodile**, **Lechwe** und **Sitatunga** sowie der **Schreiseeadler** und viele andere Vögel.

Selten, aber keine eigene Spezies sind die **Wüstenelefanten** des Damaralandes und des Kaokovelds.

Namibia gilt als Land mit der größten Schlangenpopulation Afrikas; wegen des Vorkommens gefährlicher Giftschlangen wie der **Schwarzen Mamba**, der **Puffotter** und der **Hornviper**, ist es sinnvoll, nur mit knöchelhohem Schuhwerk und langer, fester Hose durchs *veld* zu wandern. Schlangen gelten zwar als träge und flüchten lieber, statt anzugreifen; in die Enge getrieben können sie aber extrem unangenehm werden.

Sehr schmerzhaft ist der Stich eines **Skorpions**. Vorsicht: Skorpione flüchten gerne in dunkle, warme Hohlräume wie zum Beispiel abgestellte Schuhe. Deshalb diese morgens stets ausschütteln!

Foto: Camerapix

WIRTSCHAFT UND POLITIK

Namibias Bruttoinlandsprodukt ist mit rd. 11 Mrd. US$ (2010) im afrikanischen Vergleich relativ hoch. Ein wichtiger ökonomischer Faktor ist – bei knapp 1 Million ausländischen Besuchern pro Jahr – der **Tourismus**: Gäste-, Jagd- und Wildfarmen, Hotels, Restaurants, Safari-Unternehmen etc. haben sich darauf eingestellt.

Landwirtschaft

Die Landschaft ist mit Farmzäunen überzogen – dahinter scheint es nichts als Dornbüsche, Akazien, gelbes Gras zu geben; manchmal ragt ein Windrad auf – wie kann Viehzucht in einem so trockenen Land funktionieren?

Das zentrale Hochland wird am intensivsten kommerziell landwirtschaftlich genutzt. Je nach Regenmenge und Bewuchs züchtet man Schafe und Ziegen (meist im Süden), Rinder oder neuerdings auch Wild. Im hohen Norden wird auch Hirse (*mahango*), Gemüse

Foto: Camerapix

etc. angebaut. Das gesamte ehemalige Ovamboland und v. a. Caprivi und Kavango sind Anbauflächen. Im Süden werden – v. a. am Oranje – in geringen Mengen Trauben und Datteln angebaut und in die EU exportiert.

Namibische Rinderzucht braucht viel Platz: Um bei dem kargen Bewuchs satt zu werden, benötigt ein Rind in der nördlichen Landeshälfte eine Weidefläche von 8 ha, im Süden bis zu 20 ha. Eine 4000 ha-Farm im Norden kann 500 Rinder ernähren, eine Farm im Süden braucht dafür 10 000 ha. In diesem Mangelsystem sind Gras fressende Wildtiere wie Antilopen Nahrungskonkurrenz. Früher wurden sie deshalb gejagt. Inzwischen hat sich aber gezeigt, dass Wildtiere der Verbuschung entgegenwirken. Denn während Rinder nur Gras fressen, knabbern Antilopen auch Dornbüsche ab.

Nur 12 % des kommerziell genutzten Farmlandes sind in den Händen farbiger bzw. schwarzer Eigentümer; der große Rest gehört weißen Farmern, von jeher eine ethnische Minderheit. Dieser kolonialgeschichtlich bedingten ungleichen Verteilung will die namibische Regierung durch den Aufkauf von Farmen, deren Parzellierung und den Weiterverkauf an Schwarze zu erschwinglichen Preisen begegnen. Auch Enteignungen mit Entschädigungen sind im 1996 verabschiedeten Gesetz zur Landreform vorgesehen. Die erste fand 2005 statt; die ehemaligen schwarzen Farmangestellten wurden arbeitslos (s. S. 26).

Kritiker halten diese Maßnahmen – das drastische Beispiel Simbabwe vor Augen – für kurzsichtig, denn um vernünftig wirtschaften zu können, müssten die kommerziellen Farmen eine Mindestgröße haben. Wird das Land in kleinere Einheiten zerteilt, sei darauf – mangels Wasser und Humus – höchstens Viehzucht für den Eigenbedarf möglich. Die daraus resultierende Überweidung führe zu Verbuschung und Erosion. Auch erhalten die „Trockenfarmer“-Neulinge keine ausreichende Schulung. Die wirtschaftliche

Oben: Rohdiamanten aus Namibia.

Bedeutung der Landwirtschaft scheint mit 9,6 % des Bruttoinlandprodukts relativ gering, sie ist aber wichtigster Arbeitgeber: 16 % der Beschäftigten finden hier Lohn und Brot, und 35-40 % der Namibier sind von der Landwirtschaft abhängig.

Der planktonreiche Benguela-Strom macht Namibias Küste zu einer der fischreichsten der Welt.

Bodenschätze

Namibias größter Reichtum lag früher in der Namibwüste, heute auf unterseeischen Terrassen in Küstennähe: **Diamanten**. Der Oranje hat sie in Jahrmillionen an den Atlantik verfrachtet. Der Abbau in der Namib ist nicht mehr lukrativ. Lange schürfte man an der Oranje-Mündung, heute werden küstennahe unterseeische Vorkommen abgebaut, von der staatlichen Namdeb in Kooperation mit dem südafrikanischen DeBeers-Konzern. Jährlich verlassen Diamanten im Wert von über 2 Mio. Karat das Land.

Uran wird in der Namib-Wüste bei Arandis gefördert. Doch der Weltmarktpreis schwankt stark; zeitweise war sogar der Fortbestand der Rössing-Mine fraglich. Dennoch wurden neue Lagerstätten erschlossen wurden, z. B. am Bergzug Langer Heinrich. Fukushima trübte die Aussichten weiter. 2016 war der Uran-Preis noch weit unten, dennoch legten die Chinesen bei Husab eine gigantische neue Mine an. Steigenden Preise für **Buntmetall** belebten die Bergwerke in Otavi und Tsumeb wieder.

Zink wird in Rosh Pinah modern und profitabel gewonnen.

Diamanten, Uran, Zink und Kupfer: Bergbauerzeugnisse erwirtschaften 8 % des Bruttoinlandprodukts, tragen 50 % zu den Deviseneinnahmen bei, beschäftigen aber nur 20 000 Personen – „Namibia produziert, was es nicht konsumiert, und konsumiert, was es nicht produziert"; ein Erbe der südafrikanischen Herrschaft.

Politische Perspektiven

Für ein Land mit einem so schweren Erbe aus Kolonialzeit und Apartheid verläuft die politische Entwicklung moderat. Aggressive Töne gegen die ehemaligen Besatzer sind selten, und als 2005 aufgebrachte Herero mit „Kill all Whites"-Schildern durch Windhoek zogen, wurden sie verhaftet und wegen Rassenhetze verurteilt.

Die Regierungspartei SWAPO hat die absolute Mehrheit, kleinere Parteien wie CoD (Congress of Democrats, eine Bewegung von SWAPO-Dissidenten), RDP (ebenfalls eine SWAPO-Abspaltung) und DTA (Turnhallenallianz) können deren Übergewicht wenig entgegensetzen. Die anderen im Parlament vertretenen Parteien repräsentieren ethnische Gruppen, so die APP der Kavango (eine SWAPO-Abspaltung), UDF (Damara) und NUDO (Herero).

Armut, Aids, Arbeitslosigkeit (ca. 50 %) und Analphabetentum (obwohl relativ niedrig im Vergleich zum Rest Afrikas) sind die großen Probleme. 35 % leben unterhalb der Armutsgrenze von 1 US$ pro Tag, 15 % der Erwachsenen sind mit HIV infiziert. Klimatische Gegebenheiten und Bodenbeschaffenheit lassen der Regierung wenig Spielraum für eine gerechtere Bodenverteilung, und der Bergbau schafft kaum Arbeitsplätze. So ist es die vorrangige Aufgabe, die Infrastruktur in den dicht besiedelten Gebieten des Ovambolandes zu verbessern und dort für Arbeit zu sorgen. Diese Förderung ruft andere Volksgruppen auf den Plan, die sich benachteiligt sehen, so z. B. die Herero. Tatsächlich haben Ovambo einen überproportionalen Anteil an Regierungs- bzw. Führungsämtern; es fließt mehr Geld nach Norden als z. B. in die Nama-Regionen im Süden, denn Ovamboland ist das Gebiet mit dem höchsten Konfliktpotential. Trotzdem ist Namibia ein durchaus stabiles und relativ sicheres Land mit einer funktionierenden Demokratie.

Foto: Thomas Stankiewicz

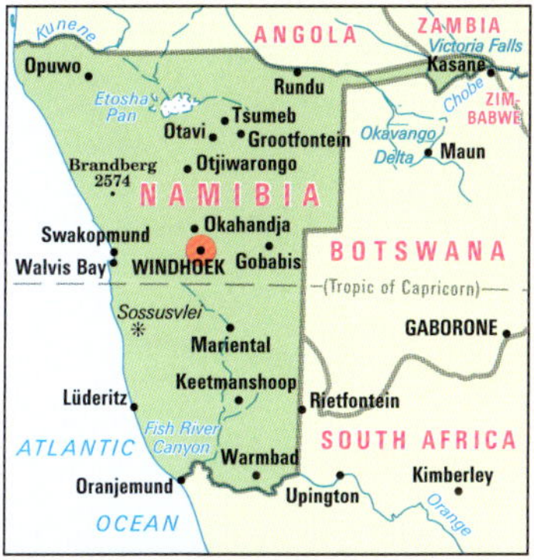

WINDHOEK

STADTBESICHTIGUNG

UMGEBUNG

WINDHOEK UND UMGEBUNG

★WINDHOEK

Nach einem langen Nachtflug erhellen die ersten Morgenstrahlen der südlichen Sonne die Landschaft, im Sinkflug zeichnen sich Einzelheiten des zerklüfteten Trockengebiets weit unten immer deutlicher ab, hier und dort glänzt eine bescheidene Wasserfläche, wirbelt ein Fahrzeug auf einer Piste eine Staubfahne auf, und schließlich taucht die Landebahn des **Airport Hosea Kutako** auf – des Internationalen Flughafens von Windhoek, 45 km östlich der Hauptstadt. Der geschäftige Regionalflughafen **Eros** liegt näher: im südöstlichen Stadtgebiet.

★**Windhoek** (gesprochen *Windhuk*, manchmal auch – kolonialdeutsch – so geschrieben) liegt in 1650 m Höhe, und die den Talkessel umgebenden Eros-Berge im Norden und das Khomas-Hochland im Westen wirken deshalb gar nicht so mächtig; selbst die am Moltkeblick 2484 m hohen Auas-Berge im Südosten und der „Großherzog-Friedrich-Berg" im Süden (2336 m) muten eher wie größere Hügel an. Das Hochlandklima ist angenehm und, bei 300 mm Regen pro Jahr, sehr trocken, was eine Herausforderung für die städtische Wasserversorgung darstellt.

Windhoeks Bevölkerung besteht überwiegend aus Weißen, Ovambo, Damara und Mischlingen. Die Einwohnerzahl der 645 km^2 großen Stadt beträgt, bei einer Zuwachsrate von 4 % pro Jahr, zwischen 330 000 und 400 000 – genau weiß es keiner; zu viele Menschen siedeln sich fortwährend am Stadtrand an. Auch wenn die Stadtverwaltung versucht, den neuen Vierteln eine menschenwürdige Infrastruktur mit Straßen, Kanalisation und Versorgungsleitungen zu geben, wenn sie neue Viertel eingemeindet, haben sich in der Zwischenzeit längst wieder neue Quartiere aus Wellblech, Holzlatten und Plastikverkleidungen gebildet.

Davon merkt man im Zentrum nichts: Schmucke Kolonialgebäude in Pastell künden – zwischen postmodernen Hochhäusern und Einkaufs-Malls – von der Zeit, als Namibia noch Deutsch-Südwest hieß und Windhoek den Charakter eines biederen deutschen Provinzstädtchens hatte. Mittlerweile mausert sich Windhoek zwar zu einer afrikanischen Multi-Kulti-Kapitale, aber *Windhoek Lager*, Oktoberfest, Karneval und die *Allgemeine Zeitung* gibt es noch immer, und germanische Spurensucher werden schnell fündig.

Links: Die Independence Avenue, Hauptstraße und Einkaufsmeile Windhoeks.

» Stadtplan S. 52-53, Info S. 68-69

WINDHOEK

Windhoek ist Wirtschafts- und Verwaltungszentrum, Verkehrsknoten und der Nabel der (eher bescheidenen) namibischen Kulturszene mit wenigen Kinos, Theater, Konzerten, mehrere Galerien und einigen Museen. Hier arbeitet die Regierung, wird Recht gesprochen, haben Firmen und Konzerne ihren Sitz. Hier treffen sich Geschäftsleute, Farmer und Müßiggänger. Wer einkaufen, „Kultur tanken“ oder den neuesten Klatsch hören will, kommt aus der Einsamkeit der Wüste in die Hauptstadt.

GESCHICHTE

Gegründet wurde die Hauptstadt Namibias 1837 an einer heißen Quelle von dem Nama-Kapitän Jonker Afrikaner. Vermutlich hieß sie damals *Wind Hoek* – Afrikaans für „windige Ecke“, was auf die Stadt bis heute zutrifft – oder aber *Winterhoek*; dieser Name soll zurückgehen auf eine burische Farm, auf der Jonker Afrikaner einst in Südafrika aufwuchs. Von hier zogen die Nama einmal im Jahr nach Norden ins Ovamboland und kehrten mit reicher Beute heim in ihren von Bergen umgebenen und vom Trockenflussbett des Groß-Windhoek-Rivier durchzogenen weiten Talkessel. Bald wurde der Name der Siedlung zu *Windhoek* verkürzt und dabei blieb es, bis auf die vorübergehende Änderung der offiziellen Schreibweise zu *Windhuk* während der deutschen Kolonialherrschaft. Zu Jonker Afrikaners Zeit, Mitte des 19. Jh., hatte die Siedlung bereits Tausende Einwohner und eine von Buren errichtete Kirche, verfiel dann aber wegen des Krieges zwischen Nama und Herero wieder.

Der 18. Oktober 1890 gilt als das offizielle Datum der Stadtgründung Windhoeks: An diesem Tag nahm der Kommandant der Deutschen Schutztruppe, Major Curt von François, den Ort in Beschlag und befahl den Bau der heute noch existierenden Alten Feste. 190 weiße Bewohner zählte man zu dieser Zeit. Um 1900 hatte sich die weiße Bevölke-

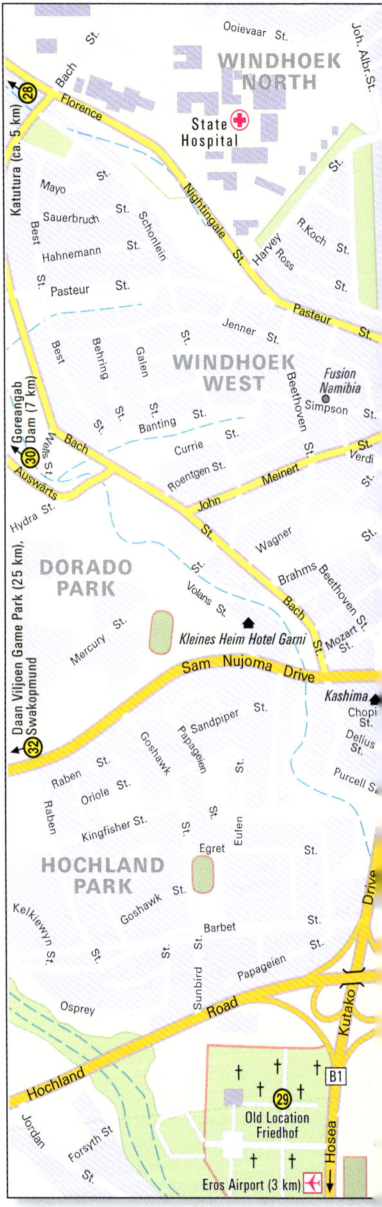

» Stadtplan S. 52-53, Info S. 68-69

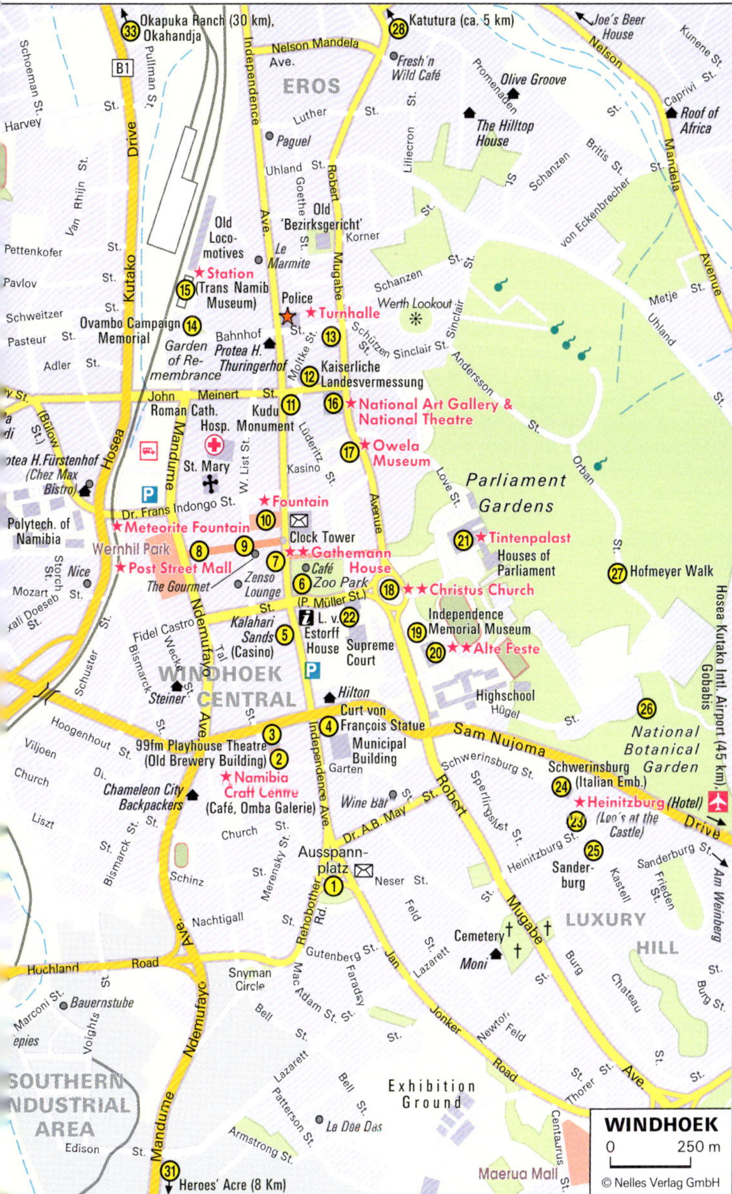
WINDHOEK
0 250 m
© Nelles Verlag GmbH
33 Okapuka Ranch (30 km), Okahandja
28 Katutura (ca. 5 km)
Joe's Beer House
Fresh 'n Wild Café
Olive Groove
The Hilltop House
Roof of Africa
EROS
Paguel
Old 'Bezirksgericht'
Old Loco-motives
Le Marmite
★ Station
15 (Trans Namib Museum)
Police
★ Turnhalle
13
Werth Lookout
14 Ovambo Campaign Memorial
Garden of Remembrance
Protea H. Thuringerhof
12 Kaiserliche Landesvermessung
11 Kudu Monument
16 ★ National Art Gallery & National Theatre
Roman Cath. Hosp.
St. Mary
17 ★ Owela Museum
Protea H. Fürstenhof (Chez Max Bistro)
Kasino
Parliament Gardens
★ Fountain
10
Polytech. of Namibia
★ Meteorite Fountain
Clock Tower
21 ★ Tintenpalast
Houses of Parliament
Wernhil Park
8
9
★★ Gathemann House
7
Café Zoo Park
6
★ Post Street Mall
Nice
The Gourmet
Zenso Lounge
18 ★★ Christus Church
27 Hofmeyer Walk
Kalahari Sands (Casino)
5
L. v. Estorff House
22
Supreme Court
19 Independence Memorial Museum
20 ★★ Alte Feste
WINDHOEK CENTRAL
Steiner
Hilton
Highschool
26 National Botanical Garden
Curt von François Statue
4
3 99fm Playhouse Theatre
2 (Old Brewery Building)
Municipal Building
Garten
★ Namibia Craft Centre (Café, Omba Galerie)
Chameleon City Backpackers
Wine Bar
24 Schwerinsburg (Italian Emb.)
★ Heinitzburg (Hotel)
23 (Leo's at the Castle)
25 Sanderburg
Ausspannplatz
1
LUXURY HILL
Cemetery
Moni
Snyman Circle
Bauernstube
SOUTHERN INDUSTRIAL AREA
Exhibition Ground
La Dee Das
Maerua Mall
31 Heroes' Acre (8 Km)
Hosea Kutako Intl. Airport (45 km), Gobabis
Am Weinberg
B1
Independence Ave.
Nelson Mandela Ave.
Hosea Kutako Drive
Sam Nujoma Drive
Robert Mugabe Avenue
Mandume Ndemufayo Ave.
Rehobother Rd.
Jan Jonker Road
Hochland Road
John Meinert St.
Dr. Frans Indongo St.
Fidel Castro St.
Dr. A.B. May St.
Sinclair St.
Schützen St.
Lüderitz St.
Love St.
Orban St.
Luther St.
Uhland St.
Goethe St.
Schanzen St.
Lillecron St.
Promenaden St.
Korner St.
Moltke St.
W. List St.
Schwerinsburg St.
Sperlingslust St.
Heinitzburg St.
Sanderburg St.
Kastell St.
Frieden St.
Church St.
Schinz St.
Nachtigall St.
Merensky St.
Neser St.
Feld St.
Lazarett St.
Gutenberg St.
Mac Adam St.
Faraday St.
Bell St.
Patterson St.
Armstrong St.
Edison St.
Voights St.
Marconi St.
Burg St.
Chateau St.
Newton St.
Thorer St.
Centaurus St.
Kunene St.
Caprivi St.
Britis St.
von Eckenbrecher St.
Metje St.
Anderson St.
Schoeman St.
Pullman St.
Harvey St.
Van Rhijn St.
Pettenkofer St.
Pavlov St.
Schweitzer St.
Pasteur St.
Adler St.
Storch St.
Mozart St.
Schuster St.
Bismarck St.
Wecke St.
Tal St.
Hoogenhout St.
Viljoen St.
Liszt St.
(P. Müller St.)
(Bülow St.)

rung verdreifacht, und nochmals zehn Jahre danach war sie auf 1500 Köpfe angewachsen. Mit dem Beginn des 1. Weltkriegs lebten in Windhoek 2000 Europäer; Südwestafrika war Deutschlands einzige Siedlungskolonie. 1894 öffnete die erste Schule ihre Pforten, zwei Lehrer besorgten den Unterricht. 1898 veröffentlichten die *Windhoeker Nachrichten* die erste Schlagzeile, Ärzte kamen, die Eisenbahn fuhr 1902 das erste Mal von Swakopmund kommend auf Schmalspur in Windhoek ein, man schuf Wasserleitungen, weitere Schulen entstanden. Die weißen Bewohner wählten 1909 erstmals einen Bürgermeister, Gustav Voigts. Zahlreiche Hotels sorgten für das leibliche Wohl der Gäste aus Übersee und der Besucher vom Land und trugen Namen wie *Großherzog zu Sachsen, Kaiserkrone, Thüringer Hof, Westfälischer Hof* oder *Zum Goldenen Hufeisen* – davon hat nur der Thüringer Hof (Independence Av., vormals Kaiserstraße) als Hotel überlebt.

Nach Ausbruch des 1. Weltkriegs endete die Glanzzeit kolonialen Lebens für die Deutschen in „Südwest"; die Briten, bzw. die Südafrikaner als ihr verlängerter Arm, übernahmen 1915 die Macht und internierten die deutschstämmigen männlichen Windhoeker. Mit Ende des 1. Weltkriegs, als Deutschland seine Kolonien verlor, kam das *Kaiserliche Schutzgebiet Deutsch-Südwestafrika* unter südafrikanische Treuhandverwaltung; Windhoek blieb Verwaltungssitz.

Als Folge der südafrikanischen Herrschaft gelangte später auch die Apartheid nach Windhoek und prägte die einzelnen Wohnviertel: Die Stadtmitte war den Weißen vorbehalten, nur wer als Schwarzer dort arbeitete, durfte hinein, musste aber in den für Farbige und Schwarze vorgesehenen Wohngebieten am Stadtrand wohnen. Rund um die Independence Avenue erstreckten sich die Wohnviertel der Weißen: *Suiderhof* und *Olympia* im Süden, *Pionierspark* und *Hochlandpark* im Westen, *Eros* und *Erospark* im Norden, und die vornehmen Viertel *Klein Windhoek* und *Ludwigsdorf* im Osten. Die Farbigen wurden in das Viertel *Khomasdal*, die Schwarzen nach *Katutura* (beide nordwestlich des Zentrums) gezwungen. Seit der Unabhängigkeit 1990 gilt zwar die freie Wohnortwahl für alle; doch die meisten Farbigen und Schwarzen sind aus finanziellen Gründen nicht in der Lage, dieses Recht einzulösen. Die meisten namibischen Firmen haben nach wie vor südafrikanische oder deutschstämmige Besitzer. Jedoch werden immer mehr koloniale Straßennamen afrikanisiert.

Beim Stadtbummel sollte man seine Wertsachen nicht zur Schau stellen!

Rechts: Moderne Hochhäuser und Einkaufszentren prägen heute das Bild der Hauptstadt Namibias.

STADTBESICHTIGUNG

Die städtische Hauptachse **Independence Avenue** hieß bis zur Unabhängigkeit 1990 **Kaiserstraße** und war von Anfang an die Hauptgeschäftsstraße der deutschen Südwester. Sie beginnt südlich des Zentrums am **Ausspannplatz** (1) und reicht weit in den Nordwesten Windhoeks bis nach Katutura. Weit und großzügig zeigt sich der Ausspannplatz noch heute. Den Namen verdankt er seiner ehemaligen Funktion: Die Waren wurden in der Zeit der Pioniere mit dem Ochsenkarren in die Hauptstadt gebracht. Den schweren vierrädrigen Wagen waren zur Bewältigung der steilen Steigungen in den Gebirgen bis zu 20 Ochsen paarweise vorgespannt. Um solch ein Monster von Fahrzeug zu wenden und die Tiere aus dem Joch zu nehmen, brauchte man viel Freifläche. Auf dem Platz stapelte man nach dem Entladen die Waren und sorgte für die Verteilung in der Stadt. Heute hat der Ausspannplatz wenig Attraktives zu bieten und dient vornehmlich als Verkehrskreisel, von dem aus man schnell in die Southern Industrial Area und zum Flughafen Eros gelangt,

» Stadtplan S. 52-53, Info S. 68-69

Foto: Volkmar E. Janicke

wo die nationalen Flüge und die kleinen Safari-Chartermaschinen starten.

★Namibia Craft Centre

Vom Ausspannplatz führt die **Tal Street** nach Nordwesten zum ★**Namibia Craft Centre** ②. In seinen Hallen befinden sich Verkaufsstände diverser Selbsthilfeorganisationen, die vielfältiges Kunsthandwerk herstellen und hier anbieten. Wer Souvenirs sucht und die Auswahl in entspannter Atmosphäre treffen möchte, ist hier richtig. Holzschnitzereien, Flechtarbeiten, Stickereien, Bilder – alles was Namibia an Kunstfertigkeiten hervorbringt, ist im Angebot, zudem locken hier mehrere **Cafés** und die bekannte **Omba Galerie**. Auch direkt von der Independence Avenue gibt es einen Zugang.

Das **99fm Playhouse Theatre** ③ befindet sich nebenan, ebenfalls in der Tal Street, in der **Alten Brauerei** (Old Brewery). Gedacht ist es für Musik-Events und Theatergruppen; es gibt dort auch ein **i-Café** mit W-Lan und ein **Bistro**.

François-Denkmal

Drei Minuten vom Ausspannplatz nach Norden die Independence Avenue entlang oder von der Tal Street aus über den Sam Nujoma Drive nach Osten erreicht man das **François-Denkmal** ④, das an den Stadtgründer Curt von François erinnert – lebensgroß und mit *Südwester Hut* ist der Offizier hier dargestellt. Anlässlich der Feier des 75-jährigen Stadtjubiläums schuf der südafrikanische Künstler Hennie Potgieter dieses Kunstwerk; das Apartheidregime des südlichen Nachbarn wusste die Kolonisierungsbestrebungen seiner deutschen Vorgänger durchaus zu würdigen. Eingeweiht wurde François' Abbild am 19. Oktober 1965 direkt vor dem ein Jahr zuvor fertig gestellten Gebäude der **Stadtverwaltung**.

Als Forschungs- und Vermessungsoffizier hatte François in Togo und Kamerun gearbeitet, als ihn der Ruf ereilte, für die Kolonialgesellschaft in Südwest tätig zu werden. Er reiste im Juni 1889 nach Teneriffa, übernahm dort das

Foto: Günther Lahr

Kommando über die Voraustruppe von 21 Soldaten und schiffte sich mit ihr nach Walvis Bay ein. Die die Independence Avenue hier querende Straße trug seinen Namen, bis man sie nach der Unabhängigkeit in **Sam Nujoma Drive** umtaufte, was der erste Präsident Namibias Nujoma selbst etwas bemängelte – er sei doch noch gar nicht tot...

Die Independence Avenue wird ab hier richtig großstädtisch, die Häuser höher, die Geschäfte zahlreicher. Flaneure, eilende Geschäftsleute und Touristen bevölkern die Gehsteige. Das vielstöckige **Casino** und Hotel **Kalahari Sands** (5) auf der Westseite und das neue Hotel **Hilton Windhoek** (Ostseite) bestimmen diesen Abschnitt der Hauptstraße. Gegenüber dem Kalahari Sands breiten Händler **Kunsthandwerk** aus; Flechtwerk, Holzarbeiten, Schnitzereien und Stickereien etc.

Oben: Das Gathemannhaus ist Teil eines Gebäudekomplexes aus der deutschen Kolonialzeit. Rechts: Den Eingang zur Fußgängerzone Post Street Mall markiert der historische Uhrturm.

Zoo Park und ★Gathemannhaus

Hier kreuzt die **Fidel Castro Street**, die bis 2002 noch als **Peter Mueller Street** in den Stadtplänen stand und von vielen Windhoekern weiterhin so genannt wird. Peter Müller war von 1911-1916 und 1920-1922 Bürgermeister der Stadt. (Folgt man hier der Fidel Castro Street nach Osten, kommt man zur Christuskirche und den Regierungsgebäuden, s. S. 62.)

Es geht weiter nordwärts, an Einkaufszentren und Bürotürmen vorbei. Ein grüner, von hohen Bäumen beschatteter Rasen lädt zum Verweilen ein, der **Zoo Park** (6). Er ist zwar jüngeren Datums, doch die Artefakte, die hier 1961 gefunden wurden, reichen tief in die namibische Geschichte: 5000 Jahre alte Elefantenknochen. Als Denkmals- und Truppengarten nahm die innerstädtische Grünflache 1897 ihren Anfang: Damals enthüllte der Schutztruppenkommandeur Leutwein hier ein Denkmal, das den Sieg über die Witboois in der Naukluft feierte. 1904 waren dann

» Stadtplan S. 52-53, Info S. 68-69

schon Bäume gepflanzt und Wege angelegt, 1916 wurde im Park ein Zoo abgetrennt, dessen Tiere Farmer aus dem ganzen Land spendierten. Der Zoo verschwand 1963, nachdem der Park bereits 1956 aufgrund der Verbreiterung der Kaiserstraße verkleinert wurde. In den 1990er Jahren verpasste man dem Park ein Facelifting. Das luftige **Zoo Café** mit Terrasse unter Palmen ist immer gut besucht. Heute sind die Grünflächen zur Mittagszeit beliebter Treffpunkt und Lagerplatz für Jung und Alt, für Weiß und Schwarz. Im **Amphitheater** in der Parkmitte treten v. a. am Wochenende Künstler auf. Hier findet auch alljährlich das städtische Kulturfest *|Ai-||Gams* statt.

Wer sich hier ausruht, schaut direkt auf drei in die moderne Häuserfront der anderen Straßenseite eingebundene historische Gebäude. Zwei- bis dreistöckig zeigen sich von Süd nach Nord das ehemalige Hotel Kronprinz, das Gathemannhaus und das Erkrathhaus. Das Ensemble wird der Einfachheit halber als ★**Gathemannhaus** (7) bezeichnet und geht auf den Architekten Wilhelm Sander zurück. Das *Genossenschaftshaus* entstand 1910, drei Jahre vor dem Gathemannhaus und dem dann folgenden *Hotel Kronprinz*. Geschickt nahm Sander die Architektur des ersten Gebäudes auf und schuf mit Material- und Linientreue einen einheitlichen Gesamtkomplex. Das beliebte **Restaurant Gathemann** befindet sich übrigens in der ersten Etage des früheren Hotels Kronprinz.

Dem Namen Wilhelm Sander wird der Besucher in den namibischen Städten und Städtchen häufig begegnen, war Sander doch *der* Baumeister des Landes und prägte mit seinen Entwürfen nicht nur Windhoek. Er kam 1901 40-jährig aus Berlin nach Swakopmund und blieb. 1922 zog er dann nach Lüderitz, wo er 1930 verstarb. Zurück blieb der Stein gewordene deutsche Kolonialstil: luftige Bauten mit Veranden, romantische Burgen, verspielte Schlösschen.

Foto: Volkmar E. Janicke

★Post Street Mall

Nächster Fotostop ist der markante **Uhrturm** am Eingang zur Post Street Mall, gegenüber der nördlichen Ecke des Zoo Parks. Der Umriss des wie ein Fachwerkbau aussehenden Türmchens spiegelt sich in der Fassade eines der modernen Bankgebäude in der ★**Post Street Mall** (8). 1989 hatte die Stadtverwaltung diese erste **Fußgängerzone** Windhoeks geschaffen, eine Flaniermeile mit Boutiquen, Kaufhäusern, Pavillons und Lokalen neben den Prestigesitzen der Banken und Versicherungen. Dazwischen tummeln sich unzählige Anbieter typischen und weniger typischen Kunsthandwerks, die ab 8 Uhr ihre Tische aufbauen und ihre Produkte im Rahmen eines **Straßenmarktes** um den ★**Meteoriten-Brunnen** (9) herum drapieren. 31 Bruchstücke eines Meteoritenschauers bilden diese originelle Installation. Die Sternschnuppe ging irgendwann vor 13 000 bis 30 000 Jahren im Süden Namibias bei Gibeon zu Boden und hinterließ 4,6 Milliarden

Foto: Thomas Stankiewicz

Jahre alte Eisenmeteoriten-Fragmente, auf einer Fläche von 370 x 185 Kilometern. Der Geologe Dr. Range, Mitglied des Kaiserlichen Institutes, entdeckte die außerirdischen Spuren und förderte 12,5 t Gestein zutage, die teils an Forschungsinstitute in der ganzen Welt abgegeben wurden. Auch heute noch werden bisweilen Meteoritenteile entdeckt.

Ebenfalls in der Mall befindet sich das Gebäude **Kaiserkrone**. Dessen Wurzeln gehen auf 1899 und den Baumeister Otto Busch zurück; seither wechselten zwar häufig die Besitzer, aber noch immer residiert in der Kaiserkrone eines der beliebtesten Restaurants – heutzutage sitzt man im ruhigen **Innenhof** des Gebäudekomplexes unter Palmen und speist in einem eleganten Restaurant mit dem programmatischen Namen **The Gourmet**.

Am westlichen Ende der Mall gelangt man, über die um das Zentrum herumführende Hauptverkehrsader Mandume Ndemufayo Avenue hinweg, zum **Einkaufszentrum Wernhil Park**. Mandume ya Ndemufayo war zu Beginn des 20. Jh. König der Ovambo. Er schuf für sein Volk zentralistische Strukturen, die es ihm ermöglichten, einerseits die Willkürherrschaft des eigenen Adels zu begrenzen und sich andererseits zugleich militärisch erfolgreich den portugiesischen Kolonialherren auf seinem Territorium jenseits und nördlich des Kunene entgegenzustellen.

Nördlich parallel zur Post Street Mall verläuft die schmale Geschäfts-Passage **Levinson Arcade**. In ihr zieren bronzene Guinea Fowls – Perlhühner – einen dekorativen ★**Brunnen** (10). Geschaffen wurden die Wasserspiele von der in Namibia lebenden deutschen Künstlerin Dörte Berner (s. S. 35).

Gerne besuchen deutschstämmige Farmer auf Stadtvisite das **News Café Central** in der Passage, das Mittagstisch, Kaffee und Kuchen serviert.

Oben: Der Meteoriten-Brunnen in der Post Street Mall. Rechts: Die „Kaiserkrone" – ein Restaurant mit über 100-jähriger Tradition.

» Stadtplan S. 52-53, Info S. 68-69

Foto: Thomas Stankiewicz

Kudu-Denkmal

Nördlich der Post Street Mall folgen moderne Banken- und Regierungsgebäude, bis ein kleines bronzenes Kudu nahe der Lüderitz Street wieder die Vergangenheit heraufbeschwört: Das **Kudu-Denkmal** (11) wurde zur Erinnerung an die große Rinderpest von 1896 aufgestellt. Da der Seuche auch viele Wildtiere zum Opfer gefallen waren, entschied man sich dafür, einen Kudubullen abzubilden, den der Münchner Kunstprofessor Professor Fritz Behn – der 1930 das Bremer Kolonialdenkmal, einen Backstein-Elefanten, geschaffen hatte – 1960 in Metall goss. Initiatorin war die Kunstmäzenin Olga Levinson.

Kaiserliche Landesvermessung

Das flache Gebäude auf der anderen Seite der Kreuzung stammt aus dem Jahr 1902. Seine von Veranden gerahmte Fassade schmückt noch heute die stolze Bezeichnung seiner früheren Bestimmung: **Kaiserliche Landesvermessung** (12). In ihm wurde die Kolonie endgültig in Besitz genommen, hier entstanden die Karten, die eine Aufteilung von Deutsch-Südwest unter seinen neuen Herren überhaupt erst ermöglichten.

★Turnhalle

Nimmt man die Bahnhof Street nach Osten, gelangt man zur ★**Turnhalle** (13). Erbaut 1909 und 1912 erweitert, war sie, abgesehen von einem Intermezzo als südafrikanische Offiziersmesse, bis in den 2. Weltkrieg hinein Sitz des 1906 gegründeten *Windhoeker Turnvereins*. Architekt war Otto Busch, die Erweiterung zum heutigen Erscheinungsbild nahm Busch zusammen mit Wilhelm Sander vor. Finanziert wurde die Sporthalle vom Verein und durch eine vom Gouverneur genehmigte Lotterie. Die Vorderseite erhielt ein Rundbogenportal, als Gegengewicht wurde der Fassade ein Giebelrisalit hinzugefügt. Sander verschloss bei der Erweiterung den Eingang und verlegte ihn zum neu

» Stadtplan S. 52-53, Info S. 68-69

geschaffenen, etwas zurückgesetzten Giebel, der sich mit zwei Loggien übereinander auch heute noch durchaus repräsentativ der Straße zuwendet.

Die Turnhalle ist ein historisch wichtiger Ort: Am 1. September 1975 versammelten sich hier die elf ethnischen Gruppen des Landes zu einer Konferenz, bei der eine neue Verfassung für Südwest-Afrika beraten wurde. Aus dieser Konferenz ging die Partei *Demokratische Turnhallen-Allianz* (DTA) hervor – Wegbereiter für die Abschaffung der Apartheid-Gesetze. Aktuell residiert in der komplett renovierten Turnhalle das neu gegründete Tribunal der Entwicklungsgemeinschaft Südliches Afrika (SADC).

Garden of Remembrance

Auf der Bahnhof Street nach Westen gelangt man zum **Garden of Remembrance** (14) auf dem Platz vor dem Bahnhof. Den kleinen Park schmückt das **Ovambo Campaign Memorial**. Der Obelisk erinnert mit einer Gedenktafel an den Feldzug, den die Südafrikaner im 1. Weltkrieg gegen die Ovambo unternahmen, nachdem sie die deutschen Kolonialtruppen geschlagen hatten. Zum Jahreswechsel 1916/17 zogen sie nach Norden gegen die Männer von König Mandume Ndemufayo. Der König hatte den Panzerfahrzeugen der Südafrikaner kaum etwas entgegenzusetzen und fiel bei den Kämpfen.

★Windhoeker Bahnhof

An der Nordseite des Bahnhofsvorplatzes ziehen die museal arrangierten Oldtimer-Lokomotiven die Aufmerksamkeit auf sich. 1902 machte der erste Zug der *Staatsbahn* aus dem 382 km entfernten Swakopmund am damals schlichten **★Windhoeker Bahnhof** (15) Station. Das heutige repräsentative Steingebäude konnte 1912 mit der Fertigstellung der Nord-Süd-Schienenverbindung eingeweiht werden. Im gleichen Jahr fuhr der erste „Schnellzug" auf Kapspurbreite (1067 mm) aus Swakopmund kommend ein. Nur 14 Stunden hatte er für die Strecke benötigt. Damit war die Ära der Feldbahnloks auf dieser Route (nicht aber auf den Erzbahngleisen) zu Ende, die wie Zwillinge im Doppelpack – Rücken an Rücken aneinander gekoppelt – die Waggons über die 600-mm-Schmalspurgleise ins Bergland zogen. Eine davon, eine **Henschel-Lokomotive** von 1900 („Illing" genannt, wenn die Zwillingslok fehlte), ist vor dem Bahnhof zu sehen. Daneben steht ein südafrikanischer minensicherer **Schienenpanzerwagen**. Einen Blick in den Bahnhof sollte man auf alle Fälle werfen, nicht nur, wenn der Luxuszug **Desert Express** für seine Reise nach Swakopmund abgefertigt wird.

Rechts: Der Windhoeker Bahnhof nahm 1902 seinen Betrieb auf und erhielt 1912 dieses repräsentative Steingebäude.

Das **TransNamib Museum** im 1. Stock des Bahnhofsgebäudes ist einen längeren Besuch wert. Zahlreiche ehrenamtlich zusammengetragene und verwaltete Exponate dieses Transportmuseums dokumentieren die Geschichte des Baus, des Unterhaltes und der Administration der namibischen Schienenwege über mehr als ein Jahrhundert, darunter auch Kuriosa wie ein „Apartheid-Sanitätskasten".

★Nationalgalerie und Nationaltheater

Zwei sehenswerte staatliche Kultureinrichtungen befinden sich wenige Meter östlich des Kudu-Denkmals und sind über die John Meinert Street erreichbar. Die **★Nationalgalerie** (16) (National Art Gallery of Namibia) präsentiert eine ständige Ausstellung mit Werken zeitgenössischer Künstler aus Namibia und den Nachbarländern, aber auch beachtliche Exponate europäischen Kunstschaffens. Die **Wechselausstellungen** bieten auch unbekannteren

» Stadtplan S. 52-53, Info S. 68-69

Foto: Friedrich H. Köthe

Künstlern des Landes ein Forum. Einen wichtigen Beitrag will die Galerie zudem als Anlaufpunkt und Fokus eines Netzwerkes leisten, das Regierung, pädagogische Einrichtungen und private Institutionen als Förderer mit Künstlern zusammenbringt.

Thematisch passt auch das **Nationaltheater** zum Viertel. Fast täglich gibt es eine Vorstellung und das Theater ist mit Ballett, Konzerten und Dramen ein fester Bestandteil des kulturellen Lebens („Off-Broadway-Stücke" werden im 99fm Playhouse Theatre in der Talstreet gespielt, s. S. 55).

★Owela Museum

Das ★**Owela Museum** (17) zeigt eine der beiden permanenten Ausstellungen des **Nationalmuseums Namibias** (die andere ist in der Alten Feste). Es widmet sich der **Ethnologie** und der **Naturgeschichte** Namibias. Figuren in Schaukästen zeigen für bestimmte Volksgruppen typische soziale Situationen im Kontext ihrer ursprünglichen Umgebung; deshalb sind die **Dioramen** immer wieder umstritten. Denn Platz haben nur „schwarze" Ethnien gefunden, die „weißen" sind nicht dargestellt. So sollte man die ethnografische Abteilung als das nehmen, was sie ist – eine Sammlung aus der kolonialen Vergangenheit Namibias. Die Ausstellung zu **Flora** und **Fauna** des Landes entschädigt dafür mit einer detaillierten Präsentation des Pflanzen- und Wildreichtums.

In der Mittagspause spielen die Angestellten vor dem Eingang ein beliebtes afrikanische Brettspiel, das dem Museum seinen Namen gegeben hat. In Namibia wird es *Owela* genannt.

★★Christuskirche

Vom Owela Museum gelangt man über die Robert Mugabe Avenue zu einer Hauptsehenswürdigkeit Windhoeks: Wie vor 100 Jahren stehen auf sattgrünem Rasen hoch über dem Zentrum noch die Christuskirche und die Alte Feste. Der früher hier posierende Südwester Reiter wurde mittlerweile in

Foto: Harald Mielke

den Hof der Alten Feste verbannt und von Sam Nujoma abgelöst. Auch der Tintenpalast steht in der Nähe.

Die ★★**Christuskirche** (18) wurde als Friedenskirche gebaut, mahnend, den schwer erkämpften Frieden zu bewahren – wie ihre Schwesterkirchen in den damaligen deutschen Kolonien Tsingtao (Shandong, China) und Dar-es-Salaam (Tansania). Beschlossen wurde der Bau einer evangelisch-lutherischen Kirche bereits 1896, doch stritt man lange über den Standort (der 1898 bestimmt wurde) und noch länger über die Baupläne. Als man sich geeinigt hatte, kam 1904 der Krieg mit den Herero dazwischen; erst am 11. August 1907 wurde der Grundstein gelegt. Gouverneur von Lindequist war anwesend und natürlich der Baumeister – der 1871 in Deutsch-Südwest geborene Gottlieb Redecker, der auf 15 Jahre Studium und Berufserfahrung in Deutschland verweisen konnte. Er orientierte sich am Eisenacher Regulativ von 1861, das bestimmte Vorgaben für den Kirchenbau festlegte. So sollte der Grundriss die Kreuzform annehmen und der Chor in Richtung Osten zeigen. Bestes Material transportierte man mit der Feldbahn herbei – Quarzitsandstein sollte die Jahrhunderte überdauern.

Oben: Die evangelisch-lutherische Christuskirche wurde ab 1907 im Stil des Historismus erbaut und 1910 geweiht.

Der **Turm** ragte bei Fertigstellung der Kirche nach drei Jahren Bauzeit 42 m hoch in den Himmel. Statt der geplanten 180 000 Mark wurde der doppelte Betrag verbraucht. Allein 70 000 Mark betrugen die Frachtkosten – etwa für den Carrara-Marmor des Portals oder die drei Bronzeglocken –, obwohl die Reederei Woermann Rabatte gewährte. Zur Kirchenweihe 1910 bekam Redecker im Namen des Kaisers von dessen Stellvertreter, dem Gouverneur, den Roten Adlerorden IV. Klasse verliehen.

Stilistisch ist die Kirche dem Historismus verpflichtet und greift romanische und gotische Elemente auf, die durch die Jugendstil-Schwünge der Giebel abgeschwächt werden. Sehenswert

» Stadtplan S. 52-53, Info S. 68-69

sind die bemalten **Glasfenster** und die Kopie eines Rubens-Gemäldes. (Falls geschlossen: Kirchenschlüssel beim benachbarten Gemeindebüro. **Deutscher Gottesdienst** sonntags um 10 Uhr.)

Unabhängigkeitsmuseum

Das (19) **Unabhängigkeitsmuseum** (Independence Memorial Museum) wurde 2014 eröffnet. Die erste Statue davor zeigt den ersten Präsidenten Namibias **Sam Nujoma**. Die zweite Skulptur, das **Genozid-Denkmal**, zeigt ein Paar, das seine Ketten sprengt – stilistisch von Nordkorea geprägt. Dieses Monument soll an den Völkermord 1904 erinnern, es steht am zweiten Standort des Reiterdenkmals (s. unten).

★★Alte Feste

Das Nationalmuseum Namibias ist im Owela-Museum und der ★★**Alten Feste** (20) untergebracht, die nie einen Angriff abwehren musste. Derzeit ist sie offiziell geschlossen wegen geplanter Sanierung, der Innenhof aber noch zu besichtigen. Grundsteinlegung war am 18. Oktober 1890. Ursprünglich hatte der militärische Zweckbau nach außen keine Fenster und keine Veranden. Die Kammern waren um einen **Innenhof** gruppiert, der in Anlehnung an römische Baukonzepte (*atrium* mit *impluvium*) als Wassersammler diente. Die Zisterne befand sich unter dem Hof in der Atriummitte. Ecktürme und Zinnen sollten die Verteidigung erleichtern. Schon 1895 baute man die Schatten spendenden **Veranden** an, 1912 wurden die Zinnen abgebrochen. 1915 – der Krieg war für Südwest zu Ende – nahm in der Alten Feste der Generalstab der südafrikanischen Besatzungsarmee Quartier.

Seit 1962 dient der Komplex als **Museum** und konserviert u. a. Schutztruppen-Gemälde von Carl Becker. Seit 1997 widmet sich die darin untergebrachte Ausstellung auch der Sozialgeschichte des Landes. Beleuchtet werden die Christianisierung, das Nomadentum, der frühe Handel, Kolonialisierung, der nationale Widerstand 1904-1908, der Befreiungskampf ab 1966 bis zu Unabhängigkeit und die Vorbereitungen der ersten demokratischen Wahlen unter den Augen der UN und mit Beteiligung zahlreicher Polizisten aus aller Welt, deren Uniformen ausgestellt sind.

Im Hof der Alten Feste sitzt der bronzene **Südwester Reiter** überlebensgroß auf seinem Pferd. Geschaffen wurde er ab 1909 vom Berliner Bildhauer Adolf Kürle, der ihn in der Reichshauptstadt in Bronze gießen ließ. Per Schiff kam das Denkmal nach Südwest und stand von 1912 bis 2009 südlich der Christuskirche, ehe es erst für das neue Unabhängigkeitsmuseum (Independence Memorial Museum) und dann 2013 nochmals für ein Kolonialkriegsdenkmal seinen Platz räumen musste. Das martialische Monument ist ein Dorn im Auge mancher Schwarzer. Es sollte Symbol für den landnehmenden deutschen Pionier sein; eine (beim Umzug beschädigte) Gedenktafel listet die Opfer „für Kaiser und Reich" auf, die Kämpfe wie der „Hottentottenaufstand" bei der Kolonisierung von 1903-1908 auf deutscher Seite kosteten: 1749 Soldaten und Zivilisten und ein Kind. Doch an die Zehntausende Toten der anderen Seite erinnert kein Wort.

★Tintenpalast

Hinter der Christuskirche beginnt ein schöner **Park**, der **Tintenpalastgarten**, dessen Palmen und Jacaranda-Bäume den ★**Tintenpalast** (21) fast verbergen. Er ist heute Sitz der **Nationalversammlung** und war früher das Verwaltungszentrum von Deutsch-Südwest. Bis 1913 war die Administration des Schutzgebietes auf sieben Gebäude verteilt, vier Jahre der Planung waren über Land und Berliner Reichskolonialamt gegangen, bis man sich endlich auf ein Gemeinschaftskonzept der Architekten Redecker und Sander einigte und 1912 der

Foto: Volkmar E. Janicke

Foto: Andreas Jürgensmeier / AndreasJ (Fotolia)

Oben: Vorher/Nachher – wo bis 2009 der Südwester Reiter stand, winkt nun Sam Nujoma mit der Verfassung, vor dem von Nordkorea gebauten und gestalteten neuen Unabhängigkeitsmuseum.

Grundstein gelegt werden konnte; nach einem Jahr war der gewichtige Bau fertig. Klare Linien entwachsen dem Fundament aus Bruchsandsteinmauerwerk, weit kragt das Wellblechdach über die ringsum laufenden **Veranden**, die durch Rundsäulen vertikal gegliedert sind. Zweckmäßig und eindrucksvoll verlässt der koloniale Baustil in der Architektur des Tintenpalastes den oft überladen wirkenden wilhelminischen Geschmack und wird zu bester Funktionsarchitektur. Die darin tätigen deutschen Beamten jedoch klecksten weiter Tinte auf ihre Formulare, und so erhielt das Gebäude bei den Südwestern seinen Spitznamen.

Ludwig-von-Estorff-Haus

Wenige Schritte unterhalb der Christuskirche, Richtung Zentrum, steht an der Fidel Castro Street (vormals Peter Mueller Street) das **Ludwig-von-Estorff-Haus** (22). Es wurde 1891 als Messe der Truppenhandwerker errichtet, die große Veranda an der Nordseite kam 1898 hinzu. Ab 1902 wohnte in dem Haus für acht Jahre der Generalmajor von Estorff, zu jener Zeit Kommandant der Schutztruppe. Hübsch und aufwändig saniert, beherbergt es heute das **Goethe-Zentrum**, *das* deutsche Kulturzentrum Namibias, mit wechselnden Ausstellungen.

★Heinitzburg

Romantisierend bauten Südwester Bürger Burgen in ihrer neuen Heimat: Südöstlich des Zentrums – 10-15 Minuten Fußmarsch entfernt – stehen auf drei Hügeln Heinitzburg, Sanderburg und Schwerinsburg.

Zu besuchen ist nur die ★**Heinitzburg** (23) – wenn man dort Hotelgast ist oder im **Restaurant** speist, nachmittags im **Garten** Kaffee und Kuchen bestellt oder bei einem Long Drink den schö-

» Stadtplan S. 52-53, Info S. 68-69

nen Sonnenuntergangsblick genießt. Der Architekt Wilhelm Sander hatte die Burg 1916 für sich selbst als „Junggesellenunterkunft" errichten lassen. Zahlreiche Umbauten und Erweiterungen verwandelten das Schlösschen in ein heute von der deutschen Politprominenz auf Namibia-Besuch bevorzugtes **Luxushotel** mit entsprechenden Preisen. Ein **Pool** wurde übrigens schon von Sander eingebaut. Namenspatin soll Margarethe von Heynitz, die Gattin des Grafen von Schwerin, gewesen sein.

Schwerinsburg

Die **Schwerinsburg** (24) ist ebenfalls ein Sander-Werk: Hier auf dem Hügel stand ursprünglich *Sperlingslust*, eine Ausflugsgaststätte mit Biergarten, die dem Architekten selbst gehörte. Zahlungsprobleme führten jedoch zu Enteignung und mehrfachem Besitzerwechsel, bis *Sperlingslust*, inzwischen schon verfallen, im April 1913 vom Grafen Schwerin gekauft wurde. Sander bekam den Auftrag für den Umbau: Er schuf eine mittelalterliche Höhenburg mit Palas und Turm. Nebengebäude und Mauern bildeten einen Ring, so dass ein **Innenhof** auf dem Felsen entstand. Selbst ein Ziehbrunnen fehlte nicht. Wünschelrutengänger hatten eine Stelle ausfindig gemacht, an der Sander die mit 18 Ochsen bergauf gezogene Bohrmaschine ansetzen ließ. Bei einer Tiefe von 100 m begann das Wasser zu sprudeln.

Die **Italienische Botschaft** in Namibia hat in der Burg ein standesgemäßes Quartier gefunden.

Sanderburg

Auch die **Sanderburg** (25) entsprang dem Reißstift des nämlichen Architekten. Nachdem er die Heinitzburg an den Grafen von Schwerin verkauft hatte, baute Sander sich eine neue Burg, die 1917 fertig wurde. Sie ist bis heute in Privatbesitz.

Botanischer Garten

Der 12 ha große **Botanische Garten** (26) am Sam Nujoma Drive ist ein beliebtes Spaziergängerziel. Er zeigt Pflanzen in ihrer natürlichen Umgebung, vor allem Gewächse aus der Gegend um Windhoek. Täfelchen informieren über Pflanzennamen und -besonderheiten. Ein Besuch lohnt besonders im April und Mai zur Blüte der *Aloe litteralis*, der Wappenpflanze der Stadt.

Aloe Trail (Hofmeyer Walk)

Zur gleichen Zeit blühen auch die wild wachsenden Aloen entlang des **Aloe Trail** (**Hofmeyer Walk**) (27). Der Spazierweg verläuft steinig auf Hügelrücken am Tal von Klein Windhoek entlang und führt in einer Stunde von der Orban Street zu Sinclair Street. Bei Sonnenuntergang wirkt die Szenerie hier oben nahezu magisch, zieht jedoch auch Kriminelle an; also: Vorsicht!

Katutura

Ende der 1950er Jahre, zur Apartheid-Zeit, wurden die Stadtviertel Khomasdal für die farbige Bevölkerung und Katutura für die schwarzen Namibier bestimmt. **Katutura** (28) entstand zeitgleich mit dem Beginn des Unabhängigkeitskampfes der SWAPO. Bis 1959 lebten die schwarzen Wanderarbeiter, die zumeist aus dem Ovamboland stammten, aber in Windhoek beschäftigt waren, in einem zentrumsnäheren Viertel, dort, wo sich heute das Quartier Hochlandpark ausbreitet.

Mit der zunehmenden Expansion Windhoeks wollte die Stadtverwaltung die schwarzen Arbeiter weiter in den Norden umsiedeln, ihr damaliges Wohnviertel – heute **Old Location** genannt – war für die Villen der Weißen vorgesehen. Die Schwarzen wehrten sich mit Versammlungen und friedlichen Demonstrationen. Als Antwort besetzte die Polizei die Old Location

» Stadtplan S. 52-53, Info S. 68-69

Foto: Friedrich H. Köthe

und provozierte damit Unruhen. Elf Schwarze und Farbige wurden am 10. Dezember erschossen, darunter einer der Anführer (Willem Cloete) und eine Frau. Es erging die Weisung des südafrikanischen Generaladministrators D. T. Viljoen (nach dem immer noch das Erholungsgebiet westlich der Stadt benannt ist), die schwarzen und farbigen Verwundeten medizinisch nicht zu versorgen. Das Rote Kreuz verweigerte daraufhin die Lieferung von Blutkonserven, die Kirche schwieg, und die Bewohner der Old Location mussten schließlich umziehen in ihr neues Viertel, dem sie den Namen *Katutura* gaben – „der Ort, an dem wir nicht bleiben wollen".

Der **Old Location Friedhof** (29) im Viertel **Hochland Park** an der Hochland Road, auf dem die Toten des 10. Dezember ein gemeinsames Grab fanden, ist heute ein Nationalmonument. Ein kleines **Museum** – das **Old Location Historical House** – soll hier eingerichtet werden.

Oben: Die Sanderburg ist benannt nach dem Architekten Wilhelm Sander, der den deutschen kolonialen Baustil in Namibia wesentlich geprägt hat.

Durch Katutura sollte man sicherheitshalber nicht alleine fahren, sondern fachkundige Führung in Anspruch nehmen. Eines der Unternehmen, die Touren durch Katuturua und Khomasdal anbieten, ist das von NACOBTA unterstützte *Face to Face Tours* (s. S. 69). Man besichtigt die einzelnen **Wohnviertel**, den großen **Markt** und je nach Vereinbarung auch ein **Bürgerzentrum** oder **Restaurant**.

Die Wohngebiete der einzelnen Ethnien waren streng getrennt; kein Herero durfte neben einem Nama, kein Damara neben einem Ovambo wohnen. Die winzigen und schnell überbelegten Häuschen in den zugewiesenen Wohngebieten hatten Nummern, denen ein Buchstabe vorangestellt war: H für Herero, N für Nama, D für Damara, O für Ovambo und G, wenn die Ehe „gemischtrassig" war.

Etwa 80 500 Einwohner hat Katutura heute, und die Stadt achtet darauf, dass die Häuser an die Versorgungsleitungen angeschlossen sind, dass Einkaufszentren entstehen und dass sich ein normales Leben entwickeln kann. Denn die ökonomischen Voraussetzungen dafür, dass jeder aus Katutura weg- und in die besseren Viertel umziehen könnte, sind für den Großteil der hier Lebenden nicht gegeben.

Goreangab Dam / Penduka

Der **Goreangab Dam** (30), 10 km vom Zentrum am westlichen Ende Katuturas, war zu Zeiten der Apartheid ein beliebtes Tagesausflugsziel der weißen Städter; an den Ufern des künstlichen Sees hatten sie ihren Jachtclub. Nach der Unabhängigkeit wurde die Umgebung zum Siedlungsgebiet für Landflüchtlinge, die Arbeit suchten. Schließlich löste man den Jachtclub auf und verkaufte das Areal an ein Selbstverwaltungsprojekt, das sich die Unterstützung arbeitsloser Frauen auf die Fahne geschrieben hatte: Penduka – „Wach auf" in der Herero-Sprache. **Penduka** hilft den Frauen beim Aufbau einer neuen Existenz im Bereich des Kunsthandwerkes und der Textilverarbeitung. In einem **Laden** gibt es traditionelle Kleider und Haushaltswaren zu erwerben, im **Penduka Boma Restaurant** – mit Blick auf den Stausee – kann man namibische Speisen kosten. Auch Übernachten ist möglich. Ein Shuttle-Dienst holt Besucher im Stadtzentrum ab. Eine Vorausbuchung für Essen und Unterkunft ist unbedingt notwendig.

UMGEBUNG VON WINDHOEK

Heroes' Acre

Der **Heroes' Acre** (31) liegt im Süden Windhoeks an der Hauptstraße knappe 10 km vom Zentrum. Auf dem mit einem 3 km langen Zaun abgetrennten Gelände können 5000 Menschen sitzen und den gewaltigen Obelisken, die **Ewige Flamme** oder die 8 m hohe Skulptur des **Unbekannten Soldaten** bestaunen. Hier ruhen in über 174 Gräbern die im Unabhängigkeitskampf gefallenen Helden. Am 26. August 2002 hielt der damalige Präsident Sam Nujoma die erste Rede auf dem von Nordkoreanern konzipierten Ensemble.

Daan Viljoen Wildpark

Der **Daan Viljoen Wildpark** (32) befindet sich 25 km westlich der Stadt an der Überlandstraße C28 nach Swakopmund. Das **Rastlager** von Daan Viljoen wurde privatisiert und nach Renovierung mit Zeltplätzen, neuen Chalets und **Restaurant** wiedereröffnet.

Inmitten der Hügel des Khomas-Hochlandes leben Bergzebras, Kudus, Elands und weitere Antilopenarten. Auch Vogelbeobachter kommen auf ihre Kosten, da der Park mit der Wasserfläche des **Augeigas Dam** und dessen grünen Ufern die Avifauna anzieht. Mit dem Auto, zu Fuß oder dem Mountainbike (Verleih) kann man sich auf Entdeckungsreise begeben. Auf drei **Wanderwegen** (3, 9 und 32 km) erlebt man den Busch Namibias intensiv.

Okapuka Ranch

Okapuka Ranch (33) ist eine private Wildtierfarm mit Reitstall, Restaurant, Weinkeller und Gästezimmern, 30 km nördlich der Stadt an der Hauptstraße B1 nach Okahandja. Zu sehen sind, neben vielen Antilopenarten, Giraffen, Zebras, ein Breitmaulnashorn, Geparde, Leoparden und Löwen. Im Speichersee schwimmen Krokodile. Eine der Attraktionen ist – neben Ausritten, Pirschfahrten, Wanderungen und Hubschraubertouren – das riesige Löwengehege: Zweimal am Tag ist **Löwenfütterung**, und es ist schon ein Erlebnis, den Raubtieren aus der Nähe beim Fressen zuzuschauen.

In der Umgebung Windhoeks gibt es weitere private Schutzgebiete und komfortable Wildfarmen wie z. B. **Amani**, **Gocheganas** und **Düsternbrook**.

» Stadtplan S. 52-53, Info S. 68-69

Windhoek (☎ 061)

www.visitwindhoek.net – touristisches Informationsportal zu Windhoek (englisch).
www.whatsonwindhoek.com – Veranstaltungskalender für Windhoek (englisch).
www.windhoekcc.org.na – offizielle Webseite der Stadt Windhoek (englisch).

Windhoek Tourism Information, Independence Avenue (gegenüber der Carl List Mall / Kalahari Sands Hotel & Casino, beim zentralen Bus- und Taxistand) und in der Post Street Mall (von der Independence Avenue kommend nach etwa 100 m rechts in der Ecke), Tel. 2902092/2902401, Fax 2902203, ski@windhoekcc.org.na.
Namibia Tourism Board, Channel Life Towers, 39 Post Street Mall, Tel. 290600, Fax 254848, www.namibiatourism.com.na.
Namibia Wildlife Resorts, nur zuständig für Unterkunftsbuchungen in staatlichen Naturschutzgebieten, keine Permitausgabe, Mo-Fr 9-17, Sa 9-13 Uhr, 139 Independence Avenue (Erkrath-Haus), Tel. 2857200, Fax 224900, reservations@nwr.com.na, www. nwr.com.na
Ministry of Environment & Tourist, hier bekommt man die Permits für die staatlichen Naturschutzgebiete, Channel Life Towers, 39 Post Street Mall, Tel. 2857200, Fax 224900, www.met.gov.na

La Marmite, west- und zentralafrikanische Küche in ruhigem Ambiente, mit kleinem Garten, Independence Avenue 383, Tel. 240306.
Penduka Boma Restaurant, Snacks und einfache traditionelle Gerichte aus Namibia (nach Vorbestellung), Goreangab Dam, Tel. 257210.
Leo's at the Castle, ein viel gelobtes Gourmet-Restaurant in exponierter Lage über Windhoek, mit einem ausgezeichnetem Weinkeller, Heinitzburg Street 22, Tel. 249597.
The Gourmet, sehr gute internationale Küche unter Palmen an einem historischen Ort, Kaiserkrone/Post Street Mall, Tel. 232360, www.thegourmet-restaurant.com.
Am Weinberg, Windhoeks jüngstes Gourmet-Restaurant serviert internationale Küche mit namibischen Traditionen, Jan Jonker Road 13, Klein Windhoek, Tel. 236050, www.amweinberg.com.
Nice, der moderne Gebäudekomplex des Namibian Institute of Culinary Education mit seinen kleinen Sälen und Freisitzen ist sehr elegant für geldiges Publikum eingerichtet, das Lokal ist zugleich Ausbildungsstätte: Service und Küche auf hohem Niveau, Sushi, leckere Oryx-Steaks, gepflegte Rotweine; Mozart Street / Ecke Hosea Kutako Drive, Tel. 061-230616, www.nice.com.na.
Paguel, ein neuer Stern am Nachthimmel, Bar, Lounge, Restaurant, coole Musik, die besten Tapas von Südwest, der Chef ist aus Argentinien, 416 Independenca Ave., Tel. 240786.
Four Seasons, ein buntes Potpourri an namibischer, italienischer, griechischer und deutscher Küche in Klein Windhoek, Nelson Mandela Ave., Tel. 303580.
Bauernstube, hier wird von Eisbein bis Antilopensteaks alles geboten, Garthanri Park, Voigts Street, Tel. 261694.
Fusion Namibia, das einzige Restaurant das traditionelle namibische Küche bietet, noch relativ neu und sehr beliebt, Simpson St / Beethoven St, Tel. 081-1048404, www.fusionamibia.blogspot.com.
Fresh 'n Wild Café, Snacks zu jeder Tageszeit in architektonisch hochmodernen Umgebung in gemütlichem Garten, Liliencron St / Robert Mugabe Avenue, Mo-Fr 7-17, Sa 8-13, So geschlossen, Tel. 240346

Joe's Beer House, Riesenportionen, gemütlich und teils unter freiem Himmel (Biergarten) und immer gut besucht – eine der Traditionsadressen für die deutschsprachigen Namibier, mit einer großen Auswahl an exzellenten Wildgerichten und üppigen Portionen, Tipp: eine Portion Kudu bestellen und teilen, Fr-So ab 11, Mo-Do ab 17 Uhr, Nelson Mandela Avenue 160, Tel. 232457, www.joesbeerhouse.com.
Wine Bar, gemütliches Restaurant mit Terrasse, die – bei Wein und Snacks – einen traumhaften Ausblick über Windhoek bietet, 3 Garten Street, Tel. 226514.

Zenso Lounge Bar, gemütliche Atmosphäre, auf einem ehemaligem Fabrikgelände im Herzen von Windhoek, am Wochenende gibt es hier auch Livemusik; 7 Gutenberg Platz, Tel. 2990994.

Trans Namib Museum, historische Lokomotiven, Eisenbahngeschichte, Mo-Fr 8-13,

14-17 Uhr, Eintritt N$ 5, Windhoek Railway Station, Bahnhof Street, Tel. 2982186.

Nationalgalerie / National Art Gallery of Namibia, Galerie zeitgenössischer Kunst aus Namibia, internationale Kunstausstellungen, Di-Fr 9-17, Sa 9-14 Uhr, Eintritt frei (Sa N$ 20), Ecke John Meinert Street/Robert Mugabe Avenue, Tel. 231160, www.nagn.org.na.

National Museum / Owela Museum, Sammlung mit ethnografischem und naturkundlichem Schwerpunkt, Mo-Fr 9-18, Sa-So 10-12.30 und 15-18, Eintritt frei, Von Lindequist Street, Tel. 276822.

National Museum / Alte Feste, Ausstellung zur Geschichte der Kolonie, Namibia unter der Apartheid, Unabhängigkeit, derzeit offiziell wegen geplanter Renovierung geschlossen, Innenhof zugänglich, Robert Mugabe Avenue, Tel. 276800.

Botanischer Garten / National Botanic Garden, Mo-Fr 8-13 und 14-17 Uhr, Orban Street, Tel. 2022011, www.nbri.org.na.

The 99 FM Playhouse Theatre, die Räume der ehemaligen Brauerei in der Tal Street beherbergten lange das etwas alternativ angehauchte Warehouse Theater, nun ist alles etwas schicker und gestylter, aber das Programm mit seiner bunten Mischung aus Konzerten, Comedy, modernem Theater und Ausstellungen ist nach wie vor attraktiv; Tal Str., Tel. 402253, www.99fmplay house.com.na.

Golf im Windhoek Country & Club Golf, 18 Löcher, Par 72, 6199 Meter, Tel. 2055223, www.wccgolf.com.na

Stadtführungen (u. a. nach Katutura): *Face to Face Tours*, Tel. 255977.

Daan Viljoen Wildpark, 24 km westlich von Windhuk an d. C 28, wird derzeit umgestaltet.

Okapuka Wildfarm mit Restaurant, Wildbeobachtungsfahrten, spektakuläre **Löwenfütterung**, Tel. 257175, Fax 234690, www.okapukaranch.com.

Penduka Crafts, Kunsthandwerk von behinderten oder benachteiligten Frauen, schöne Stickereien u. Kleidung, Goreangab Dam, Tel. 257210, www.penduka.com.

Maerua Mall, Namibias größtes Einkaufszentrum, hier gibt es alles – u. a. Brot und Wurst nach deutscher Art bei Woermann & Brock; Jan Jonker St/ Ecke R. Mugabe Avenue.

Namibia Crafts Centre, Kleidung, Flecht- u. Tonwaren, Schmuck, bestickte Tischwäsche von sozialen Initiativen, Mo-Fr 9-18, Sa-So 9-15.30 Uhr, Eingänge: 40 Tal St und Independence Avenue, www.omba.org.na/ncc.php.

Bushman Art, Riesen-Sortiment von einfachen Glasperlenarmbändern über ausgefallene Mineralien, informative Bücher bis hin zu wertvoller Himba- und Buschmann-Kunst, Independence Avenue 187, Tel. 228828, www.bushmanart-gallery.com.

Luisen-Apotheke, großes Sortiment, kompetente deutschsprachige Beratung; auch aktuelle Infos zur Malaria-Situation, Independence Avenue 181, Tel. 236302, Notruf 081 1294422, www.luisen-pharmacy.com.

Town Hoppers, Shuttle-Dienst mit Kleinbussen zwischen Swakopmund und Windhoek, Tel 064-407223, www.namibiashuttle.com. Aus Sicherheitsgründen keine inoffiziellen Taxis nehmen!

STADTRUNDFAHRT: **Windhoek City Tours**, Besichtigungstour im Doppeldeckerbus, Abfahrt täglich um 9.30 und 14.30 Uhr, Erklärungen auf Deutsch und Englisch, Kosten N$ 230 pro Person, Independence Ave. 117, Tel. 081-1292935, www.senseofafrica-namibia.com.

Hauptpostamt, geöffnet Mo-Fr 8.30-16.30 Uhr, Sa 8.30-12 Uhr, Independence Avenue, zwischen Bülow Street und Post Street.

Gunther Lahr

Blick auf den Fish River Canyon

Foto: Friedrich H. Köthe

SÜDEN

REHOBOTH / KALAHARI
NAMIBRAND / SOSSUSVLEI
SESRIEM CANYON
NAUKLUFT-GEBIRGE
KUISEB CANYON
KOCHERBAUMWALD
KGALAGADI T. P.
AI-AIS / FISH RIVER CANYON
LÜDERITZ

Die südliche Landeshälfte Namibias ist wesentlich trockener als die Landesmitte und der Norden; die jährliche Niederschlagsmenge liegt hier weit unter den für Regenfeldbau nötigen 500 mm. Den Reisenden erwarten weite, karge, aber dennoch abwechslungsreiche Landschaften und zwei unterschiedliche Wüstenformen – die relativ junge und etwas wasserreichere **Kalahari** im Osten und die **Namib** im Westen, eine der ältesten und trockensten Wüsten der Erde. Doch auch unter diesen harten Bedingungen können angepasste Wildarten wie die Oryx-Antilope, das Bergzebra oder der Vogel Strauß überleben – ihnen begegnet man immer wieder in den Wüsten und Gebirgen Südnamibias. In der Kalahari mit ihrem größeren Nahrungsangebot sind auch Savannentiere zu Hause.

Aber nicht Wildbeobachtung, sondern grandiose landschaftliche Szenerien stehen im Süden im Vordergrund: so der imposante **Fish River Canyon**, der nach dem amerikanischen Grand Canyon als zweitgrößter der Welt gilt. Eindrucksvoll sind auch die hohen Sterndünen der Namib-Wüste rund um das **Sossusvlei** und das zerklüftete **Naukluft-Gebirge**. Einer botanischen Besonderheit begegnet man bei Keetmanshoop, wo ganze Wälder der sonst solitär wachsenden **Köcherbäume** stehen. Auf den Spuren der deutschen Kolonialzeit wandelt man in Städtchen wie Mariental und **Lüderitz**. Ethnisch ist Südnamibia eine der homogensten Regionen des Landes. Hier leben hauptsächlich **Nama**, die vornehmlich als Arbeiter auf den Farmen beschäftigt sind. Rund um Rehoboth siedeln die mit ihnen verwandten **Baster**. Auf mehreren Gästefarmen und Lodges kann man **San-Dörfer** besichtigen und mit den geschickten Jägern auf Pirsch gehen.

Links: Die Dünen von Sossusvlei – Inbegriff der Schönheit der Namib-Wüste.

SÜDLICH VON WINDHOEK

Rehoboth

Die B1 verlässt Windhoek – vorbei am **Eros Airport**, wo die nationalen Flüge starten und die Windhoeker Privatflieger ihren Standort haben – gen Süden. Parallel zur Eisenbahnlinie und an einsamen Bahnstationen wie **Aris** und **Leutwein** vorbei, durchquert die Überlandstraße das **Khomas-Hochland** und erreicht **Rehoboth** ❶, den Hauptort der etwa 40 000 Angehörige zählenden Volksgruppe **Rehobother Baster**. Die Baster (übersetzt: „Bastarde") wanderten um 1870 von Südafrika kommend nach Namibia ein; das Land um Rehoboth pachteten sie von den Swartbooi Nama, um darauf Rinder und Schafe

» Karte S. 74-75, Info S. 108-109

Mile 14
C34
Mile 4
Swakopmund
B2
Langstrand (Long beach)
Burning Shore Lodge,
Dolphin Park
Walvis Bay
701
Namib
Nonidas
Rössing
Uranium Mine
E R O N G O
Giant
Welwitschia
Mirabilis
(Permit required)
Swakop
Langer
Heinrich
1168
Groot
Tinkas
C28
Permit !
Tumos
Namib
C14
Vogelfederberg
527
Naukluft
National Park
Kuiseb
Rooibank
Permit !
Ganab
1230
1287
Kuiseb
Pass
Cape
Cliff
Henno
Martin
Shelter
Gaub Pass
Sandwich Harbour
Tropic of Capricorn
Gobabeb
(Desert Research
Station)
Homeb
Kuiseb Canyon
1036
Tsaobis
1614
1430
1670
C32
1687
1830
1930
Bosua
Pass
1725
H O C H L A N D
Güntherberg
1855
Chaibis
1921
Gamsberg
Pass
C26
Gamsberg
2347
Spreetshoogte
Pass
1465
RANTBERGE
1961
Solitaire
Solitaire Country Lodge
Conception
Bay
Wreck of the
Eduard Bohlen
ATLANTIC OCEAN
N A M I B
Namib
(Namib Sand Sea)
Naukluft
Namib Naukluft
Lodge
Moon Mountain
Lodge
Namib Desert
Lodge
1965
C19
NAUKLUFT
Naukluft Hiking Trail
MOUNTAINS
80
Sossusvlei Lodge
Sesriem Camp
Sesriem Canyon
Sesriem
1915
Neuras
Kulala Desert Lodge
C27
Sossusvlei
(Sand
Dunes)
Tsauchab
Desert
Homestead
TSARIS - BERGE
1898
SOSSUSVLEI
Sossusvlei
Desert
Lodge
1839
National
NUBIB - BERGE
Namib
Rand
Losberg
1976
1934
Bushman
1690
Wolwedans
Dune Lodge
Guinasisberg
1327
Nature
Reserve
Chowagasberg
2063
Park
1763
1617

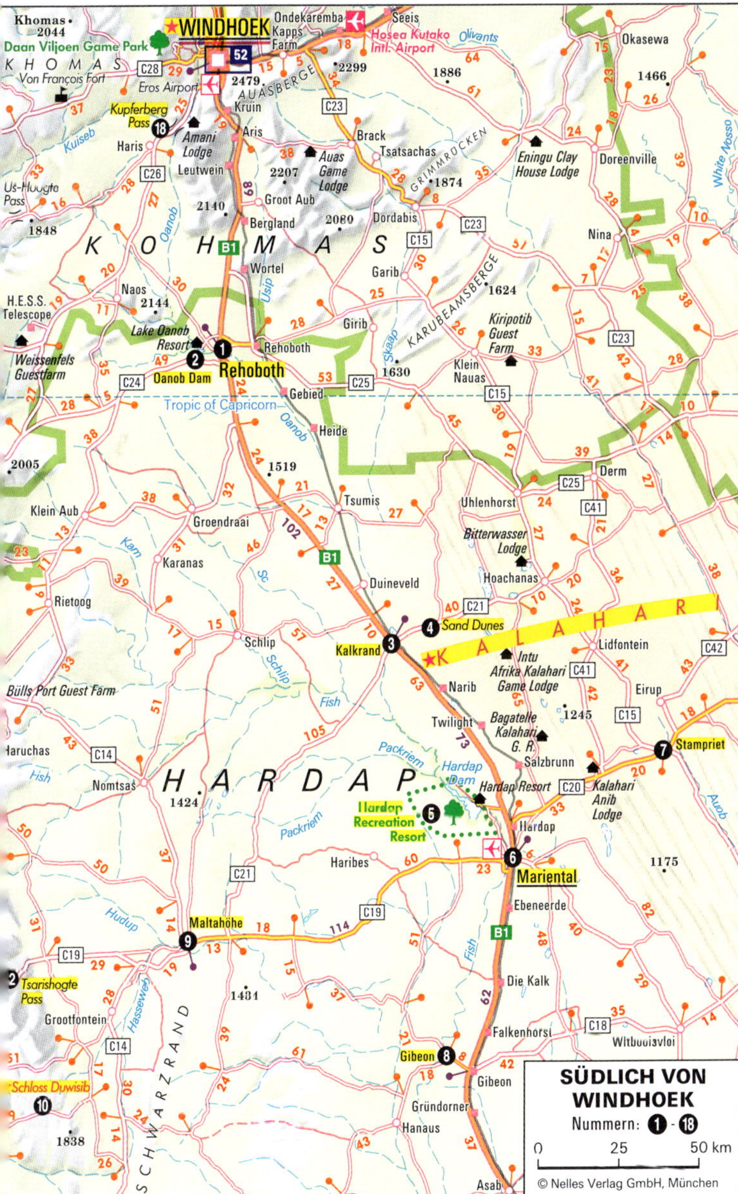
Khomas 2044
WINDHOEK
Daan Viljoen Game Park
KHOMAS
Von François Fort
Eros Airport
Ondekaremba
Kapps Farm
Seeis
Hosea Kutako Intl. Airport
Olivants
Okasewa
1886
1466
2299
2479
AUASBERGE
Kruin
Kupferberg Pass
Amani Lodge
Aris
Haris
Kuiseb
Leutwein
Us-Hoogte Pass
1848
2207
Auas Game Lodge
Brack
Tsatsachas
GRIMMROCKEN
1874
Eningu Clay House Lodge
Doreenville
White Nossob
Groot Aub
2140
Bergland
2080
Dordabis
Nina
K O H M A S
Oanob
Wortel
Garib
KARUBEAMSBERGE
1624
Usip
Naos
2144
H.E.S.S. Telescope
Lake Oanob Resort
Rehoboth
Oanob Dam
Giribe
Kiripotib Guest Farm
Skaap
1630
Klein Nauas
Weissenfels Guestfarm
Gebied
Tropic of Capricorn
Heide
2005
1519
Derm
Klein Aub
Groendraai
Tsumis
Uhlenhorst
Bitterwasser Lodge
Kam
Karanas
Hoachanas
Duineveld
Rietoog
Sand Dunes
KALAHARI
Schlip
Kalkrand
Lidfontein
Intu Afrika Kalahari Game Lodge
Narib
Eirup
Bülls Port Guest Farm
Fish
Twilight
Bagatelle Kalahari G. R.
1245
Stampriet
Haruchas
Packriem
Salzbrunn
Nomtsas
H A R D A P
1424
Hardap Dam
Hardap Resort
Kalahari Anib Lodge
Hardap Recreation Resort
Hardap
Auob
Haribes
Mariental
1175
Ebeneerde
Hudup
Maltahöhe
Die Kalk
Tsarishogte Pass
1431
Grootfontein
Hasseweb
SCHWARZRAND
Falkenhorst
Witbooisvlei
Gibeon
Schloss Duwisib
Gründorner
Hanaus
1838
Asab
SÜDLICH VON WINDHOEK
Nummern: 1 - 18
0 25 50 km
© Nelles Verlag GmbH, München

Foto: Erhard Pansegrau

zu züchten. Die Baster führen ihre Herkunft auf Verbindungen zwischen Weißen (Buren) und Nama-Frauen im 18. Jh. zurück; sie sprechen Afrikaans, sind Christen und streng patriarchalisch organisiert. Als die angesehensten Familien gelten die, deren Urahnen einer legalen Ehe entstammen. Bis 1976 stellte die Familie Van Wyck den *Kaptein*, das Oberhaupt der Baster; seither wird diese Position per Wahl bestimmt. Sowohl unter deutscher Kolonialherrschaft als auch in der Apartheid nahmen die Baster, die schon 1872 eine eigene Verfassung beschlossen, eine Sonderstellung ein, die ihnen größere politische und wirtschaftliche Autonomie sicherte. Mit der Unabhängigkeit wurden einige Privilegien beschnitten, der Baster-Grundbesitz in Staatsbesitz umgewandelt; das Baster-Gebiet ist Farmland mit überwiegend für den Eigenbedarf arbeitenden, relativ kleinen Farmen.

Oben: Am Hardap-Stausee. Rechts: Ein San zeigt, wie Wildbeuter mit dem Bogen in der Kalahari jagen.

Rehoboth wirkt etwas verschlafen; auf staubigen Straßen fahren die Farmer mit ihren Bakkies (Kleinlastern), Esel- oder Pferdekarren durch den Ort, man sieht nur wenige spielende Kinder oder Menschen beim Einkaufsbummel. Wie die meisten Orte im Süden ist Rehoboth kaum mehr als ein Versorgungspunkt mit Supermärkten, Bottle Stores (für Spirituosen) und Tankstellen, besitzt aber aufgrund der Missionsgeschichte immerhin zwei Krankenhäuser, darunter das halbprivate St. Mary Hospital der katholischen Kirche, und Dutzende von Kirchen, darunter die 1908 mit deutscher Unterstützung gebaute **Pauluskirche**. Auch das Haus der **Missionshandelsgesellschaft** (mit Runddach) ist erhalten. Interessant ist das kleine **Rehoboth Museum**, in dem die Geschichte und die Ansiedlung der Baster dokumentiert sind. Im **Reho Spa** sind **heiße Quellen** mit 40 °C gefasst, es wird jedoch derzeit renoviert.

Oanob-Stausee

Wer Wasser lieber in freier Natur bewundert oder darin herumtollen möchte, dem sei ein Abstecher zum Stausee am **Oanob-Damm** ❷ westlich von Rehoboth empfohlen. Eine 58 m hohe und 275 m lange Staumauer speichert rund 35 Mio. m^3 Wasser des Oanob-Riviers zur Versorgung der Rehobother. Das umliegende Areal ist **Wildreservat**; in ihm leben zahlreiche **Antilopen**, die man mit etwas Glück beim Trinken beobachten kann. Oanob ist ein beliebtes Ziel für Vogelbeobachter und **Wassersportler**. Am Wochenende kommen auch viele Windhoeker, um zu baden oder zu picknicken.

Kalkrand und die ★Kalahari

13 km nach Rehoboth passiert man den südlichen **Wendekreis** – den Wendekreis des Steinbocks. Je weiter es nach Süden geht, desto zahlreicher werden die Verkaufsstände an der Stra-

» Karte S. 74-75, Info S. 108-109

Foto: Günther Lahr

ße, an denen Nama Springbockfelle und daraus gearbeitete hübsche Taschen und Teppiche verkaufen. Immer wieder tauchen die Dünenrücken der Kalahari im Osten auf.

Kalkrand ❸ wirkt noch verschlafener als Rehoboth – Bahnhof, Tankstelle und Bottle Store machen es zum Ort. Wer von hier aus zu einem Abstecher nach Osten auf die **C21** abzweigt, kann schon nach wenigen Kilometern ★**Kalahari** pur erleben: Die **Dünen** ❹ verlaufen quer zur Straße, so dass es in einer Art Achterbahnfahrt dünenauf und dünenab geht. Am Scheitelpunkt genießt man jeweils einen schönen Blick über die schier endlosen rötlich gefärbten Sandrippen.

Hardap Recreation Resort

Kurz vor dem Erholungsgebiet **Hardap Recreation Resort** ❺ führt die Straße über eine 100 m hohe Stufe in die Ebene des **Fischflusses** hinunter. Dieser „Fluss“ führt, wie die meisten anderen namibischen Riviere, nur manchmal Wasser. Wenn es einmal stark regnet, schwellen die Wassermassen im Flussbett rasant an und reißen alles mit sich. Nicht umsonst werden im ganzen Land Touristen immer wieder davor gewarnt, in den Flussbetten zu campieren: Mehrmals wurden schon ganze Lager weggespült und mit ihnen die Schlafenden, die ein in der Ferne abregnendes Unwetter nicht wahrgenommen hatten.

Der Fischfluss bzw. Fish River passiert nördlich von Mariental einen Engpass, der sich zum Einbau einer Staumauer anbot. 1962 staute man hier mit einem **Damm** das Wasser und ließ das 28 km² messende **Hardap-Wasserreservoir** entstehen, zur Wasserversorgung von Mariental und zur Bewässerung der nahen Farmen, die hier sogar Trauben kultivieren konnen. Eine so weite Wasserfläche zieht Wild an, und so folgte im Jahr 1968 die Einrichtung des 240 km² großen **Wildschutzgebietes** mit dem **Hardap Rastlager** (Hardap Resort), das Ende 2015 nach Komplettrenovierung wiedereröffnet wurde. Es bietet ein schön gelegenes Restaurant, Pool, fünf

» Karte S. 74-75, Info S. 108-109

VIP-Bungalows, 15 Familien-Chalets, 30 Busch-Chalets und Campingplätze.

Im südlichen Teil des **Game Reserve** lassen sich **Antilopen** – Kudus, Oryx-Antilopen, Elands und Springböckchen – beobachten. Auch **Hartmann's Bergzebras** mögen das hügelige Gelände mit seiner Zwergbuschsavanne. Im Park leben auch Geparde und Leoparden, die Besucher allderdings kaum zu Gesicht bekommen werden. Ähnlich scheu sind die vier Spitzmaulnashörner, die im nördlichen Areal ausgewildert wurden. Auf dem Wasser tummeln sich Rosapelikane, Flamingos, Weißbrustkormorane und Schlangenhalsvögel. Im See schwimmen Barben, Karpfen, Labyrinthwelse und Barsche.

Mariental

Mariental ❻ entwickelte sich Ende des 19. Jh. von einer Polizei- und Bahnstation zu einem Farmerstädtchen; den Namen übernahm der Ort von einer in der Nähe liegenden Farm, die nach der Gattin des Eigentümers, Marie, benannt war. 1920 erhielt die Siedlung Stadtrechte und ist seitdem ein wichtiger Handels- und Verkehrsknotenpunkt für die Menschen der näheren und weiteren Umgebung. Entsprechend ist der Ort mit Tankstellen, Take Aways, Supermärkten und Läden für den Farmerbedarf gerüstet. Sehenswürdigkeiten gibt es, abgesehen von einigen **Siedlerhäusern** aus der deutschen Kolonialzeit, nicht. Eine Überschwemmung richtete 2006 schwere Schäden an.

Stampriet

Ein sehr schön mit historischen Möbeln und Hausrat ausgestattetes Haus aus der Frühzeit der Kolonie befindet sich rund 50 km nordöstlich von Mariental in der Gemeinde **Stampriet** ❼, wo seit dem Jahr 1913 **Artesisches Wasser** die Wasserversorgung der ganzen Gegend sichert und unter anderem auch Melonenanbau ermöglicht. Das **Historical Guest House** dient zugleich als Hotel. Der Besitzer hat nichts gegen eine Besichtigung seines liebevoll mit Antiquitäten eingerichteten Hauses, wenn man dafür einen Softdrink oder Kaffee bei ihm konsumiert.

Es gibt in der Gegend etliche komfortable wildreiche Gästefarmen bzw. Lodges wie **Kalahari Anib Lodge** und **Kalahari Farmhouse** (beide im **Gondwana Kalahari Park**); **Suricate Kalahari Tented Lodge**, **Zebra Kalahari Lodge & Spa** und **Camelthorn Kalahari Lodge** (diese zählen zu den Leading Lodges of Africa und liegen innerhalb des privaten **Intu Afrika Kalahari Game Reserve**). Neben Giraffen, Antilopen und Zebras gehören auch die seltenen Hyänenhunde, Leoparden und sogar Löwen zu den auf dem Lodge-Gelände lebenden Tieren. Zur Wildbeobachtung auf **Intu Afrika** werden Übernachtungsgäste meist von Buschmännern, **San**, zu Fuß geführt. Dabei erläutern die Jäger Flora und Fauna. Sie zeigen und erklären Heilpflanzen, lesen in den Wildspuren und führen vor, wie man traditionell auf Wild Jagd macht. Auf der **Anib Lodge** (wo man auch sehr gut speist) wählt man zwischen Fußwanderungen und Gamedrives, die besonders zu Zeiten des Sundowners eindrucksvoll sind.

Gibeon

Durch merklich kargere Landschaft zieht die B1 nun weiter südwärts. Nur die Heuhaufen gleichenden Nester der Siedelwebervögel scheinen nach Süden zu immer größer zu werden. Sie hängen an Telefon- und Strommasten und in den Kronen der wenigen Akazien, die sie durch ihre Last schier ersticken.

Die Straße passiert den Nama-Ort **Gibeon** ❽, in dessen Umgebung vor vermutlich 13 000-30 000 Jahren ein ungewöhnlich dichter **Meteoritenschauer** niederging, dessen Bruch-

Rechts: Schloss Duwisib, 1909 von einem deutschen Baron errichtet.

» Karte S. 74-75, Info S. 108-109

Foto: Günther Lahr

stücke auf einer Fläche von 370 x 185 Kilometern verstreut rund um Gibeon auch heute noch zu finden sind. Allein von 1911 bis 1913 sammelte der Geologe Dr. Range 37 Bruchstücke mit einem Gesamtgewicht von 12,5 t. Einige Teile des Eisenmeteoriten schmücken den Meteoriten-Brunnen in Windhoeks Post Street Mall.

Maltahöhe

Maltahöhe ❾ wurde von Major von Burgsdorff als Versorgungsstation der Schutztruppe gegründet und nach seiner Gattin Malta benannt. Die Soldatengräber auf dem im Osten gelegenen **Schutztruppenfriedhof** stammen aus der Zeit zwischen 1894 und 1907.

Das etwa 2000 Einwohner zählende Städtchen besitzt mit ★**Oahera Art** ein reizvolles Kulturzentrum, in dem Souvenirs aus allen Teilen Namibias sowie in den angeschlossenen Ateliers hergestellte, typische Handarbeiten der hier ansässigen Nama verkauft werden. Das zum Kulturzentrum gehörende nette Restaurant und **Café Red Stone** serviert Sandwiches, kleine Mahlzeiten und Erfrischungen, und wer mit der großen weiten Welt in Kontakt treten möchte, kann dies im Internet Café tun.

★Schloss Duwisib

1908 legte Baron Hansheinrich von Wolf in einem idyllischen Tal den Grundstein für seine ganz persönliche Ritterburg. Aus Natursteinen errichtet und mit Turm und Zinnen geschmückt war ★**Schloss Duwisib** ❿ 1909 bezugsfertig. Die gesamte Einrichtung im altdeutschen Stil wurde von Deutschland per Frachtschiff nach Lüderitzbucht und dann auf Ochsenwagen nach Duwisib gebracht. Wolf und seine aus den USA stammende Gattin begannen eine Pferdezucht, verließen Südwestafrika aber bereits 1914 wieder. Wolf machte sich auf den Weg nach Deutschland, um seiner Ehre gerecht und Soldat zu werden. Er fiel 1916 in der Schlacht an der Somme; seine Frau, die in die Vereinigten Staaten gereist war, kehrte nie wieder

» Karte S. 74-75, Info S. 108-109

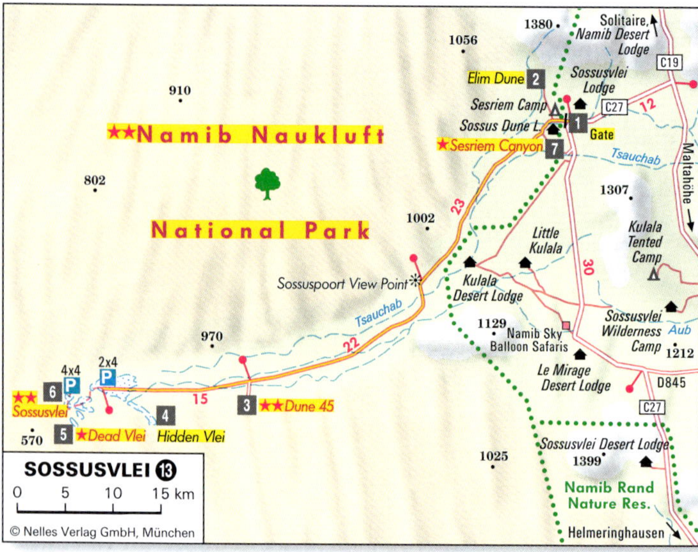

nach Duwisib zurück. 1979 wurde die „Ritterburg“ als **Museum** eingerichtet; heute hätte sie wieder eine Generalüberholung nötig. Nur wenige Räume sind mit Originalmobiliar ausgestattet; an einigen Wänden hängen Waffen aus dem 18. und 19. Jh. Wo Wolfs Pferde abgeblieben sind, weiß niemand; es wird aber vermutet, dass sie Vorväter der Namib-Wildpferde sind, die man bei der Bahnstation Garub beobachten kann.

Auf der unmittelbar anschließenden **Gästefarm Duwisib** sind besonders die Farmfahrten mit Erklärungen zur einzigartigen Pflanzenwelt interessant.

★Namibrand Nature Reserve

Auf der **C27** Richtung Sesriem führt die Route, etwa 70 km südlich von Sesriem, am größten privaten Schutzgebiet Namibias entlang, dem ★**NamibRand Nature Reserve** ⑪. Seine Gäste werden in luxuriösen Wüstencamps und -Lodges untergebracht – die **Wolwedans Dune Lodge** etwa steht exklusiv direkt auf einer **Sanddüne**. Bei Rundfahrten und Wanderungen wird das fragile Ökosystem der Namib-Wüste erläutert. Übernachtungsgäste können im **Heißluftballon** über die Namib fliegen.

Rechts: In guten Regenjahren hinterlässt der Tsauchab in der Salztonpfanne des Sossusvlei einen See, der mit den roten Dünen kontrastiert.

Tsaris-Berge

Nimmt man für die Fahrt nach Sesriem hingegen die **C19** (von Maltahöhe), sind dabei über den steilen **Tsarishoogte Pass** ⑫ die bis zu 1960 m hohen **Tsaris-Berge** der **Großen Randstufe** zu überwinden. Die wildromantische Fels- und Gebirgslandschaft zeigt sich weich und geheimnisvoll in Pastelltönen zur Morgendämmerung oder gleißend hell und markant im Mittagslicht. Nach der Regenzeit steht hohes, goldenes Gras beiderseits der Straße, Kudus äugen vorsichtig hinter Kameldornbäumen hervor, und auf Felshügeln kann man mit etwas Glück Erdmännchen-Gemeinschaften beobachten.

» Karte S. 74-75, Info S. 108-109

★★NAMIB NAUKLUFT PARK

★★Sossusvlei und ★Sesriem Canyon

Das Dünengebiet um das Sossusvlei und der Sesriem Canyon ist Teil des ★★**Namib-Naukluft-Parks** und des UNESCO-Welterbes „Namib-Sandmeer". Für den Besuch gelten strenge Bestimmungen. Allerdings: Seit Eröffnung der Sossus Dune Lodge dürfen auch Übernachtungsgäste in den Park und haben dann Zugang zum Sossusvlei außerhalb der regulären Öffnungszeiten. Diese gelten für die Tagesbesucher, die nicht von der ausgewiesenen und fast bis zum Sossusvlei asphaltierten Straße abfahren dürfen und den Sesriem Canyon nur tagsüber besuchen dürfen. Die Tore werden bei Sonnenaufgang geöffnet und bei Sonnenuntergang geschlossen. Dann müssen alle Tagesbesucher den Nationalpark verlassen haben.

Übernachtungsmöglichkeiten direkt beim Tor gibt es auf der **Sesriem Campsite**, **Sossus Oasis Camp Site** (beide nur Camping), **Sossusvlei Lodge** und **Desert Camp**; im Park in der **Sossus Dune Lodge**.

Sossusvlei ist abgesehen vom Wüstengürtel der einzige Bereich der **Dünen-Namib**, der Tagesbesuchern offen steht. Zwar haben mehrere Gästefarmen und Luxuslodges Konzessionen in anderen Dünengebieten der Namib; Wanderungen oder Rundfahrten dort dürfen aber nur deren Übernachtungsgäste unternehmen.

Das ★★**Sossusvlei** ⓭ ist eine meist trocken liegende Salztonpfanne (*vlei*), die vom **Tsauchab-Rivier** geschaffen wurde. Wenn der Fluss in guten Regenjahren abkam, hatte er die Kraft, die Dünengürtel zumindest teilweise zu durchbrechen. Vor den ★**Sterndünen**, den bis zu 375 m hohen Sandbergen um das Sossusvlei (das 570 m über dem Meeresspiegel liegt), versiegte aber seine Kraft, er musste kapitulieren und staute sich zu einem kleinen See, der verdunstete. Zurück blieb eine Schlammschicht, die in der Sonne zu Ton verbuk. Im Verlauf von Jahrtau-

» Karte S. 74-75, Plan S. 80, Info S. 108-109

Foto: Harald Mielke

senden bildete sich so das Sossusvlei heraus, das selbst noch von mehreren Pfannen wie dem Dead Vlei oder dem Hidden Vlei umgeben ist. Einige sind heute durch die Dünen vom Fluss völlig abgeschnitten, andere werden in guten Regenzeiten mit Wasser gefüllt.

Noch heute gibt es Jahre, in denen der Tsauchab bis zum Sossusvlei abkommt und die Pfanne sich in einen tiefblauen See verwandelt. Der Kontrast zu den goldenen Dünen ringsum ist dann noch schöner, und viele machen sich dann auf den Weg, um das seltene Naturschauspiel zu bewundern.

★★Sossusvlei

Vom **Eingangstor** 1 des Nationalparks bis zum Sossusvlei sind es 63 km auf einer geteerten Straße. Sie folgt zum Teil dem Trockenbett des Tsauchab. Verdorrte Akazien säumen das Rivier, und manchmal kann man in den trockenen Baumkronen Nester von Ohrengeiern sehen. Nahe dem Tor türmt sich die sternförmige **Elimdüne** 2 auf, und mit ★★**Düne 45** 3 (bei Km 45) ist ein riesenhaftes Sandgebilde erreicht. Die meisten Reisenden eilen weiter, um möglichst schnell das Sossusvlei zu erreichen, doch auch die leicht zugängliche Düne 45 bietet schöne Fotomotive und lädt zu einer Besteigung ein.

Vom Pkw-Parkplatz („2x4") bei Km 60 kann man zu Fuß Abstecher zu zwei anderen Vleis unternehmen, dem **Hidden Vlei** 4 und dem Dead Vlei weiter südlich. Viele halten das ★**Dead Vlei** 5 mit seinen uralten verdorrten Kameldornbäumen für schöner als das berühmte Sossusvlei; es ist einsamer und vermittelt ein intensiveres Wüstenerlebnis.

Die letzten Kilometer führen durch Tiefsand; 4x4-Pickup-Taxis transportieren all diejenigen, die keinen 4x4 haben und nicht zu Fuß gehen wollen, bis zum ★★**Sossusvlei** 6. Über 200 m Höhe erreichen die Sandberge, die die von Schilf gesäumte Tonpfanne umgeben;

Oben: Wüste in ihrer bedrohlichen Variante – die abgestorbenen Kameldornbäume des Dead Vlei. Rechts: Im Sesriem Canyon.

» Plan S. 80, Info S. 108-109

die absolute Rekordhöhe von 375 m ergibt sich, wenn vom Tsauchab-Flussbett aus gemessen wird – so weit reichen die Ausläufer mancher Dünen. Wer sie besteigen möchte, wählt am besten den Weg über den Kamm. Oben angekommen, breitet sich die Namib in Gold- und Orangetönen vor einem aus, man kann die typische Sternform der Dünen erkennen, die entsteht, weil sie von Winden aus verschiedenen Richtungen geformt werden.

Aufmerksame können im Sand lesen: Da sind raupenartige Spuren der **Nebeltrinkerkäfer** (*Tenebrionidkäfer*), von giftigen **Hornvipern** gezeichnete Schlangenlinien, und Hufabdrücke von Antilopen: **Springböckchen** leben hier und auch die **Oryx**, die gern auf den Dünen posiert. Im Verborgenen gräbt sich der kleine, blinde **Wüstengoldmull** durch den Sand. Wenn die Sonne versinkt, beginnt der **Sandgecko** zu „bellen".

Den zünftigen Abschluss der Dünenwanderung bildet das Herunterrutschen auf dem Hosenboden. Die schönste Tageszeit am Sossusvlei ist Sonnenauf- und -untergang, dann leuchten die Dünen in einem intensiven Rot. Doch sollte man sich abends nicht zu lange aufhalten: Bei Sonnenuntergang werden die Tore für Tagesbesucher geschlossen. Wer nicht zu Sonnenuntergang durch das Tor fährt, muss mit kostspieligen Suchaktionen der Nationalparkverwaltung und empfindlichen Strafen rechnen. Das gilt übrigens für Tagesbesucher in allen Nationalparks!

★Sesriem Canyon

Ungefähr 5 km südlich des Nationalparkeingangs befindet sich mit dem **★Sesriem Canyon** 7 eine weitere Landschaftsattraktion. „Sechs Ochsenriemen" (*ses rieme*) tief ist die Schlucht, auf deren Grund auch in Trockenzeiten noch Wasser zu finden war, weshalb die ersten Siedler sie sehr schätzten und jene sechs Riemen aneinander banden, um aus ihr das wertvolle Nass zu schöpfen. In modernen Maßeinheiten ausgedrückt ist die Schlucht 30 m tief und etwa 3 km lang. Die Entstehung des Canyons begann vor 30 Mio. Jahren mit der Ablagerung von Sand und Geröll, die der Tsauchab mit sich führte. Diese Sedimente verfestigten sich zu Konglomeraten. Vor rund 2 Mio. Jahren führte der Fluss dann in einer Feuchtphase wesentlich mehr Wasser, und seine Erosionskraft fraß nun eine Schlucht in die vorher angeschwemmten und verfestigten Ablagerungen. Noch heute geht dieser Erosionsprozess weiter, allerdings nicht mehr so heftig, weil der Tsauchab selten stark abkommt.

Foto: Günther Lahr

Unten im Canyon kann man bei einer **★Schluchtwanderung** den Wechsel von Feucht- und Trockenphasen an den Schluchtwänden ablesen: Führte der Fluss viel Wasser, war auch Geröll dabei, das zu grobem Konglomerat verbuk; war das Rinnsal eher schwach, lagerte es Feinsande ab – in der Schichtabfolge an den Wänden ist dies deutlich zu sehen.

» Plan S. 80, Info S. 108-109

Foto: Thomas Stankiewicz

Da noch weit in die Trockenzeit hinein Wassergumpen im Canyon stehen bleiben, ist er ein Anziehungspunkt für die Wüstentiere und für Vögel wie Glanzstare und Rosenpapageien.

★★Naukluftberge

1965 m erreicht die höchste Erhebung des 2100 km² großen Massivs der ★★**Naukluftberge** ⓮, nordöstlich von Sesriem. Die *Naukluft* (afrikaans für „Enge Schlucht") ist Teil der Großen Randstufe. Sie wird als Deckengebirge bezeichnet, das heißt, ihr 1,5 Mrd. Jahre altes Grundgebirge wurde vor rund 500 Mio. Jahren nach tektonischen Prozessen von Deckenschichten aus Gneis und Kalk überlagert, die später verkarsteten. Dadurch bildeten sich unterirdische Hohlräume, in denen sich das Wasser feuchterer Perioden sammelte. Dieser Wasserschatz ist verantwortlich für die relative Fruchtbarkeit des Gebirges, für seine Quellen, ganzjährig wasserführenden Bäche und Wasserfälle, die es für den Wanderer so reizvoll erscheinen lassen. Dem Wasserreichtum zu verdanken sind auch die vielen von Wasserfällen hinterlassenen Kalktuffablagerungen an den Felswänden.

Oben: Im Naukluft-Gebirge. Rechts: Die Tankstelle von Solitaire wird auch von Tragschrauber-Piloten angesteuert.

Die Naukluft liegt im Übergangsgebiet von Trockenzone zu Savanne; zudem nährt ihr Wasserreichtum viele Tiere und Pflanzen. Wer auch nur ein kleines Stück auf einem der beiden Kurz-Wanderwege entlang läuft, wird Wild begegnen: Pavianen ohnehin, aber auch Kudus, Klippspringern und Hartmannschen Bergzebras. Reich ist die Vogelwelt – mit Ludwigs- und Rüppelstrappen, Rosenpapageien, Damaraseglern, Rotschnabel-Frankolinen und dem majestätischen Felsenadler. Balsam- und Moringabäume wachsen in den engen Schluchten; auf Felsgrund erheben Köcherbäume ihre symmetrischen Kronen, Schwarzdorn- und Granatbüsche säumen die Trockenflussbetten, während das Plateau mit vielerlei Akazien bewachsen ist.

Als Teil des Namib-Naukluft-Parks unterliegen die Naukluftberge strengem Naturschutz. Tagesbesucher sind nur von Sonnenauf- bis -untergang zugelassen. Das Permit für den gesamten Bereich muss zuvor in Windhoek, Swakopmund oder Sesriem besorgt werden. Es gibt lediglich die staatliche **Naukluft Campsite** zum Campen und keine weitere Unterkunft im Nationalpark. Besucher mit einem Geländewagen haben die Möglichkeit, die Naukluft auf einem **zweitägigen 4x4-Trail** zu erkunden. Übernachtet wird auf dem Plateau. Wer eine längere Wanderung unternehmen möchte, kann den **achttägigen Rundwanderweg** begehen (nur im Winter und nach Voranmeldung).

Kürzere Wandermöglichkeiten bieten der 10 km lange **Olive Trail** (5 Stunden) und der 17 km lange **Waterkloof Trail** (7 Stunden). Auch die kürzeren Touren erfordern gute Wanderausrüstung und

» Karte S. 74-75, Info S. 108-109

Foto: Thomas Stankiewicz

die Mitnahme von Proviant und Wasser. Teils führen sie etwas ausgesetzt mit Klettersteigcharakter an Felsen entlang. Die mehrtägige Wanderung ist nur erfahrenen Bergsteigern zu empfehlen. Auch unter Schlangenphobie sollte man auf dieser Tour besser nicht leiden.

Neben den vom Naturschutz verwalteten Teilen der Naukluft gibt es auch Regionen, die privaten Konzessionären überlassen sind. Diese sind meist Gästefarmen, die ihren Übernachtungsgästen Touren durch das Gebirge anbieten, angefangen von einfachen geführten Wanderungen über abenteuerliche Fahrten mit dem Geländewagen bis hin zu Ausritten. Einige dieser Gästefarmen haben sich zum Verbund **Naukluft Experience** (www.naukluft-experience.com) zusammengeschlossen.

★Kuiseb Canyon

Nach dem Abstecher ins Gebirge folgt die Route weiter den Grenzen des Namib-Naukluft-Nationalparks in Richtung Norden. Einsame Örtchen wie **Solitaire** ⑮, die aus kaum mehr als einer Tankstelle bestehen, liegen am Weg. Wenige Kilometer nördlich bietet sich ein Abstecher zum fahrtechnisch anspruchsvollen, aber aussichtsreichen **Spreetshoogte Pass** an.

Die Dünenwüste weicht nun weiten Kiesebenen mit vereinzelten Akazien; die Grenze zwischen der Dünen-Namib im Süden und der aus Kies- und Schotterebenen bestehenden Zentral-Namib ist erreicht: Die Trennlinie bildet das Trockenflussbett des **Kuiseb**. Angewehter Sand kann das Bett nicht überqueren und wird vom Wasser mitgerissen, wenn der Fluss abkommt.

Auf der **C14**, über den **Gaub-Pass** und den aussichtsreichen ★**Kuiseb-Pass**, erreicht man die Abzweigung zum ★**Kuiseb Canyon** ⑯.

Der Kuiseb ist ein Trockenfluss, der oberirdisch nur sehr selten Wasser führt. Er entspringt südwestlich von Windhoek und verläuft in einem großen Bogen zuerst nach Südwesten, überwindet die Große Randstufe im Kuiseb-Canyon und wendet sich in der

Namib nach Nordwesten, bis er 400 km hinter seiner Quelle bei Walvis Bay am Ozean endet. Nach Starkregen führt der Kuiseb auch größere Felsen mit sich, so dass er immer noch beträchtliche Zerstörungs- und Erosionskraft besitzt. Seine **Schlucht** entstand vor ca. 1 Mio. Jahren im Quartär, als feuchtere Klimaperioden die Flüsse anschwellen ließen und ihnen mehr Erosionskraft verliehen.

Rund 6 km abseits der C14 (für diesen Abstecher ist ein **Permit** vom Ministry of Environment & Tourism aus Windhoek, Sesriem oder Swakopmund nötig) erreicht man den Aussichtspunkt **Cape Cliff** über dem Kuiseb Canyon; hier führt ein **Pfad** hinunter auf den Grund der Schlucht zum **Henno Martin Shelter** unter dem „Karpfenkliff". Dies war einer der Orte, an dem sich die beiden deutschen Geologen Henno Martin und Hermann Korn im 2. Weltkrieg angesichts der drohenden Internierung aller Deutschstämmigen durch die Südafrikaner versteckten; von 1940 bis 1942 gingen sie „in die Wüste". Zweieinhalb Jahre hielten die beiden – unter anderem hier im Kuiseb Canyon – den Unbilden der Witterung stand, ernährten sich von der Jagd und hatten oft Probleme, an Wasser zu kommen. Zu sehen ist noch die Halbhöhle, wo sich die beiden Männer verborgen hielten. Henno Martins Buch „Wenn es Krieg gibt, gehen wir in die Wüste" schildert ihre Erlebnisse; von dem bereits 1946 verstorbenen Hermann Korn gibt es nur einige Briefe und Aufzeichnungen sowie Aquarelle, die in dem Band „Zwiegespräch in der Wüste" veröffentlicht wurden. Der spätere Geologie-Professor Henno Martin starb 1998 in Göttingen.

Gamsberg Pass

Nun wendet sich die Route nach Osten und zurück aufs Hochland. Mal steiler, dann wieder gemächlich mäandernd führt die Straße C26 zum **Gamsberg Pass ⓱**. In seiner Umgebung, auf der **Farm Göllschau** (1800 m ü. M.), stehen vier **H.E.S.S.-Spiegelteleskope** zur Erforschung der „dunklen Materie" im All. Weiter geht es auf der C26 auf den 2347 m hohen **Gamsberg** zu. Dieser Tafelberg, den eine Bergpiste erschließt, ist die fünfthöchste Erhebung Namibias, von seinem Westrand bietet sich Wanderern eine weite Aussicht.

Die Landschaft wird nun fruchtbarer. Nicht mehr Sand oder Geröll, sondern silbrige Grashalme überziehen die Bergrücken; Farmzäune halten die Rinder zusammen, Windräder treiben Wasserpumpen an. Es gibt hier auch **Gästefarmen**, die teils noch deutsche Namen tragen, wie die Farm **Weissenfels**.

Dann nimmt man über den **Kupferbergpass ⓲** die letzten Höhenmeter zur Hochebene und fährt durch zunehmend dichter besiedeltes Gebiet auf Windhoek zu.

Rechts: Wie ein Scherenschnitt wirkt der Köcherbaumwald bei Keetmanshoop im Abendlicht.

SÜDNAMIBIA

★Brukkaros-Krater

Bei **Tses** verlässt eine Pad die Hauptstraße B1 (Windhoek – Keetmanshoop) und führt nach Westen bis **Berseba**. Von dort aus sind es rund 10 km nach Norden zu dem schon von weitem sichtbaren **★Brukkaros ⓳**. Der rund 650 m über die Hochebene ragende, hufeisenförmige Berg (1590 m) sieht aus wie ein erloschener Vulkan. Wer zum Kraterrand hinaufsteigt, blickt hinunter in die „Caldera", in der Köcherbäume wachsen. In Wirklichkeit ist der Brukkaros aber das Ergebnis eines Vorgangs, bei dem vor rund 80 Mio. Jahren Magma in darüber liegende Gesteinsschichten eindrang, jedoch nicht die Oberfläche erreichte. Durch den Druck wurden die Gesteine aufgewölbt. Dann geriet dieses Magma in Kontakt mit Wasser führenden Schichten. Das Wasser verdampfte explosionsartig, riss dabei die Gesteinsdecke auf, und der

» Karte S. 74-75 u. S. 88-89, Info S. 108-109

Foto: Harald Mielke

aufgewölbte Berg stürzte in der Mitte ein. Damit war die Grundform des Brukkaros entstanden.

Der **Wanderweg** führt vom Parkplatz (die letzten 300 m den Kraterrand hinauf nur mit 4x4-Fahrzeug) etwa auf halber Höhe am Krater entlang und später hinunter zu einem kleinen, nur vom Regen gespeisten See am Kraterboden. Die Tour dauert rund 4 Stunden.

★★Köcherbaumwald und ★Giant's Playground

Je näher man Keetmanshoop kommt, desto häufiger sieht man die bizarren, scherenschnittartigen Silhouetten der **Köcherbäume** links und rechts der Straße. Bäume im eigentlichen Sinne sind sie nicht; sie gehören vielmehr zur Gattung der Aloen und besitzen wie diese die Fähigkeit, Wasser in ihrem schwammähnlichen Gewebe in Stamm und Ästen zu speichern. Die San benutzten die ausgehöhlten Äste als Köcher für ihre Giftpfeile. Besonders schön sind die bis zu 5 m hohen Aloen im schräg einfallenden Sonnenlicht anzusehen, wenn ihre rissige Rinde wie Gold erglänzt. In den Wintermonaten sprießen an den Astenden große, hellgelbe Blüten.

Köcherbäume lieben felsiges Gelände und gelten als Einzelgänger. An einigen Orten in Südnamibia bilden sie jedoch richtige Wälder, und zwei dieser Orte befinden sich nördlich und kurz vor Keetmanshoop: Der ★★**Köcherbaumwald** auf **Farm Garas** ist der kleinere von beiden. Dafür ist er aber touristisch noch nicht so aufbereitet wie der größere, ein paar Kilometer weiter auf der **Farm Gariganus**, der zum ★**National Monument Quiver Tree Forest** ⓴ erklärt wurde. Hier sieht man nicht nur rund 300 Köcherbäume, die ihre Äste unheimlich symmetrisch und fotogen gegen das tiefe Blau des namibischen Abendhimmels recken, sondern auch den „Riesenspielplatz" ★**Giant's Playground**: Wild übereinandergetürmte **Gesteinsblöcke** vermitteln die Vorstellung, hier hätte ein Riese mit Bauklötzen gespielt. Das Gestein ist Dolerit. Es

» Karte S. 88-89, Info S. 108-109

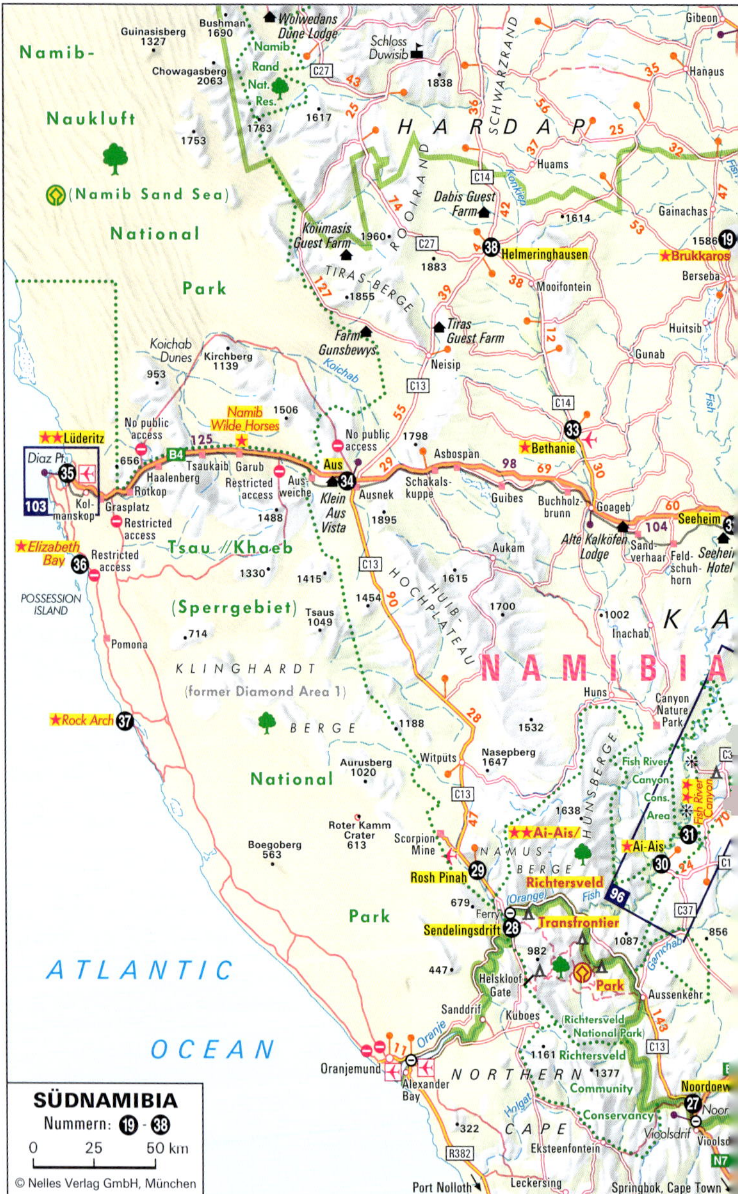
Namib-Naukluft National Park
(Namib Sand Sea)
Namib Rand Nat. Res.
Wolwedans Dune Lodge
Schloss Duwisib
Guinasisberg 1327
Bushman 1690
Chowagasberg 2063
1753
1763
1617
1838
H A R D A P
SCHWARZRAND
ROOIRAND
Huams
Gibeon
Hanaus
Gainachas
Dabis Guest Farm
Koiimasis Guest Farm
TIRAS-BERGE
1960
1883
1855
1614
Helmeringhausen
Mooifontein
Brukkaros
Berseba
1586
Huitsib
Gunab
Tiras Guest Farm
Farm Gunsbewys
Neisip
Koichab Dunes
Kirchberg 1139
953
Koichab
Namib Wilde Horses
1506
No public access
1798
Asbospan
Bethanie
Lüderitz
Diaz Pt.
656
Tsaukaib
Garub
Aus
Haalenberg
Rotkop
Restricted access
Ausweiche
Klein Aus Vista
Ausnek
Schakalskuppe
Guibes
Buchholzbrunn
Goageb
Seeheim
Alte Kalköfen Lodge
Sandverhaar
Feldschuhhorn
Seeheim Hotel
Kolmanskop
Grasplatz
1488
1895
Aukam
Elizabeth Bay
Tsau //Khaeb
(Sperrgebiet)
National Park
1330
1415
1454
1615
1700
1002
Inachab
POSSESSION ISLAND
Tsaus 1049
714
HUIB-HOCHPLATEAU
NAMIBIA
Pomona
KLINGHARDT
(former Diamond Area 1)
BERGE
Huns
Canyon Nature Park
Rock Arch
1188
1532
Aurusberg 1020
Witpüts
Nasepberg 1647
Fish River Canyon Cons. Area
Fish River Canyon
HUNSBERGE
1638
Ai-Ais/Richtersveld Transfrontier Park
Ai-Ais
Roter Kamm Crater 613
Boegoberg 563
Scorpion Mine
NAMUS-BERGE
Rosh Pinah
679
Ferry
Sendelingsdrift
(Orange)
Fish
1087
856
982
447
Helskloof Gate
Aussenkehr
Gamchab
Sanddrif
Kuboes
(Richtersveld National Park)
Oranje
Oranjemund
Alexander Bay
1161 Richtersveld Community Conservancy
NORTHERN CAPE
1377
Holgat
Noordoewer
Vioolsdrif
322
Eksteenfontein
Port Nolloth
Leckersing
Springbok, Cape Town
ATLANTIC OCEAN
C27
C14
C13
B4
C37
R382
N7
SÜDNAMIBIA
Nummern: 19 - 38
0 25 50 km
© Nelles Verlag GmbH, München

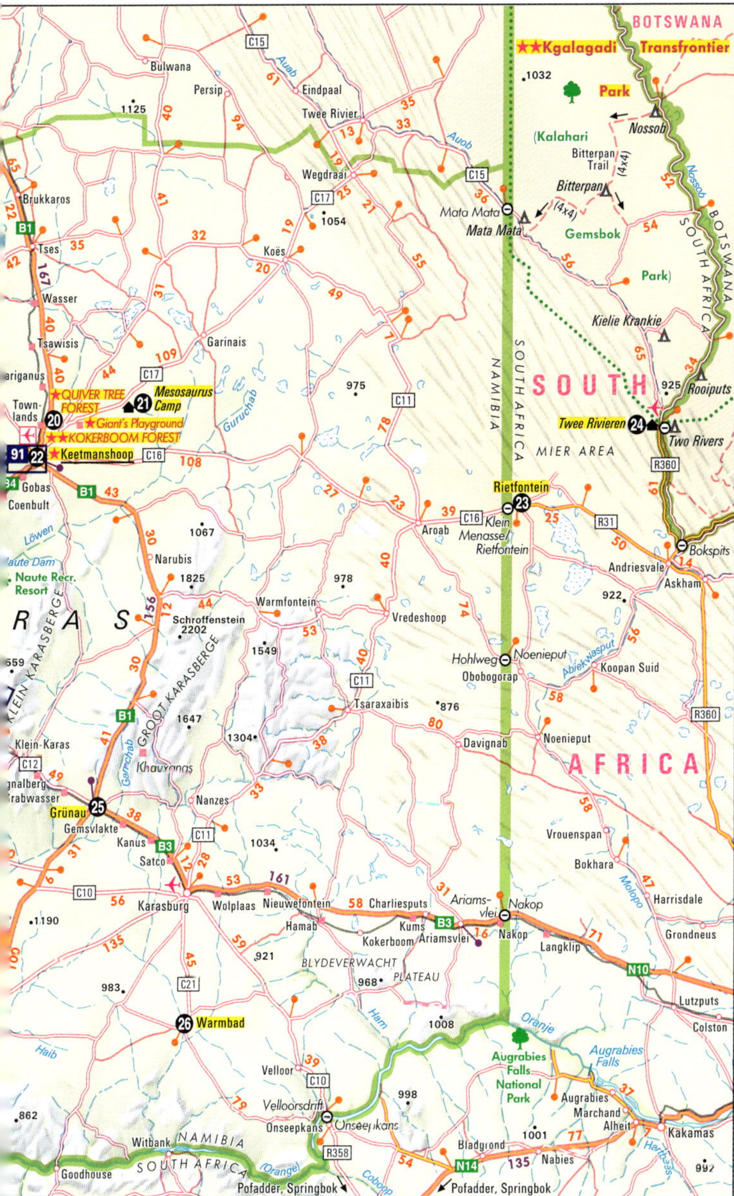
BOTSWANA
★★Kgalagadi Transfrontier Park
(Kalahari Gemsbok Park)
Nossob
Bitterpan Trail (4x4)
Bitterpan
Mata Mata
Kielie Krankie
Rooiputs
Twee Rivieren
Two Rivers
MIER AREA
SOUTH AFRICA
NAMIBIA
Bulwana
Persip
Eindpaal
Twee Rivier
Wegdraai
Koës
Garinais
Brukkaros
Tses
Wasser
Tsawisis
Town-lands
★QUIVER TREE FOREST
Mesosaurus Camp
★Giant's Playground
★★KOKERBOOM FOREST
★Keetmanshoop
Gobas
Coenbult
Naute Dam
Naute Recr. Resort
Narubis
Schroffenstein
Warmfontein
Vredeshoop
Aroab
Rietfontein
Klein Menasse/Rietfontein
Andriesvale
Askham
Bokspits
Hohlweg
Noenieput
Obobogorap
Koopan Suid
Tsaraxaibis
Davignab
KLEIN KARASBERGE
GROOT KARASBERGE
Klein-Karas
Khauxanas
Nanzes
Grünau
Gemsvlakte
Kanus
Satco
Karasburg
Wolplaas
Nieuwefontein
Charlieputs
Hamab
Kums
Kokerboom
Ariamsvlei
Nakop
Langklip
Vrouenspan
Bokhara
Harrisdale
Grondneus
Lutzputs
Colston
BLYDEVERWACHT PLATEAU
Warmbad
Velloor
Velloorsdrift
Onseepkans
Witbank
Goodhouse
Pofadder, Springbok
Augrabies Falls National Park
Augrabies
Marchand
Alheit
Kakamas
Bladgrond
Nabies
Oranje
Molopo
Auob
Nossob
Gurucheb
Löwen
Haib
Ham
Hartbees
Coboop

Foto: Volkmar E. Janicke

entstand beim Auseinanderbrechen des Urkontinents vor 180 Mio. Jahren, als Magma in unterirdische Gänge eindrang und erstarrte. Erosion und Erdbewegungen legten diese Doleritgänge frei, extreme Temperaturunterschiede zwischen Tag und Nacht sprengten sie oder ließen sie zu Wollsack-Formen, quasi zu Riesenmurmeln „schrumpfen" – aufgrund des für Granit in der Wüste typischen Erosionsphänomens des schalenförmigen Abblätterns dünner Gesteinsschichten. Eine weitere Folge der Temperaturunterschiede ist der schwarz glänzende „Wüstenlack" auf manchen Blöcken. Er entsteht, wenn kondensierte Feuchtigkeit Eisen aus dem Gestein löst, dieses durch Verdunstung an die Oberfläche gelangt und dort oxidiert.

40 km östlich von Keetmanshoop, an Giant's Playground vorbei, ist mit dem **Mesosaurus-Camp** ㉑ ein weiterer **Köcherbaumwald**, mit 3000 Bäumen um ein Vielfaches größer als die anderen, zu besichtigen. Die Farm heißt **Spitzkoppe-Ost** und bietet als zusätzliche Besonderheit die namensstiftenden versteinerten **Spuren** von **Mesosaurus-Sauriern** und zwei **Schutztruppen-Grabstellen**.

Oben: Giant's Playground bei Keetmanshoop.

★Keetmanshoop

Der deutsche Unternehmer und Vorsitzende der Rheinischen Missionsgesellschaft Johann Keetman ist im Namen von ★**Keetmanshoop** ㉒, dem „Tor zum Süden" (etwa 19 000 Einw.) verewigt; Keetmans Hoffnung war es, dass die Rheinischen Missionare mit der von ihm gestifteten Missionsstation im Namaland gute Bekehrungsarbeit leisten würden. 1866 wurde die Mission an einer Stelle gegründet, die die hier lebenden Nama der „Roten Nation" *nu-gouses*, Schwarzer Sumpf, nannten. Quellen und mächtige Kameldornbäume machten Keetmanshoop zu einem angenehmen Ort mit fruchtbarem Umland. 1868 eröffnete die Schule, und zehn Jahre nach der Gründung lebten

» Karte S. 88-89, Info S. 108-109

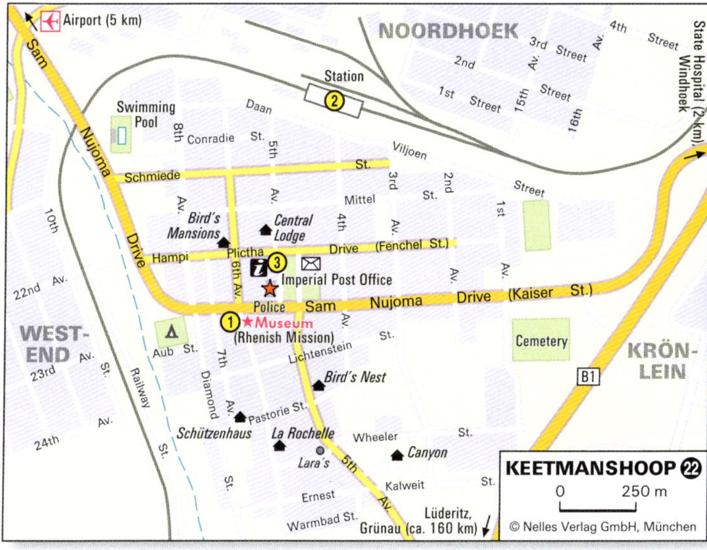

knapp 300 Menschen hier. 1895 wurde die aus Bruchstein erbaute **Kirche der Rheinischen Mission** fertig gestellt, die heute als ★**Museum** ① unter anderem über Fossilien, die Geschichte der Siedlung und die Bräuche der Nama informiert. 1908 fuhr die erste Eisenbahn von Lüderitzbucht kommend in Keetmanshoops (heute schmuck restaurierten) **Bahnhof** ② ein, und 1912 war dann der Anschluss bis Windhoek geschafft. Eine museale **Dampflok** der South African Railways steht davor.

1910 entstand das **Kaiserliche Postamt** ③, mit einem markanten Turm für den Sendemasten der „Funkentelegraphiestation" und zwei Wohnungen für Postbeamte. Es beherbergt heute das **Tourist Office**. Außerdem noch erhalten sind das **Schützenhaus** von 1907 in der Pastorie Street, heute ein Hotel mit Restaurant; und das **Johanniterhaus** von 1913, das alte Krankenhaus in der Second Avenue. Fast alle historische Bauten sind aus dunklem Bruchstein, teils aus Granit errichtet, der hier reichlich vorhanden ist.

Karakul-Schafzucht

Keetmanshoop ist Mittelpunkt der **Schafzucht**. Rinder finden hier im Süden zu wenig Nahrung, und so hielten die Nama vor allem Schafe und Ziegen. Mit Beginn der kommerziellen Farmerei entdeckte man, dass sich die Region bestens für die Zucht von **Karakul-Schafen** eignet. Aus deren eigentlicher Heimat Zentralasien kannte man sie als Persianer, deren Fell zu Pelzmänteln verarbeitet hohe Gewinne abwarf. In Namibia wurden die ab 1906 von der Leipziger Pelzhändlerfamilie Thorer importierten Karakulschafe auch als „schwarze Diamanten" bezeichnet, so lukrativ war der Handel mit den Fellen der neugeborenen Lämmchen, die zum Modepelz des 20. Jh. wurden – bis etwa 1980. Dann brach der Pelzhandel ein.

Neuerdings gilt Pelz wieder als modisch, und die durch hundert Jahre Zucht verfeinerte Karakulrasse ermöglicht Namibia heute, ein hochpreisiges Fell mit einer besonderen Ausprägung auf den Markt zu bringen: **SWAKARA**

» Stadtplan S. 91, Info S. 108-109

Foto: Harald Mielke

(South West African Karakul) ist extrem leicht, die Löckchen sind äußerst flach und fast wie Wellen ausgebildet. Diese „Zeichnung" war früher nur bei den Föten vorhanden und als Breitschwanz im Handel; dank der Zucht ist sie jetzt auch bei den Junglämmern noch erhalten. 100 000 Felle bringt Namibia heute wieder an die Pelzbörsen.

Der Einbruch des Pelzhandels in den 1980er Jahren hatte einen positiven Nebeneffekt: Man suchte nun nach Alternativnutzungen bei der Schafzucht und kam auf den Webteppich, der als Bodenbelag und dekorativer Wandbehang heute mit den unterschiedlichsten afrikanischen Motiven in den Läden und Ateliers im ganzen Land erhältlich ist und inzwischen vielen Menschen Lohn und Brot gibt.

Oben: Haus im kapholländischen Stil in Keetmanshoop. Rechts: Löwen im Kgalagadi Transfrontier Park (Südafrika).

★★Kgalagadi Transfrontier Park (Südafrika / Botswana)

Östlich von Keetmanshoop ist es eine lange, aber reizvolle Fahrt bis **Rietfontein** ㉓, dem Grenzübergang nach **Südafrika**. Er ist der südliche Übergang, von dem aus man den südafrikanischen Nationalpark befahren kann; ein Übertritt beim nördlichen Posten **Mata Mata** ist an einen Zweitage-Aufenthalt im Park gebunden. Bei Rietfontein durchquert man, am Nossob Rivier entlang nordwärts, typische Kalahari-Landschaft mit tiefen Dünentälern, in denen Schirmakazien wachsen, mit links und rechts wie Rippen angeordneten roten Sandbergen und in der Sonne glitzernden Pans. In ihnen steht nach Regen Wasser; es löst Mineralien aus dem Boden, verdunstet und hinterlässt eine Salzschicht, die dem Wild als Salzlecke dient.

Bei **Twee Rivieren** ㉔ befindet sich der südliche Eingang zum ★★**Kgalagadi Transfrontier Park**, zu dem der ehemalige südafrikanische Kalahari Gemsbok Park und der in Botswana

Foto: Friedrich H. Köthe

angrenzende Gemsbok National Park 1999 vereinigt wurden. Man kann bei Vorausbuchung beliebig zwischen den beiden Schutzgebieten wechseln; der Grenzübergang nach **Botswana** befindet sich bei **Gemsbok / Bokspits**.

Im südafrikanischen Teil verlaufen zwei Hauptrouten von Süd nach Nord bzw. Nordwest in den Trockenflussbetten des **Nossob** und des **Auob**. Drei **Rastlager** (Twee Rivieren, Mata Mata und Nossob) und mehrere **Wilderness Camps** stehen als Übernachtungsmöglichkeiten zur Verfügung.

Die beste Zeit für Wildbeobachtung ist der Winter, wenn die Temperaturen erträglich sind und das Wild die Wasserstellen aufsucht; Kgalagadi gilt als einer der besten Nationalparks für die Sichtung von Raubtieren. **Löwen** lassen sich durch Autos nicht von ihren Ruheplätzen in der Morgensonne vertreiben; **Geparde** und **Hyänen** zeigen wenig Scheu, und mit Glück sichtet man sogar einen **Leoparden**. Die **Antilopen** sind mit riesigen Springbockherden, Kudus, Oryx und Elands vertreten.

Von Keetmanshoop nach Grünau

Auf der B1 von Keetmanshoop nach Süden begleiten die Kleinen Karasberge im Westen und die Großen Karasberge im Osten die Straße; mit 2202 m erreicht ihr höchster Gipfel **Schroffenstein** beachtliche Höhe. Die **Kleinen Karasberge** sind durch die Erosionstätigkeit der östlichen Zuflüsse des Fish River geprägt. Täler durchschneiden Tafelgebirge, vielerorts stehen nur noch Inselberge. In der Halbwüste wachsen **Kandelabereuphorbien** und **Köcherbäume**.

In den **Großen Karasbergen** hatte der von Uwe Timm in seinem Roman *Morenga* verewigte Nama-Guerillaführer Jakob Morenga sein Rückzugsgebiet. Dort liegen die Ruinen seiner Festung **Khauxa!nas**, die der namibische Ingenieur Klaus Dierks ab 1970 untersuchte. Khauxanas wurde von den aus Südafrika geflohenen Orlam-Nama seit dem 18. Jh. als Zufluchtsort genutzt. 1903 begann Jakob Morenga von den Bon-

» Karte S. 88-89, Info S. 108-109

delswart-Nama von hier seine Überfälle auf die deutsche Schutztruppe; 1904 schloss sich Jonker Afrikaner mit seinen Nama dem Aufstand an. Die zehnjährige Nama-Rebellion endete mit dem Tod Morengas und einer unbekannten Zahl getöteter Nama. Khauxa!nas ist, da auf privatem Farmland, Touristen nicht zugänglich.

Das Farmerstädtchen **Grünau** ㉕, ein wichtiger Verkehrsknoten im Süden, ist nur als Versorgungspunkt mit Tankstelle und Take Away interessant. Hier zweigt die B3 in Richtung Upington/Südafrika nach Osten ab, und die C12 führt nach Westen und zum Fish River Canyon.

Warmbad

Wer einen Abstecher in die Missionsgeschichte Namibias unternehmen möchte, dem sei folgender Ausflug empfohlen: Von Grünau auf der B3 ostwärts, zweigt in **Karasburg** (Tankstelle, Versorgungsmöglichkeiten) eine Stichstraße (M21) nach Süden zum Nama-Ort **Warmbad** ㉖ ab (heute knapp 6800 Einwohner), wo Namibias erste Missionsstation gegründet wurde.

In Warmbad gab es wie an vielen anderen Missionsstandorten eine **Thermalquelle**, an der 1805 die deutschen Missionare C. und E. Albrecht im Auftrag der Londoner Missionsgesellschaft ein erstes „Gehöft" erbauten, das die Nama 1811 zerstörten. Später folgten die **Missionsstation** (1834, E. Cook) – das wohl älteste original erhaltene „europäische" Gebäude Namibias – und die **Kirche** (1877, restauriert 1990).

Erhalten ist auch die **Polizeistation** (1913), der Rest des 1905 errichteten deutschen **Schutztruppenforts**. Der Staat will zusammen mit den Nama dem Ort eine touristische Zukunft geben. So wurde im Ex-Gefängnis ein **Museum** eingerichtet, das die Ortsgeschichte und die Kultur der hier lebenden **Bondelswart-Nama** dokumentiert. Diese feiern am letzten Oktoberwochenende ein Fest, das an den Kampf zwischen ihrem Kapitän Jan Christiaan Abraham und dem Leutnant der Schutztruppe Walter Jobst erinnert. Beide fanden dabei 1903 den Tod und wurden auf den Friedhöfen des Ortes – Jobst auf dem **Schutztruppenfriedhof**, Abraham bei der **Alten Werft**, dem damaligen Township – beigesetzt. Zur Beherbergung hat Nacobta eine Lodge mit Restaurant und Campingplatz errichtet, die auch Führungen und Eselkarrenfahrten anbietet.

Rechts: Kanuwanderer auf dem Oranje River, der Grenze zu Südafrika.

Oranje

Die **B1** setzt von Grünau ihren Weg nach Südwesten zum Grenzposten **Noordoewer** ㉗ fort. Von dort kann man mit geländegängigen oder zumindest „hochbeinigen" Fahrzeugen eine landschaftlich reizvolle Tour entland dem Grenzfluss zu Südafrika, dem **Oranje River**, nach Nordwesten unternehmen. Die breite, bis Aussenkehr geteerte **D212** folgt teils dem Flusslauf, teils begleitet sie ihn in einiger Entfernung. Der stets Wasser führende Oranje sorgt im ariden Südnamibia für erstaunliche Fruchtbarkeit; sogar Weinreben werden an seinen Ufern gepflanzt. Häufig ziehen **Kanuwanderer** in dem abgesehen von einigen heftigen Stromschnellen ruhigen Fluss ihre Bahn.

Kurz vor **Sendelingsdrift** ㉘, wo eine Fähre über den Oranje den Übertritt vom **Ai-Ais Park** in den südafrikanischen **Richtersveld National Park** ermöglicht (beide sind zum **Ai-Ais / Richtersveld Transfrontier Park** zusammengeschlossen), wendet sich die D212 nach Norden auf das aufstrebende Städtchen **Rosh Pinah** ㉙ zu, das von einer **Zinkmine** lebt. Die besser ausgebaute **C13** führt weiter nach Aus. Der weitere Verlauf des Oranje südwärts gehört zum ehemaligen **Diamantensperrgebiet Nr. 1** und ist für Touristen noch kaum zugänglich, obwohl das

» Karte S. 88-89, Info S. 108-109

Foto: Friedrich H. Köthe

Sperrgebiet als Nationalpark gilt. Meldet man sich einen Tag zuvor an, kann man auf der Namibia-Seite des Oranje immerhin zur Oppenheimerbrücke und weiter nach Alexander Bay / Südafrika fahren – allerdings nur tagsüber. Vor der Flussmündung bei **Oranjemund**, der Diamantenstadt am Atlantik, werden noch **Diamanten** im Meer geschürft. Bald soll auch Oranjemund ohne Sondererlaubnis zu besuchen sein, und man hofft, dass einmal ein Museum für das hier 2008 geborgene portugiesische Gewürzhandelsschiff von 1533 entsteht, das Gold-, Silbermünzen und Kupfer der Augsburger Fugger für Indien geladen hatte – ein Sensationsfund.

★★Nationalpark Ai-Ais und Fish River Canyon

Von Grünau kann man direkt nach Westen zum Fish River Canyon fahren oder aber (noch ein Stück der B1 folgend) den Canyon von Süden her ansteuern und die Besichtigung in Ai-Ais beginnen. Bei der Fahrt durch die aride, weitgehend ebene Landschaft fragt man sich, wo denn hier nun eine Schlucht herkommen soll. Am Horizont erheben sich dekorativ die Gipfel der Hunsberge – der Canyon müsste also irgendwo davor zu finden sein? Die Frage ist beantwortet, sobald man die Serpentinenstraße von dem ca. 1000 m hohen Plateau hinunter zu den Thermalquellen von Ai-Ais in Angriff nimmt: Der Canyon hat sich in die Hochebene hineingegraben, liegt also zu Füßen des Betrachters. Und Ai-Ais, was soviel wie „kochend heiß" bedeutet, bildet seinen südlichen Ausgang.

Die heißen Quellen von ★Ai-Ais

Nach der Anreise durch braungraues Gestein, in dem nur einige Kandelabereuphorbien, Köcher- und Kameldornbäume graugrüne Tupfer setzen, wirkt das Grün von Schilf und Rasen rund um das Thermalbad **★Ai-Ais** ㉚ fast schrill. Die **Heißen Quellen** entspringen mit einer Temperatur von 60 °C und werden erst auf erträgliche Werte

» Karte S. 88-89, Info S. 108-109

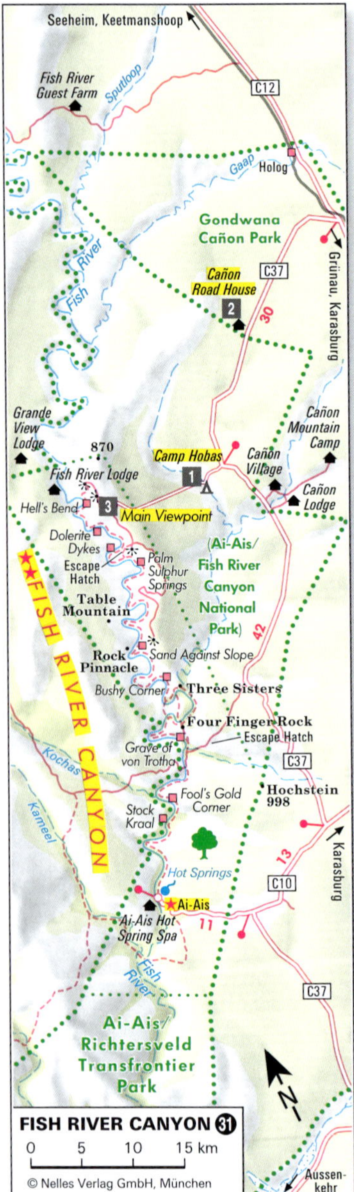

abgekühlt, bevor man das Wasser in das Außen- und das Innenbecken des **Thermalbads** und **Rastlagers Ai-Ais Hotsprings Spa** einspeist. Tagesbesucher können es gegen Eintritt nutzen und das warme Wasser im Pool genießen, während in den steilen Felswänden Paviane ihre Kletterkünste zeigen.

Mineraliensammler schwören auf eine Stelle ca. 5 km oberhalb des Bads an der vom Plateau herabführenden Straße, wo **Rosenquarz** gefunden wird. Man sollte aber nur sehr vorsichtig im Gestein stöbern, bietet es doch Skorpionen und Schlangen Zuflucht.

★★Fish River Canyon

Mit insgesamt 168 km Länge, zwischen 450 und 550 m Tiefe und einer Höchstbreite von 27 km zählt der **★★Fish River Canyon** ㉛ zu den größten Schluchten der Welt und stellt eine der Hauptattraktionen Namibias dar. Die an ihm entlangführende **Panoramastrecke** ist 56 km lang und berührt dabei zwei spektakuläre **Aussichtspunkte**, an denen man nicht nur tief in die Schlucht, sondern auch in die Erdgeschichte Namibias blicken kann. Der Fish River führt zwar nicht das ganze Jahr über Wasser, ist aber doch dank seines Einzugsgebietes im regenreicheren namibischen Hochland kräftig genug, Pflanzen und Tiere in der Schlucht zu versorgen. Deshalb war der Canyon bereits in der Steinzeit besiedelt. Vor Ankunft der Deutschen gab es hier mehrere Niederlassungen der Nama. Im Verlauf des Nama-Krieges zwischen 1903 und 1913 wurden am Oberlauf der Schlucht, in der Region um Ai-Ais, mehrere Kämpfe zwischen den Bondelswarts und deutschen Kolonialsoldaten ausgetragen. Leutnant Thilo von Trotha, eines der Opfer dieser Auseinandersetzungen, hat im Canyon etwa 25 km von Ai-Ais entfernt seine letzte, einsame Ruhestätte gefunden. Sein Grab ist ein wichtiger Markierungspunkt der mehrtägigen Fish-River-Wanderung (s. S. 99).

» Karte S. 88-89, Info S. 108-109

Die **Entstehungsgeschichte** des Fish River Canyon beginnt vor rund einer Milliarde Jahren: Damals war die Bildung der Gesteine, die dem Namaqualand-Metamorphit-Komplex zugerechnet werden, abgeschlossen. Dieser präkambrische Fels bildete dort, wo sich heute der Canyon befindet, ein mächtiges Gebirge. In dessen Gesteine drang vor etwa 900 Mio. Jahren flüssiges Magma ein, das in Doleritgängen erstarrte und nicht bis an die Oberfläche drang. Diese dunklen Gesteinsgänge sind in den unteren Bereichen des Canyons deutlich zu erkennen. An ihnen kann man auch ablesen, wo die älteste Gesteinsschicht der Schlucht endet und ein neuer Prozess beginnt: Bis vor etwa 650 Mio. Jahren wurde das Gebirge durch Erosion abgetragen und dann vom Meer überschwemmt. Nun lagerten sich neue Schichten auf der alten Rumpffläche ab, Schiefer und dunkler Kalkstein. Auch diese Sedimentgesteine kann man an den Wänden des Canyons deutlich erkennen; die schwarzen Doleriteinschlüsse fehlen hier gänzlich.

Oben: Die heißen Quellen von Ai-Ais speisen die Becken des Thermalbads.

Wahrscheinlich führten tektonische Bewegungen vor etwa 350 Mio. Jahren dazu, dass das kompakte Gebilde auseinanderbrach und sich ein Spalt öffnete, in dem sich der Fish River seinen Weg sucht. Er grub sich seinen Weg aber nicht tiefer in die Schlucht, weil ihm dort hartes Gestein entgegenstand, sondern erodierte bei schwachem Gefälle seitwärts und schuf die Mäander und Inselberge, die im Zentrum des Canyons bis heute erhalten sind. Dann folgte vor ca. 300 Mio. Jahren eine Eiszeit, in der Gletscher das nord-südwärts gerichtete Flusstal aushobelten.

Schließlich brach der Urkontinent Gondwana vor rund 130 Mio. Jahren auseinander, und die Ränder des neuen Kontinents Afrika wurden angehoben. So bekam der Fish River ein stärkeres Gefälle und damit größere Relief-Energie. In seinem Flussbett fraß er sich weitere 250 m tief in den harten Fels ein und legte damit jene Gesteinsschichten

Foto: Harald Mielke

frei, mit denen sein Entstehungsprozess begonnen hatte.

Naturparks und Aussichtspunkte

Der **Fish River Canyon** und die Quellen von **Ai-Ais** stehen als **Nationalpark** unter strengem Naturschutz. Wie in Namibia üblich, gibt es auch in diesem Nationalpark **Rastlager** bzw. *Wildlife Resorts*, wie sie nun genannt werden: das Thermalbad **Ai-Ais Hotsprings Spa** mit Bungalows und Zeltplatz sowie das einfache **Camp Hobas** 1 unweit des nördlichen Aussichtspunkts über dem Canyon. Östlich an das staatlich verwaltete Naturschutzgebiet anschließend erstreckt sich der private Naturpark **Gondwana Cañon Park** mit dem Rasthaus **Cañon Road House** 2, mehreren Lodges und einem Camp. Westlich des Fish River Canyons liegen weitere private **Gästefarmen**, die geführte Wanderungen in der Schlucht anbieten. Auf der anderen Seite des Canyons, gegenüber dem Hauptaussichtspunkt, steht die neue **Fish River Lodge**.

Oben: Unterwegs auf dem Fish River Hiking Trail.

Wer keines der Übernachtungsangebote in Anspruch nimmt, kann von der am Canyon entlangführenden Pad an zwei kurz aufeinander folgenden Aussichtspunkten in die Schlucht schauen; beide befinden sich ein Stück hinter dem Rastlager Hobas, rund 70 km von Ai-Ais. Der **Hauptaussichtspunkt** 3 erschließt die Schönheit dieser Schlucht mit ihren Gesteinsschichten und Flussmäandern wie dem **Hell's Bend** besonders gut. Nördlich davon beginnt der 500 m tiefe, drahtseilgesicherte **Abstieg** in den Canyon, den nur Wanderer machen dürfen, die ein Permit für den Fish River Trail haben.

Fish River Hiking Trail

85 km sind es am Grund der Fish-River-Schlucht vom Ausgangspunkt am nördlichen Lookout bis zum Thermalbad Ai-Ais. Die Strecke wird normalerweise in vier Tagesetappen gegangen; nach dem ersten Tag gibt es bei Palm

 » Plan S. 96, Info S. 108-109

Springs und nach 65 km beim Trotha-Grab „Notausstiege" für die, die sich überschätzt haben. Die Wanderung darf man nur in den „kühlen" Wintermonaten von 1. Mai bis 15. September unternehmen – auch dann sind jedoch mittags bis zu 40 °C möglich. Es sind nur Gruppen von mindestens drei Personen erlaubt, maximal 30 werden pro Tag in den Canyon gelassen (frühe Reservierung beim Ministry of Environment & Tourism nötig). Jeder muss am Camp Hobas ein ärztliches Attest vorlegen, das die nötige Gesundheit und Kondition bescheinigt, da bei Hitze mit schwerem Gepäck Dehydrierung und Kreislaufprobleme drohen. Da es im Canyon weder Unterkünfte noch Toiletten und vor allem keine Wasserhähne gibt, ist man unterwegs der grandiosen Natur ausgeliefert. Es ist Pflicht, Trinkwasser mitzunehmen; zudem werden Entkeimungstabletten empfohlen, falls man Wasser aus dem Canyon nutzen will.

Man begegnet **Pavianhorden**, **Hartmann's Bergzebras** sowie **Klippschliefern** und hofft, auf keinen Leoparden zu treffen. Ebenso sollte man keine Bekanntschaft mit den im Canyon zahlreich vertretenen Giftschlangen und Skorpionen machen. Da die im Flussbett stehenden Wassergumpen **Vögel** anlocken, können Wanderer Schlangenhalsvögel, Zwergtaucher, Schreiseeadler, Graureiher und Turmfalken beobachten. Man passiert außerdem einige Zeugnisse menschlicher Anwesenheit, so die **Palmen** an einer **Schwefelquelle**, die wohl aus dem Proviant eines Schutztruppensoldaten sprossen, und das **Grab des Leutnants Thilo von Trotha**, der 1905 in der Schlucht von Namas erschossen wurde. Am Ende der Wanderung bieten die **Thermalquellen von Ai-Ais** Entspannung.

Seeheim

Die Pad C12 vom Fish River Canyon nach Norden kann nach Regenfällen schwer passierbar sein, denn dann führt der **Löwen River** Wasser, und die **Furt** ist nicht mehr zu befahren.

Das nächste Ziel ist das Städtchen **Seeheim** ㉜ am Fish River, früher einer der wichtigsten Eisenbahnknotenpunkte, mit Anschluss nach Lüderitzbucht, Keetmanshoop und Karasburg. 1896 errichteten Soldaten der Schutztruppe ein **Fort**, das heute – renoviert – als **Seeheim Hotel** dient. 1908 wurde die **Bahn** in Betrieb genommen, später aber eingestellt. Nun wartet Seeheim darauf, dass der geplante reguläre Bahnbetrieb von Keetmanshoop nach Lüderitz den Ort aus dem Dornröschenschlaf reißt.

★Bethanien

Goageb, kaum mehr als eine Tankstelle, ist die nächste Station auf der Weiterfahrt nach Westen; wenige Kilometer danach lohnt ein Abstecher nach Norden ins nahe ★**Bethanien** ㉝. In dieser Nama-Siedlung gründete der deutsche Missionar Heinrich Schmelen 1814 im Auftrag der Londoner Missionsgesellschaft eine Niederlassung, die er wegen kriegerischer Auseinandersetzungen unter verfeindeten Nama-Gruppen 1822 wieder verließ. 1828 wurde Bethanien als Londoner Mission aufgegeben und 1840 an die Rheinische Missionsgesellschaft verkauft. Der neue Eigentümer Hans Knudsen baute das **Schmelenhaus** wieder auf. Unter Palmen duckt sich sein einfaches, aus Bruchsteinen gemauertes, sauber verputztes Domizil, eine niedrige Mauer grenzt das Anwesen ab.

Das nächste für Bethanien wie für Südwestafrika bedeutsame Jahr war 1883, als Adolf Lüderitz' Abgesandter Heinrich Vogelsang mit dem Nama-Kapitän Joseph Fredericks im „Ratshaus der Nama" die ersten Landkäufe aushandelte. Ein Jahr später tauchte der ranghöchste Kolonialbeamte Dr. Gustav Nachtigal bei Fredericks auf und ließ ihn **1884** den folgenschweren **Schutzvertrag** mit dem Deutschen Reich unterschreiben. Das denkmalgeschützte

» Plan S. 96, Karte S. 88-89, Info S. 108-109

Haus von Kapitän Fredericks, in dem dies geschah, steht unweit vom Schmelenhaus an der Hauptstraße.

Aus

Von Goageb senkt sich die Pad beständig, passiert Trockenflussbetten und Salzpfannen und erreicht dann das Farmerstädtchen **Aus** ㉞ (1440 m ü. M.; Tankstelle mit Imbiss und Gästezimmern, „Bahnhof Hotel"). Die historische Sehenswürdigkeit dieses Ortes verbirgt sich etwa 2000 m südöstlich an der C13: die Reste eines der beiden **Internierungslager**, in denen deutsche Armee- und Polizeiangehörige während des 1. Weltkriegs eingesperrt wurden. Denn bei Kriegsausbruch 1914 standen sich die Kolonie Deutsch-Südwestafrika und die von Großbritannien abhängige Südafrikanische Union plötzlich als Vertreter feindlicher Lager gegenüber.

Lange zögerten die Südafrikaner, in Südwest einzumarschieren, taten es dann aber doch und erzwangen am 9. Juli 1915 die deutsche Kapitulation. Alle offiziellen Vertreter des Deutschen Reiches wurden interniert: In Aus lebten nun 1500 Deutsche unter primitivsten Bedingungen, bis sie anfingen, selbst Ziegel zu brennen, Unterkünfte zu bauen und kleine Gärten anzulegen. Schließlich legten sie 5 km Schiene um das Lager herum, damit die einzelnen Stellen einfacher versorgt werden konnten. 1919 wurde das Lager aufgelöst und die Männer nach Hause geschickt, teils auch repatriiert; die meisten entschieden sich, im nun Südafrika unterstellten Mandatsgebiet Südwestafrika zu bleiben. Ein einsames **Denkmal** in Form einer deutsch beschrifteten Bronzeplatte auf einem Monolithen erinnert an die Internierungszeit.

Die Strecke Richtung Lüderitz verläuft schnurgerade leicht bergab nach Westen. Hinter Aus passiert sie die Grenze zu zwei Naturparks: Im Norden ist dies der **Namib-Naukluft-Park**, im Süden das 26 000 km² große **„Sperrgebiet"**. Da in diesem Gebiet bis auf zwei Ausnahmen schon seit längerem keine Diamanten mehr gefunden wurden, hat die namibische Regierung es zum Naturschutzgebiet erklärt. Wie in der Namib leben auch in dem neuen **Nationalpark Sperrgebiet/ Tsau II Khaeb** seltene, endemische Pflanzen und Tiere in großer Vielfalt, da außer Diamantenschürfern seit über 100 Jahren niemand die Region betreten durfte. Der Park soll die Lücke zwischen dem Namib-Naukluft-Park im Norden und dem Richtersveld-Nationalpark in Südafrika schließen und das längste grenzüberschreitende Schutzgebiet Afrikas schaffen – aber noch fehlt die touristische Infrastruktur.

So bleibt dem Reisenden auf dieser Strecke das Abfahren von der Hauptstraße verboten, und die berühmten ★**Wilden Pferde der Namib** könnte man nur aus der Ferne sehen, hätten nicht deutsche Touristen eine **Wasserstelle** nördlich der Bahnstation **Garub** finanziert, wo sich die Tiere nun häufig aufhalten und zu der man fahren darf. Die Größe der Herde schwankt zwischen 80 und 250 Tieren. Manche halten die Tiere für Nachkommen der Pferde, die auf Schloss Duwisib gezüchtet wurden und später verwilderten, andere sprechen von Abkömmlingen deutscher Schutztruppenpferde.

Die Gästefarm **Klein-Aus Vista** im **Gondwana-Sperrgebiet-Park** ermöglicht Übernachtungsgästen u. a. Ausflüge zu den **Wildpferden**, in den südlichen Namib-Naukluft-Park und zu den **Koichab-Dünen**.

★★Lüderitz

Kurz vor Erreichen der Hafenstadt ★★**Lüderitz** ㉟ passiert man den Wegweiser zur Geisterstadt Kolmanskuppe

Rechts: Die alte deutsche Bahnstrecke nach Lüderitz wird wiederbelebt – die Gleise werden zur Zeit neu verlegt; sie durchqueren die Namib-Wüste parallel zur B4.

» Karte S. 88-89, Info S. 108-109

Foto: Thomas Stankiewicz

(s. S. 106), die man jederzeit ohne Voranmeldung von 9-13 Uhr besichtigen kann. Wenn man ein sogenanntes Foto-Permit besitzt (mindestens einen Tag vorher in Lüderitz besorgen) sogar von Sonnenauf- bis -untergang. Einstündige Führungen vormittags um 9.30 und 11.00 Uhr, sonntags nur 10 Uhr.

Entlang der ganzen Strecke ab Aus geht es abwärts, Sandverwehungen bedecken öfter den Asphalt. Bei Kolmanskop findet man sich in richtiger **Dünenwüste** wieder. Dann führt die Straße bergab durch ein Felsentor und windet sich hinunter nach Lüderitz.

Wenn das Wetter schön ist (leider gibt es häufig Nebel), ist der erste Eindruck spektakulär: Wie Spielzeughäuser sind Kolonialvillen in Pastelltönen auf dunklem Fels drapiert, dahinter schimmert der Atlantik in kaltem Graublau. Näher betrachtet besteht auch Lüderitz aus vielen modernen Bauten, doch setzt es sich geschickt mit historischem Flair in Szene. Etliche Gebäude zeigen noch den Wilhelminischen Stil bzw. den Jugendstil der Kaiserzeit. Jüngst sollte Lüderitz als späte Entkolonialisierungsmaßnahme in *!Nami#Nüs* umbenannt werden – nach heftigem Bürgerprotest heißt bislang nur der Wahlkreis so.

Geschichte

1487 tauchten erstmals europäische Segler vor der tiefen, geschützten Bucht auf und warfen Anker: Der Portugiese Bartolomeu Diaz nannte die Bucht *Angra das Voltas*; auf der Rückfahrt vom Kap der Guten Hoffnung 1488 errichtete er in der Bucht ein *padrão,* ein Steinkreuz. Als *Angra Pequeña* blieb der Küstenstrich die nächsten Jahrhunderte ein Anlaufpunkt für Walfänger und ab Mitte des 19. Jh. für **Guano-Sammler**. Versuche verschiedener Nationen, eine dauerhafte Siedlung zu gründen, blieben erfolglos – bis am 1. Mai 1883 der Bremer Tabakhändler Heinrich Vogelsang in Angra Pequeña an Land ging und mit dem Nama-Kapitän Joseph Fredericks handelseinig wurde: Für 200 Gewehre und Güter im Wert von 2000 Mark wechselten Bucht und Land im Umkreis von fünf Meilen den Besitzer; sechs Monate später wurde ein zweiter Vertrag besiegelt.

Vogelsang hatte im Auftrag des Bremer Kaufmanns Adolf Lüderitz einen 20 Meilen breiten Küstenstreifen von der Mündung des Oranje im Süden bis auf Höhe des heutigen Helmeringhausen erworben. Fredericks hingegen war der Überzeugung, weitaus weniger Land verkauft zu haben. Er rechnete mit 20 englischen Meilen (32 km), während Lüderitz 20 geografische Meilen (150 km) beanspruchte. Hinzu kamen strittige Vorstellungen über den Begriff Verkauf. Fredericks hatte wohl eher Pacht im Sinn, während Lüderitz den Nama auf seinem Land das Bleiberecht absprach. Die Unstimmigkeiten hinderten den damaligen Reichskanzler Otto von Bismarck nicht daran, den Landerwerb unter deutschen Schutz zu stellen. Die Keimzelle zur Defacto-Kolonie Südwestafrika war gelegt.

Lüderitzbucht war zunächst keine große Zukunft beschieden. Der Hafen lag zu weit weg von jenen Regionen im Hochland, die mit Bodenschätzen und Wildreichtum Gewinn versprachen. Trinkwasser fehlte – es musste noch bis Mitte des 20. Jh. mit Eisenbahn und Schiffen herbeigeschafft werden –, und die Wege ins Landesinnere waren beschwerlich. Ortsgründer Lüderitz verschwand 1886 bei einer Expedition zur Oranjemündung. Um Lüderitzbucht wurde es still, bis es 1904 als Kriegshafen Einfallstor für die deutschen Truppen wurde, die den Aufstand der Herero und Nama bekämpften.

1908 wandte sich das Blatt: Der schwarze Eisenbahnangestellte Zacharias Lewala entdeckte am Bahnhof Grasplatz, zwei Stationen vor Lüderitzbucht, einen **Diamanten** im Sand. Von seiner früheren Arbeit in den Diamantminen Südafrikas kannte er das Aussehen von Rohdiamanten. Nutznießer des Fundes war allerdings sein Vorgesetzter August Stauch, der sich rasch die Schürfrechte sicherte. Die Wüstensiedlung Kolmanskop wurde Zentrum der Diamantensuche, und Lüderitzbucht profitierte vom neuen, schnellen Geld – doch anders als gedacht. Zwar wurden die Männer der ersten Stunde reich, doch die Tausende, die ihnen nachfolgten und sich vom Diamantenrausch blenden ließen, gingen leer aus. Schnell erklärte Berlin den ganzen Küstenstreifen zum **Sperrgebiet** (später *Diamond Area 1*), gründete die DDG (Deutsche Diamantengesellschaft) und heimste selbst die Schätze ein. Aber man brauchte nun Verwaltungsangestellte und Arbeiter, und so kam doch noch Geld in die Küstenstadt, allerdings nur bis 1914 – denn mit dem 1. Weltkrieg endete die „deutsche" Diamantenära.

Von 1919 bis 1943 florierte Lüderitzbucht wieder, und die Stadt erhielt eine Werft und eine Fischfangflotte – bis die südafrikanische CDM (Consolidated Diamond Mines of South West Africa), die neue Eigentümerin der Konzessionen in den beiden Diamanten-Sperrgebieten um Lüderitzbucht, ihre Aktivitäten an die Oranjemündung verlagerte. Mit dem Abzug der CDM verließen auch zahlreiche Einwohner den Ort, und Lüderitzbucht begann zu verfallen. Die namibische Unabhängigkeit 1990 brachte wieder einen Aufschwung, war Lüderitzbucht doch zunächst der einzige namibische **Hafen**. Aber auch diese Sonderstellung schwand durch den Verzicht der Südafrikaner auf Walvis Bay 1994 und dessen Übergabe an Namibia. Dass das inzwischen verkürzt Lüderitz genannte Städtchen heute wieder floriert, hat es v. a. dem **Tourismus** und den bei Rosh Pinah entdeckten Zinkvorkommen zu verdanken. Das **Zink** wird von einem südafrikanischen Unternehmen abgebaut und über den modernisierten Hafen Lüderitz ausgeführt. Außerdem florieren **Langustenfischerei**, **Austernzucht** und **Seetangexport**, und vor der Küste ist ein **Erdgasfeld** entdeckt worden. Von weniger als 2000 in den 1970ern ist die Einwohnerzahl wieder auf fast 10 000 angestiegen.

» Stadtplan S. 103, Info S. 108-109

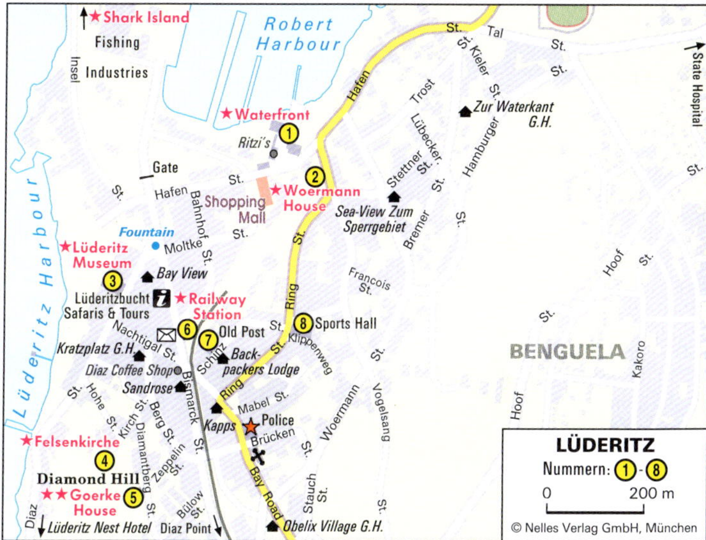

Shark Island
Fishing
Industries
Insel
Robert Harbour
Waterfront
Ritzi's
Gate
Hafen St.
Shopping Mall
Woermann House
Fountain
Moltke St.
Bahnhof St.
Lüderitz Museum
Bay View
Lüderitzbucht Safaris & Tours
Railway Station
Old Post
Sports Hall
Nachtigal St.
Kratzplatz G.H.
Diaz Coffee Shop
Sandrose
Schinz
Backpackers Lodge
Ring St.
Klippenweg
Hafen St.
Tal St.
Kieler St.
Trost St.
Lübecker St.
Zur Waterkant G.H.
Hamburger St.
Stettner St.
Sea-View Zum Sperrgebiet
Bremer St.
Francois St.
Hoof St.
BENGUELA
Kakoro
Hoof
State Hospital
Lüderitz Harbour
Hohe St.
Kirch St.
Berg St.
Diamantberg St.
Bismarck St.
Mabel St.
Kapps
Police
Brücken
Woermann St.
Vogelsang St.
Felsenkirche
Diamond Hill
Zeppelin St.
Goerke House
Bülow St.
Stauch St.
Bay Road
Diaz
Lüderitz Nest Hotel
Diaz Point
Obelix Village G.H.
LÜDERITZ
Nummern: 1-8
0 200 m
© Nelles Verlag GmbH, München

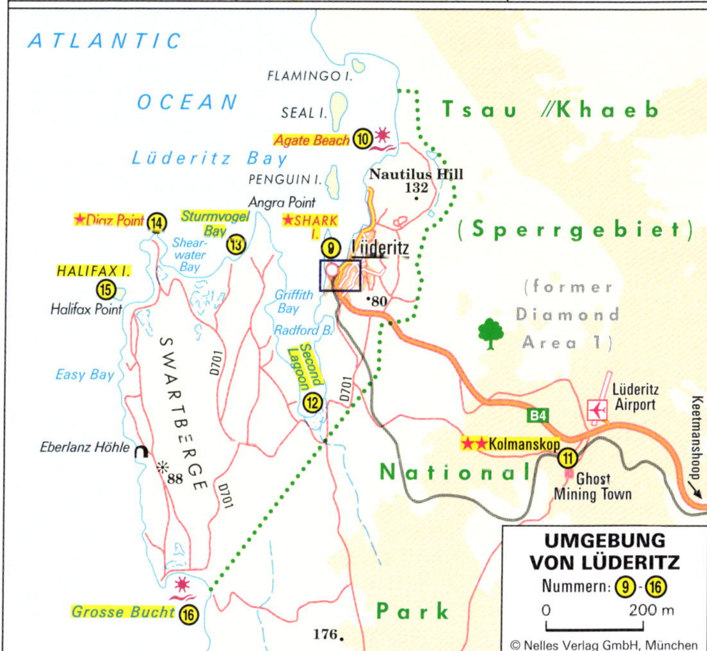

ATLANTIC OCEAN
FLAMINGO I.
SEAL I.
Agate Beach
Lüderitz Bay
PENGUIN I.
Nautilus Hill 132
Angra Point
Diaz Point
Sturmvogel Bay
SHARK I.
Shearwater Bay
Lüderitz
HALIFAX I.
Halifax Point
Griffith Bay
Radford B.
80
SWARTBERGE
D701
Second Lagoon
Easy Bay
Eberlanz Höhle
88
Tsau //Khaeb (Sperrgebiet) National Park
(former Diamond Area 1)
Lüderitz Airport
B4
Keetmanshoop
Kolmanskop
Ghost Mining Town
Grosse Bucht
176
UMGEBUNG VON LÜDERITZ
Nummern: 9-16
0 200 m
© Nelles Verlag GmbH, München

Von der ★Waterfront zur ★Felsenkirche

Ausgangspunkt des Rundgangs ist nicht das historische, sondern das moderne Lüderitz: Die ★**Waterfront** (1) an der Hafen Street mit ihren Restaurants, Läden und Apartments kann sich zwar nicht mit dem Amüsierviertel in Kapstadt messen, ist aber ein schicker Anlaufpunkt für Einheimische wie Touristen. Östlich davon steht das ★**Woermann-Haus** (2) (Ecke Vogelsang Street). In dem 1906 vollendeten Gebäude hatte die Hamburger Woermann-Linie ihre Niederlassung, deren Dampfer während des Herero-Aufstands den militärischen Nachschub aus Deutschland brachten – ein hoch profitables Geschäft. Für den Bau des Architekten Friedrich Höft mussten Felsen gesprengt werden. Aus den so gewonnenen Bruchsteinen wurde das Haus errichtet und mit einer Aufsehen erregenden technischen Neuerung ausgestattet: Da Trinkwasser in Lüderitz stets knapp war, ließ Höft eine Meerwasserleitung legen, die die Bäder und Toiletten versorgte.

Oben: Die Felsenkirche und gut erhaltene Kolonialhäuser prägen das Bild von Lüderitz. Rechts: Die Bismarckstraße mit der Deutschen Afrika-Bank (1907).

Auf der Hafen Street nach Westen, dann ein Stück die Bismarck Street südwärts und schließlich in die Diaz Street einbiegend erreicht man das ★**Historische Museum Lüderitz** (3). Aus einer privaten Sammlung entstanden vereint es historische Erinnerungsstücke wie Fotos, Briefe und Alltagsgegenstände zur Geschichte Lüderitz'. Eine Abteilung ist den Völkern Namibias gewidmet, eine andere der Flora und Fauna sowie dem Diamantenabbau.

Die Hoher Street führt bergauf zum Wahrzeichen der Stadt, der 1912 eingeweihten ★**Felsenkirche** (4). Gemäß dem Eisenacher Regulativ im neugotischen Stil erbaut und mit Glocken aus Thüringen ausgestattet, überblickt sie von ihrem Felsen die ganze Bucht. Das Innere taucht ein dreiteiliges **Lanzettfenster** aus Buntglas, gestiftet von Kaiser Wilhelm, in warmes Licht.

» Stadtplan S. 103, Info S. 108-109

Foto: Volkmar E. Janicke

Wenige Schritte entfernt erhebt sich das ★★**Goerkehaus** (5) auf einem Felsen über die Diamantberg Street. Hans Goerke war Leutnant der Schutztruppe, quittierte 1909 aber seinen Dienst und nahm den Geschäftsführerposten bei der Diamantengesellschaft an. 1910 wurde sein Wohnhaus fertig, in dem Elemente wilhelminischer und **Jugendstil-Architektur** zusammenfinden; den Turm ziert eine **Sonnenuhr**. Sehenswert sind die mit einem Kreuzgrat überwölbte Vorhalle und die berühmten, mit Flamingos geschmückten **Buntglasfenster**. Teile der Einrichtung wie die Lampen stammen sogar noch aus der Originalmöblierung.

Goerke verließ Südwestafrika bereits 1912 wieder; im Jahr 1920 übernahm die südafrikanische Diamantengesellschaft CDM das Haus, und heute gehört es der namibischen Rechtsnachfolgerin, der NAMDEB, die es gelegentlich als VIP-Unterkunft nutzt. Wenn gerade kein besonderer Gast darin wohnt, kann es normalerweise nachmittags besichtigt werden.

Vom Diamantberg zum ★Bahnhof

Diamantberg nennen die Lüderitzer die Anhöhe mit der Felsenkirche und dem Goerkehaus.

Die Diamantberg Street und die Berg Street führen bergab ins Ortszentrum, dessen Hauptachse **Bismarck Street** historische und moderne Bauten säumen. Prunkstück ist der mit seiner zurückhaltenden Architektur bereits in die Moderne weisende ★**Bahnhof** (6) von 1914, entworfen von Kurt Lohse aus Swakopmund.

Die von der hier kreuzenden Bay Road abzweigende Schinz Street führt zur **Alten Post** (7) von 1908 mit Fachwerkschmuck und einem Turm, der für kurze Zeit die städtische Uhr trug. Doch 1912 wurde sie abmontiert und am Kirchturm angebracht. Ein Stück weiter erreicht man an der Ecke Ring Street die ehemalige, 1913 eingeweihte **Turnhalle** (8) des Männerturnvereins. Der Wahlspruch „frisch, fromm, fröhlich, frei" findet sich in den vier „F" über dem Türsturz wieder. Zurück auf der Bismarck

» Stadtplan S. 103, Info S. 108-109

Street passiert man das Büro von **Lüderitz Safaris & Tours** (hier gibt es das Permit für den Kolmanskop-Besuch).

★Shark Island (Haifischinsel)

Weiter geradeaus und am Hafen vorbei geht es auf die windige Halbinsel **★Shark Island** (9), mit einem **Leuchtturm**, nett gelegenen **Bungalows** und **Campingplatz**. Hier findet sich die einzige Erinnerung an den Stadtgründer Adolf Lüderitz, das **Lüderitz-Denkmal**, eine Bronzeplatte, 1953 aufgestellt. An ein angemessenes Denkmal für die hier umgekommenen „Eingeborenen" wurde bislang nicht gedacht: Shark Island diente der Kolonialverwaltung als Internierungslager für rund 2000 Nama und eine unbekannte Zahl von Herero, die zwischen 1905 und 1907 hier schutzlos Kälte und Nässe ausgesetzt waren; die meisten starben.

Die Umgebung von Lüderitz

Lüderitz ist von Sperr- bzw. Naturschutzgebieten geradezu eingeschlossen; deshalb sind die Ausflugsmöglichkeiten auf den Besuch der Geisterstadt Kolmanskop und die südlich liegende Lüderitz-Halbinsel beschränkt. Nach Norden führt ein Abstecher, vorbei am ehemaligen Township Nautilus, zum **Agate Beach** (10) (Achatstrand), im Sommer ein beliebter **Badestrand**. Scharfe Augen benötigt man, um im Sand die **Achate** zu finden, denen der Strand seinen Namen verdankt.

★★Kolmanskuppe (Kolmanskop)

Mit dem Ticket von Lüderitz Safaris & Tours kann man bei einer geführten Besichtigung durch die einstige Diamantenstadt **★★Kolmanskuppe** (11) bummeln und sich ausmalen, wie es hier wohl zu Beginn des 20. Jh. ausgesehen hat. Das trockene Wüstenklima der Namib hat die aus Holz und Ziegel erbauten Häuser wunderbar konserviert; nur das Fenster- und Verandaglas hat nicht standgehalten, so dass die Sanddünen ungehindert hindurchwandern und die ehemaligen Küchen, Schlaf- und Wohnzimmer mit Sandverwehungen auffüllen konnten.

Nachdem im ersten Diamantenfieber Hütten aus Holz und Wellblech errichtet worden waren, begann die Deutsche Diamantengesellschaft 1909 mit dem Bau massiver Häuser. Polizei, Postamt, Bäckerei, Krankenhaus und ein Theater mit Kegelbahn brachten einen Hauch von Jugendstilarchitektur in die Namib. Vor den stetig gegen die Siedlung anbrandenden Wanderdünen mussten die Bauten mit Wellblech-Barrieren geschützt werden. In den 1920er Jahren hatte der Ort rund 300 weiße und 800 separat untergebrachte schwarze Einwohner. Bis 1950 war Kolmanskuppe bewohnt; dann ließen die letzten Schürfer alle Hoffnung fahren, hier noch etwas zu finden. Die südafrikanische Diamantengesellschaft CDM, mittlerweile vom De-Beers-Konzern übernommen, war 1943 in den Südwesten an die Mündung des Oranje gezogen, wo man bereits 1936 in submarinen Terrassen ergiebige Lagerstätten entdeckt hatte. Lange vegetierte Kolmanskuppe unbeachtet vor sich hin; was nicht niet- und nagelfest war, wurde entweder nach Oranjemund, die neue Diamantenstadt, verbracht oder von den Einwohnern von Lüderitz mitgenommen.

Erst in den 1970er Jahren erkannte die CDM, welch touristisches Potential die Geisterstadt hat: Einige Häuser, so das Kasino mit der Turnhalle, wurden restauriert, andere überließ man der Wüste und den Schlangen und Hyänen. Besucht werden u. a. das **Kasino** mit funktionierender **Kegelbahn** und wieder Speisen servierendem **Restaurant**, ein kleines **Museum** mit historischen Fotos sowie ein **Laden**, in dem

Rechts: Ausflug zur Geisterstadt Kolmanskuppe – die Sanddünen der Namib erobern die einstige Diamantenstadt zurück.

» Stadtplan S. 103, Info S. 108-109

Foto: Harald Mielke

man Diamanten als Souvenir erwerben kann – ungefähr 5-10 % preiswerter als in Europa.

Lüderitz-Halbinsel und ★Diaz Point

Die südlich von Lüderitz ins Meer ragende Halbinsel wird meist auf direktem Weg zum Diaz-Piont durchquert. Wer sich die Mühe macht, von der Hauptroute Abstecher zu unternehmen, findet z. B. in der **Second Lagoon** (12) eine große **Flamingo-Kolonie** und in der **Sturmvogelbucht** (13) die Überreste einer 1914 errichteten Walfangstation.

Auf einem weit ins Meer gestreckten Felsenfinger liegt ★**Diaz Point** (14), wo Bartolomeu Diaz 1488 sein *padrão* als Zeichen der portugiesischen Landnahme errichtet hatte. Das **Portugiesische Kreuz** wurde 1855 entfernt und nach Kapstadt gebracht; mehrere Duplikate wechselten sich auf dem Felsvorsprung ab, bis man 1988 zur 500-Jahr-Feier eine dem Original angeblich recht nahe kommende Kopie installierte. Über einen Holzsteg gelangt man an die dem Wind und der Gischt ausgesetzte Stelle.

Vom **Halifax Point** sieht man durchs Fernglas die **Pinguinkolonie** auf **Halifax Island** (15). Die Vogelschutzinsel – eine der bis 1994 von Südafrika verwalteten, einst wertvollen Guano liefernden Pinguin-Inseln – darf nicht betreten werden. Auf einer Bootsfahrt (von Lüderitz) kommt man näher an die **Brillenpinguine** heran, entweder auf einer Segelboottour oder auf einer Fahrt im Kayak, bei der man selbst rudern muss.

An der **Großen Bucht** (16) im Süden liegt einer der beliebtesten **Badestrände** der Lüderitzer.

★Elisabeth Bay und ★Bogenfels

Die beiden Attraktionen, die ehemalige Diamantenstadt Elisabeth Bay und die Erosionsskulptur Bogenfels, liegen im Diamanten-Sperrgebiet, das inzwischen zum **Nationalpark Sperrgebiet** erklärt wurde und nur im Rahmen einer organisierten Gruppenreise besucht werden kann.

» Stadtplan S. 103, Info S. 108-109

★**Elisabeth Bay** ㊱, 30 km von Kolmanskop entfernt in der Namib gelegen, war ab 1908 ebenfalls **Diamanten-Boomtown** und wurde später aufgegeben; derzeit schürft man aber in der Nähe wieder, weshalb strenge Sicherheitsvorschriften für den Besuch der Geisterstadt gelten.

Zum ★**Bogenfels** ㊲ führt ein Ganztagesausflug, vorbei an ehemaligen Minen und aufgelassenen Siedlungen. Der 50 m hohe Felsbogen thront überaus fotogen über dem Meer.

Rooirand und Helmeringhausen

Links begleitet von den **Dünenfeldern** des **Namib-Naukluft-Parkes**, rechts von den schroff aus der Ebene emporwachsenden Felsen und Bergen des **Rooirands** fühlt man sich auf der von **Aus** (㉞) nach Norden führenden **C13** in eine fantastische Mondlandschaft versetzt. Der Rooirand ist Teil der **Großen Randstufe** zwischen dem namibischen Hochland und der Namib-Wüste. Den Namen verdankt das Gebirge seiner rötlichen Färbung, die vor allem im Abendlicht besonders schön zur Geltung kommt.

Eine landschaftliche Steigerung bietet die ungeteerte Pad **D707**, die kurz vor dem Weiler Tiras von der Hauptroute nach Westen abzweigt und, zwischen **Tiras-Bergen** und Namib hindurchführend, nördlich von Helmeringshausen wieder auf die C13 stößt. Sie umrundet dabei die **Tiras Mountain Conservancy**, einen Zusammenschluss von vier alteingesessenen Gästefarmen, die ihr Land nachhaltig touristisch nutzen, seine ökologischen Besonderheiten schützen und sie ihren Gästen bei geführten Wanderungen näherbringen.

Wer auf der Hauptstraße C13 bleibt, kann im Weiler **Helmeringhausen** ㊳ eine liebevoll zusammengetragene **Ausstellung** landwirtschaftlicher Geräte bewundern und im Garten des **Helmeringhausen Hotel** eine Erfrischung oder Stärkung zu sich nehmen.

www.southernnamibia.com – Informationsseite zu Südnamibia (englisch)

Rehoboth (☎ 062)

Museum, Mo-Fr 9-12, 14-16 Uhr, Sa 9-12 Uhr, Eintritt N$ 25, Tel. 522954, www.rehobothmuseum.com.

Keetmanshoop (☎ 063)

Southern Tourism Forum, Old Post Office, Fenchel Street, Keetmanshoop, Tel. 222095 / 223317, Fax 223818.

Museum, Mo-Fr 7.30-12.30, 13.30-16.30 Uhr, S. Nujoma Drive (Kaiser St.), Tel. 221256.

Quiver Treet Forest, Tagesbesucher von 9-17 Uhr, Tel. 222835, www.quivertreeforest.com.

Mesosaurus Fossil Site and Quiver Tree Dolerite Park, Tel. 222990, www.mesosaurus.com.

Restaurant der **Central Lodge**, angenehmes A-la-Carte-Restaurant im Ortszentrum, 5th Avenue, Tel. 225850.

Im Restaurant des **Canyon Hotel** gibt es gutes Essen zu recht günstigen Preisen, Tel. 223361.

Kgalagadi Transfrontier Park

Reservierung: South African National Parks, PO Box 787, Pretoria 0001, South Africa, Tel. 0027-12-4289111, Fax 3430905, reservations@sanparks.org, www. sanparks.org. **Öffnungszeiten**: Täglich von Sonnenauf- bis -untergang.

Noordoewer

Kanutouren auf dem Oranje organisiert **Felix Unite**, Unit 304a, Building 20, Waverley Business Park, Wycraft St, Mowbray, 7700, Cape Town, South Africa; Tel. 0027-21-702 9400, Fax 702 9493, www. felixunite.com

Warmbad (☎ 063)

Warmbad Museum and Guided Tours, Führungen Mo-Fr 9-17 Uhr, Sa 9-13 Uhr, Buchungen unter 063-269187.

» Karte S. 88-89, Info S. 108-109

Thermalbad Ai-Ais

Ai-Ais hat 2009 nach Renovierung wiedereröffnet, besonders reizvolle Unterkünfte sind die Bush-Chalets.

Im Restaurant des **Wildlife Resort** können Tagesbesucher ein einfaches, preiswertes Mittagessen einnehmen.

Bethanien (☎ 063)

Schmelenhaus, tagsüber normalerweise geöffnet; falls geschlossen, kann man den Schlüssel im Pfarrhaus nebenan holen.
Nama-Ratshaus, geöffnet werktags 8-17 Uhr, David Fredericks Street, Tel 283059.

Lüderitz (☎ 063)

Tourism Office, **Lüderitz Safaris & Tours**, hier Buchen der Besichtigung von Kolmanskuppe, Bismarck Street, Tel. 202719, Fax 202863.

Ritzi's, sehr gute Fischküche, dazu schöner Blick auf die Bucht, Waterfront, Tel. 202818.
Das **Hotel Nest** bietet im Feinschmeckerlokal **The Penguin** und der **Oyster Bar** (mit Meerblick-Terasse) eine große Auswahl an Fisch-und Meeresfrüchtegerichten und passenden Weinen, Diaz Street, Tel. 204000.
Barrels Restaurant, gemütliche Pub-Atmosphäre mit guten Fleisch- und Fischgerichten, 5 Nachtigall St, Tel. 202458, www.kratzplatz.com.
Rumours, Pub-Restaurant, in das auch die Einheimischen gehen; Bismarck St., Tel. 202655.

Museum, Mo-Fr 15.30-17 Uhr, oder die Besichtigung unter Tel. 202582 vereinbaren.
Felsenkirche, Besichtigung Mo-Sa ab 16.30 Uhr für etwa 1,5 Stunden.
Goerkehaus, Besichtigung Mo-Fr 14-16 Uhr, Sa/So 16-17 Uhr.

Fahrten nach Elisabeth Bay: Ghost Town Tours, Goerke House, Tel. 204031, www.ghosttowntours.com.
Fahrten zum Bogenfels: Coastways Tours, Waterfront, Tel. 202003, www.coastways.com.na.
Segeln zu Halifax Island: Mit dem Gaffelschoner „Sedlna" am Diaz Point vorbei zur Halifax-Insel mit einer **Pinguin-Kolonie**. Buchung über Lüderitz Safaris & Tours.

Souvenirs bekommt man u. a. im Laden von **Lüderitz Safaris & Tours** sowie in Kolmanskop. Die Geschenk-Boutique im Hotel **Haus Sandrose** in der Bismarck Street 15 verkauft ebenfalls hübsche Mitbringsel.

Kolmanskuppe

Führungen Mo-Sa 9.30 und 11 Uhr, So 10 Uhr.

Duwisib

Schlossbesichtigung tgl. 8-17 Uhr.

Maltahöhe (☎ 063)

ESSEN / AKTIVITÄTEN / EINKAUFEN: Das **ÔA Hera Art Center** (Main Road, Tel. 2923028 / 081 2152595, www.oaheraart.com) und das **Café** (Tel. 293508) sind April bis August von 10 bis 17 Uhr, September bis März von 10 bis 19 Uhr geöffnet. Kontakt zu Christiaan Bylh wg. **Eselskarrenfahrten**: über das ÔA Hera Art Center.

Maltahöhe Foto-Museum, im Maltahöhe Hotel, Von Burgsdorf St, Tel. 293013, www.maltahoehe-hotel.com

Sossusvlei (☎ 063)

Tagesbesucher sind nur von Sonnenauf- bis -untergang zugelassen. Der 4x4-Shuttle vom Parkplatz zum rund 5 km entfernten Sossusvlei kostet etwa 100 N$ für Hin- und Rückfahrt.

Es gibt keine Restaurants in der Region; die einzige Lodge, in der auch Durchreisende zum Essen willkommen sind, ist die **Sossusvlei Lodge** mit sehr guter Küche, neben dem Parkeingang (Tel. 693223).

Wolf (PhotoPress)

Robbenkolonie am Cape Cross

Foto: Friedrich H. Köthe

WESTLICHES NAMIBIA

OKAHANDJA
KARIBIB / USAKOS
ERONGO-GEBIRGE
SPITZKOPPE / SWAKOPMUND
WALVIS BAY / WEST COAST
SKELETTKÜSTE
TWYFELFONTEIN
VINGERKLIP / BRANDBERG

Die im Folgenden beschriebene Route an die Küste und durchs westliche Namibia erschließt die Vielseitigkeit namibischer Landschaften, ihrer Natur und ihrer Menschen. Ihren Ausgang nimmt sie in Windhoek, führt durch Strauchsavanne nach Norden durch das **Land der Herero**, wendet sich dann nach Osten in die bizarre **Gebirgswelt des Erongo** mit geheimnisvollen Felsbildern und erreicht, an der **Spitzkoppe**, dem namibischen Matterhorn, vorbei und durch die Namib-Wüste, den Atlantik, wo das Kolonialstädtchen **Swakopmund** Erinnerungen an die ersten deutschen Jahre in Südwestafrika wach hält. Fürs Kontrastprogramm sorgt das moderne **Walvis Bay** mit seinen vielen Freizeitmöglichkeiten auf dem Meer und in der Wüste. Abstecher in die **Namib** machen mit seltenen endemischen Pflanzen und faszinierenden geologischen Formationen bekannt. Robbenkolonien, singende Dünen und Wüstenelefanten sind nur einige der vielen Attraktionen auf der Weiterfahrt nach Norden in den **Nationalpark Skelettküste**. Im **Damaraland** begegnet man schließlich der Vorgeschichte Namibias in bizarren Erosionsskulpturen und Tausenden von Felsbildern.

Links: Felsbild in der Gegend der Fingerklippe (Farm Omburu-Ost).

★Okahandja

Auf ausgezeichneter Straße, anfangs sogar vierspurig, geht es auf der B1 nach Norden an der **Ranch Okapuka** (s. S. 67) und Farmland vorbei, das sich zur Straße hin mit Viehzäunen oder den wesentlich höheren Wildzäunen zeigt. 70 km hinter Windhoek kündigt sich das in 1440 m Höhe liegende ★**Okahandja** ❶ mit sich wieder zur Autobahn verbreiterndem Asphaltband an. Das Farmerstädtchen mit etwa 25 000 Bewohnern liegt am Bett der Trockenflüsse Okakango und Okamita mitten im Land der Herero. Die Rastplätze um Okahandja gelten als unsicher. Parkt man in der Stadt, sollte man den Wagen bewachen lassen.

Die Entstehung der Siedlung geht auf die Missionare Carl Hugo Hahn und Heinrich Kleinschmidt zurück, die hier 1843 einen Kraal der Herero erreichten und – weil eine Quelle sprudelte – sich für den Ort als Missionsstation entschieden. Doch bereits ein halbes Jahr später war das Wasser versiegt, und in Absprache mit den Herero verlegten sie die Missionsstation zu den heißen Quellen von Otjikango 25 km weiter südwestlich – dem heutigen Gross Barmen. In der Folge gab es mehrere Versuche, auch im heutigen Okahandja eine Missionsstation zu eröffnen, dies scheiterte aber immer wieder, unter

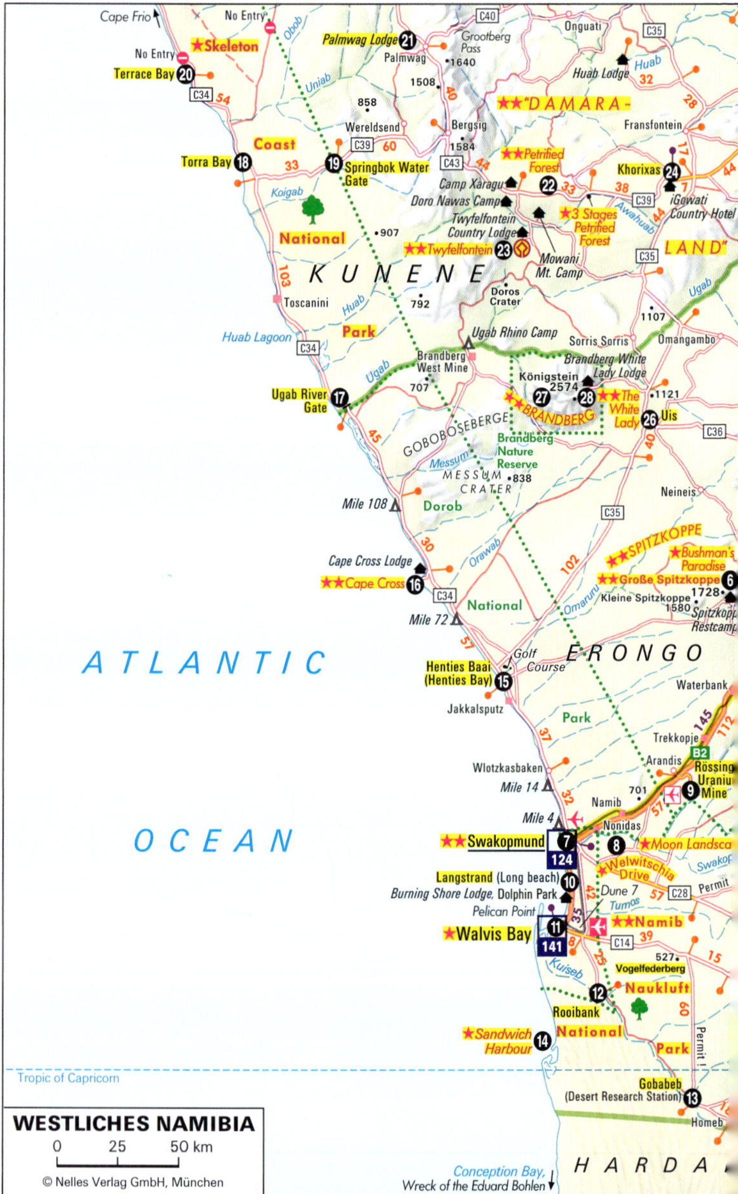
Cape Frio
No Entry
No Entry
★Skeleton
Terrace Bay 20
C34
54
Obob
Palmwag Lodge 21
Palmwag
Grootberg Pass
1640
C40
Onguati
C35
Huab Lodge
Huab
32
Uniab
1508
858
40
★★"DAMARA-
28
Wereldsend
Bergsig
Fransfontein
C39
60
1584
Coast
Torra Bay 18
33
19 Springbok Water Gate
C43
44
★★Petrified Forest
Khorixas 24
17
Camp Xaragu
22
33
38
C39
iGowati Country Hotel
Koigab
Doro Nawas Camp
★3 Stages Petrified Forest
Awahuab
44
Twyfelfontein Country Lodge
907
National
★★Twyfelfontein 23
Mowani Mt. Camp
C35
LAND"
103
KUNENE
Doros Crater
Ugab
Toscanini
Huab
792
1107
Huab Lagoon
Park
Ugab Rhino Camp
Sorris Sorris
Omangambo
C34
Brandberg West Mine
Brandberg White Lady Lodge
Ugab
Königstein 2574
707
27
28
★★The White Lady
1121
Ugab River Gate 17
★★BRANDBERG
26 Uis
C36
45
GOBOBOSEBERGE
Brandberg Nature Reserve
40
Messum
MESSUM CRATER
838
Neineis
Mile 108
Dorob
C35
30
Orawab
★★SPITZKOPPE
★Bushman's Paradise
102
Cape Cross Lodge
★★Große Spitzkoppe 6
★★Cape Cross 16
C34
National
Omaruru
Kleine Spitzkoppe
1728
1580
Spitzkoppe Restcamp
Mile 72
57
ATLANTIC
Golf Course
ERONGO
Henties Baai (Henties Bay) 15
Waterbank
Jakkalsputz
Park
145
112
37
Trekkopje
B2
Arandis
Wlotzkasbaken
Rössing Uranium Mine
Mile 14
701
9
32
Namib
57
Mile 4
Nonidas
OCEAN
★★Swakopmund 7
124
8
★Moon Landscape
★Welwitschia Drive
Swakop
Langstrand (Long beach) 10
42
Dune 7
57
C28
Permit
Burning Shore Lodge, Dolphin Park
Tumas
Pelican Point
35
★★Namib
★Walvis Bay 11
141
8
C14
39
527
15
Kuiseb
25
Vogelfederberg
12
Naukluft
Rooibank
60
★Sandwich Harbour 14
National
Park
Permit !
Tropic of Capricorn
Gobabeb (Desert Research Station) 13
Homeb
WESTLICHES NAMIBIA
0 25 50 km
© Nelles Verlag GmbH, München
Conception Bay, Wreck of the Eduard Bohlen
HARDA

Otjikondo
Neinsberg
1654
Neina
Otavi
Okomukandi
Platveld
Altmark
Goreis
Tutara
Cauas
Nugubaes
Outjo
C39
B1
Okaputa
Coblenz
Bambatsi Guest Farm
Vrindskap
Otjikango
1421
C38
C42
C39
Ugab
Hartseer
Okave
163
Waterberg Plateau Natl. Park
★VINGERKLIP
Gerus
Otjenga
1857
Vingerklip Lodge
1842
Omatjene
Heuningberg
Otjahevita
Okamatapati
Otjiwarongo
Parasis
Epupa
C33
1885
Ozondjache
Okakarara
Okotjitundu
C22
1930
Hebron
Omatako
1616
Avond
C30
Ozongarongombe
Kameelberg
Okonjima Lodge
C22
Eremutua
Kalkfeld
Otjihorongo
Mt. Etjo Lodge
OTJOZONDJUPA
Okondjatu
Kaalkop
B1
Omatjete
Ondombo
Otuwe
Osire
2110
Mt. Etjo
Omatako Dam
Epako Game Lodge
Okosongoro
Epako
Omaruru
1927
Omatako 2289
Evero
C30
Otjosondu
Ai Aiba
Okakombo
Omaruru
Etemba
Erongo Wilderness Lodge
Omaruru
2045
Norman
1590
Hochfeld
1652
★★ERONGO MOUNTAINS
Okanona
C31
Tubusis
C36
Hohenstein
C33
Otjisemba
2319
★★White Elephant (Phillip's Cave)
Otjimbovo
Khan Rivier Lodge
Okakongo
Steinhausen
Ameib Ranch
Albrechts
Vogelsang
Okazize
Francois
Waldau
Onguati
The Elegant Farmstead
Karibib
1843
Black Nossob
B2
Wilhelmstal
Hagenau
Von Bach Dam
Aukas
Usakos
Navachab Gold Mine
Albrechtshöhe Guest Farm
★Okahandja
117
Okamboro
1706
1894
Gross Barmen
Midgard Lodge
Oruuwa
1990
B1
Xamigaub
1666
Teufelsbach
Etusis Lodge
Düsternbrook Guest Farm
Otjivero
Osomba
Diana
1550
C32
Otjihajavara
Omitara
Otjimbingwe
1830
Otjisewa
Okapuka Ranch
Nossob
Frauenstein
Bodenhausen
B6
1406
1528
Khomas 2044
Brakwater
Seeis
Gobabis
Ondekaremba
Hosea Kutako Intl. Airport
Tsaobis Leopard Nature Park
Tsaobis
1614
WINDHOEK
1670
KHOMAS
C28
Kapps Farm
1006
1430
2479
C23
Olifants
Eros Airport
1687
Kruin
Farm Peperkorrel
1830
C28
Kupferberg Pass
Archer's Rock
HOCHLAND
Amani Lodge
Aris
Brack
Tsatsachas
GRINNRÜCKEN
Eningu Clay House Lodge
Doreenville
Bosua Pass
Haris
Kuiseb
Leutwein
Aus Game Lodge
1725
1757
Us-Hoogte Pass
Bismarckfelsen 2417
1874
Groot Tinkas
2140
Groot Aub
2002
Güntherberg 1855
C26
Bergland
2080
Dordabis
1848
Oanob
KHOMAS
C15
Nina
Chaibis
1921
2097
Wortel
Ganab
1287
Gamsberg Pass
HAKOSBERGE
Usip
Garib
H.E.S.S. Telescope
Naos
KARUBEAMSBERGE
1230
Kuiseb Pass
C26
2144
Girib
C23
Lake Oanob
Rehoboth
1630
Klein Nauas
Lake Oanob Resort
Rehoboth
Gamsberg 2347
Weissenfels Guestfarm
Kiripotib Guest Farm
C24
Gebied
Gaub Pass
Tropic of Capricorn
C25
HARDAP
Heide
Skaap
1036
2224
Spreetshoogte Pass
1519
Kuiseb
2005
Derm
C14
Nauchas
B1
Taumis
Uhlenhorst
1465
C24
Klein Aub
RANTBERGE
Groendraai
Kam
Mariental
1961
Nauzerus
Karanas

5 Westen

Foto: Camerapix

anderem wegen der kriegerischen Auseinandersetzungen zwischen Herero und Nama. Erst 1872 konnte die Rheinische Missionsgesellschaft ihre Station bauen, und 1876 wurde die **Kirche der Rheinischen Mission** (1) geweiht. Die eigentliche Ortsgründung wird meist mit dem Bau der **Alten Feste** (2), eines Militärstützpunktes der Schutztruppen, auf 1894 datiert. Die Kirche und der Stützpunkt (Sitz der Polizei) sind noch zu sehen, ebenso der 1901 errichtete **Bahnhof** (3), der noch genutzt wird.

★Friedhof der Herero

Der Krieg zwischen Herero und Deutschen nahm in Okahandja seinen Anfang: Als am 11. Januar 1904 eine Abordnung von Waterberg-Herero in Okahandja gegen willkürlich gezogene Grenzen ihres Reservats protestierte, eskalierte die Situation. Oberhaupt Samuel Maharero erteilte den Befehl zum Aufstand. In der dem 12. Januar 1904 folgenden Woche wurden 123 Siedler und Händler getötet. Sein Ende fand der Kampf am 11. August 1904 mit der Schlacht am Waterberg. Die Herero (Männer, Frauen, Kinder) flüchteten in die Wüste und viele Tausend kamen um. Der damalige Schutztruppenkommandeur Generalleutnant Lothar von Trotha verwehrte den Überlebenden die Rückkehr. Die deutsche Reichsregierung missbilligte Trothas Verhalten im Nachhinein aufs Heftigste und sorgte für einen „Gnadenerlass". Samuel Maharero konnte ins britische Betschuanaland fliehen, das heutige Botswana, wo er 1923 starb. Sein Leichnam wurde noch im selben Jahr nach Okahandja überführt und mit einer würdigen Feier beigesetzt. Seine letzten Worte an seinen Sohn Friedrich, die Einheit der Herero zu bewahren, verlas der Missionar Vedder am offenen Grab.

Der ★**Herero-Friedhof** (4) befindet sich im Osten des Zentrums am Ende eines kurzen Stichpfades weg von der

Oben: Die Frauen der Maharero-Herero tragen beim Ahnengedenktag in Okahandja rot-schwarze Kostüme nach viktorianischer Mode.

» Stadtplan S. 117, Info S. 153-155

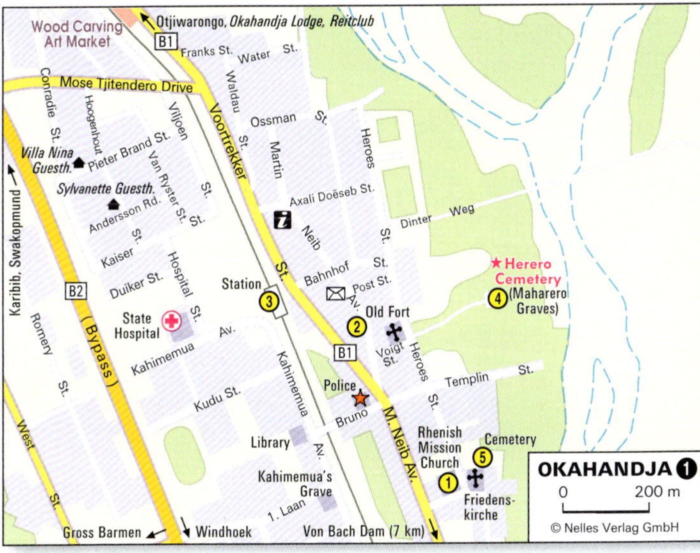

Heroes' Street. Die **Herero-Häuptlingsgräber** von Maharero und seinem Sohn Samuel sind alljährlich am letzten Wochenende im August anlässlich des ★**Ahnengedenktags** Ziel einer langen Prozession farbenprächtig gekleideter Herero – die Frauen in weiten viktorianischen Röcken, auf dem Kopf das zum Rinderhornsymbol gebundene Tuch, die Männer in Uniformen, die denen der deutschen Schutztruppe nachempfunden sind. Die drei großen Herero-Gruppen tragen unterschiedliche Farben: Die Herero Okahandjas, die Maharero-Herero, tragen rot-schwarz, die Zeraua-Herero, die rund um Omaruru leben, tragen schwarz-weiß, und die Mbanderu-Herero aus der Gegend um Gobabis bevorzugen grün-weiß-schwarz. Doch auch andere Farben sind zu sehen und besonders die Uniformen der Männer sind sehr fantasievoll gestaltet. Nach der zeremoniellen Zwiesprache der Herero-Führer mit Ihren Ahnen an den Gräbern ziehen die Menschen hinaus vor die Tore der Stadt, wo für dieses Wochenende ein richtiges Feldlager entsteht, mit Lagerfeuern und Diskussionsrunden. Paraden, Reiterwettkämpfe, klatschende Frauen und lebhafte Gesänge sorgen für Unterhaltung.

Weitere **Gräber** (5) von Herero-Führern und auch von Schutztrupplern und Missionaren finden sich neben und gegenüber der Kirche der Rheinischen Missionsgesellschaft am südlichen Ende der Heroes' Street. Hier ruht auch Nama-Kapitän Jonker Afrikaner, Gründer Windhoeks und erbitterter Feind der Herero. Er starb 1861 in Okahandja.

Von Bach Dam

Hinter hohen Hügeln verbirgt sich 7 km südöstlich von Okahandja das für Windhoek wichtigste Wasserreservoir, der **Von Bach Dam**. 49 Mio. m^3 vermag der Stausee zu fassen; allerdings erreicht er diese Marke nur sehr selten, in guten Regenjahren. Der Stausee und seine Umgebung sind ein beliebtes Erholungsgebiet der Einheimischen, die hier angeln, schwimmen und Boot fahren, außerdem gibt es Wasserskiclubs.

» Stadtplan S. 117, Info S. 153-155

Foto: Volkmar E. Janicke

Das Rastlager ist derzeit wegen Renovierung geschlossen.

Gross Barmen

Die Missionsstation im 25 km entfernten **Gross Barmen** ❷ – eine der ältesten Namibias – existiert nicht mehr. Nur ein paar Palmen und Ruinen erinnern daran, dass hier Carl-Hugo Hahn und Heinrich Kleinschmidt 1844 mit Genehmigung der Nama unter Jonker Afrikaner eine Niederlassung bei den **heißen Quellen** gründeten. An Stelle der Mission steht heute ein modernes **Thermalbad** (Spa), das mit diesen Quellen, Außenpools, Chalets und Campsite Übernachtungsgäste anlockt. Die mit 2 l/Sek. sprudelnde gefasste Quelle ist besonders reich an Fluorid und Sulfat. Die schwefligen Inhaltsstoffe sorgen für den intensiven Geruch des mit 61 °C austretenden Wassers. Zum Baden wird es auf erträgliche Temperaturen heruntergekühlt. Das Rastlager samt Spa wurde 2014 nach längerer Renovierung wiedereröffnet und eignet sich nun auch für Tagungen.

Oben: Schwere, große Holzplastiken kann man auf den Holzschnitzermärkten in Okahandja als Souvenir erwerben.

VON OKAHANDJA NACH SWAKOPMUND

Karibib

Anders als im Süden, wo das Hochland über die Große Randstufe in schroffen Felsstürzen zur Namib-Wüste abbricht, vollzieht sich im Norden der Übergang fast unmerklich und über mehrere Gebirgsstöcke, so das Erongo und die Spitzkoppe. Die Straße von Okahandja nach Westen folgt der Eisenbahnlinie durch Buschland. Sie passiert **Wilhelmstal** und erreicht schließlich das ebenfalls sehr kleinstädtische **Karibib** ❸.

Berühmt ist das in 1193 m Höhe gelegene Städtchen in der ganzen Welt für seinen schneeweißen **Marmor**. Das Gestein verdankt seine Existenz einer

» Karte S. 114-115, Info S. 153-155

geologischen Besonderheit. Durch eine tektonische Senkung reichte vor Jahrmillionen ein Meeresarm bis nach Karibib, und so konnten sich feinste Sedimente ablagern. Das Kalziumcarbonat wandelte sich im Lauf der Zeit zu Kalkstein. Als sich daraufhin Gebirgsstöcke bildeten (Damara-Gebirgsbildung), wurde auf den Kalkstein hoher Druck ausgeübt, und die Temperatur stieg an. Dabei konnte der Marmor entstehen. Bis nach Europa und in die Neue Welt wird der als besonders hart geltende Stein geschnitten und poliert versandt. Er schmückt zum Beispiel den Frankfurter Flughafen.

Historische Bauten

Karibib wurde am 1. Juli 1900 gegründet, als die Eisenbahnschienen die Siedlung erreichten. Der **Bahnhof** wurde im April 1901 fertig. In ihm kamen neben den Warteräumen erster und zweiter Klasse die Verwaltung, ein Postamt und ein Restaurant unter. Da die Fahrt von Windhoek nach Swakopmund zwei Tage dauerte, machten die Schmalspur-Personenzüge auf Feldbahngleisen in Karibib für die Nacht Station. Dies war der Grund, dass der kleine Ort zu jener Zeit sechs Hotels besaß, drei davon direkt gegenüber dem Bahnhof: das heute noch stehende Rösemann-Haus, den ebenfalls noch existierenden **Kaiserhof** und das **Hotel Rubien**. Das **Rösemann-Haus** wurde zur gleichen Zeit wie der Bahnhof errichtet und diente nicht nur als Unterkunft, sondern auch als Handelskontor des ursprünglich in Otjimbingwe, der ehemaligen Hauptstadt von Südwestafrika (bis 1890), gegründeten Unternehmens *Rösemann & Kronewitter*. 1979 wurde das Gebäude unter Denkmalschutz gestellt und beherbergt heute eine Bank.

Am östlichen Stadteingang ist seit 1958 im ehemaligen **Hotel zum Grünen Kranz** eine **Bäckerei** zu finden. Das Gebäude stammt aus dem Jahr 1909 und war mit Billardraum und Kegelbahn eine der beliebtesten Übernachtungsadressen der Stadt. 2005 übernahm ein neuer Eigentümer das historische Gebäude und ließ sein architektonisches Prunkstück, die tiefe Veranda, zumauern.

Die **Christuskirche** liegt abseits der Hauptstraße und wurde vom Regierungsbaumeister Redecker 1909 als Ziegelsteinbau geplant und 1910 geweiht; ihr Turm ist 28 m hoch. Die Rheinische Missionsgemeinde und später die Deutsche Evangelische Gemeinde nutzten das Gotteshaus. Das Hospitalgebäude hinter der Kirche geht auf das Jahr 1914 zurück. Doch nach und nach verfiel das ganze Viertel um das Gotteshaus, und die Stilllegung der Schmalspurgleise zugunsten der breiteren Kapspurgleise mit anderem Verlauf abseits des Ortes beschleunigte diese Entwicklung. Mit wachsendem Tourismus ist man nun aber auch in Karibib bemüht, die historische Substanz zu retten und soweit möglich zu restaurieren.

★Henckert Tourist Centre

Einen Besuch wert ist auf alle Fälle das ★**Henckert Tourist Centre**. Auf 1000 m² kann man sich anhand von Literatur hervorragend über Karibib und die Umgebung informieren, die in einer eigenen Weberei hergestellten Textilien erwerben, in glitzernden und schimmernden **Halbedelsteinen** wühlen und sie auch kaufen.

Die Firma Henckert ist eine der Top-Adressen für hochwertige Souvenirs: Neben **Webprodukten** einer angeschlossenen Karakul-Webschule gibt es **Schnitzereien**, **Gold- und Silberarbeiten**, **Mineralien**, **Skulpturen** – und wer hungrig ist, kann im angeschlossenen **Bistro** Snacks bestellen. Eines der wichtigsten Produkte von Henckert dient der Gesundheit: die **Teufelskralle**. Ein Bauer hatte die Heilkraft der Pflanze erstmals dokumentiert: 1904 fiel dem deutschen Südwester Mehnert auf, dass die Herero und Nama sie als

» Karte S. 114-115, Info S. 153-155

Medizin verwendeten. Es dauerte aber bis 1953, bis die Teufelskralle-Wurzel wissenschaftliche Aufmerksamkeit erhielt. Heute weiß man, dass drei in der Pflanze enthaltene Bitterstoffe für die Heilkraft verantwortlich zeichnen und zur Behandlung besonders von Gelenkarthrose und Störungen der Verdauungsorgane geeignet sind.

Wirtschaftsflaute

Arbeitslosigkeit und schlechte Zukunftsperspektiven bestimmen heute das Leben in Karibib. Nach dem 2. Weltkrieg gab es einen kleinen Goldrausch, als in unmittelbarer Umgebung, in Navachab, Gold gefunden wurde. Die **Goldmine** geriet in Vergessenheit, weil sie wenig Ertrag brachte. 1989 nahm man den Abbau wieder auf, doch die Gerüchte über eine baldige Schließung wollen nicht verstummen. Das **Marmorwerk** in einem Schutztruppenbau von 1905 ist ebenfalls noch in Betrieb, aber die Transportkosten sind hoch, und damit ist das Gestein trotz seiner Schönheit auf dem Weltmarkt nicht sonderlich konkurrenzfähig.

Vom Tourismus erhofft man sich neue Zukunftsperspektiven, insbesondere vom **Erongo Mountain Nature Conservancy**, einem mit 200 000 ha riesengroßen privaten Naturschutzgebiet nordwestlich von Karibib, zu dem sich 29 Farmer zusammengeschlossen haben. Langfristig wollen sie Wild, das früher hier heimisch war, im Erongo auswildern, etwa Spitzmaulnashörner und Giraffen.

Usakos

Usakos ❹ liegt nur noch 865 m hoch und damit bereits beträchtlich unterhalb der Höhe von Karibib, von dem es nur 30 km entfernt ist. Diente der Nachbarort als Rastplatz für die Zugreisenden auf dem Weg zur Küste, entwickelte man Usakos zur Eisenbahnwerkstatt. Hier wurden die Dampflokomotiven der **Otavi-Bahn**, der im Jahr 1906 mit 567 km (bis Tsumeb) längsten Schmalspurbahn der Welt gewartet, denn das Klima an der Küste in Swakopmund wäre für die Metallungetüme zu rau und salzhaltig gewesen. Eines dieser Urtiere des Dampfmaschinenbaus, eine deutsche **Lokomotive** von 1912 (*Henschel*, Kassel), steht (wenn nicht gerade wieder ein LKW hineingefahren ist) in voller Pracht am Ortseingang. Noch bis 1960 wurde sie von der Otavi Minen- und Eisenbahn-Gesellschaft (OMEG) auf den nur 60 cm breiten Schienen bis hinauf nach Grootfontein eingesetzt; dann stellten die Südafrikaner 1961 auch diese Strecke auf die Kapspur mit 1067 mm um. Trotz der Schmalspur wirkt die Lokomotive ausgesprochen mächtig, schließlich musste sie die schweren Erzzüge aus den Bergwerken im Norden des Landes bis zu den Häfen ziehen. Der **Bahnhof** und der hoch aufragende **Wasserturm** stammen aus der Zeit des Beginns der namibischen Eisenbahngeschichte. Gerade der Wasserturm markiert eines der Hauptprobleme beim Betrieb des Streckennetzes unter Volldampf: Immer wieder kam es zu Engpässen bei der Wasserversorgung. Mit der Aufgabe der Schmalspur und der gleichzeitigen Umstellung auf Dieselloks hatte dies ein Ende.

Rechts: Im Erongo-Gebirge hat die Erosion riesige Steinkugeln – „Bull's Party" – hervorgebracht (Ameib Ranch).

★★Erongo-Gebirge und ★★White Elephant

Auf Pisten geht es von Usakos nach Norden zum Fuß des ★★**Erongo**. Erforscht wurde der Gebirgszug, dessen höchster Punkt der 2319 m hohe Hohenstein ist, vo dem in Magdeburg geborenen Geologen Professor Hans Cloos, der sich auf einer Afrikareise 1911 die wilden Felslandschaften des fast unwirklich aus der weiten Ebene herausragenden Massivs zum Ziel nahm.

» Karte S. 114-115, Info S. 153-155

Foto: Harald Mielke

Begleitet wurde er von zwei jungen Geologen, die später berühmt werden sollten: Hermann Korn und Henno Martin (s. S. 86). Die drei Wissenschaftler stellten fest, dass das Erongo-Massiv auf eine Ringintrusion zurückgeht: Magma stieg ringförmig nach oben, erkaltete aber auf dem Weg an die Oberfläche und erstarrte. Wind und Wetter trugen nach und nach die weicheren Gesteinsschichten um das vulkanische Gestein ab. Es entstand eine „Gebirgsschüssel", die heute – nach Abtragung der gesamten Umgebung – unvermittelt in der Landschaft steht. Dieses Gebirge diente den frühen Einwohnern dieses Teils von Südwestafrika, den San und Damara, als Treffpunkt für rituelle Handlungen, aber auch als Aussichtspunkt, von dem aus sie die Antilopenherden beobachten konnten. Entsprechend zahlreich sind die Felsmalereien und -gravierungen, die man an den Felshängen des Erongo finden kann. Doch die Verwitterung hat auch ohne menschliches Zutun eine Unzahl an seltsamen Formen hervorgebracht.

Die **Farmen** im Inneren des „Kraters" erreicht man, indem man ihn auf Pisten in einem weiten Bogen nach Norden umfährt und von dort in Richtung Süden in den Krater hineinkommt.

Ameib Ranch / ★★White Elephant

In der Region von Usakos sind einzigartige Felsbilder zu sehen. Dazu fährt man zur Gästefarm **Ameib**, 30 km von Usakos am Fuß des Erongo. Eine etwas anspruchsvollere 45-Minuten-Wanderung (Felsstufen und Spalten) bringt trittsichere „Geländegängige" vom Parkplatz zu der berühmten Felsmalerei **★★White Elephant** ❺ in der **Phillip's Cave**. Die Höhle ist eher eine Höhlung (Abri), eine der typischen Granit-Verwitterungsformen: Schattenseitig ist das Klima und auch das Gestein feuchter, da die Verdunstung geringer ist. Dies führt zu Auflösung des Kornverbandes und schließlich zur Zersetzung des Granits in immer weiteren Schichten, so dass Höhlungen entstehen, die den frühen Menschen Schutz vor dem Wetter bo-

Foto: Thomas Stankiewicz

ten und bevorzugter Platz für das Abbilden von Wild oder anderen Motiven waren. Der „Weiße Elefant“ ist fein und naturgetreu dargestellt, auch eine Antilope ist noch gut zu erkennen.

Weitere Attraktionen sind die Verwitterungsformen auf den steinernen Flächen von Ameib, die als ★**Bull's Party** bekannt sind: Granitwannen, Abschälungen und Kernsprünge (diese lassen die durch Wollsackverwitterung entstandenen Steinkugeln wie mit einem Messer durchschnitten aussehen).

Bekannt ist auch ★**Elephant's Head**, ein Granitfelsen, der seinem Namen alle Ehre macht (mit Klettersteig).

★★Spitzkoppe

Wie das Erongo-Massiv ist auch die Spitzkoppe ein sich prominent über die weite Ebene erhebender Gebirgszug. Knapp 60 km sind es von Usakos bis zum Eingangstor in das Naturschutzgebiet um die ★★**Spitzkoppe** (1728 m), die **Kleine Spitzkoppe** (1557 m) und die **Schwarze Spitzkoppe** (1179 m), davon 35 km Piste. Da die Umgebung 700 m niedriger liegt und die Felstürme steil aufragen, wirken sie wuchtiger als das tatsächlich 600 m höhere Erongo.

Geologisch ist das „Matterhorn von Namibia“ wie das Erongo als vulkanische Intrusion mit anschließender Abtragung der weicheren bedeckenden und umgebenden Gesteinsschichten entstanden – ein Inselberg also. Regen und das mit ihm einhergehende Wegschwemmen von Verwitterungsmaterial ist die hauptsächliche Ursache für die Herausbildung, das scheinbare „Wachsen“ des Inselberges; je „höher“ er nun wird, desto größer wird die Chance, dass Wolken an ihm abregnen, aber auch die am Fuß ringsum auftreffende Wassermenge wird mit zunehmender Fläche der Basis größer. Heute ist der Prozess weitgehend abgeschlossen, und die Spitzkoppen sind ungefähr in der Ausdehnung zu sehen, wie das Magma vor

Oben: Der Weiße Elefant in der Phillip's Cave (Ameib Ranch). Rechts: Vom Sandstrahlgebläse des Windes geformt – der Felsbogen der Spitzkoppe.

» Karte S. 114-115, Info S. 153-155

Foto: Harald Mielke

100 Mio. Jahren in das darüber liegende Gestein eindrang. Durch Windschliff ist an einer Seite ein markanter **Felsbogen** entstanden.

Die Region um die beiden Gipfel ist als *Nature Conservancy* (Hegegebiet) ausgewiesen, das von den **Damara** verwaltet wird und dessen erwirtschaftete Gelder der Gemeinde zur Entwicklung der Region zur Verfügung stehen. Man kann auf einem von NACOBTA gegründeten **Zeltplatz** oder in **Hütten** am Fuß der Großen Spitzkoppe übernachten, eine Bar hat geöffnet, und die hiesigen Damara sind gerne bereit, die Besucher in die Berge und zu den zahlreichen **Felsbildern**, etwa in der Kuhle ★**Bushman's Paradise** ❻, zu führen. Auf dem Weg dahin wissen sie viel Interessantes zu Flora und Fauna der Halbwüste zu erzählen. Abends kann man sich mit dem **Eselskarren** zu romantischen Plätzen fahren lassen, um dort einen Sundowner zu genießen; es gibt kaum eindrucksvollere Orte, um bei **Sonnenuntergang** zu erleben, wie sich der Granit blutrot verfärbt.

Die Spitzkoppe ist auch eine Destinationen für **Felskletterer**, wobei man Erfahrung und eigene Ausrüstung mitbringen sollte. Die Routen sind nicht leicht und eine Bergung von Verletzten schwierig.

★★Swakopmund

360 km von Windhoek ist der Atlantik erreicht. Die deutsche Gründung ★★**Swakopmund** ❼, wo heute rund 35 000 Menschen leben, darunter viele Deutschstämmige (was Institutionen wie die beliebte Gaststätte *Brauhaus, Hansa-Bäckerei, Adler-Apotheke, Fleischerei* und der *Männergesangsverein* belegen), war einst der Brückenkopf des kaiserlichen Schutzgebiets – ein „Klein-Hamburg" in der Namib-Wüste. Es besaß zwar keinen Naturhafen, aber Lüderitz mit seiner geschützten Bucht lag zu weit im Süden, und der nahe Naturhafen Walvis Bay war im Besitz der Briten. So brachte man Menschen und Waren mit abenteuerlichen Brandungsbooten ans Ufer, später baute man da-

» Karte S. 114-115, Info S. 153-155

ATLANTIC OCEAN
VINETA
CENTRAL
INDUSTRIAL AREA
KRAMERSDORF
Central Sports Field
State Hospital
Prison
Henties Bay (67 km)
C34
Mondesa
New Station
Welwitschia Drive, Moon Landscape
Airport, Windhoek
B2
Walvis Bay (34 km)
Swakop River
Mole
Palm Beach
9
Swimming Hall
Lighthouse Pub
Light House
★Altes Amtsgericht
★★Crystall Gallery
3
4
Police Station
1
Swakopmund (& Casino)
★★Old Station
★★Museum
6
5
Antonius Hospital Bldg.
2
★Imperial District Court
8
7
Marine Memorial
Slowtown
Cafe Anton
Hansa
Erich's Rest
Rapmund
Eberwein
OMEG House
19
18
★Otavi Station
★Ritterburg
17
16
★Ankerplatz Arcade
Brauhaus
Meikes G.H.
★Woermann House
15
Kücki's Pub
Peter's Antiques
★Jetty
10
Jetty 1905
The Tug
14
★★Hohenzollern House
Europa Hof
12
13
Princess Rupprecht Home
Old Barracks (Dunes Backpackers Lodge)
Cornerstone G.H.
Cemetery
★Aquarium
11
Adler
Swakopmund Municipal Rest Camp
Alte Brücke Resort
The Stiltz
Kabelmesse Bldg.
Strand St.
Dünen Rd.
Berg St.
Neser St.
Schlachter St.
Backer St.
Moses Garoëb St.
Welwitschia St.
Tobias Hainyeko Street
Rakotoka St.
Mc Hugh St.
Hamutenya Av.
Offen St.
Kraal St.
Kolonel St.
Hidipo
Ludwig Koch St.
Werft St.
Mandume Ya Ndemufayo St.
Moses Garoëb Street
Theo Ben Gurirab Av.
Otavi St.
Lüderitz St.
Tjongarero Av.
Daniel
Tobias Hainyeko St.
Hendrik Witbooi St.
Nathaniel Maxuilili Street
Zoll
Am
Arnold Schad Prom.
Dr. Sam Nujoma Av.
Leutwein St.
Lübbert St.
Windhuker Av.
Woermann St.
Libertina
Amathila Av.
Lubowski
Anton Av.
Strand St.
Bismarck St.
Rhode Allee
Swakop St.
Lopuyt Street
SWAKOPMUND 7
0 250 m
© Nelles Verlag GmbH, München

für erst eine Mole, dann eine Seebrücke.

Nach dem 1. Weltkrieg und der Übernahme Deutsch-Südwestafrikas durch Südafrika als Völkerbund-Mandatsmacht lief der Waren- und Passagierverkehr nur noch über Walvis Bay, und Swakopmund drohte ins Abseits zu geraten. Doch die Stadtväter fanden weitsichtig einen bis heute lukrativen Ausweg: Sie setzten auf Tourismus.

Wenn das ganze Land im Hochsommer, etwa an Weihnachten, in der Hitze zur Bewegungslosigkeit erstarrt, bringt eine etwa 15 °C kühle Meeresströmung – der antarktische Benguelastrom – Erfrischung (und häufig Morgennebel), so dass sich Swakopmund rasch zur Seebad-Sommerfrische mauserte. Weißer Sandstrand, Bauten in wilhelminischem Jugendstil und mediterranen Farben, eine ausgezeichnete Hotel- und Restaurant-Infrastruktur (mit mehr als 50 Lokalen), eine gewisse Leichtigkeit des Seins und kaltes *Lager*-Bier tragen das Ihre dazu bei. An Weihnachten und Neujahr ist in „Swakop" Hochsaison.

An des Swakops Mündung

Swakopmund verdankt seinen Namen dem Trockenfluss **Swakop**, an dessen Mündung es liegt. Nur periodisch kommt dieser ab, dann sind seine Fluten schwarzbraun, woraus sich auch der Name ableitet, der auf das zusammengesetzte Nama-Wort *tsoa-xoub* zurückgeht – eine Anspielung auf Exkremente.

Das Einzugsgebiet des Swakop mit seinen Zuflüssen bedeckt eine Fläche von 31 000 km^2, der Fluss selbst ist etwa 350 km lang. Unter der sandigen Oberfläche des Flussbetts fließt beständig Wasser, so dass sich die Ufer – gemessen an namibischen Bedingungen – hervorragend für landwirtschaftlichen Anbau eignen. Dies war einer der Gründe, sich hier anzusiedeln. Doch wenn der Swakop nach Starkregen abkommt, bringen seine Wassermassen Zerstörung mit sich, entwurzeln Bäume und verfrachten große Felsbrocken.

Die ersten Siedler

Die Geschichte Swakopmunds begann 1892, als am 4. August das Kanonenboot *Hyäne* der Kaiserlichen Marine nördlich der Mündung des Swakop Landmarken (Baken) setzte und so den zukünftigen Landungs- und Siedlungsplatz kennzeichnete. Nicht nur Süßwasser gab es hier, entlang den Ufern des Swakop war auch auf dem Weg ins Landesinnere kein Dünengürtel zu überwinden – für den Transport mit den üblichen schweren Ochsenwagen ein nicht zu unterschätzender Vorteil. Die Schutztruppe begann eine Station zu zimmern, doch vorerst sollte der Verkehr und die militärische Verstärkung weiter über Walvis Bay laufen – das Vertrauen der Reedereien in die Landungssituation bei Swakopmund war nicht groß. Die Schutztruppler mussten also nach Swakopmund marschieren.

Ein Jahr später schließlich, am 23. August 1893, lud ein Dampfer, die *Marie Woermann*, zum ersten Mal in Swakopmund Passagiere und Fracht in Brandungsboote: 120 Armeeangehörige und 40 Zivilisten. Schnell und geschickt brachten die „Kru-Neger" – in Liberia jeweils für ein Jahr angeheuert – die lebende Fracht durch die gefährliche Dünenbrandung an Land. Die Siedler setzten ihren Fuß auf kriegerischen Boden. Hendrik Witbooi überfiel mit seinen Nama im Landesinneren einen Treck von Ochsenwagen, der aus Windhoek geschickt worden war, um die vor zwei Tagen angelandete Fracht abzuholen. Nur unter starker Bedeckung konnten die Konvois Windhoek erreichen.

Zu dieser Zeit bestand Swakopmund immer noch aus den ein Jahr zuvor gebauten drei Häuschen. Doch nahm der Schiffsverkehr langsam, aber stetig zu. 1894 schickte die Reederei *Woermann* vier Dampfer, 1895 fünf und 1896 richtete man bereits einen regelmäßigen Seedienst ein; alle zwei Monate kam nun ein Schiff und brachte Menschen und Material. Swakopmund wurde grö-

» Stadtplan S. 124, Info S. 153-155

ßer, und die Reederei *Woermann*, die mit fünf Schiffen begonnen hatte, ein Quasi-Monopol besaß und zum Jahrhundertwechsel 15 Dampfer im Einsatz hatte, profitierte davon.

Die Kolonialstadt entsteht

1895 wurde mit dem Bau eines Hotels begonnen. Teils lebten die Menschen noch in Zelten, doch Holz und Stein wurden immer häufiger zu Behausungen gefügt. Im gleichen Jahr entwickelte Dr. Max Rhode den ersten Bebauungsplan für Swakopmund, die erste Eisenbahnstrecke des Landes wurde eröffnet. Die *Damara Land Guano Company Ltd.* ließ nördlich von Swakopmund bei Cape Cross eine immerhin 21 km lange Schmalspurstrecke zur Vogelmistverladung bauen. Und als am 30. Mai das Postamt seine Türen öffnete, war die Zivilisation in Swakopmund endgültig angekommen.

1897 brachte die Rinderpest einen Rückschlag, der sich aber als Vorteil für Swakopmund erwies. Das Transportwesen brach nämlich zusammen, da Ochsen nicht mehr in ausreichender Zahl verfügbar waren. Das Kolonialamt in Berlin beschloss den Bau einer Eisenbahn von Swakopmund nach Windhoek. Noch 1897 wurde mit der Planung begonnen, und schon am 11. September gingen die Eisenbahnpioniere an Land. Am 20. November lagen 10 km Schienen bis Nonidas.

Von Anfang an trug sich die Kolonialverwaltung mit dem Gedanken, einen Kai zu errichten: 1899 konnte mit dem Bau der ersten Mole – aus Beton und Stein – begonnen werden. Anno 1900 eröffnete *Bavaria Bräu*, die erste Brauerei des Landes. Das Jahr 1901 brachte den Bau des heute noch prächtigen Bahnhofgebäudes, die Einrichtung einer Telefonleitung nach Windhoek, den Ausbau des ersten Telefonnetzes in der Stadt, den Druck des ersten Periodikums in Swakopmund namens *Deutsch-Südwestafrikanische Zeitung* und die Fertigstellung des Kais, den am 1. Mai die ersten Passagiere betreten konnten.

1902 wurde der Leuchtturm und 1903 das Prinzessin-Rupprecht-Heim als Militärhospital fertig, der erste Zug fuhr auf die 382 km lange Strecke in Richtung Windhoek ab und bewältigte erfolgreich einen Höhenunterschied von über 1500 m bis zu seinem Zielort. 1400 weiße und 1200 schwarze Einwohner zählte man nun.

1903 hatte der Kai seine Endausbaustufe erreicht: 375 m lang mit einem Querkai von 35 m Länge am Ende, ausgestattet mit Kränen und einer Schmalspurbahn. Doch unmittelbar nach Vollendung stellte sich heraus, dass die massive Bauweise dazu führte, dass die nördlich verlaufenden Strömungen die Südseite des Kais alsbald versanden ließen und schließlich vollkommen mit Sand zudeckten, so dass die Dampfer schon ab dem Jahr 1905 nicht mehr anlegen konnten.

Ein Jahr zuvor hatte man sich für eine neue Leichtkonstruktion auf Holzstelzen als Übergangslösung entschieden, die nach und nach durch eine Konstruktion aus Metall ersetzt werden sollte. Diese neue Landungsbrücke hielt immerhin bis 1914, der metallene Ersatz wurde 1912 in Angriff genommen, war aber erst 1919 fertig – als die deutsche Herrschaft über Südwest bereits Geschichte war und die Schiffe nicht mehr in Swakopmund, sondern im Hafen von Walvis Bay ihre Fracht löschten.

Doch nun setzte der Tourismus ein: Die Hotels, ursprünglich für die anlandenden Schiffsreisenden aus Deutschland errichtet, nahmen nun Gäste aus dem Landesinneren auf, die vor der Hitze des Sommers im Hochland flohen. Schulklassen kamen und verbrachten ihre Ferien in Swakopmund, Familien verließen Windhoek oder ihre Farmen und reisten zum Urlaub an die Küste,

Rechts: Der ehemalige Bahnhof der Kaiserlichen Eisenbahnverwaltung in Swakopmund ist heute ein Luxushotel mit Casino.

» Stadtplan S. 124, Info S. 153-155

Foto: Volkmar E. Janicke

weshalb es hier heute viele Ferienwohnungen gibt.

Wegen der Rassentrennungspolitik der Südafrikaner entstanden ab 1960 unterschiedliche ethnische Wohnviertel: **Kramersdorf** als Villenviertel der Weißen und **Vineta** für den weißen Mittelstand; **Tamariskia** für die Farbigen wurde etwas besser ausgestattet als das Schwarzen-Ghetto **Mondesa** (s. S. 134). Das Stadtzentrum **Central** sollte dadurch „weißer" und noch mehr zum Touristenmagneten werden.

SPAZIERGANG DURCH SWAKOPMUND

Von Windhoek kommend fährt man auf der breiten – bis zum Jahr 2001 **Kaiser-Wilhelm-Straße** genannten – **Dr. Sam Nujoma Avenue** in die Stadt. Die Bauweise von Swakopmund ist recht locker, selbst die „hohen" Häuser sind nur wenige Stockwerke hoch, so dass ein angenehmes, fast kleinstädtisches Straßenbild entsteht; andererseits sind jedoch die meisten Straßen überbreit, was um 1900, in der Zeit der Ochsenwagen auch nötig war, um die Riesengespanne wenden zu können. Pastelltöne herrschen heute bei der Fassadengestaltung vor, auch der Himmel gibt sich fast durchscheinend, wenn die häufigen Morgennebel am späten Vormittag der Sonne weichen.

★★Bahnhof

Der ehemalige ★★**Bahnhof** (1) der *Kaiserlichen Eisenbahnverwaltung* gilt als einer der schönsten der Welt und beherbergt heute das **Hotel Swakopmund** (vier Sterne) mit **Pool** und **Entertainment Centre** (Casino, Kino, Fitness, Restaurant **Platform One** usw.). 1901 von dem Architekten Carl Schmidt geplant, zeigt sich das Gebäude mit Turm, Rundbögen und einem einstöckigen, von zweistöckigen Eckbauten flankierten Mittelbau. Die Ideale der Renaissance führten dem Baumeister bei der Planzeichnung die Hand. Doch Zeitplan und Kosten liefen aus dem Ruder, so dass schließlich der Architekt Sander als

» Stadtplan S. 124, Info S. 153-155

Foto: Volkmar E. Janicke

Retter in der Not den Bahnhof und weitere von Schmidt konzipierte Gebäude vollenden musste.

Heute wird der Bahnhof nicht mehr von Gleisen umlagert – der Swimmingpool im hübschen, begrünten Innenhof hat sie ersetzt –, und der von Windhoek kommende Luxusreisezug **Desert Express** hält nun weiter östlich an der **New Station**, so dass die Hotelgäste nicht mehr gestört werden.

Antonius-Hospital

Nimmt man die Daniel Tjongarero Avenue nach Westen zum Meer hin, passiert man rechter Hand das **Antonius-Hospital** ② von 1907/08 für die katholische Mission. Das Eckgebäude war überaus modern eingerichtet. Der Operationssaal und die Apotheke waren im Erdgeschoss untergebracht, in der ersten Etage lagen die Krankenzimmer. Sie waren mit elektrischen Rufknöpfen ausgestattet, die nummerierte Tafeln im Flur bewegten, so dass das Personal sofort wusste, wer Hilfe erbat. Die Tagessätze betrugen 15 Reichsmark in der 1., 10 Reichsmark in der 2. Klasse – inklusive ärztlicher Behandlung.

★★Kristallgalerie

Kontrastprogramm zur alten Bausubstanz ist das futuristische Gebäude der ★★**Kristallgalerie** ③ schräg gegenüber. Innen erfährt der Besucher alles über Kristalle bzw. Halbedelsteine und sieht den weltgrößten Quarz-Kristall mit mehr als 1,4 t Gewicht, der vor über 500 Mio. Jahren entstand und 34 km südöstlich von Karibib gefunden wurde. Zu bestaunen sind Edelsteinschleifer und der Nachbau eines Mineneinganges.

Im **Museumsshop** werden die bearbeiteten Steine verkauft, und der Besucher kann in den Live-Werkstätten zuschauen, wie die Schmuckstücke hergestellt werden.

Oben: Die Kristallgalerie – eine Fundgrube für Liebhaber von Mineralien und Halbedelsteinen. Rechts: Leuchtturm und Mole in Swakopmund.

» Stadtplan S. 124, Info S. 153-155

Foto: Thomas Stankiewicz

★Altes Amtsgericht

Auf der anderen Seite der Tobias Hainyeko Street steht das ★**Alte Amtsgericht** (4) (s. Bild S. 23), eines der beliebtesten Fotomotive der Stadt, mit geschweiftem Doppelgiebel und Glockendach über dem Erkervorbau. 1907 war Baubeginn des ursprünglich als Schule mit Lehrerwohnung geplanten Gebäudes, das – wegen finanzieller Probleme zum Bezirksgericht mit Richterwohnung umdeklariert – 1909 fertig gestellt wurde. Die Schule kam statt dessen in einer aufgelassenen Kaserne der *Deutschen Kolonialgesellschaft für Südwest-Afrika* unter. Heute beherbergt das Alte Amtsgericht Büros der **Stadtverwaltung**.

Leuchtturm

Die Strand Street wird vom weiß-roten **Leuchtturm** (5) überragt. Die ersten 11 m wurden 1901 in Angriff genommen, ab 1903 sendete das Leuchtfeuer seine Signale. Ende 1910 wurde mit der Aufstockung um 10 m begonnen. Bereits im Februar 1911 setzte man den eisernen Kuppelbau oben auf und in 35,5 m Höhe kündete nun das Zeiss'sche Blinkfeuer 35 Seemeilen weit den Schiffen vom sicheren Hafen.

★★Museum Swakopmund

Das ★★**Museum** (6) wird zum Großteil ehrenamtlich geführt und gepflegt und besitzt wunderschönes und liebevoll in Szene gesetztes Anschauungsmaterial zur Geschichte Swakopmunds und seiner Verbindungswege ins Landesinnere. Ein **Ochsenkarren** in Originalgröße vermittelt eine Vorstellung von den mächtigen Fahrzeugen, die sich über Stock und Stein und durch tiefen Sand quälen mussten. Der Nachbau der **Adler-Apotheke** aus der Gründerzeit entwirft ein Bild bürgerlich-deutschen Lebens in Afrika, und zahlreiche **Dioramen** bringen dem Besucher die **Natur** und die ★**Ethnografie** des Landes näher. Außerdem widmet sich das Museum dem **Uranbergbau**, da die

» Stadtplan S. 124, Info S. 153-155

Foto: Erhard Pansegrau

Rössing-Mine nicht weit entfernt ist und diese Abteilung finanziert hat; die **Besichtigung der Mine** (am 1. Freitag jedes Monats um 10 Uhr) vermittelt nur das Museum.

Die ehemalige *Brauereistube* der Hansa-Brauerei ist nun der Kern des netten **Museums-Cafés**, mit Terrasse und Blick auf den Atlantik.

Marinedenkmal

Das **Marinedenkmal** ⑦ östlich des Leuchtturms, eingeweiht am 16. August 1908, zeigt sich martialisch – mit einem toten und einem noch kampfbereiten Marinesoldaten auf einem Fels. Bei Ausbruch des Herero-Aufstandes wurden erst 54 Mann mit zwei Revolverkanonen und einem Maschinengewehr von dem aus Kapstadt zur Hilfe gerufenen Kanonenboot *Habicht* abkommandiert und am 18. Januar 1904 in Richtung Karibib in Marsch gesetzt. Ihnen folgte ein eilends aufgestelltes Expeditionskorps der Marine mit fast 800 Mann am 9. Februar.

Der ★**Holzschnitzermarkt** befindet sich vor dem Marinedenkmal. Viele Anbieter warten auf Kundschaft für ihre Tiere und diverse Haushaltswaren aus Hartholz.

★Kaiserliches Bezirksgericht

Das ★**Kaiserliche Bezirksgericht** ⑧ geht auf das Jahr 1902 zurück und wurde von dem auch für den Bahnhof teilverantwortlich zeichnenden Carl Schmidt geplant und – wie der Bahnhof – von Sander vollendet, ohne dass dieser an den Plänen noch Änderungen vornahm. Mehrere Umbauten und Erweiterungen folgten, und mit der Unabhängigkeit Namibias machte man das Gebäude zum **Statehouse** – eine Residenz für den Präsidenten und seine Gäste, wenn er in Swakopmund zur Sommerfrische weilt. Der deutsche Reichsadler prangt gleich zweimal über den Portalen.

Oben: Am Strand von Swakopmund – heiße Sonne, kaltes Wasser.

» Stadtplan S. 124, Info S. 153-155

Am Strand entlang zur ★Jetty

Westlich des Leuchtturmes zum Meer hin sind die Überreste der ersten **Mole** zu sehen, die alsbald versandete und zum Bau der *Jetty* führte. Sie teilt das „Badeparadies" Swakopmund in einen nördlichen – **Palm Beach** (9) – und einen südlichen Abschnitt. Der **Strand** ist feinsandig, doch das Meer auch im Sommer kalt, so dass sich die meisten mit Sonnenbaden begnügen, was immerhin ganzjährig möglich ist.

Auf der **Arnold Schad Promenade** oder der **Strand Street** gelangt man zu der historischen eisernen Seebrücke **★Jetty** (10) von 1905 – besonders stimmungsvoll zum **Sonnenuntergang**. In 100 Jahren öfter saniert und wieder verfallen, wurde sie 2006 restauriert, jedoch nur bis zum Pfeiler 17; alles was weiter ins Meer hinausragte, blieb seinem Schicksal überlassen. Doch 2009 erhielt ein Investor die Genehmigung, ein Restaurant am Ende der Jetty zu eröffnen; unter der Bedingung, diesen Teil auf eigene Kosten zu renovieren, und 2010 eröffnete dort über den Wellen das stylische Fischlokal **Jetty 1905** – mit Glasfliesen im Boden –, das in dieser Premiumlage Seafood und Sushi serviert (Reservieren ratsam).

★Aquarium

Den südlichen Abschluss der Strandpromenade bildet das **★Aquarium** (11), das 1994 vom damaligen Präsidenten Sam Nujoma eröffnet und 2010-2012 renoviert wurde. Hier ist alles Wissenswerte über Fauna und Flora des Atlantiks zu erfahren, die Fische leben in einer großen Ringschwimmanlage, durch die ein **Gläserner Tunnel** führt. Es ist ein Erlebnis, hindurchzugehen und über sich Haie und Adlerfische ihre Bahnen ziehen zu sehen.

Um 15 Uhr findet die **Fütterung** statt, an bestimmten Tagen auch durch Taucher, denen man dann dabei zusehen darf.

Prinzessin-Rupprecht-Heim

Von der Strand Street zweigt südlich der Jetty die Anton Lubowski Avenue nach Osten ab; auf ihr und an der nächsten Ecke nach Süden gehend erreicht man an der nächsten Ecke das historische **Prinzessin-Rupprecht-Heim** (12), das ehemalige deutsche **Lazarett** von 1903. Als jedoch das Antonius-Hospital eröffnete, versorgte man alle weißen Kranken dort, und als jenes 1909 auch noch durch Bauten zur Behandlung der schwarzen und der farbigen Bevölkerung erweitert worden war, schloss man das Staatslazarett. 1910 spendete der Bayerische Landesverband des Roten Kreuzes mit Unterstützung der Gattin des bayerischen Prinzen Rupprecht Geld für den Umbau in ein Erholungsheim, da das „frische Seeklima die Kräfte stärken" helfe. Später erhielt es zudem eine Entbindungsstation. Heute dient es als **Hotel** mit hübschem Garten.

Alte Kaserne

Dem Prinzessin-Rupprecht-Heim direkt gegenüber wohnen junge Gäste aus aller Welt in der **Dunes Backpackers Lodge** (Jugendherberge) im Gebäude der **Alten Kaserne** (13). Der Bau war Unterkunft für die „Eisenbahnbrigade Berlin" unter ihrem Kommandeur Rössing, die nach Versandung der Mole ins Land geholt wurde, um eine stählerne Landungsbrücke zu konstruieren und mit Eisenbahnschienen auszurüsten. Die Pioniere kamen im Oktober 1904 an und mussten in Zelten leben, bis 1906 die Kaserne fertig war. Trotz seiner Ecktürme und Zinnen war das Gebäude von Anfang an nicht zur Verteidigung errichtet, sondern diente schon damals nur als Unterkunft.

★★Hohenzollern-Haus

Auf der Tobias Heinyeko Street nach Norden gehend gelangt man an der nächsten Ecke zu einem der imposan-

» Stadtplan S. 124, Info S. 153-155

testen und verspieltesten Bauten aus der deutschen Vergangenheit, dem ★★**Hohenzollern-Haus** (14).

Barock und Renaissance feiern mit Erkern und Balkonen fröhliche Urständ; eigentlich für den Bau der Otavi-Bahn angeworbene italienische Arbeiter wurden mit der Ausführung des Stuckdekors statt mit Schienenlegen beauftragt. Schräg ist der Eckvorbau zur Straßenkreuzung ausgerichtet und mit einem die Weltkugel schulternden **Atlas** bekrönt, den Löwen flankieren; Putten tanzen, Neidköpfe starren. Das Haus war mit seiner Fertigstellung im Jahr 1906 das erste Hotel am Platz. „Solide Damenbedienung" und Glücksspiel waren (nicht nur im Hohenzollern-Haus) an der Tagesordnung. Ganz Swakopmund, eine Männergesellschaft aus Soldaten, Beamten, Händlern und Glücksrittern, hatte Spaß bei Wein und Gesang. Doch 1912 wurde das Treiben im Hohenzollern-Haus der Obrigkeit zu wild, per Erlass schloss sie das Etablissement. Heute ist es ein Apartmenthaus.

Der Prachtbau spiegelt sich gegenüber in den Schaufenstern von **Peter's Antiques**, einem mit Büchern, Schnitzwerk, Militaria, Kunst und Krempel angefüllten Laden – eine Swakopmunder Institution, in der jeder „sein" Erinnerungsstück finden kann.

★Woermann-Haus

An der Sam Nujoma Avenue, Ecke Bismarckstraße, steht das ★**Woermann-Haus** (15) ein Fachwerkhaus von 1894. Auch **Damara-Haus** genannt, war es repräsentativer Sitz der Damara- und Namaqua-Handelsgesellschaft, deren Besitz 1909 an die *Fa. Woermann, Brock & Co.* überging. Um einen **Arkaden-Innenhof** sind die holzgetäfelten historischen Räume mit aufwändig verzierten Decken angeordnet. Im Woermann-Haus ist heute die **Städtische Bibliothek** und eine **Kunstgalerie** untergebracht.

Der 25 m hohe **Damara-Turm** (schöne ★**Aussicht**; Schlüssel gegen Gebühr in der Bibliothek) diente als Wasserspeicher, Flaggenmast, als Landmarke für die Schiffe und zur Kommunikation per Spiegeltelegraf.

★Ankerplatz Arcade und Brauhaus Arcade

An das historische Gebäude des Woermann-Hauses schließen die in warmen Ockertönen gehaltenen Höfe und Passagen der modernen ★**Ankerplatz Arcade** (16) an. Hier findet der Besucher Läden mit qualitätvollen Souvenirs (u. a. Masken, Schmuck), Karakulteppichen und Reisebedarf.

Neben dieser kleinen Fußgängerzone ist auch die nahe **Brauhaus Arcade** mit dem berühmten **Swakopmunder Brauhaus**, einem Kino und zahlreichen Geschäften einen Besuch wert.

★Ritterburg

Die ★**Ritterburg** (17) erhielt den Namen von ihrem ersten Mieter, Theodor Ritter, der für die Reederei Woermann arbeitete. Die Pläne zeichnete Friedrich Höft, der Hausarchitekt der Damara-Gesellschaft. Die einfachen, wuchtigen Proportionen des an einen Kubus erinnernden Hauses und der **Beobachtungsturm** mit in Stuck ausgeführten Wappen ließen an einen Verteidigungsbau denken. Als eines der ersten Häuser der Stadt hatte es elektrisches Licht. Heutzutage beherbergt es Ministerialbüros und eine Außenstelle von **Namibia Wildlife Resorts**.

★Otavi-Bahnhof

Auf der Sam Nujoma Avenue nach Osten gehend erreicht man nach einigen Kreuzungen rechter Hand zwei weitere die Stadtentwicklung doku-

Rechts: Das Hohenzollern-Haus ist mit seinem üppigen Stuckdekor und dem Atlas als Giebelfigur das verspielteste Kolonialhaus Namibias.

 » Stadtplan S. 124, Info S. 153-155

Foto: Volkmar E. Janicke

mentierende Gebäude. Beim ★**Otavi-Bahnhof** (18) von 1901 hielten die Züge der *Otavi Minen- und Eisenbahn-Gesellschaft* (OMEG), die 1900 in Berlin zur Ausbeutung der Kupfervorkommen bei Tsumeb gegründet wurde.

Im Bahnhof findet sich heute ein kleines **Transportmuseum**, u. a. mit Materialien zur Entstehung der Otavi-Bahn. Die Staatsbahn über Karibib nach Windhoek war damals für die schweren Kupfererztransporte nicht geeignet, da der Unterbau nur Waggons mit einer Ladekapazität von 10 t erlaubte. Deshalb sah man von Anfang an nicht eine Stichstrecke von Karibib in den Norden, sondern eine eigene Trasse vor, deren Streckenführung bis Karibib zu jener der Staatsbahn parallel verlief. Im August 1903 kamen die ersten Schienen per Schiff aus Deutschland an, am 4. Juli 1906 war Otavi erreicht und am 12. November des gleichen Jahres konnte man die Linie mit der Fahrt des ersten Zuges von Swakopmund nach Tsumeb einweihen. 18 Mio. Mark betrugen die Baukosten für die 567 km lange Strecke – damals die längste Schmalspurbahn der Welt. 1907 und 1908 wurde die Strecke bis Grootfontein um 91 km verlängert.

Die Otavi-Bahn lief wesentlich effektiver und servicefreundlicher (wie die Passagiere erfreut vermerkten) als die Staatsbahn, so dass die Regierung 1910 die Otavi-Bahn aufkaufte, den Verkehr auf der einst vom Staat gebauten parallelen Strecke zwischen Karibib und Swakopmund einstellte und die beiden Schienenwege durch die breitere und leistungsfähigere Kapspur ersetzte. Die OMEG war ab da nur noch Pächterin der Strecke, durfte sie aber weiter betreiben und verdiente gut.

OMEG-Haus

Das **OMEG-Haus** (19) neben dem Otavi-Bahnhof war zu Kolonialzeiten nur ein Lagerschuppen der Eisenbahn-Gesellschaft, wurde saniert und dient seit 1969 als **Gästehaus** der Gesellschaft für Wissenschaftliche Entwicklung. Die private und gemeinnützige Gesellschaft unterhält auch die **Sam Cohen Library** auf dem Gelände, die 10 000 Bücher nicht nur zur Historie des Landes im Bestand hat. Ein kleiner **Schlangenpark** zeigt Reptilien, ein **Café** serviert Snacks.

Mondesa

Wie in Windhoek wurden auch in Swakopmund um 1960 Vorstädte für Schwarze (Mondesa) und Farbige (Tamariskia) errichtet. Die Wohngebiete haben sich durch die Aufhebung der Apartheid nicht aufgelöst, denn was früher die Politik verordnete, erzwingt heute die wirtschaftliche Situation. Die wenigsten ehemaligen Township-Bewohner von **Mondesa** können sich Grundstückspreise und Mieten des weißen Swakopmund leisten. **Mondesa Township Tours** von Charlotte Shighwedho organisiert Führungen, mit Besichtigung eines typischen Township-Hauses, und leiten kundig durch Geschichte und Alltag der Bewohner.

AUSFLÜGE VON SWAKOPMUND

Die Stadt Swakopmund liegt (zusammen mit Walvis Bay) auf einem schmalen Küstenstreifen (West Coast Recreation Area), der vom streng reglementierten Naturschutzgebiet des ★★**Namib-Naukluft-Parks** (s. S. 81) umgeben ist. Südlich wird der Streifen von Sandwich Harbour begrenzt, nördlich von der National West Coast Recreational Area, an die die hochsensiblen Landschaften des Skeleton Coast Parks anschließen. In östlicher Richtung fahrend darf man den Namib-Naukluft-Park zwar ohne Genehmigung durchqueren, jedoch nur auf drei Transitstrecken: Von Swakopmund aus auf der asphaltierten B2 nach Usakos oder der Piste C28 direkt nach Windhoek bzw. der Piste C14 über Walvis Bay nach Windhoek. Alle anderen Wege im Namib-Naukluft-Park dürfen nur mit dem Permit befahren werden, das beim Ministry of Environment and Tourism in Swakopmund in der Ritterburg und in Walvis Bay erhältlich ist. Wer nach Norden in das Gebiet des Skeleton Coast Parks reisen möchte, bekommt das Permit bei Einfahrt, darf den Park aber nur auf der C34/C39 durchqueren und muss diesen durch das andere Tor im Osten bis 17 Uhr verlassen (letzter Einlass 15.30 Uhr).

An der Kreuzung B2/C28 ist in einem kleinen Museum „Martin Luther" zu bewundern, ein Ungetüm von einem **Dampftraktor**. Seinen Namen erhielt er, als er 1896 für immer stehen blieb – „Hier stehe ich, ich kann nicht anders!"

Der Namib Naukluft Park setzt sich aus vier Bereichen zusammen: dem Namib Desert Park mit Welwitschia Drive nördlich und südlich der C28 und mit der Gegend um Gobabeb südlich der C14; der Sandlagune Sandwich Harbour, von Walvis Bay aus erreichbar (s. S. 142); abseits von Sawkopmund und auf anderen Strecken erreichbar liegen das Gebirge der Naukluft und die Dünenwelt des Sossusvlei (s. S. 81).

Der **Namib Desert Park** in der Kies-Namib ist ein ein- oder auch mehrtägiges Ausflugsziel, je nach Streckenführung teilweise mit Pkw, teilweise nur mit Geländewagen befahrbar. Wer übernachten will, findet Lagerplätze, die zwar mit Toilettenhäuschen ausgestattet sind, sonst aber keine Infrastruktur besitzen, so dass Wasser und Feuerholz mitzubringen sind. Jeder Lagerplatz ist immer nur für eine Gruppe reserviert und vom nächsten Camp einige Kilometer entfernt. Belohnt wird man mit Einsamkeit und einer unvergleichlich ursprünglichen Natur.

Welwitschia Drive

Beliebtestes Ziel für Tagesausflügler ist die Welwitschia-Ebene mit der urzeitlichen Pflanze, die sich wild kräuselnd

Rechts: Die Welwitschia-Pflanze ist eine Überlebenskünstlerin, zu sehen in der küstennahen Wüste bei Swakopmund auf dem Welwitschia Drive. Sie wird über 1500 Jahre alt.

» Karte S. 114-115, Info S. 153-155

Foto: Volkmar E. Janicke

über den Boden ausbreitet (ein 4x4-Fahrzeug ist angeraten). Auf dem von Swakopmund aus ausgeschilderten und mit Markierungen und Hinweistafeln eingerichteten **Welwitschia Drive** ❽ passiert man typische Pflanzen und geologische Phänomene der Namib sowie zahlreiche Welwitschias. Unter allen Umständen sollte man vermeiden, ihnen zu nahe zu kommen. Ihr feines, nur wenige Zentimeter unter der Oberfläche, mehrere Quadratmeter um die Pflanze herum verlaufendes Wurzelwerk wird durch das Gewicht von Autoreifen allzu leicht partiell so stark zerstört, dass die Pflanze dem Untergang preisgegeben ist. Aus diesem Grund ist die älteste bekannte Welwitschia, die 1500 Jahre alte ★**Husab-Riesenwelwitschla**, eingezäunt (siehe auch S. 42).

Die Pflanze wächst vornehmlich auf dem küstennahen Wüstenstreifen um Swakopmund und weiter hinauf nach Norden bis Südangola. Die Küstennebel schlagen sich an ihren beiden, immer weiter wachsenden und von Wind zerzausten, mehrere Meter langen, verknäulten Blättern ab. Das Wasser sickert in den Boden und wird von den Haarwurzeln aufgenommen.

Auch abseits der Welwitschias gibt es in der Wüste Interessantes zu entdecken. Die verschiedensten Tierspuren zeigen, dass man sich keineswegs in einer Ödnis befindet, sondern dass die Wüste lebt. **Käfer**, **Schlangen** und **Eidechsen** hinterlassen ihre Abdrücke, die in der häufig windstillen Region viele Wochen sichtbar bleiben. Algen bilden mit Pilzen die symbiotische Lebensgemeinschaft der **Flechten**, in der die Pilze die Rolle des Skelettes übernehmen und die Algen sich um die Fotosynthese kümmern. Unscheinbar, schwarz oder braun, erstrahlen sie, sobald einige Wassertropfen sie benetzen. Die hochsukkulente **Buschmannskerze**, deren Ästchen wegen des Wachsgehaltes wie Kerzen brennen, der **Talerbusch**, dessen wie Geldstücke geformten Blätter ihre Schmalseite der Sonne zuwenden, um der Verdunstung entgegenzuwirken – zahlreich sind die botanischen Eindrücke auf dem Ausflug.

Foto: Harald Mielke

In der ★**Moon Landscape** („Mondlandschaft") zeigt sich schwarzbraungrauer Granit, unwirtlich und abweisend. Die erodierte Hügelwelt ist von kleinen Tälern und vom Flussbett des Swakop durchzogen. Ein Picknick in der urweltlichen Landschaft ist ein Erlebnis, besonders zum Sonnenauf- oder -untergang.

Weitere Sehenswürdigkeiten der Namib

Groot Tinkas, **Blutkuppe**, **Archer's Rock** und **Vogelfederberg** heißen einige Landmarken in der Namib-Wüste zwischen Swakopmund und der Großen Randstufe. Teils handelt es sich um bizarre Erosionsskulpturen, teils um historisch bedeutende Stätten. An all diesen Orten gibt es **Lagerplätze**, die in Swakopmund reserviert und bezahlt werden müssen. Obwohl die Namib-Wüste lebensfeindlich und monoton wirkt, kann man bei Fahrten abseits der Hauptstraße Wild beobachten und historischen Spuren folgen. **Strauße**, **Oryx-Antilopen** und **Springböckchen** sind zu sehen. An einigen Stellen sind noch die Wagenspuren der Ochsenkarren zu erkennen, die sich tief in den Fels gerieben haben. Hier verlief der *Baiweg*, die Hauptstrecke zwischen der Küste und Windhoek. Zwei **Schutztruppen-Gräber** bei **Klein Tinkas** erinnern ebenfalls daran. Der Weg war während der Kriege heiß umkämpft.

Oben: Quadbiker in den Dünen bei Swakopmund. Rechts: Alkali-Granit für die Uranoxidgewinnung wird im Tagebau gefördert (Uran-Mine Rössing).

Sport und Fun

Zwischen Swakopmund und Walvis Bay erstrecken sich parallel zur Küste auf über 30 km Länge hohe hellgelbe **Dünen**, die sich hervorragend für Freizeitaktivitäten eignen: Im Angebot sind **Sandboarding**, **Skifahren** und **Wandern**. Das **Quadfahren**, bei Jugendlichen sehr beliebt, ist umstritten: Wie bei der empfindlichen Natur auf den Kies- und Steinebenen der Namib

» Karte S. 114-115, Info S. 153-155

Foto: Erhard Pansegrau

stören die vierrädrigen Spaßfahrzeuge auch in den Sanddünen das Ökosystem, da Kleinstlebewesen direkt unter der obersten Sandschicht durch das Fahren getötet werden. Deshalb ist Quadbiken in dem Gebiet nur noch mit Führer auf vorgeschriebenen Strecken erlaubt.

Ein besonders eindrucksvolles Erlebnis ist eine ★★**Ballonfahrt** über der Namib mit *African Adventure Balloon* am frühen Morgen. Zwar lärmt die Gasheizung beim Aufstieg, doch einmal oben, umfängt die Luftfahrer absolute Stille, wenn der Wind den Ballon mit sich trägt, und man eine fantastische ★★**Aussicht** auf die Wüste genießt.

Ähnlich eindrucksvoll sind von Swakopmund bis zu 3-stündige ★★**Rundflüge**, bei denen man insbesondere die weltberühmten Sterndünen im Namib Naukluft Park bewundern und einige Wracks an der Südküste sehen kann.

Wer es schneller liebt, wählt **Kartfahren** oder den **Flying Fox** – ein 1200 m langes Drahtseil, das den Gipfel des Rössing-Bergs mit der Ebene verbindet. Ein Seilschlitten nimmt den Haken mit dem in Sitzschlaufen festgeschnallten Wagemutigen auf, und dann geht's mit 100 km/h dahin – lang, schnell, hoch!

Uran-Mine Rössing

Die Besichtigung der **Uran-Mine Rössing** ❾ bei **Arandis** organisiert das Museum in Swakopmund (siehe S. 126). Die Mine erhielt ihren Namen vom deutschen Kommandeur der Eisenbahnbrigade, die einst die Landungsbrücke in Swakopmund errichtete. Lange bevor man auch nur daran dachte, das kostbare Uranerz abzubauen, war bereits eine Eisenbahnstation 40 km östlich von Swakopmund nach ihm benannt worden. Entdeckt wurde das Vorkommen 1920, als der Prospektor Peter Louw das Granitgestein Alaskit fand, das Uran enthält. 40 Jahre lang versuchte man, eine Bergbaugesellschaft für den Abbau zu gewinnen. Schließlich war es soweit: 1973 begannen die Sprengungen.

Alaskit wird im Tagebau in einer 300 m tiefen Grube gewonnen. Riesige Bagger packen gigantische Gesteinsbrocken auf riesige Radlader. In mehreren Stufen wird das Gestein dann zu einer Korngröße zerkleinert, die chemische Prozesse ermöglicht; das Uran wird herausgelöst und physikalisch konzentriert. Am Ende steht als Produkt der *Yellow Cake*, getrocknetes Uranoxid, das in Fässern verschifft wird – 4600 Tonnen im Jahr 2009, fast 9 % der Weltproduktion. Es ist der größte Urantagebau der Welt. Abraum und Abwässer werden langfristig radioaktiv belastet bleiben.

Langstrand

30 km ★**Küstenstraße** – die hoch getürmten ocker-, rot- und gelbfarbenen Sanddünen auf der linken Seite, der Atlantik auf der rechten – trennen Swakopmund von Walvis Bay. Immer wieder passiert man moderne Feriensiedlungen am Wasser wie **Langstrand** ⑩ (Long Beach) mit einem alten **Landungssteg** und der durch einen Aufenthalt von Angelina Jolie und Brad Pitt bekannt gewordenen **African Pride The Burning Shore** (mit exzellentem **Restaurant**), oder **Dolphin Park** mit seinem **Spaßbad**. In Langstrand lässt die Flut einen natürlichen Meerwasser-Swimmingpool, einen **Gezeitenpool**, entstehen. In den nahen **Dünen** kann man sandboarden und quadbiken.

★Walvis Bay

★**Walvis Bay** ⑪ (Walfischbucht) weist ein Schachbrett-Straßennetz auf, die Orientierung ist deshalb recht einfach. Parallel zur Meeresküste verlaufende Straßen heißen Streets, rechtwinklig abgehende Roads. Einige der Straßen haben im neuen Jahrtausend neue Namen bekommen – meist von Ministern der Regierungen nach der Unabhängigkeit und natürlich von Sam Nujoma, dem ersten Präsidenten Namibias. Streets und Roads sind vom Meer weg bzw. von Süden nach Norden durchnummeriert.

Das rund 67 000 Einwohner zählende Walvis Bay hat an historischen Sehenswürdigkeiten nur wenig zu bieten. Es war und ist hauptsächlich eine Geschäfts- und Industriestadt, die vom **Tiefseehafen** an der „Mündung" des **Kuiseb-Trockenflusses**, dem Fischfang und der Fischverarbeitung lebt. Mit der Asphaltierung des Trans Kalahari Highways hat die Entwicklung des Hafens noch einmal einen Schub erhalten. Die Wege nach West-Botswana und in das westliche Simbabwe sind von Walvis Bay aus kürzer als die Strecke von den Haupthäfen Südafrikas; die durchgehende Asphaltierung des Trans Caprivi Highways hat außerdem zusammen mit der neuen Brücke bei Katima Mulilo positive Auswirkungen auf den Handelsverkehr mit Sambia gehabt. Da der Großteil des Frachtverkehrs heutzutage mit Containern getätigt wird, hat die Firma *Namport* groß in die Hafenanlagen zum Containerhandling investiert. Über 4 Mio. Tonnen beträgt der Warenumschlag jährlich – mit wachsender Tendenz. Ein Vergleich mit den 90 Mio. Tonnen des Hamburger Hafens mag den Umsatz ein wenig mager aussehen lassen, doch ist der größte Hafen Deutschlands eben auch eine andere Liga.

Dass sich die Schifffahrt von der Infrastruktur des Hafens angezogen fühlt, merkt man auch an den russischen Fischtrawlern, die zu Dutzenden auf Reede liegen, um die Liegegebühren am Kai zu sparen. Sie sind nur zu sehen, wenn man einen Bootsausflug in die **Lagune** und hinaus zum **Pelican Point** und dem alten, in Deutschland gefertigten **Leuchtturm** unternimmt.

Die Geschichte der Walfischbucht

Die Geschichte der menschlichen Besiedlung von Walvis Bay reicht tausende Jahre zurück, wie archäologische Funde beweisen. Die Topnaar-Nama

Rechts: Die Lagune in Walvis Bay ist Rast- und Brutgebiet zahlreicher Vogelarten, darunter viele Pelikane.

» Karte S. 114-115, Stadtplan S. 141, Info S. 153-155

Foto: Harald Mielke

oder Khoikhoi und die Aoni haben in der Wüstenei gelebt – lange bevor am 8. Dezember 1487 mit Bartolomeu Diaz der erste Weiße seinen Fuß auf diesen Boden setzte. Dieser portugiesische Seefahrer verlieh der Bucht den Namen „Golfo de Santa Maria da Conceição". Ihm folgten später die ersten europäischen Siedler, die sich in Walvis Bay um 1670 niederließen.

Ein Jahrhundert später war die Bucht auch ein bevorzugtes Ziel für Walfänger, die in dem planktonreichen kühlen Meeresstrom Benguela erfolgreich den großen Säugern nachjagten. Von etwa 1780 bis in die frühen Jahre des 20. Jahrhunderts war hier Walfang möglich, dann wurden die Erträge so spärlich, dass die Aktivitäten eingestellt werden mussten.

1793 nahmen die Niederländer das Stückchen Land um die Bucht in Besitz – aber nur für zwei Jahre. Dann kamen die Engländer, und diese wollten Walvis Bay, den einzigen Naturhafen weit und breit, nicht mehr hergeben und verteidigten es auch politisch gegen die deutsche Kolonialherrschaft – am 12. März 1878 machten sie Berlin klar, dass Walvis Bay dem britischen Einflusskreis zuzurechnen sei und das auch bis in alle Zukunft so bleiben würde. Damit hatten sie den natürlichen, strategisch sehr günstigen Tiefseehafen mit Beschlag belegt und kontrollierten den Handel, bis das deutsche Swakopmund mit seiner künstlichen Mole zur Konkurrenz wurde.

1884 wurde Walvis Bay dann der britischen Kapkolonie zugeschlagen und 1910 als Exklave in die südafrikanische Union aufgenommen, zunächst umzingelt von „Deutsch-Südwest" – ab 1915 jedoch, dem Ende der deutschen Kolonie, war *Walvis Baai* eingebettet in das südafrikanische Mandatsgebiet Südwestafrika. Erst nach dem Ende der Apartheid in Südafrika konnten mit der neuen Regierung unter Nelson Mandela Verhandlungen eingeleitet werden, die schließlich am 28. Februar 1994 zur Übergabe der Stadt mit ihrem so wichtigen natürlichen Tiefwasserhafen an Namibia führten.

» Stadtplan S. 141, Info S. 153-155

Foto: Erhard Pansegrau

Historische Sehenswürdigkeiten

Das älteste Gebäude ist die hölzerne **Kirche der Rheinischen Mission** (1) an der 5th Road in Höhe der Hage Geingob Street. Das Gebäude wurde in Hamburg errichtet, auseinandergebaut und nach Walvis Bay verschifft, wo es 1879 erneut aufgebaut wurde. Bis 1966 wurde der Holzbau als Kirche genutzt, dann wurde es zerlegt, am heutigen Ort wieder aufgestellt und seitdem vom Lion's Club als Versammlungsort genutzt. In der zum Denkmal erklärten Kirche sind an den Wänden Gebetszeilen in den Sprachen Damara, Nama, Herero und Ovambo aus dem 19. Jh. erhalten.

Vor dem **Bahnhof** am westlichen Ende der 12th Road steht unter Dach und Fach eine alte Lokomotive – die **Hope** (2). Sie kam 1899 per Schiff nach Walvis Bay und wurde zuerst im Hafen verwendet. Um 1909 wurde sie umgebaut, um sie auf der Strecke bis zur deutschen Grenze bei Plum, etwa 20 km aus dem ersten Dünengürtel heraus, Richtung Osten fahren zu lassen. Da die Schmalspur keinen sehr stabilen Unterbau besaß, musste die Lokomotive mit zusätzlichen Achsen vorne und hinten versehen werden, um das Achsgewicht zu mindern. Dennoch war sie zu schwer und die schmalen Gleise 1915 ruiniert; die Bahn wurde zugunsten der neuen Kapspur-Gleisstrecke nach Swakopmund aufgegeben. Man vergaß die *Hope*, entdeckte sie nach dem 2. Weltkrieg wieder und stellte sie in Windhoek aus. Erst 1963, zur Eröffnung des neuen Bahnhofs von Walvis Bay, kehrte sie als Denkmal in ihre Heimatstadt zurück.

Das **Museum** (3) im 1967 gebauten **Civic Center** widmet sich der Stadtgeschichte, hat aber auch Exponate aus der Vorzeit, u. a. ein Hockgrab.

★Lagune

Hauptattraktion von Walvis Bay ist die **Vogelwelt** in der ★**Lagune** (4). Sie ist etwa 3500 Jahre alt und gilt als eines der bedeutendsten Feuchtgebiete im

Oben: Salzgewinnung bei Walvis Bay.

» Stadtplan S. 141, Info S. 153-155

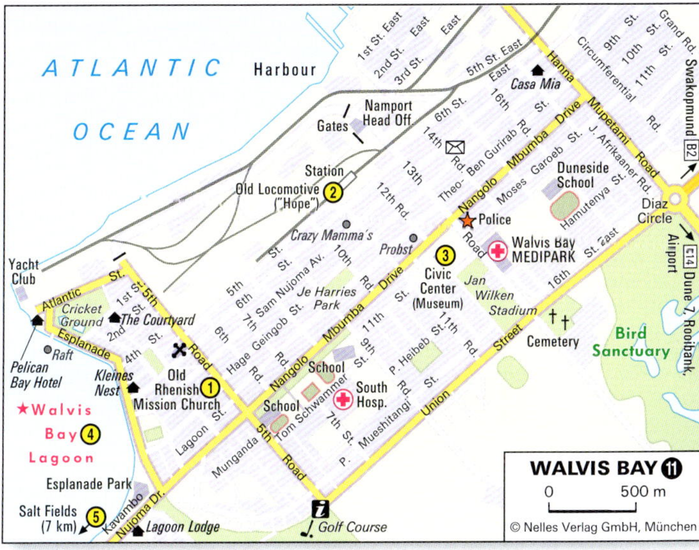

südlichen Afrika. Entlang der **Esplanade** südwestlich des Hafens und im **Vogelschutzgebiet** am Ostrand der Stadt können bis zu 200 000 Vögel 50 unterschiedlicher Arten rasten oder brüten. ★**Flamingos**, **Kormorane** und **Pelikane** sind die größeren Vertreter der gefiederten Tiere, zudem ziehen zahlreiche kleinere und seltene Arten „Birder" mit Spektiven in ihren Bann. Ob man sich zur Beobachtung mit einem geräuschlosen **Kajak** oder einem **Motorboot** aufs Wasser traut oder sie vom Land aus vornimmt –ein ★**Ausflug** in die Lagune ist ein Erlebnis. Vom Wasser aus gibt es jedoch mehr zu entdecken: Zutrauliche **Delfine**, die übers Boot springen, **Robben**, die für leckeren Fisch auf das Deck platschen und sich streicheln lassen, possierliche **Seehundbabys** auf Sandbänken. Die Lagune eignet sich auch gut zum **Windsurfen** und **Kitesurfen**.

Nördlich der Lagune, auf einer 17 000 m² großen künstlichen Insel auf Stelzen, der **Guano-Insel**, nisten Tausende von Kormoranen und Pelikanen; ihr Kot wird als Dünger verkauft.

Meersalzgewinnung

Fährt man auf der Esplanade weiter südwärts, sieht man nach 7 km die Salzberge der **Salinen** (5). Die größte Verdunstungsanlage ganz Afrikas stellt nicht nur die Salzversorgung von Namibia sicher, sondern exportiert auch in die Nachbarländer. 400 000 t Salz werden jährlich gewonnen, wobei nur 5 % für den menschlichen und tierischen Verzehr benötigt werden – Hauptabnehmer ist die Chemieindustrie.

Düne 7

Von Walvis Bay fährt man auf der C14 8,5 km nach Osten, biegt dann auf eine Schotterstraße nach Norden ein, die nach 1,5 km die Bahntrasse überquert, und gelangt so zur **Düne 7**, einer etwa 150 m hohen Namib-Sanddüne, auf der Skifahren, Sandboarden, Quadfahren und das andächtige Genießen des Sonnenuntergangs möglich sind. Am Fuß befindet sich ein **Picknickplatz** mit Feuerstellen.

AUSFLÜGE VON WALVIS BAY

Rooibank

Ein Ausflug nach **Rooibank** ⓬ ins Landesinnere entführt in die Zeit der Landnahme, als die Rheinische Mission bei Scheppmansdorp eine ihrer ersten Stationen errichtete und dort die erste Druckerei Südwestafrikas betrieb. 68 km sind es hin und zurück, die letzten Kilometer am Trockenflussbett des grundwasserreichen Kuiseb entlang sind nur mit Geländewagen zu bewältigen. Der Name Rooibank kommt aus dem Afrikaans und verweist auf die Farbe des vorherrschenden **roten Granits**, der an vielen Stellen mit Flechten überzogen ist, die symbiotische Lebensform von Pilzen und Algen. Am **Kuiseb Rivier**, der hier die Dünennamib von der Flächennamib trennt, leben noch mehrere Dorfgemeinschaften der **Topnaar**, einer Nama-Gruppe, die sich auf Fischfang und den Anbau der Nara spezialisiert hat. Die Nara ist eine der Melone ähnliche, wohlschmeckende Frucht mit sehr spitzen Dornen, die im Wüstensand wächst und ihr Wasser aus der Nebelfeuchtigkeit bezieht.

Gobabeb

Für eine Fahrt durch die Kies-Namib nach Süden in Richtung **Gobabeb** ⓭ oder Homeb, also abseits der genehmigungsfreien Strecke auf der C14, ist ein in Swakopmund beim Ministerium für Umwelt und Tourismus erhältliches Permit notwendig. Die weiten Flächen der Namib schimmern dunkel, der Stein ist mit Wüstenlack überzogen, immer wieder stößt man auf Reste der Bergbau- und Prospektionsaktivitäten, die hier einst stattgefunden haben. In Reih und Glied liegen die Bohrkerne zu Tausenden, streng ausgerichtet, als käme noch einmal ein Geologe zur Begutachtung. In **Homeb** findet sich ein **Campingplatz** unweit einer Siedlung der **Topnaar-Nama**; Übernachtung ist nur mit einer Genehmigung aus Swakopmund möglich.

Die **Wüstenforschungsstation Gobabeb** steht allen Besuchern offen. Man muss sich lediglich vorher anmelden und ein Permit vom MET haben, da die Station im Nationalpark liegt. Übernachtungsmöglichkeiten gibt es für bis zu 80 Personen. Wissenschaftler brauchen hingegen eine Sondergenehmigung (www.gobabebtrc.org). Gobabeb wurde 1962 von der in Wien geborenen Käfer-Koryphäe Karl Koch gegründet, weil hier drei Landschaften mit jeweils eigenem Ökosystem aufeinandertreffen: die Dünenwelt, die Kiesebenen und das Schluchtensystem des Kuiseb. Damit ist das Gebiet für die Forschung an Wüsten-Flora und -Fauna ideal geeignet.

★Sandwich Harbour

★Sandwich Harbour ⓮ wurde tatsächlich einmal als Hafen genutzt: 48 km südlich von Walvis Bay fanden vor 200 Jahren Segelschiffe eine schützende Lagune. Dann versandete der Zugang und ließ nur einen schmalen Durchlauf – bis heute ändert sich Form und Zahl der Wasserflächen. Eine **Salzwasserlagune** und zwei **Süßwasserlagunen** bilden die Heimstatt für bis zu 200 000 **Zugvögel**, vornehmlich Watvögel, die hier rasten.

Sandwich Harbour ist so abgeschieden, weil sich das Hinkommen schwierig gestaltet. Es gibt zwei Möglichkeiten der Anfahrt, beide sind nur mit Geländewagen zu bewältigen und setzen gute Kenntnisse in deren Handling voraus. Die Strecke durch das Landesinnere droht mit Weichsandfeldern und verborgenen Stellen mit Salzglibber, aus denen das Fahrzeug, einmal eingesunken, kaum noch zu bergen ist. Die Strecke an der Küste entlang ist nur bei Ebbe befahrbar, und einige Fahrzeuge

Rechts: Das Erholungsgebiet West Coast zieht hauptsächlich Angler an.

 » Karte S. 114-115, Info S. 153-155

Foto: Leonhard Lenz (PhotoPress)

wurden schon vom Meer überspült, weil sie, festgefahren, nicht rechtzeitig vor der Flut ausgeschaufelt werden konnten. Deshalb ist Touristen dringend zu raten, die Fahrt nicht allein, sondern nur mit einem erfahrenen Veranstalter zu machen. Solche Allradprofis können einen auch noch weiter südwärts zum **Wrack der Eduard Bohlen** führen, gestrandet im Jahr 1909 nahe der **Conception Bay**, am 24. Breitengrad.

Dorob-Nationalpark

Der neue **Dorob-Nationalpark** erstreckt sich von Walvis Bay nach Norden, durch die **Kies-Namib** bis zum Beginn des Skeleton Coast Park. Nur eine Ortschaft hat in seinem nördlichen Abschnitt diesen Namen verdient: **Henties Bay** lockt mit Restaurants, Hotels und Golfplatz (s. S. 144).

Ansammlungen von Ferienhäusern entlang der Küste tragen Namen wie **Wlotzkasbaken** oder **Jakkalsputz**. Die Strecke ist, abgesehen von den **Flechtenfeldern** nördlich von Wlotzkasbaken, so erlebnisarm, dass man sich voll auf die bei Feuchtigkeit spiegelglatte Salzstraße am Meer entlang konzentrieren kann. Die **Zeltplätze**, die diese Route unterwegs passiert, unterscheiden sich im Namen nur durch die Entfernung von Swakopmund: **Mile 4** am Ende von Swakopmund, **Mile 14**, **Mile 72** und **Mile 108**. Highlight der Fahrt ist **Cape Cross** mit seinem Robbenreservat und der Landungsstelle des ersten Weißen an der südwestafrikanischen Küste, eines Portugiesen.

Für die vom **Angeln** begeisterten Einheimischen ist das Westcoast- Erholungsgebiet ein beliebtes Wochenend- und Ferienziel; mit langen Ruten stehen Hunderte am Wasser und werfen ihre Köder weit hinaus. Sie reisen mit dem Hänger an, der mit Eis vollgepackt ist, damit der Fang auch nach Tagen noch frisch ist und heil nach Hause gebracht werden kann. In den namibischen Sommerferien (Dezember / Januar) ist kaum eine Unterkunft zu bekommen, die Zeltplätze sind voll und die Kneipen abends erfüllt vom Anglerlatein.

Henties Bay

Immerhin 5000 permanente Bewohner verzeichnet der von Anglern sehr geschätzte Ferienort **Henties Bay** ⓯ (Hentiesbaai), 70 km nördlich von Swakopmund auf halbem Weg nach Cape Cross. Die Gründung des Städtchens erfolgte 1929, als der spätere Namensgeber Mister Hentie van der Merwe aus Kalkveld bei einer Jagd auf Nashörner eine ergiebige **Quelle** im Mündungsgebiet des **Omaruru** entdeckte. Er baute sich ein Ferienhäuschen aus Holz und kam jedes Jahr, um im Urlaub zu angeln. Freunde folgten ihm, bauten ihre eigenen Hütten, nach und nach wuchs die Siedlung.

Bis 1966 verlangte das Gesetz, dass keine massiven Gebäude errichtet werden durften. 1967 verfügte die Administration, die Hütten aus dem Flussbett des Omaruru zu entfernen. An seinen Ufern wurde nun der Bau massiver Steinhäuser erlaubt – eines der ersten war das strandnahe **De Duine Hotel**; mittlerweile gibt es auch einen (sandigen) **Golfplatz**. Zwar wächst der Rasen dort nur an den Abschlägen und bei den Löchern, doch ein richtiger Golfer trägt ein kleines Läppchen aus künstlichem Rasen bei sich, um auch im Sand einen guten Schlag landen zu können.

Noch heute sprudelt der Anlass für die Ortsgründung: Unter Palmen und grün umwachsen quillt im **Valley** das Frischwasser aus dem Wüstenboden.

★★Cape Cross

50 km nördlich von Henties Bay führt eine 6 km lange Stichstraße an die Küste zum **Robbenreservat** (s. Bild S. 110). Je nach Jahr besteht die Kolonie aus bis zu 250 000 Tieren – somit die größte zugängliche Kolonie der Welt –, die brüllend, grunzend, watschelnd, wälzend und sehr intensiv riechend eine braunschwarze Masse hinter einem niedrigen Mäuerchen bilden, gut von Stegen aus der Nähe zu beobachten.

15-20 % der namibischen Gesamtpopulation der **Zwergpelzrobben** leben rund um ★★**Cape Cross** ⓰. Grund dafür ist zum einen der Fischreichtum des Meeres an dieser Stelle, denn immerhin benötigt ein ausgewachsenes Tier täglich 5 Kilogramm Nahrung. Zum anderen wurden die Tiere aus anderen Regionen durch die Robbenjagd verdrängt, denn ursprünglich war die gesamte Küste bis hinunter nach Kapstadt Lebensraum der Seehunde. Man aß ihr Fleisch, nutzte ihren Tran und trug ihr Fell.

Bis heute wird bei einer zu starken Zunahme der Population – bei gleichzeitiger Abnahme des Fischbestands wegen Überfischung durch Mensch, Robbe und Kormoran – *Culling* (Auslese durch Keulen) betrieben, das grausame, umstrittene massenhafte Erschlagen der jungen Robben, *Robbenernte* genannt. Über 50 000 Robbenfelle exportiert Namibia pro Jahr. Die Genitalien der erwachsenen Robbenbullen (die nicht erschlagen, sondern erschossen werden) verkauft man hochprofitabel nach Asien, wo sie bei Chinesen als Aphrodisiakum begehrt sind. Natürliche Feinde der Robben sind Raubtiere wie die braune Hyäne („Strandwolf") oder der Schabrackenschakal.

Im Jahr 1486 setzte hier der Portugiese Diogo Cão als erster Europäer seinen Fuß auf namibischen Boden. Die Gedenkstätte von Cape Cross erinnert an dieses Ereignis mit der 1894 aufgestellten **Replik eines Steinkreuzes**, das Cão errichten ließ. Die Inschrift lautet übersetzt: „Seit der Erschaffung der Welt sind 6685 und seit Christi Geburt 1485 Jahre verflossen, als der erhabene Don Cão von Portugal befohlen hat, dass durch Jakobus Canus, seinen Ritter, die Säule hier gesetzt wurde". Der deutsche Kaiser ließ hinzufügen: „Errichtet auf Geheiß des Deutschen Kaisers und Königs von Preußen, Wilhelm II., im Jahr 1894

Rechts: An der Skeleton Coast zu stranden, kam für Seefahrer einem Todesurteil gleich.

 » Karte S. 114-115, Info S. 153-155

Foto: Harald Mielke

anstelle des Originals, das im Lauf der Zeit verwittert ist." Aufgestellt hat man die Säule auf einer Terrasse, deren Pflasterung an das Kreuz des Südens erinnert, das die Seefahrer einst leitete. Eine weitere Replik – noch näher am Original – kam 1980 hinzu.

Zu Beginn des 21. Jahrhunderts erhielt ein Unternehmen die Konzession für die **Salzgewinnung** bei Cape Cross. Als Besonderheit kann man hier unterirdische, sehr stark salzhaltige Wasserreservoirs anzapfen. Bis zu 60 000 Tonnen Ertrag erwartet man im Jahr. Die Verdunstung in flächigen Salzpfannen wie etwa bei Walvis Bay soll hier nicht nötig sein.

★Nationalpark Skelettküste

80 km sind es von Cape Cross bis zum dramatisch gestalteten Eingangstor des ★**Skeleton Coast Park**. Seit 1971 ist er Naturschutzgebiet und Nationalpark, 30 bis 40 km breit und 500 km lang. Die karge, trostlose Wüstenei war jahrhundertelang für die Seefahrt eine Bedrohung, denn heimtückische Strömungen und Sandbänke sorgten mit dem v. a. von November bis April häufigen Nebel dafür, dass hier immer wieder Schiffe auf Grund liefen. Dies kam einem Todesurteil für die Besatzung gleich. Kein Wasser weit und breit, ein Dünengürtel weichen Sandes, den zu durchqueren die restliche Kraft kostete, und wenn man es dennoch geschafft hatte, kam dahinter: das Nichts oder Löwen und Hyänen! So haben die Totenköpfe am Ugab-Eingangstor des Parks durchaus ihre Berechtigung, und das **Wrack der Montrose** hinter dem Gate ist eine Mahnung an unglückliche Seeleute.

Bestimmungen und Ökosystem des Nationalparks

Der Eingang befindet sich am **Ugab Rivier**, an dem entlang auch eine vom Naturschutz organisierte **Wanderung** führt. Die Einfahrt in den Park am **Ugab Gate** ⑰ ist nur mit einer Genehmigung möglich, die vor Ort erteilt wird, wenn man über **Torra Bay** ⑱ und das **Spring-**

bok Water Gate ⑲ noch am gleichen Tag bis 17 Uhr den Park wieder verlässt (dazu muss man allerdings vor 15 Uhr einfahren). Das Springbok Water Gate, die östliche Ausfahrt des Parks, liegt 43 km östlich von Torra Bay und führt hinaus auf die Piste C39 Richtung Khorixas, die nach 60 km bei Bergsig auf die C43 einmündet, die Hauptstrecke ins Kaokoveld und zu den Epupa-Fällen. Wer hingegen weiter an der Küste nach Norden in das Rastlager nach Terrace Bay (siehe unten) fahren will, benötigt eine Übernachtungsbuchung aus Windhoek oder Swakopmund.

Individualtouristen können nur den Bereich bis Terrace Bay erkunden, und dies auch nur auf den ausgewiesenen Strecken – eine Fahrt abseits der deklarierten Pisten ist strengstens verboten und wird drakonisch bestraft. Wer einmal mit dem Flugzeug über die Wüstengebiete Namibias geflogen ist, versteht warum: Jahrzehntelang bleiben die Reifenspuren der Geländewagen erhalten, und es gibt Regionen, die aussehen, als hätte ein Verrückter jeden Quadratmeter abgefahren. In den **nördlichen Teil** der Skelettküste, der landschaftlich reizvoller ist, gelangt man wegen der Empfindlichkeit der Ökosysteme nur im Rahmen einer organisierten Tour mit konzessionierten Reiseunternehmen – ein beliebtes Ziel von **Fly-in-Safaris**.

Die **Tierwelt** der Skelettküste ist einzigartig. Nicht nur wegen der **Robbenkolonie** bei **Cape Frio** ganz im Norden, die mit 40 000 Tieren erheblich kleiner ist als die bei Cape Cross, sondern wegen der an das Wüstenleben angepassten **Elefanten**, **Giraffen**, **Spitzmaulnashörner** und **Löwen**. Ohne die Elefanten könnten die anderen hier nicht leben, denn die Dickhäuter graben auf ihren Wanderungen, die sie entlang der Trockenflussbetten vom nördlichen Damaraland bis an den Atlantik führen, Wasserlöcher, von denen auch die anderen Wüstenbewohner profitieren. Hyänen und Schakale streifen am Strand entlang auf Suche nach vom Meer angeschwemmtem Aas, nach kranken oder jungen Robben, die ihnen leichte Beute sind. Am Horizont eilen elegant die **Strauße** über die Ebenen, **Springböcke** und **Oryx-Antilopen** verharren am Fuße der Dünen. Zahlreiche filigrane Spuren durchziehen den Sand, Käfer, Eidechsen, Schlangen, Termiten Skorpione und Spinnen graben sich tagsüber der Hitze entfliehend in den Boden, doch abends wenn es kühler wird, kreucht und fleucht es in der Wüste an allen Ecken und Enden. Und über allem schwebt die **Damara-Seeschwalbe**, die an den Geröllebenen der Küste ihr optimales Zuhause findet. Stolze 70 % der Weltpopulation dieses seltenen Vogels leben an der Skeleton Coast.

Terrace Bay

Terrace Bay ⑳ ist der wahr gewordene Traum südafrikanischer **Angler**. Einige **Bungalows**, ein **Restaurant** und kilometerlange Einsamkeit am **Strand**, wo man mit seiner Rute und den Fischen alleine ist. Hier werden, wie überall entlang der Küste, auch **Haie** geangelt. Eine Vereisungsanlage ist extra für die Besucher aufgebaut, die ihren Fang mit heimnehmen wollen.

Ein kurzer Abstecher in die parallel zur Küste verlaufenden **Dünen** führt zu einem ganz unerwarteten Erlebnis: Die Dünen singen. Um dieses Phänomen zu hören, steigt man zum Kamm hoch, rutscht hinunter und bewegt zugleich mit den Händen möglichst viel Sand. Die Dünen bei Terrace Bay bestehen aus Sand einer bestimmten Korngröße, der durch Bewegung in Schwingung gerät und einen sirrenden Ton erzeugt.

★★KUNENE-SÜD

Die Landschaft am Atlantik bzw. im Skeleton Coast Park ist flach und nur

Rechts: Komfort und stilvolle Atmosphäre bietet das Mowani Mountain Camp (Visions of Africa) bei Twyfelfontein im Damaraland.

» Karte S. 114-115, Info S. 153-155

Foto: Mowani (Visions of Africa)

durch den sandigen Dünengürtel gegliedert. Zum Landesinneren hin wird sie hingegen zunehmend gebirgig. In allen Farben leuchten die Felsen in der Sonne, die mäandrierende Piste eröffnet hinter jeder Kurve neue, spannende Ausblicke auf geologische Formationen. Warzenschweine, Springböcke und Paviane queren Pad.

Der ★★**Süden der Region Kunene**, das ehemalige **„Damaraland"** – ein alter ein Kolonialbegriff, der heute nicht mehr politisch korrekt ist – ist kommunales Land der Damara, im Gegensatz zum kommerziellen Farmland, das durch Vieh- oder Wildzäune parzelliert als Privatbesitz erkennbar ist. Kommunales Land kennt keinen individuellen Grundbesitz, der Boden wird von den traditionellen Exekutiven der jeweiligen Völker verwaltet. Das meist unwegsame und karge Gelände kann nur zum geringen Teil landwirtschaftlich genutzt werden.

Immens große Gebiete sind als Konzessionen an Safariunternehmen vergeben, die an die Damara Geld abführen und dafür bei der Nutzung – soweit sie nicht naturschädlich ist – freie Hand haben. Einer der ältesten und bekanntesten Konzessionshalter ist die **Palmwag Lodge** ㉑: Für Exkursionen innerhalb deren Grenzen und abseits der Hauptpiste muss eine Genehmigung beim Konzessionshalter eingeholt werden. Auf Safari in den Trockenflussbetten Palmwags lassen sich alle erdenklichen Antilopen, manchmal auch Geparde und gar nicht so selten die ★**Wüstenelefanten** (s. S. 189) auf ihrem Zug zum nächsten Wasserloch beobachten, etwa am **Huab River**. Letztere besuchen gelegentlich auch den Zeltplatz von Palmwag.

★★Versteinerter Wald

Der ★★**Versteinerte Wald** ㉒, ein Nationalmonument, liegt etwa 120 km vom Springbok Water Gate entfernt. Wild durcheinander gewürfelt liegen die – hölzernen Baumstämmen täuschend ähnlichen – Gesteinsfragmente in der leicht hügeligen Landschaft: Ein

Foto: Erhard Pansegrau

Indiz dafür, dass der Urnadelwald aus Araukarien vor 300 Mio. Jahre nicht hier am Fundort wuchs, sondern durch eine Flutwelle aus Angola kommend angeschwemmt wurde. Teils haben die Steine die Maße ausgewachsener Baumstämme, teils sind sie zerbrochen. Erst wenn man sie anfasst (Mitnehmen verboten!) und ihre Kälte oder tagsüber gespeicherte Wärme spürt, merkt man, dass es massive Felsen sind. Der Versteinerungsvorgang konnte nur unter Luftabschluss geschehen, das heißt, dass die Stämme kurz nach Anschwemmung mit einer Sedimentschicht überdeckt wurden. Dann drang von oben kieselsäurehaltiges Wasser ein; Regenwasser, das auf seinem Weg durch die Überdeckung Kieselsäure ausgewaschen hatte und Zelle um Zelle, Schicht für Schicht des Holzes ersetzte – selbst die Jahresringe sind erhalten.

Außerdem gibt es unweit, auf der **Farm Bloukraans**, (etwa 10 km Richtung Khorixas) einen weiteren Versteinerten Wald, den ★**Three Stages Petrified Forest**, der dem Nationalmonument in nichts nachsteht und nach Zahlung einer geringen Eintrittsgebühr ungestört zu besichtigen ist.

Oben und rechts: Im zerklüfteten Felsmassiv bei Twyfelfontein sind Hunderte von Felsbildern in den Stein geritzt.

★★Twyfelfontein

Felsgravuren und Felsmalereien finden sich beim knapp 50 km südwestlich des Versteinerten Waldes liegenden ★★**Twyfelfontein** ㉓ – „Zweifelhaft" nannte Farmer Levis die Quelle, die hier – unzuverlässig – etwa 1 m^3 Wasser am Tag lieferte, als er die Farm 1947 übernahm. Die Damara kannten den Ort als „Springendes Wasser" und, vertrauensbildender, als „Dauerhafte Quelle". Die Attraktion von Twyfelfontein ist ein zerklüftetes **Felsmassiv**, an dessen Wänden Hunderte von **Felsbildern** eingeritzt sind. 1952 wurde Twyfelfontein zum Nationalmonument erklärt, 2007 als erste namibische Stätte ins UNESCO-Welterbe aufgenommen.

» Karte S. 114-115, Info S. 153-155

Foto: Harald Mielke

Zwischen einigen hundert und einigen tausend Jahren alt sind die Gravuren. Wegen der unberechenbaren Witterungseinflüsse lässt sich ein genaues Alter nicht bestimmen. Die Region war schon immer ein beliebter Siedlungsplatz, so dass die Bilder wohl über einen langen Zeitraum entstanden sind und wahrscheinlich von San wie Damara ausgeführt wurden. Hoch oben auf dem Felsstock, wie auf einer Terrasse thronend, hatten die Jäger den Überblick über die Ebene. Für den Jagderfolg wurde wahrscheinlich Zauber vollbracht und im nachhinein für den Ertrag gedankt.

Fast nie kommen im südlichen Afrika **Felsmalereien** *und* **Gravuren** an einem Ort gleichzeitig vor – Twyfelfontein ist die große Ausnahme. Tiere und Muster sind zu sehen: **Elefanten**, **Antilopen**, **Giraffen**, **Rinder**, **Nashörner**, **Zebras** und **Löwen**. Die Muster, Punktlinien und Kreise sind wohl teils Abbilder für **Tierspuren**, teils aber auch mit einem – über die Jahrtausende verloren gegangenen – Sinn, vielleicht für den Jagdzauber, behaftet gewesen. Mit Quarzstein und Klopfholz haben die Künstler oder Medizinmänner die Gravierungen in den Fels geritzt, Malereien trugen sie unter schützenden Überhängen mit Pflanzen- und Mineralfarben auf.

Am schönsten ist die zweistündige ★**Wanderung** entlang dieser Bildergalerie zu allen acht illustrierten Felsplatten, die nur mit Begleitung durch einheimische Führer unternommen werden darf, am späten Nachmittag, wenn die Felsen rötlich in der untergehenden Sonne erglühen. Die „Fotostars" hier sind der ★**Große Elefant** auf Platte 3 und der ★**Löwe** auf Platte 5.

Weitere Attraktionen in dieser Gegend sind die 5 m hohen **Orgelpfeifen** (polygone Basaltsäulen) und der schwarz verkohlt anmutende **Verbrannte Berg**.

Khorixas

Der kleine Ort **Khorixas** ㉔, 40 km östlich des Versteinerten Waldes, ist für die Farmer der Umgebung das Versor-

Foto: Volkmar E. Janicke

gungszentrum, mit Tankstelle, Lodge und Restcamp. Früher hieß der Ort *Welwitschia* nach dem Forscher, der die Namib-Pflanze als erster beschrieb. Im Jahr 1989 benannte man das Dorf in Khorixas um, abgeleitet vom Namen des Löwenbusches auf Damara, *khoris* (Salvadora persica L.). Im Schatten seiner tief herabhängenden Zweige sollen bevorzugt die Löwen den Tag über schlummern.

Gegenüber der iGowati Lodge wurde von der gemeinnützigen Organisation „Save the Rhino Trust" ein **Selbsthilfe-Zentrum für Kunsthandwerk** aufgebaut, in dem Damara-Frauen selbst hergestellte Souvenirs wie etwa verzierte Makalanikerne an die rund 40 000 Touristen verkaufen, die jährlich durch den Ort kommen; auch erhält man Informationen über die Sehenswürdigkeiten der Umgebung.

Oben: Die Vingerklip-Lodge liegt in der Nähe markanter Felsformationen. Rechts: Die berühmteste „Dame" des Landes ist The White Lady am Brandberg.

★Vingerklip

50 km sind es von Khorixas auf der Asphaltstraße C39 und weitere 30 km auf der Sandpiste D2743 bis zur ★**Vingerklip** ㉕, vor dem beeindruckenden Panorama der **Ugab-Terrassen**. Die **Tafelberge** und markante Erosionsrelikte wie die schlanke Felsnadel der 35 m hohen **Fingerklippe** im Ugab-Flussbett sind nach geologischen Maßstäben ein noch recht junges Phänomen, das sich während des Pliozäns ergeben hat – also vor etwa zwei Millionen Jahren. Der Ugab hat sein Quellgebiet in den westlichen Ausläufern der Otavi-Berge und mündet etwa in Höhe Mile 108 in den Atlantik. Auf seinem Weg zum Meer musste er sich lange vor dem Pliozän auf einer Strecke von etwa 100 km einen Lauf durch das Damaragebirge schaffen, was ihm in einer regenreichen Periode gelang. Dann folgte eine Phase der Ablagerungen von Sedimentschichten unterschiedlicher Korngröße und einer Mächtigkeit von 100 m, die das Flussbett auffüllte. Während des Plio-

» Karte S. 114-115, Info S. 153-155

zäns begann der Fluss nun, sich durch die Schotterablagerungen ein neues Bett zu bahnen, bildete auch blinde Flussläufe, trocknete dort aus und verfestigte in diesen Bereichen das Gestein durch den Kalk, den er schon kurz hinter seinem Quellgebiet gelöst hatte. Das Geröll im Flussbett wandelte sich zu Konglomerat-Gestein, das in weiteren Flutphasen dem Wasser relativ stark Widerstand leisten konnte – die Tafelberge entstanden und stehen heute noch, zunehmend breiter und mächtiger im Tal flussabwärts; flussaufwärts weist die schlanke Vingerklip wie ein mahnender Zeigefinger zum Himmels.

Uis, ★★Brandberg und ★★White Lady

Die riesige Mine des Ortes **Uis** ㉖, gut 100 km von Khorixas, ist eine 1990 wegen gefallener Weltmarktpreise aufgelassene **Zinnmine** (bis 1989 einer der größten Zinntagebaue der Welt). Wertvoller als Zinn ist das hier vorkommende Metall Tantal – eine potentielle Zukunftsressource. Das frühere Wohnheim der Minengesellschaft benutzt heute das sehr schlichte **Brandberg Rest Camp** (nahe der Tankstelle). Im kommunalen **Uis Tourist Centre** an der Hauptstraße erfährt man mehr über mögliche Aktivitäten am Brandberg, kann Führer buchen, Souvenirs und Getränke kaufen. Kulinarisches Highlight ist das **Restaurant** des **White Lady B&B** mit Bar und Pool.

Ehemalige Minenarbeiter ziehen noch los, holen auf eigene Rechnung Zinn und **Mineralien** (u. a. Aquamarin, Topas, Indigolith, Apatit und Turmalin) aus dem Boden und versuchen, die gefundenen Halbedelsteine an Durchreisende zu verkaufen; hohe weiße Quarzsand-Abraumhalden überragen ihre blechgedeckten Hütten.

Uis ist nicht nur Zwischenstopp für Touristen, es wird von einigen Namibiern als Altersruhesitz geschätzt, deren schmucke Bungalows wie Fremdkörper

Foto: Erhard Pansegrau

in der trostlosen Umgebung stehen.

In 35 km Entfernung ragt der ★★**Brandberg** ㉗ mit seinem Gipfel **Königstein** (2574 m) als Inselberg aus der Ebene – die höchste Erhebung Namibias. Das dunkle Granitungetüm Brandberg ist mehr Massiv als Berg; an seiner Basis misst er etwa 20 x 20 km und bedeckt eine Fläche von 450 km^2. 2000 m erhebt er sich über die Ebene. Seine Anfänge liegen in der Post-Karoo Zeit vor 130 Mio. Jahren, als granitisches Magma in die Erdkruste eindrang und unterhalb der Oberfläche erkaltete. In der Folgezeit wurde die Umgebung um den harten Kern abgetragen und der Berg herausmodelliert. Als Besonderheit darf noch die Bildung eines speziellen Steines gelten, der sich am Rande des Magmas bildete – durch seine Hitze ließ es die angrenzenden Sedimente zu Pyrophillit werden, aus dem die Einheimischen Souvenirs machen.

Das jähe Aufragen des Brandbergs aus der Ebene begünstigt die Bildung eines Mikroklimas: Wolken können sich leichter abregnen, das Massiv kann das

» Karte S. 114-115, Info S. 153-155

Foto: Harald Mielke

Oben: Eine deutschstämmige Namibierin in der katholischen Kirche von Omaruru.

Wasser in seinen Schluchten speichern, wo es gegen Verdunstung geschützt ist. So entstand eine ganz eigene Flora und Fauna.

Die meisten Besucher kommen jedoch wegen der Unzahl an ★★**Felsmalereien** und **-gravuren**. Bis zu 200 000 sollen sich in den Schluchten und an den steil abfallenden Felswänden befinden, fast 50 000 sind inzwischen katalogisiert, darunter die berühmteste des Landes: ★★**The White Lady** ㉘. 1918 wurde die „Weiße Dame" von Bergsteigern entdeckt. Seitdem ranken sich um sie Legenden. Wohl ist sie mehrere tausend Jahre alt, das aber ist auch schon alles, was man weiß. Mal interpretieren sie Forscher als eine kretische Herrscherin, eine phönizische Königin, also von mediterranem Ursprung; dann wiederum soll sie ein einheimischer Krieger sein, denn mit Pfeil und Bogen bewaffnet und dafür brustlos eilt die Figur die Wand entlang. Die Besichtigung ist nur mit Führer gestattet. Die White Lady ist relativ leicht zu finden, doch weitere Malereien zu entdecken ist schwierig. Man sollte sich auch dabei auf die ortskundigen **Dâureb-Bergführer** verlassen, die von NACOBTA unterstützt werden und an der Hauptzufahrt zum Brandbergmassiv auf Interessenten warten.

Omaruru

Die Hauptstraße von **Omaruru** ㉙ zieht sich am meist trockenen, aber grundwasserreichen Flussbett des Omaruru Rivier entlang. Das Städtchen macht mit seinen zahlreichen Eukalyptus- und Kameldornbäumen, den gepflegten Häusern und üppigen Gärten einen freundlichen Eindruck und mausert sich zu einer Künstlerkolonie.

1896 war Omaruru mit 85 weißen Bewohnern der „bevölkerungsreichste" Ort des Landes und ließ Swakopmund mit 32 Weißen weit hinter sich.

Die ersten Siedler waren 1845 allerdings keine Deutschen, sondern Herero, die Omaruru seinen Namen gaben: „Omaere omaruru" bedeutet bittere Dickmilch, da die Rinder in der jährlichen Dürrezeit den Bitterstrauch abgrasten, der der Milch einen leicht bitteren Geschmack verlieh. Sechs Jahre später kam mit Hugo Hahn der erste Missionar. Händler und Jäger folgten, zogen aber weiter. Der erste ständig hier lebende Weiße war dann der Missionar Gottlieb Viehe, der 1870 von Otjimbingwe nach Omaruru umsiedelte und mit dem Bau des **Missionshauses** und der **Missionskirche** die Stadtgründung vollzog.

Omaruru hat eine sakrale Bedeutung für die **Zeraua-Herero**. Ihr berühmtestes Oberhaupt **Christian Wilhelm Zeraua** (gestorben im Jahr 1876) ist hier auf dem **Hererofriedhof** neben anderen Chiefs beigesetzt. Wie die Herero von Okahandja (s. S. 116) feiern die Zeraua in Omaruru Ahnengedenken (Anfang Oktober). Es sind auch Nicht-Herero bei

» Karte S. 114-115, Info S. 153-155

den Feierlichkeiten zugelassen.

Heute hat das Örtchen nordöstlich des Erongo (118 km von Uis, 60 km von Karibib) etwa 5000 Einwohner. Seine Geschichte ist eng mit den Freiheitskämpfen der schwarzen Bevölkerung verbunden. Am 17.1.1904 standen die Truppen der Herero vor dem schutzlosen Ort; die Schutztruppe war im Süden eingesetzt, um im 450 km entfernten Gibeon die Bondelswart-Nama niederzukämpfen. In Eilmärschen machten sich die Deutschen unter Hauptmann Viktor Franke auf den Weg nach Norden zurück und befreiten Omaruru. Dem Hauptmann zu Ehren nannte man den 1908 nach dem Sieg errichteten, heute noch zu besichtigenden **Franke-Turm**. Zu seinen Seiten stehen als martialischer Schmuck zwei Kanonen.

Die **Kristallkellerei**, 4 km außerhalb in Richtung Osten auf der D2328, ist ein kleines Wunder. Heiß begehrt sind die Tropfen, die die Gewölbe verlassen, schnell ist die jährliche Produktion ausverkauft. Die Anbaufläche kann nicht vergrößert werden, da die Reben in dem trockenen Klima intensive Bewässerung benötigen. Keiner hatte der Familie Kluge eine Chance gegeben – Weinanbau am Omaruru? Doch das erste **Weingut** Namibias war eine Erfolgsgeschichte, die Mitte der 1990er Jahre begann und heute ihre Bestätigung in zwei Rotweinen, einem Weißwein, einem Sekt und Schnaps aus eigener **Brennerei** gefunden hat.

Besuchenswert ist die Ausstellung von **Tikoloshe Afrika Root Carving**, das am südwestlichen Ortsausgang mit einer Holzgiraffe Aufmerksamkeit weckt. Hier wird hartes Wurzelwerk zu fantasievollen, teils grotesken **Holzfiguren** verarbeitet. Der Name *Tikoloshe* oder auch *Tokoloshe* bezeichnet eine Fabelgestalt, eine Art böse schauender Teddybär mit einem knöchernen Kamm auf dem Kopf. Doch sind es eigentlich liebe Wesen, die gern mit Kindern spielen; nur die Erwachsenen haben einen Heidenrespekt.

www.okahandja.net – offizielle Seite von Okahandja (englisch)
www.hentiesbaytourism.com – offiz. Tourismusseite von Henties Bay (englisch)
www.omaruru.na – offizielle Seite der Künstlerstadt Omaruru (teils auch auf Deutsch)

Okahandja (☎ 062)

Café Dekker, Traditionsadresse für Snacks und Mittagessen, nur tagsüber, 666 Morton Neib Avenue, Tel. 501962.

Brauhaus, gemütliches Restaurant in afrikanisch angehauchter Atmosphäre, täglich 8-16 Uhr, an der Hauptstraße, Tel. 500295.

Gross Barmen Hot Springs, derzeit geschlossen.

Von Bach Recreation Resort, Tagesbesuch möglich, Rastlager wg. Modernisierung bis auf weiteres geschlossen.

Karibib (☎ 064)

Henckert Tourist Centre, Schmuck, Kunsthandwerk, Souvenirs, Karakulteppichherstellung, Hidipo Hamutenya Road 38, Tel. 550700, Fax 550098, www.karibib.henckert.com. Es gibt zudem auch eine Filiale in Swakopmund.

Bistro im **Henckert Tourist Centre**, Sandwiches, Snacks, Müsli, Kaffee, etc. in einer Ecke des klimatisierten Ladens, Hidipo Hamutenya Road 38, Tel. 550700.

Usakos (☎ 064)

Bahnhof Hotel-Restaurant, Landküche in historischem Gebäude mit Biergarten, Bahnhof Street, Tel. 530444.

Namib Wüste Farmstall. Snacks und kleine Gerichte (größeres Mittagessen vorher anmelden), am Ortsausgang Richtung Swakopmund, Tel. 530283, www.globalwebnamibia.com/homenamib.html.

Felsmalereien und -formationen auf der Ameib Ranch, ein Tagesbesuch ist gegen Eintritt möglich, 30 km nördlich von Usakos am Erongo-Massiv, auf den Pisten D1935 und dann D1937 erreichbar, Tel. 530803.

Spitzkoppe

Spitzkoppe Community Camp, Besichtigung von Felsmalereien und

5 Westen

-gravierungen, Klettern und Trekking, 60 km nordwestlich Usakos über die Pisten D1918 und dann D3716, Tel. 064-530879 oder NACOBTA, Tel. 061-250558.

Swakopmund (☎ 064)

Namib I, Sam Nujoma Avenue, Tel. 404827, Fax 403129, namibi@iway.na.

Ministry of Environment & Tourism, Genehmigungen (auch So 9-13 Uhr) für den Besuch des Namib-Naukluft-Parks (Welwitschia-Fläche, Blutkuppe, Gobabeb und Sandwich-Harbour), in der alten Ritterburg, Sam Nujoma Avenue/ Ecke Bismarckstraße, Tel. 404576.

Fischereiministerium, Angelgenehmigungen, Aquarium, Tel. 4101000.

Restaurant im Hansa Hotel, edle Einrichtung, klassische Piano-Musik, Kerzenschein, beste Fleisch- und Fischgerichte, Hendrik Witbooi Street, Tel. 414200, www.hansahotel.com.na.

Erich's Restaurant, eine gute, bewährte Adresse für Fisch- und Wildgerichte, 21 Daniel Tjongarero Ave (Post St), Tel. 405141.

Jetty 1905, Seafood und gute Desserts, stylisches Lokal mit Rundblick, eine Top-Location am Ende der historischen Jetty, mit Glasplatten im Fußboden.

The Tug, originelles Fischlokal am Strand, in einem Schiffsfragment an der Jetty, Tel. 402356, www.the-tug.com.

Slowtown Coffee Roasters, eine Kaffeerösterei mit Café für Kenner – hier gibt es den wohl besten Kaffee des Landes; 9B Altona Haus, am unteren Ende der Daniel Tjongarero Ave, www.slowtown-coffee.com.

Il Talipano, italienisches Restaurant mit eleganter Einrichtung in Jugendstilvilla, 34 Daniel Tjongarero Ave, Tel. 402991.

Village Café, gutes, preiswertes Frühstück u. Lunch, selbstgebackenes Brot, exzell. Kaffee, familiär, „Farmstil"; 21 Sam Nujoma Ave.

Café Anton, Traditionsadresse für Kaffee und Kuchen (Schwarzwälder Kirschtorte, leckere Nussecken), auch kleine Gerichte, Daniel Tjongarero Avenue, Tel. 400331.

Kückis Pub, das beliebteste Restaurant und Pub der Stadt, große Portionen besten Fleisches und Fisches, Tobias Hainyeko St, Tel. 402407, Fax 402864, www.kuckispub.com.

Swakopmund Brauhaus, gemütlich, sehr geschätzt von Fleischfreunden, The Arcade 22, Sam Nujoma Drive, Tel. 402214, Fax 461055, www.swakopmundbrauhaus.com.

Kristall Galerie, eine faszinierende Ausstellung zum Mineralienreichtum Namibias, Mo-Sa 9-17 Uhr, Theo Ben Gurirab Street Ecke Tobias Heinyeko Street, Tel. 406080, www.kristall-galerie.com.

Museum, Kolonialgeschichte, Ethnografie, Natur, tägl. 10-17 Uhr, Strand Street, Tel. 402046, www.swakopmund-museum.de.

Aquarium, Unterwasserwelt des Atlantik, tägl. 10-16 Uhr, Strand Street, Tel. 4101000.

Sam-Cohen-Bibliothek, hier gibt es alles an Büchern über Südwest, Mo-Fr 8-13, 15 bis 17 Uhr, Sa 10-12 Uhr, Sam Nujoma Avenue, Otavi Bahnhof, Tel. 402695.

Living Desert Snake Park, zahlreiche giftige und ungiftige Schlangen, Mo-Fr 8.30-17 Uhr, Sa 8.30-13 Uhr, N$ 30 Eintritt (Kinder N$ 12), beim „Otavi-Bahnhof" (Transport-Museum).

Mondesa Township Tours, Tel. 081-2734361, www.facebook.com/mondesa-townshiptours.

Besuch der Rössing-Mine, jeden 1. Freitag im Monat per Bus, zu buchen nur im Museum in Swakopmund (siehe oben), Abfahrt nahe dem Café Anton um 10 Uhr, Dauer 3,5 Std.

Heißluftballonfahrten, **Para-Sailing** und **Flying Fox** mit African Adventure Balloons, PO Box 2238, Swakopmund, Tel./Fax 403455, Mobil 081-24294, flylo@iway.na, www.africanballoons.com.

Rossmund Golf Course, einer der wenigen vollgrünen Wüstengolfplätzen der Erde, 6 km östl. v. Swakopmund, Rossmund Golf Club & Lodge, Tel 405644, www.swakopresorts.com

Living Desert Tour in die Namib: Living Desert Adventures, Tel. 405070, www.livingdesertnamibia.com. Tommy's Tours & Safaris, Tel. 081-1281038.

Peter's Antiques, ein buntes Gemisch aus Kunsthandwerk, Antiquitäten und Büchern, die als Reprints teils im Eigenverlag aufgelegt werden, Tobias Hainyeko Street 24, Tel. 405624, www.peters-antiques.com.

Ankerplatz: Einkaufspassage mit interessanten Geschäften; u.a. Karakulteppiche und von Nama-Frauen bestickte Tischwäsche.

Arcade, beliebte Fußgängerzone mit Souvenirläden, Lokalen (wie dem Brauhaus) und Kino.

Walvis Bay (☎ 064)

Ministry of Environment & Tourism, Genehmigungen für den Namib-Naukluft-Park (s. u. Swakopmund), Heinrich Baumann Street, Tel. 205971.

Walvis Bay Information Centre, 5th Road / Union Street.

Probst Restaurant & Café, Frühstück, Mittagessen und Snacks oder Kuchen am Nachmittag, deutsche Traditionsadresse in Walvis Bay, 6.30-17.30 Uhr, 9th Street, Tel. 202744, www.namibiancharters.com/bakery.

The Raft, auf Holzstelzen ins Meer hinein gebaut, um einen Fensterplatz bitten und Austern bestellen oder ein Fischgericht, dazu einen kühlen Weißwein – und der Tag endet perfekt, Esplanade, Tel. 204877, www.theraftrestaurant.com.

Crazy Mamma's Pizzeria and Restaurant, ein Geheimtipp unter Steak-Freunden, Mo-Fr 12-15 u. 18-23 Uhr, Sa 18-23 Uhr, So geschl., 133 Sam Nujoma Avenue, Tel. 207364.

Museum, Mo-Fr 9-15 Uhr, im Civic Center, Nangolo Mbumba Drive, Tel. 2013111.

Motorbootausflug in die Walvis Bay, Sekt und Austern satt mit Blick auf Delfine und Robben, u. a. Levo Tours, Longbeach/ Langstrand, Tel. 207555, Fax 200709, Mobil 081-1296270, www.levotours.com.

Kajakausflüge in die Lagune, Eco Marine Kayak Tours, Tel. 203144, www.emkayak.iway.na.

Desert Research Foundation of Namibia, nur nach Voranmeldung, Training and Research Center Gobabeb, Tel. 694199, www.gobabebtrc.org.

Fahrt nach Sandwich Harbour, Turnstone Tours, Swakopmund, Tel. 403123, Fax 403290, www.turnstone-tours.com.

Henties Bay (☎ 064)

Henties Bay Tourist Centre, Nickey Iyambo Avenue, Tel. 501143, Fax 501142, www.hentiesbaytourism.com.

Fishy Corner Seafood Restaurant, Fischgerichte, auch zum Mitnehmen, Benguela Street 19, Tel. 501059.

Pirates Cove, Bar und Snack-Restaurant, das hauptsächlich Pizza auf der Karte hat, Jakkalputz Road, Tel. 500960.

Henties Bay Golf Course, ein 9-Loch-Platz mit einer Gesamtlänge von 2,7 km, Tel. 081 1241251, groblermotors@yahoo.com.

Cape Cross

Robbenreservat / Seal Reserve, täglich 10-17 Uhr.

Twyfelfontein (☎ 067)

Nationalmonument Twyfelfontein, von Sonnenaufgang bis zum Untergang geöffnet.

Twyfelfontein Country Lodge, riesige Anlage im Stil einer Lapa, großes Restaurant, das auf Reisegruppen eingerichtet ist; Ballonflüge, 5 km vom Nationalmonument entfernt, Tel. 697051, www.namibialodges.com.

Khorixas (☎ 067)

iGowati Lodge, mit gutem Restaurant, auch für Non-Residents, Khorixas, Tel. 331593, www.igowatilodge.com.

Vingerklip (☎ 067)

Vingerklip Lodge, im Restaurant sitzt man unterm Reetdach, mit herrlichem Ugabtalblick, und speist landestypisch, Tel. 290318, www.vingerklip.com.na.

Uis / Brandberg (☎ 064)

Daureb Mountain Guides / Uis Information Centre, auch Kunsthandwerkverkauf, Buchungen über 061-255977.

Omaruru (☎ 064)

Omaruru Visitors Information, Tel. 570277.

Kristall Kellerei, eine der beiden Weinkellereien des Landes, tagsüber Weinproben und kleine Mahlzeiten, Voranmeldung empfohlen, Dr Ian Scheepers Drive, Tel. 570083.

Sand Dragon, ein von Amerikanern geführtes Bistro und Café mit Souvenirverkauf und guter, leichter Küche, River Street, Tel. 570707.

Tikoloshe Afrika Root Carving, am südwestlichen Ortseingang, Tel. 570582, www.tikolosheafrika.com.

Erhard Pansegrau

Im Etoscha-Nationalpark

Foto: Friedrich H. Köthe

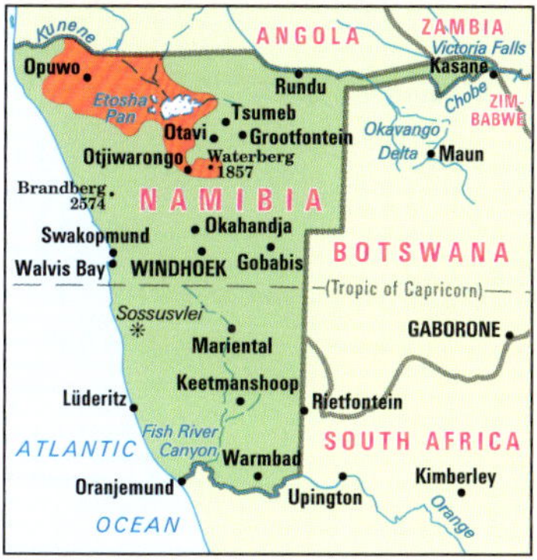

NORDEN

OTJIWARONGO
WATERBERG
OUTJO
ETOSCHA-PFANNE
OVAMBOLAND
RUACANA
KAOKOVELD
EPUPA-FÄLLE
SESFONTEIN

Namibias wilde und archaische Seite erschließt diese Route in den hohen Norden. Sie beginnt zunächst mit einem Blick in die Kolonialvergangenheit, auf die Schlacht am **Waterberg**, die nicht weit von dem markanten Bergklotz ausgetragen wurde. An seinem Fuß erinnern Denkmäler und Gräber an die Opfer; auf seinem Plateau lädt ein Nationalpark zu Trekkingtouren durch dichten Busch. Auf dem Weg in den Norden liegt einer der faszinierendsten Nationalparks Afrikas, **Etoscha,** wo die Reisenden mit ziemlich großer Sicherheit Elefanten, Löwen, womöglich auch Nashörner, Geparde und Leoparden in freier Wildbahn beobachten können. Riesige Herden von Zebras und Gnus, Tausende von Springböcken, Kudus, Strauße, Oryx-Antilopen und das scheue Eland verwandeln die Savannen rund um die Salztonpfanne von Etoscha in ein Tierparadies. Nördlich von Etoscha liegt das vergleichsweise regen- und wasserreiche „**Ovamboland**“, wo die Mehrheit der Namibier lebt – eine dicht besiedelte Region mit rasant wachsenden Städten und typisch afrikanischen Dörfern, mit winzigen Hirse- und Maisfeldern, historischen Missionsstationen und mit Museen, die Geschichte und Kultur der Ovambo erläutern. Von hier wendet sich die Route nach Westen, in das archaische Land der Himba, die noch heute mit ihren Rinderherden als Halbnomaden leben: Das **Kaokoveld** ist eine urtümliche Landschaft von herber Schönheit und eine der letzten Wildnisse Namibias. Hier streifen Löwen, Elefanten, Nashörner und anderes Wild durch ihren natürlichen Lebensraum; kein Zaun hindert ihre Wanderungen. Ein landschaftlicher Höhepunkt sind die mächtigen Ruacana-Fälle des Kunene.

Links: Fröhliche Begrüßung bei den Himba im Kaokoveld.

RUND UM DEN WATERBERG

Otjiwarongo

Das sich als Gartenstadt präsentierende **Otjiwarongo** ❶ zählt 22 000 Einwohner und liegt 250 km nördlich von Windhoek an der Haupt-Nordsüdverkehrsachse Namibias. Dank ergiebigerer Regenfälle muss der „Platz fetten Viehs“ – so die Übersetzung des Stadtnamens aus dem Herero – nicht so mit Wasser knausern wie andere Städte des Landes, und so hat fast jedes Haus einen Garten mit Rasenflächen und immergrünen Bäumen. Zahlreiche Läden und Bankfilialen sind in Otjiwarongo angesiedelt; wie die meisten namibischen Kleinstädte ist es in erster Linie ein Versorgungszentrum für die Rinderfarmer, die aus einem Einzugsbereich von über hundert Kilometern anreisen,

» Karte S. 160-161, Info S. 194-195

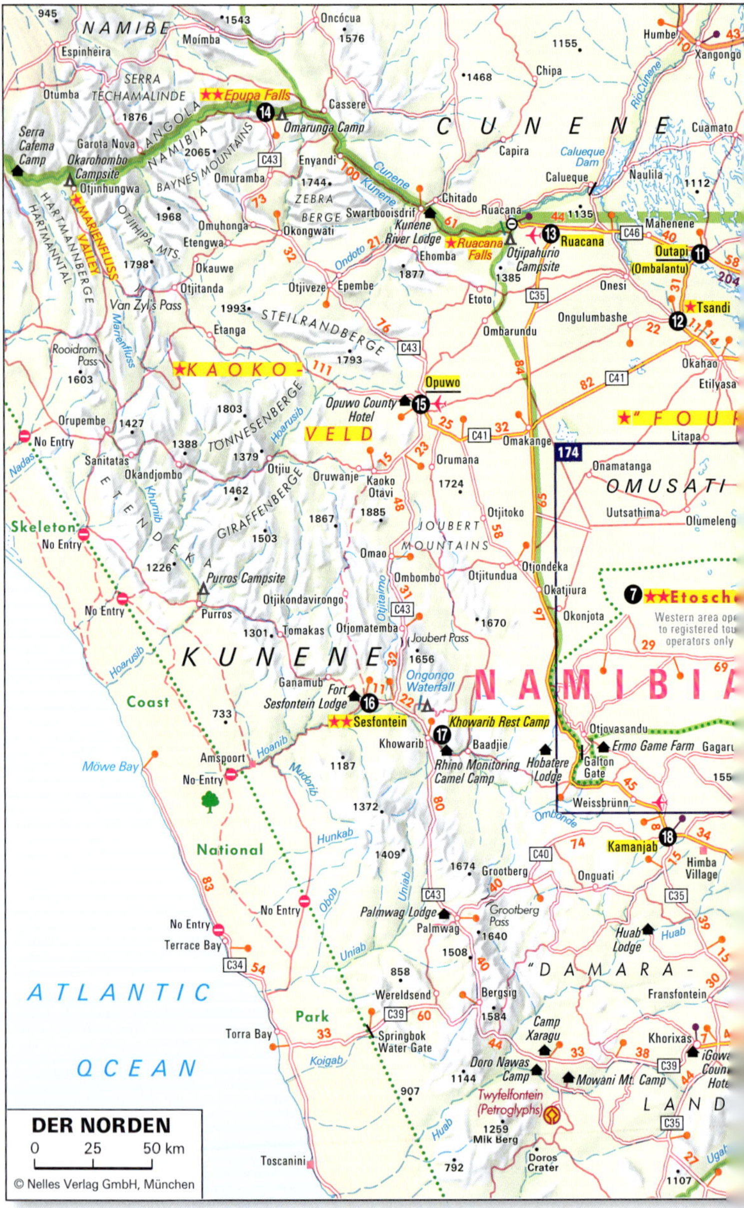
NAMIBE
Espinheira
Moímba
Oncócua
SERRA TECHAMALINDE
Otumba
★★Epupa Falls
Cassere
Humbe
Xangongo
Chipa
CUNENE
Serra Cafema Camp
Garota Nova
Okarohombo Campsite
Otjinhungwa
ANGOLA
NAMIBIA
BAYNES MOUNTAINS
Omarunga Camp
Enyandi
Omuramba
Capira
Calueque Dam
Calueque
Cuamato
Naulila
Rio Cunene
Cunene
Kunene
ZEBRA BERGE
Swartbooisdrif
Chitado
Ruacana
Kunene River Lodge
★Ruacana Falls
Ruacana
Otjipahurio Campsite
Mahenene
Outapi (Ombalantu)
HARTMANN BERGE
HARTMANNTAL
★MARIENFLUSS VALLEY
OTJIHIPA MTS.
Omuhonga
Okongwati
Etengwa
Okauwe
Otjitanda
Ondoto
Ehomba
Epembe
Otjiveze
Etoto
Onesi
★Tsandi
Ongulumbashe
Ombarundu
Van Zyl's Pass
Marienfluss
STEILRANDBERGE
Etanga
Rooidrom Pass
★KAOKO-VELD
Opuwo
Opuwo Country Hotel
Okahao
Etilyasa
TÖNNESENBERGE
Hoarusib
Orupembe
No Entry
Nadas
Sanitatas
Okandjombo
ETENDEKA
Khumib
Otjiu
Oruwanje
Kaoko Otavi
Orumana
Omakange
Litapa
★"FOUR
Onamatanga
OMUSATI
Uutsathima
Olumeleng
GIRAFFENBERGE
Otjitoko
JOUBERT MOUNTAINS
Omao
Ombombo
Otjitundua
Otjondeka
Okatjiura
Okonjota
★★Etosch
Western area open to registered tour operators only
Skeleton
Coast
National
Park
Purros Campsite
Purros
Otjikondavirongo
Otjitaimo
Tomakas
Otjomatemba
Joubert Pass
KUNENE
NAMIBIA
Ganamub
Fort Sesfontein Lodge
Ongongo Waterfall
★★Sesfontein
Khowarib Rest Camp
Khowarib
Baadjie
Rhino Monitoring Camel Camp
Hobatere Lodge
Otjovasandu
Ermo Game Farm
Gagaru
Galton Gate
Weissbrünn
Ombonde
Kamanjab
Himba Village
Möwe Bay
Amspoort
Hoanib
Mudorib
Hunkab
Grootberg
Onguati
Obob
Uniab
Palmwag Lodge
Palmwag
Grootberg Pass
Huab Lodge
Huab
No Entry
Terrace Bay
"DAMARA-LAND"
Fransfontein
ATLANTIC OCEAN
Wereldsend
Bergsig
Camp Xaragu
Khorixas
iGowati Country Hotel
Torra Bay
Springbok Water Gate
Koigab
Doro Nawas Camp
Mowani Mt. Camp
Twyfelfontein (Petroglyphs)
Mik Berg
Doros Crater
Toscanini
Ugab
174
DER NORDEN
0 25 50 km
© Nelles Verlag GmbH, München

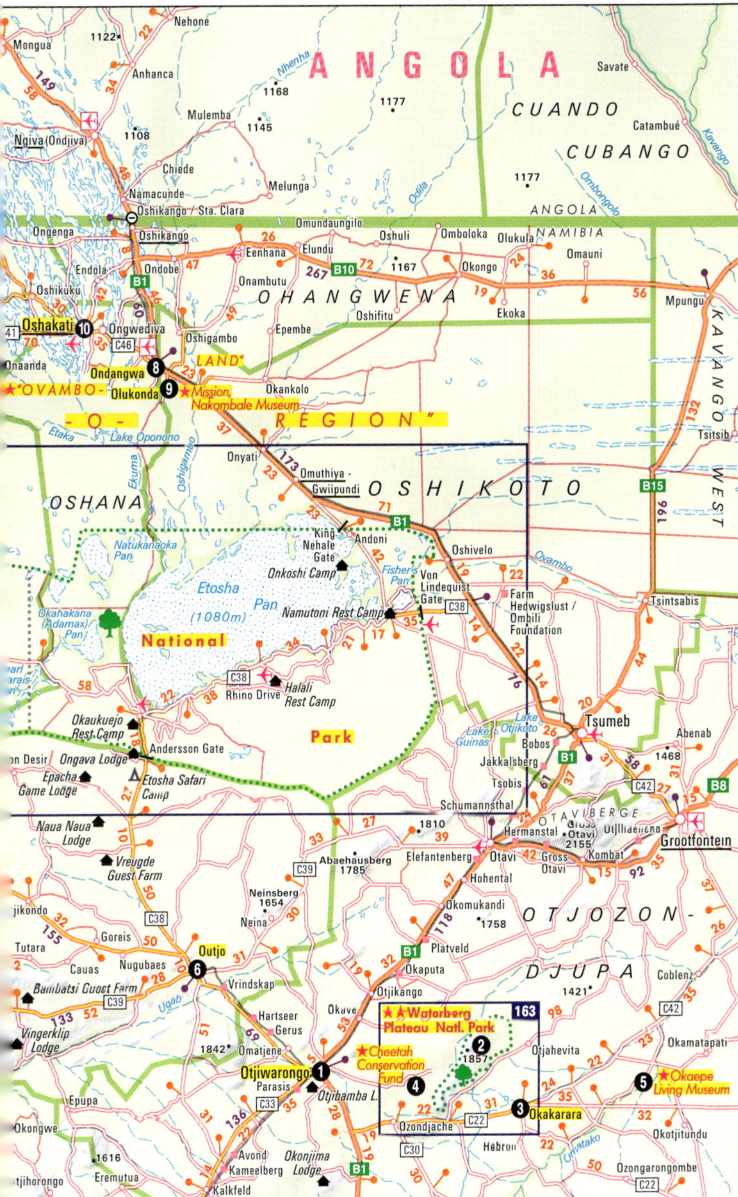
ANGOLA
CUANDO CUBANGO
OHANGWENA
OSHIKOTO
OSHANA
OTJOZONDJUPA
„OVAMBO-LAND“-REGION
Etosha National Park
Etosha Pan (1080m)
Oshakati
Ondangwa
Olukonda
Mission, Nakambale Museum
Okaukuejo Rest Camp
Halali Rest Camp
Namutoni Rest Camp
Onkoshi Camp
Tsumeb
Grootfontein
Otavi
Outjo
Otjiwarongo
Okakarara
Waterberg Plateau Natl. Park
Cheetah Conservation Fund
Okaepe Living Museum
Farm Hedwigslust / Ombili Foundation
Etosha Safari Camp
Ongava Lodge
Andersson Gate
Von Lindequist Gate
King Nehale Gate
Lake Otjikoto
Lake Guinas
OTAVIBERGE
KAVANGO WEST
163

Foto: Sigrun Lenk

um ihre Vorräte aufzufüllen – etwa in der alteingesessenen **Bäckerei Carstensen** – oder in einer der Kirchen die Messe zu besuchen.

Auch wenn die Herero ihr Vieh hierher trieben und dann saisonal hier lebten, wird die Stadtgründung auf den Bau der Eisenbahn datiert. 1906 erreichten die Schienen von Swakopmund kommend auf ihrem Weg nach Tsumeb den Kilometerstein 378 – und dort wurde Otjiwarongo am Ort der bereits 1891 errichteten Station der Rheinischen Missionsgesellschaft und der 1904 gebauten Polizeistation gegründet. Daran erinnert ein Denkmal vor dem Bahnhof: Stolz glänzt die **Dampflokomotive Nr. 41** in der Sonne. Sie verließ im Jahr 1912 die Produktionshallen der Kasseler Firma Henschel und verband seit ihrer Ankunft in Swakopmund bis 1960 die Hafenstadt mit Otavi, wo Kupfer gefördert wurde. Dann kam mit der Umstellung auf die Kapspurweite das Ende für das zuverlässige „Arbeitspferd".

Oben: Auf einer Rinderfarm bei Otjiwarongo.

Mitte der 1990er Jahre entstand die **Crocodile Ranch** als Zucht- und Verwertungsstation für die Panzerechsen. Sowohl lebende Tiere, die man an Zoos in aller Welt verkauft, als auch das Leder und Fleisch werden vermarktet. Die Richtlinien des Artenschutzes sind streng, doch das Unternehmen besitzt eine Lizenz, und so dürfen die im kleinen Laden verkauften Krokodilleder-Erzeugnisse auch exportiert und nach Europa importiert werden. Muttertiere legen bis zu 1000 Eier im Jahr und vergraben sie im Sand. Das Personal sammelt die Eier ein und legt sie in Brutkästen, wo eine konstante Temperatur von 29 °C für Weibchen bzw. 31 °C für männliche Tiere eingehalten wird. In der Sicherheit der Gefangenschaft wachsen die Tiere wesentlich schneller als in freier Wildbahn. Nach Altersgruppen in großen Becken getrennt, werden sie über- und untereinander dösend, kriechend und kämpfend den Besuchern präsentiert. Die possierlichen Tierchen im ersten Becken passen noch auf einen Handteller; fast zwei Meter lang

» Karte S. 160-161, Info S. 194-195

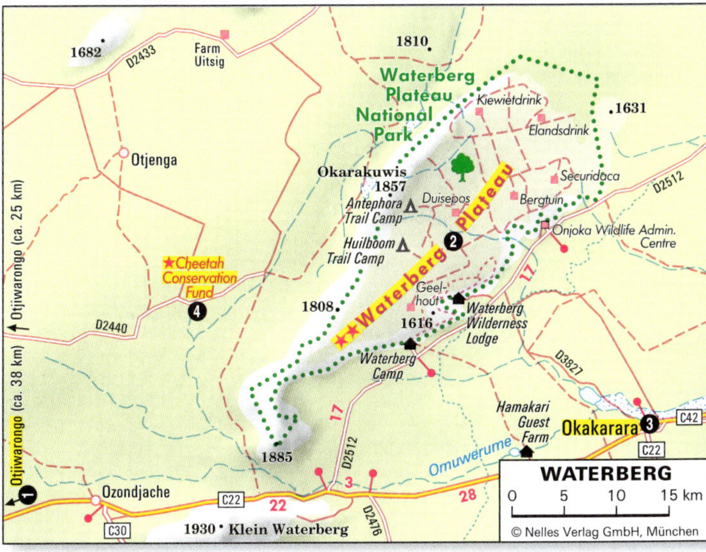

sind ihre Artgenossen im letzten Areal, wo sie Schlachtreife erlangen.

★★Waterberg Plateau Park

Der ★★**Waterberg** ❷ ist ein fast 50 km langes Tafelbergplateau, in der Breite misst es zwischen 8 und 16 km. Die höchste Stelle des rötlichen Sandsteinmassivs liegt 1857 m über dem Meeresspiegel und überragt seine Umgebung um 200-400 m. Es ist die letzte höhere Gesteinsformation, bevor die Landschaft nach Osten zur sanft gewellten Sanddünenwelt der Kalahari abflacht.

Emporgehoben worden ist das Plateau vor etwa 150 Mio. Jahren, in der so genannten Karoo-Zeit. Davor, in der Perm-Zeit, war der Gondwana-Kontinent zum Südpol gedriftet und vergletschert. Gondwana bewegte sich aber wieder vom Südpol weg, das Land erwärmte sich, die Gletscher schmolzen ab und ließen Moränen zurück, Geschiebe aus Gestein. Die Täler füllten sich mit Schmelzwasser, Seen und Sümpfe entstanden. Auf dem Boden einer großen Senke (Omingonde-Becken) setzten sich Sedimente ab und erreichten in Jahrmillionen eine Stärke von 500 m. Je weiter Gondwana sich vom Südpol entfernte, desto wärmer wurde es, die Seen trockneten aus, der Wind lagerte Flugsand ab. Mit dem Auseinanderbrechen Gondwanas und der Bildung einzelner Kontinente entstanden Spannungen, die die Erdkruste durch Hebungen ausglich. Durch eine Überschiebung verdoppelte sich zugleich im Bereich des Waterbergs die Gesteinsmächtigkeit. Im Folgenden wurde durch Wind und Wetter die obere Schicht abgetragen und die untere, über Jahrmillionen geschützte Sandsteinschicht freigelegt. Die weichere Umgebung wurde allerdings schneller abgetragen, so dass das Waterberg-Plateau heute frei in der Landschaft steht.

Fällt heutzutage Regen, läuft das Wasser auf dem (teils von Kalaharisand bedeckten) porösen Sandstein nicht oberflächlich ab, sondern wird aufgesaugt und sickert durch Fugen in die

» Karte S. 160-161 u. S. 163, Info S. 194-195

tiefen Schichten, bis es auf undurchlässigen Tonstein trifft und auf diesem, sich nach allen Seiten ausbreitend, am Fuß des Berges zu Tage tritt. Deshalb blüht und gedeiht es üppig an den Hängen und um den Waterberg herum. Die Region ist ein Paradies für die Tierwelt in dem sonst so trockenen Land. Allerdings müssen die Wasserlöcher auf dem Plateau des zum Nationalpark erklärten Waterbergs künstlich unterhalten, das Wasser hochgepumpt und die Wasserlöcher abgedichtet werden.

Die Schlacht am Waterberg

Der Waterberg erlangte weltweit traurige Berühmtheit durch eine **Schlacht** und die darauf folgenden Ereignisse. Im Vorfeld des 11. August 1904 hatten sich die Herero gegen die Kolonialmacht erhoben, mehrere Farmer und Missionare umgebracht und sich dann mit Frauen, Kindern, Alten und den Viehherden an den Waterberg zurückgezogen. Was genau diesen Aufstand ausgelöst hatte, blieb bis heute im Dunkeln. Sicher ist, dass sich die Herero durch immer größere Landverkäufe an Farmer bereits bedrängt fühlten; ihr Oberhaupt Maharero verhandelte mit dem deutschen Gouverneur und bat darum, seinem Volk nicht noch mehr Land zu nehmen. Dann begann ein Gerücht zu kursieren, dem zufolge die Herero endgültig von den Kolonialbehörden aus ihren angestammten Gebieten vertrieben und umgesiedelt werden sollten – der Funken an der Lunte.

Die deutsche Schutztruppe wollte nun am Waterberg die Entscheidung herbeiführen. Sie ging davon aus, dass sich um die Wasserlöcher ein Großteil des Herero-Volkes versammelt hatte und mit ihm die meisten seiner Kämpfer. General von Trotha versuchte, den Ring um die Herero zu schließen. Die Stellungen nördlich, westlich und südlich waren relativ gesichert, eine Abteilung mit knapp 200 Mann unter dem Offizier Heyde wurde in einer Zangenbewegung in den Osten geschickt, um diese Seite zu sichern. Auf dem Gebiet der Farm Hamakari stellten die Herero die Abteilung Heyde und fügten ihr eine Niederlage zu. Der Weg in den Südosten war damit offen, und am 12. August entschieden sich die Führer der Herero für die Flucht ihres Volkes in die Omaheke-Halbwüste.

Sie stießen dort aber meist nur auf ausgetrocknete Wasserlöcher, und gab es doch einmal Wasser, war es binnen kurzem von verendendem Vieh verseucht. Auch die Schutztruppe tat das Ihre; wo es ihr – selbst unter Ausrüstungs-, Wasser- und Kräftemangel leidend – möglich war, sorgte sie für Verfolgungsdruck und trieb die Herero tiefer in die Omaheke. Militärisch war die Schlacht – gemessen an den strategischen Vorgaben – ein Misserfolg für die Schutztruppe. Im Nachhinein (sieben Wochen nach Beginn der Flucht der Herero in die Omaheke) versuchte General von Trotha mit einer berüchtigt gewordenen Proklamation am 2.10. 1904 den Misserfolg zu einem Sieg umzufunktionieren und meldete nach Deutschland, dass dies ja alles so geplant gewesen sei. Die Aussage: Es werde auf alle Herero geschossen, auch auf Frauen oder Kinder, die den Versuch unternähmen, nach Südwestafrika zurückzukehren (intern ließ er allerdings anweisen, Grausamkeiten gegen Frauen und Kinder zu unterlassen und „nur" zweimal über sie hinwegzuschießen). Nach Bekanntwerden dieses Erlasses bei den zuständigen Stellen in Berlin verlangten diese umgehend dessen Rücknahme.

Wie viele Herero sich um den Waterberg versammelt hatten, wie groß das Volk insgesamt war, wie viele in der Omaheke umkamen, wie viele durch die dünnen deutschen Linien sickerten und wie viele sich nach Britisch-Betschuanaland retten konnten, war damals nicht und ist bis heute nicht belegt. Wahrscheinlich gab es in der Oma-

Rechts: Blick vom Waterberg-Plateau.

» Karte S. 163, Info S. 194-195

Foto: Harald Mielke

heke mindestens 15 000 Tote unter den Herero, Maximalschätzungen sprechen sogar von 70 000.

Doch war damit der Leidensweg der Herero nicht zu Ende. Sie kamen in Lager, von denen die Haifischinsel bei Lüderitz das berüchtigtste war. In ihm waren sie ohne Schutz der Unbill der Witterung ausgesetzt, die Versorgung war mangelhaft bis nicht existent. Zahlreiche Gefangene starben. So skandalös waren die Bedingungen, dass der Offizier von Estorff bei einer persönlichen Inspektion das Lager ultimativ auflöste – eine solche menschenunwürdige Behandlung der Nama und Herero wolle er weder seinen Mannschaften noch seinen Offizieren zumuten. Da bestand das Lager aber bereits zwei Jahre.

Tier- und Pflanzenwelt am Waterberg

Bereits zwischen den Weltkriegen gab es Bestrebungen, das Plateau unter Naturschutz zu stellen, doch bis zu Beginn der 1970er Jahre hatte man es weiter als Farmland genutzt. Zum Schutzgebiet deklariert wurde das Waterberg-Plateau 1972 im Zuge des berüchtigten Odendaal-Planes. Der südafrikanische Administrator von Transvaal, F. H. Odendaal, saß ab 1964 einer Kommission vor, die analog zum Apartheidsystem Südafrikas auch in Südwestafrika Homelands schaffen sollte. Begonnen wurde mit dem Ovamboland, und schließlich sollte auch der Caprivi Strip umgewandelt werden. Doch wohin mit dem dort in Freiheit lebenden Wild? Immerhin gab es im Caprivi Wildarten, die sonst in Namibia nicht beheimatet oder bereits ausgerottet waren, so Rappenantilopen, Büffel und Nashörner. Als deren künftiges Habitat wurde das in Vegetation und Klima ähnliche Waterberg-Plateau bestimmt, die Farmer auf dem Berg abgefunden und ein Teil der Tiere in einer großen Aktion aus dem Caprivi in den Süden gebracht.

Heute gilt der Nationalpark als eines der wenigen Schutzgebiete für das friedfertige und deshalb hoch gefährdete **Breitmaulnashorn**, auch Weißes

» Karte S. 163, Info S. 194-195

Foto: Camerapix

Nashorn genannt. Neben ihm leben im Busch auf dem Plateau das **Spitzmaulnashorn**, **Giraffen**, **Warzenschweine**, **Leoparden**, **Geparde**, **Luchse** und viele **Antilopen** (Streifengnu, Halbmondantilopen, Pferdeantilopen und Rappenantilopen) sowie eine Herde **Büffel**. Besonderes Augenmerk sollte man auf die mit über 200 Arten ausgesprochen reiche **Vogelwelt** richten, die in der dichten Vegetation der Hänge ideale Nistplätze vorfinden, darunter die seltenen Bradfield-Tokos, Hartlaubs Frankolinen und Alpensegler.

Die Vegetation des Waterbergs zeigt sich mit fast allen Akazienarten Namibias und vielen blühenden Pflanzen, darunter auch zahlreiche Schlinggewächse. Feuerlilien, Korallenbäume und Omuparara lassen sich bei den ★**Wanderungen** aus nächster Nähe bestaunen. Abstand halten sollte man aber zu den **Pavianen**, die im Dickicht brüllen, auch ab und zu herauskommen und durchaus gefährlich werden können.

Oben: Rappenantilope am Fuß des Waterbergs.

Die Nationalparkverwaltung organisiert morgens, am Nachmittag und in der Nacht **Pirschfahrten** in einem offenen Fahrzeug hinauf aufs Plateau. Zur Tour gehört auch der Besuch eines Unterstands, von dem aus mit Glück Nashörner an einer **Wasserstelle** beobachtet werden können – da die Vegetation recht dicht ist, sieht man meist nur wenig Wild.

Weitaus interessanter sind die auf dem Plateau möglichen ★**Trekkingtouren**: Eine viertägige Tour führt in Begleitung eines ortskundigen Rangers 50 km durch den Busch; wer lieber auf eigene Faust unterwegs ist, kann das Plateau in einer Gruppe von mindestens drei Personen auf einem ausgewiesenen, 42 km langen **Wilderness Trail** erkunden. Beide Touren sind nur in der kühleren Jahreszeit zwischen April und November möglich. Am Fuß des Plateaus, rund um das Waterberg-Rastlager, sind neun interessante **Kurzwanderwege** ausgewiesen.

Auch die am Kleinen Waterberg liegenden **Jagd-** und **Gästefarmen** bie-

» Karte S. 163, Info S. 194-195

ten ihren Gästen organisierte Trekkingtouren auf dem Plateau an.

Waterberg Camp

Das staatliche **Rastlager** wurde 2008 renoviert und umfasst ein großes Areal an den Südhängen des Waterbergs mit **Schwimmbad**, ausgewiesenen **Spazierwegen** und einem auch für Tagesgäste offenem **Restaurant** in einem historischen Gebäude: Es wurde 1896 errichtet und als Polizeiposten genutzt, der die Missionsstation etwas unterhalb schützen sollte. Der Posten war zu schwach besetzt, um sich am 14. Januar 1904 gegen die aufständischen Herero erfolgreich zur Wehr setzen zu können. Am Abend waren elf Weiße tot, und der Krieg hatte begonnen.

Ebenfalls auf dem Areal des Rastlagers befindet sich der **Waterberg-Friedhof** mit zahlreichen Gräbern von Schutztruppensoldaten und einer Tafel, die auf die vielen Opfer unter den Herero verweist. Der Großteil der Soldaten fiel übrigens nicht im Kampf, sondern starb im Lazarett an Typhus.

Okakarara

Knapp 100 km von Otjiwarongo, südlich des Waterbergs, liegt die ehemalige Hauptstadt des früheren Homelands der **Herero** und das heutige Verwaltungszentrum der Region. Nur selten verirren sich Touristen hierher, denn in **Okakarara** ❸ gibt es keine Attraktionen, sondern einen Einblick in die deprimierende Realität der Lebensbedingungen vieler Herero. Zwar gibt es hier auch große kommerzielle Farmen, die wohlhabenden Herero gehören, doch viele Mitglieder dieses Volkes leben am Existenzminimum. Etwa drei Viertel der 5000-6000 Einwohner von Okakarara sind arbeitslos. Eben hier wurden 2004 die Feierlichkeiten zum hundertsten Jahrestag der Schlacht am Waterberg abgehalten; dazu wurden in Okakarara mit Unterstützung deutscher Entwicklungshilfeorganisationen ein **Kulturzentrum** und eine **Arena** aufgebaut und ein Jahr später ein **Museum** eröffnet. Das Angebot richtet sich in erster Linie an die Herero selbst, weniger an Touristen. Doch könnten künftige Ausstellungen und Veranstaltungen auch für Besucher interessant sein, sollen sie doch einen Einblick in den Alltag der Herero vermitteln. Die angeschlossenen rudimentären **Zeltplätze** mit Sanitäreinrichtungen sind für Besucher vorgesehen.

Das Projekt war auch als eine Art Wiedergutmachung für die Herero gedacht, bestimmen die Diskussionen um die Vorgänge um den Waterberg in der deutschen Kolonialzeit doch bis heute das Verhältnis zwischen Herero-Führern und deutschen Politikern.

★Cheetah Conservation Fund

Namibia besitzt die größte und gesündeste Gepardenpopulation der Welt. Deshalb lag es nahe, dass der international tätige ★**Cheetah Conservation Fund** ❹ zur Erhaltung der Geparden sein Hauptquartier für Forschung und Ausbildung in Namibia errichtete. Es befindet sich 45 km östlich von Otjiwarongo, westlich des Waterbergs, und ist auf der Piste D2440 erreichbar (siehe auch Karte Waterberg, S. 163). Die Stiftung ist auf Spendengelder von Besuchern angewiesen (www.cheetah.org).

Der über 100 km/h schnelle **Gepard** gehört zu den gefährdeten Arten. Zum einen wird sein Lebensraum durch Landwirtschaft immer weiter eingeschränkt, zum zweiten sehen die afrikanischen Farmer die Geparden als Raubtiere, die ihre Viehherden dezimieren und drittens ist der Genpool des Geparden durch den Rückgang der Population bedenklich verkleinert worden. Da größere Wanderungen und die dabei erfolgende Durchmischung mit entfernt lebenden Gruppen immer schwieriger bzw. unmöglich werden, findet keine Auffrischung des Genma-

Foto: Harald Mielke

terials statt. Weltweit gab es um 1900 etwa 100 000 Tiere, heute sind es noch 10 000. Zwischen 1980 und 1990 hat sich die Population der Geparden in Namibia auf 2500 Tiere halbiert und ist seitdem stabil. Der Cheetah Conservation Fund (CCF) versucht, die für die Geparden notwendigen Naturräume zu erhalten und das Verhalten der Tiere genauer zu untersuchen, um sie besser unterstützen zu können. Vor allem aber versuchen die Forscher, den ärgsten Gegner der Tiere zu erziehen: den Menschen. Denn es ist mit ganz einfachen Mitteln möglich, mit den Geparden zu leben und dennoch Schafe oder Ziegen zu züchten. So hat der Conservation Fund z. B. anatolische Hirtenhunde nach Namibia gebracht, die die Herden bewachen und vor den Raubtieren schützen.

Im **Ausstellungsgebäude** lässt sich die Genese der Geparden verfolgen: Sie beginnt vor 4 Mio. Jahren, als die Katzen begannen, sich zu diversifizieren und zu den heute existierenden 36 Arten zu entwickeln. Faszinierend ist der Bewegungsablauf des Geparden, wenn er sprintet. Sein Herz schlägt im Ruhezustand 60 Mal pro Minute, binnen Sekunden wird es auf 150 Schläge hochgejagt. Mit drei Sprüngen ist der Gepard auf 60 km/h, drei Läufe befinden sich dann immer gleichzeitig in der Luft, ein Lauf sorgt für Vortrieb, nach wenigen Sekunden ist er 100 km/h schnell. Diese Höchstleistung kann sein Herz aber nur etwa 300 m lang aushalten, dann ist das Tier erschöpft und benötigt eine Ruhephase (während der er extrem verwundbar ist).

Dieses Beschleunigungswunder können Besucher des CCF ab und an beobachten, wenn zum Training der Tiere eine Art Windhundrennen veranstaltet wird und die Geparde einem an einem Drahtseil befestigten Stoff nachhetzen (nur an zwei Tagen die Woche um etwa 8 Uhr morgens; zu buchen unter Tel.

Oben: Neugieriger Gepard auf der Okonjima-Gästefarm bei Otjiwarongo, die sich um verwaiste und verletzte Geparde und andere Raubkatzen kümmert.

» Karte S. 160-161, Info S. 194-195

061-253542). Aber auch die **Fütterung** ist ein Erlebnis (von Montag bis Samstag um 14 Uhr). Die im CCF gehaltenen Geparde sind Tiere, die verletzt oder als Waisen bei der Forschungsstation abgegeben wurden. Prinzipiell versucht man, die Geparde nach ihrer Genesung wieder auszuwildern; doch gibt es auch Tiere, bei denen dies nicht mehr gelingt, weil sie sich zu sehr an Menschen gewöhnt haben. In der Umgebung gibt es einige Gästefarmen.

R.E.S.T. – Der Kapgeier

Ebenfalls am Waterberg befindet sich das einzige Brutgebiet des Kapgeiers, auch **Fahlgeier** genannt *(Gyps coprotheres),* in Namibia. Mit gerade noch etwa 28 Exemplaren (1940 gab es noch 2000 Fahlgeier) ist er die bedrohteste Tierart Namibias. Weitere Populationen gibt es in Südafrika, Botswana, Simbabwe, Lesotho, Mosambik, Sambia und Angola. Mit 3 m Flügelspannweite ist der Fahlgeier die zweitgrößte Geierart; sein Nest baut er nicht in Bäumen, sondern in Felswänden.

Auch für den Fahlgeier haben Tierschützer eine Institution gegründet, die sich auf die Fahne geschrieben hat, ihn zu schützen: den **Rare and Endangered Species Trust** (**R.E.S.T.**, www.restafrica.org). Sein Hauptquartier ist auf der Farm Okatjemunde westlich des Waterbergs, Infrastruktur für Besucher ist erst im Aufbau.

★Okaepe Living Museum

54 km von Okakarara Richtung Osten ist eine weitere Sehenswürdigkeit einen Besuch wert: Die Leiterin der örtlichen Schule hat mit ihren Schülern das ★**Okaepe Living Museum** ❺ aufgebaut und über Monate traditionelle Tänze eingeübt. Sobald Touristen kommen, auch wenn sie sich nicht angemeldet haben, wird die ganze Schule zusammengetrommelt. Die Kinder treten in Gruppen an und zeigen mit viel Spaß und Elan die traditionellen Tänze der Herero und der San. So authentisch wie hier, mitten im Hereroland und an der Grenze zu den traditionellen Streifgebieten der San, wird man das Brauchtum der beiden Völker in ganz Namibia nicht mehr vermittelt bekommen. Das Tanzprojekt geht auf eine private Initiative zurück, und die Spendeneinnahmen dienen dazu, für die Schule die notwendigsten Lernmittel zu besorgen, denn immer noch ist das Schulsystem auf dem Land nur mit einer äußerst dünnen Finanzdecke ausgestattet.

ZUR ETOSCHA-PFANNE

Outjo

70 km nordwestlich von Otjiwarongo liegt in 1260 m Höhe **Outjo** ❻. Es ist der letzte Ort vor dem noch etwa 100 km entfernten Etoscha-Nationalpark und wartet deshalb mit guter touristischer Infrastruktur auf – u. a. deutscher **Bäckerei** mit Internetcafé und österreichischem Restaurant im **Etosha Garten Hotel**.

Falls man im oder vor dem Park keine Unterkunft hat, kann man auch in Outjo komfortabel nächtigen und einen Tagesausflug zur Etoscha-Pfanne unternehmen. Vom Outjo ist auch ein Abstecher zur Vingerklip (rund 100 km, s. S. 150) möglich.

Outjo wurde 1889 als Stützpunkt für die deutsche Schutztruppe gegründet, war vorher aber schon wegen einer sicheren Quelle Raststation für die weißen Jäger und Händler auf ihrem Weg nach Norden und für die San bei ihren Streifzügen, die dem Ort auch den Namen gaben – „satanischer Platz", wohl wegen der Malariagefahr. 1899 wurde das heute noch stehende Haus für den Kommandeur der örtlichen Schutztruppe errichtet, es beherbergt ein kleines **Heimatmuseum**. Seinen Namen – **Franke-Haus** – erhielt das Gebäude später, die deutschen Patrioten ehrten damit Major Viktor Franke für seinen

Foto: Thomas Stankiewicz

Rachefeldzug, den er gegen die portugiesische Kolonialarmee und deren Fort Naulila im heutigen Angola unternommen hatte (sein Name ist auch mit Omaruru verbunden, wo der Franke-Turm seinen Namen trägt).

Die Deutschen hatten zwar eigentlich nördlich der Etoscha-Pfanne keine großen Interessen; mit der Errichtung der westöstlich verlaufenden Schutzlinie gegen die Maul- und Klauenseuche entlang der Polizeistationen hatte man die nördlichen Gebiete wie das Ovamboland und Kaokoveld sich selbst überund in der Eigenverwaltung belassen. Zur Konfrontation mit dem zu Beginn des 1. Weltkriegs neutralen Portugal kam es wegen Grenzstreitigkeiten. Der deutsche Bezirksamtmann von Outjo, Dr. Schulze-Jena, machte sich Anfang Oktober 1914 auf den Weg nach Norden und überschritt den Kunene, um Rinder zu kaufen oder einen Nahrungsmitteltransport zu finden. Der portugiesische Militärkommandeur ließ jedoch Schulze-Jena in seiner an sich friedlichen Mission samt Begleitung wegen illegalen Grenzübertritts im Fort erschießen. Daraufhin rächten sich deutsche Einheiten und eroberten portugiesische Grenzfestungen am Okanvango: Cuangar, Bunya, Shambyu, Dirico und Mucusso.

Am 18.12.1914 eroberte Major Franke zudem die portugiesische Festung Naulila und trieb die überlebenden Portugiesen weit nach Angola hinein – 150 portugiesische und 12 deutsche Soldaten kostete diese Vergeltungsaktion das Leben. Das **Naulila-Denkmal** in Outjo erinnert daran, es wurde allerdings erst 1933 unter südafrikanischer Administration errichtet.

Noch in die Schutztruppenzeit um 1900 fällt die Erbauung des **Turms** der Windmühle: Sie trieb eine Wasserpumpe an, die das kostbare Nass zur Versorgung der Militärstation in ein Becken pumpte.

Oben: Das Kaufen von Mineralien am Straßenrand erfordert etwas mineralogischen Sachverstand. Rechts: Ein Amethyst – Namibia (SWA) Gemstones in Outjo bietet eine große Auswahl an Mineralien.

» Karte S. 160-161, Info S. 194-195

Mineralien

Mineralienkenner können in Namibia in einem der reichsten und vielfältigsten Vorkommen der Welt selbst fündig werden – oder in einem der gut sortierten Mineralienshops einkaufen. Einer der besten befindet sich in Outjo: **Namibia (SWA) Gemstones** zeichnet sich durch kompetente Beratung und große Auswahl aus. Einer der schönsten hier erhältlichen Halbedelsteine ist der **Amethyst**. Der durch Eisen und Lithium violett oder purpurn gefärbte Quarz war der bevorzugte Stein der Bischöfe, aber auch von Katharina der Großen. Das lichte Blau oder auch das zarte Gelb des **Berylls** ist für Schmuck besonders gut geeignet. In seinem blauen Auftritt nennt man den Beryll Aquamarin, in seiner goldgelben Färbung Heliodor. Selten wird der Morganit gefunden, ein rosa schillernder Beryll. Einer der Steine mit den meisten Farbvariationen ist der **Turmalin**, seine Schattierungen sind zahllos, die Farbenpalette reicht von Grün über Gelb bis Rot und Blau. Jeder Turmalin hat entsprechend seiner Färbung einen Namen. *Rubelith* zeigt ein feines Rubinrot, das er sowohl bei Tages- auch als bei Kunstlicht hält. Ändert er unter Kunstlicht die Farbe, wird er Rosa Turmalin genannt. *Indigolith* sind blaue Turmaline, braune heißen *Dravit* und schwarze *Schörl*. Der grüne Turmalin ist als *Verdelith* und der gelbe (der bislang nur in Malawi gefunden wurde) als *Canary* im Handel. Dem Turmalin steht der **Topas** in seiner Farbvariation nicht nach: Am häufigsten ist Gelb in allen Schattierungen wie Gelbbraun oder Strohgelb, aber auch Grün, Blau und Rot kommen vor. Nahe bei Outjo wird auf einer Farm **Tigerauge** (*Pietersit*) gefunden, neben der Gegend um den südlichen Grenzfluss Oranje die einzige Fundstelle in Namibia. Der goldbraune Halbedelstein hat eine typische „wogende" Struktur, die Farbe entsteht durch Oxidation des im Gestein enthaltenen Eisens.

Foto: Eckhardt Kiwitt

★★Etoscha-Nationalpark

Je näher man dem ★★**Etoscha-Nationalpark** ❼ und der Etoscha-Pfanne kommt, desto flacher wird die Landschaft, der Bewuchs immer spärlicher und die Luft immer heißer und trockener. Die San gaben *Etosha* seinen Namen – zusammengesetzt aus zwei Wörtern ihrer Sprache, die sinngemäß angeblich bedeuten „wegen der großen Hitze von einem Bein aufs andere springen".

100 km nördlich von Outjo ist das **Andersson Gate** 1 erreicht, eines von insgesamt vier Zufahrtstoren des von einem 800 km langen und 3 m hohen Zaun umgebenen Schutzgebietes. Weitere Gates sind **Galton** im Westen (nur für namibische Reiseveranstalter), **Von Lindequist** im Osten und **King Nahale** im Nordosten.

Am Andersson Gate erhält man einen Laufzettel, mit dem man dann im rund 18 km entfernten **Okaukuejo** 2 die Formalitäten für den Besuch der Salzpfanne und der Rastlager regeln muss.

Foto: Thomas Stankiewicz

Parkbestimmungen

700 km Pisten sind für die Tages- wie Übernachtungsbesucher von Sonnenauf- bis -untergang frei befahrbar, fünf **Wildlife Resorts** (**Rastlager**) befinden sich im Park, teils mit **Schwimmbad**, **Restaurant** und **Infostellen**. Nachts haben sich Besucher Etoschas in einem der Rastlager aufzuhalten, deren Tore zum Sonnenuntergang schließen. Deshalb darf man die Resorts auch nur zu einer Zeit verlassen, die es ermöglicht, noch vor Sonnenuntergang das nächste Lager zu erreichen.

Doch wird es auch abends und nachts nicht langweilig: Es finden Nachtfahrten des NWR statt, und fast jedes Resort hat ein **beleuchtetes Wasserloch**, an dem die Tiere unbeeindruckt von Zuschauern ihren Durst stillen. Einträchtig versammeln sich Menschen und Elefanten, Giraffen und Antilopen um die Tümpel.

Oben: Beobachtung einer Zebraherde an der Okaukuejo-Tränke. Rechts: Jedes Resort im Etoscha-Nationalpark hat ein beleuchtetes Wasserloch.

Auch wenn die Camps mit Zäunen gesichert sind, kommt es vor, dass sich Wild hineinstiehlt; Schakale sind ständige Besucher und stets auf der Suche nach unbeaufsichtigtem Grillfleisch; es gab aber auch schon Begegnungen mit Löwen, die sich damit nicht begnügten. Man sollte trotz aller Sicherheitsmaßnahmen ein waches Auge haben und nicht leichtsinnig werden.

Etoscha ist einer der Nationalparks, in dem Besucher auf eigene Faust und im eigenen Fahrzeug unterwegs sein dürfen. Dies und der Wildreichtum in der offenen Landschaft, die Tierbeobachtungen leicht macht, sorgt für die besondere Faszination und Attraktivität. Man muss dabei allerdings die Bestimmungen befolgen: Die **Höchstgeschwindigkeit** im Nationalpark beträgt **60 km/h**. Das Verlassen des Fahrzeugs ist streng verboten (es droht Parkverweis). Wer auf die Toilette will, darf dies nur in den dafür vorgesehenen abgezäunten Bereichen. Bei Begegnungen mit Elefanten sollte man sehr zurückhaltend agieren, den Tieren nie den

» Plan S. 174-175, Info S. 194-195

Foto: Erhard Pansegrau

Fluchtweg verstellen oder das Auto zwischen Kuh und Junges manövrieren. Die Etoscha-Elefanten sind zwar Fahrzeuge gewöhnt, reagieren gelegentlich aber wütend auf als bedrohlich empfundenes Verhalten und werfen dann womöglich das Auto um!

Tipps zur Wildbeobachtung

Auch die Tiere in Etoscha wandern, soweit es ihr eingeschränkter Lebensraum zulässt. Je nach Jahreszeit, Wasserstand und Regenmengen sind sie mal im Umkreis der Pfanne, mal wieder weit entfernt zu finden. Die beste Zeit für die Wildbeobachtung sind die trockenen Monate zwischen Juli (kühl) und November (heiß), weil die Tiere dann auf die Wasserstellen angewiesen sind. Landschaftlich schöner ist es jedoch nach den Sommerregen, wenn im Februar/März das Gras hoch steht und die Büsche frisches Laub tragen.

Zur Wildbeobachtung gehört viel Geduld und etwas Glück. Eine Wasserstelle, die auf den ersten Blick verwaist erscheint, kann schon zehn Minuten später von einer Elefantenherde besucht werden. Bemerkt man, dass Antilopen, Zebras oder Gnus an einer Tränke nervös sind, ist sicherlich ein Raubtier in der Nähe – ob es sich dann wirklich zeigt, ist eine andere Frage. Löwen sichtet man in Etoscha häufig. Um Geparde oder gar Leoparden zu sehen, braucht man viel Glück. Hilfreiche Tipps bekommt man von anderen Besuchern, aus den aktuellen Beobachtungsbüchern in den Camps oder von den Rangern, die meist genau wissen, wo sich das Wild aufhält.

Der Häufigkeit nach aufgelistet gibt es im Etoscha-Park: **Springbock**, **Zebra**, **Oryx-Antilope**, **Gnu**, **Kudu**, **Strauß**, **Giraffe**, **Elefant**, **Impala**, **Eland**, **Kuhantilope**, **Hyäne**, **Löwe**, **Leopard**, **Gepard** und **Spitzmaulnashorn** – allerdings keine Flusspferde.

Die Entstehung

Die Geschichte der Salzpfanne begann vor 600 Mio. Jahren, als während der Bildung der Damara-Gebirge das

Ovambo-Becken im Norden Namibias Ablagerungsort für vom Wasser angeschwemmte Abtragungen war. 300 Mio. Jahre später kamen Schneefälle und mit ihnen die Bildung von Gletschern, die sich in 20 Mio. Jahren langsam aber stetig von den Bergen in die Senke schoben, die Landschaften abhobelten und auch durch ihr ungeheures Gewicht für eine Einebnung sorgten. 280 Mio. Jahre vor unserer Zeit begann sich das Klima zu wandeln, es wurde trocken und heiß, Etoscha zur Dünenwelt.

Als der Urkontinent Gondwana vor 120 Mio. Jahren auseinanderbrach, hoben sich die Gebirge um das Becken, nach und nach nahm es wieder Abtragungen auf, die die Flüsse antransportierten. Rund 200 m war diese Schicht schließlich mächtig, als die Phase vor 7 Mio. Jahren beendet war. Eine Periode mit starken Regenfällen ließ die Flüsse aus Angola anschwellen, die zu jener Zeit noch von Norden nach Süden und nicht von Osten nach Westen flossen – ein See entstand, der sich über das Tal des Hoanib zum Meer hin entlud. Rund 3 Mio. Jahre vor unserer Zeit war auch diese Phase zu Ende, Trockenheit zog übers Land. Die Verdunstungsgeschwindigkeit nahm zu. Nur selten noch wurde der See von den Flüssen aus dem Norden gefüllt.

Vor 35 000 Jahren kam ein weiteres Ereignis hinzu: Der Kunene als einzig noch verbliebener verlässlicher Zufluss

» Plan S. 174-175, Info S. 194-195

änderte seinen Lauf und grub sich sein Bett nun in Richtung Atlantik nach Westen. Das Wasser wurde immer salzhaltiger, zur Lake und trocknete schließlich gänzlich weg. Übrig blieb eine riesige Salzfläche: 120 km auf 70 km misst die 1080 m über dem Meeresspiegel liegende abflusslose Etoscha-Pfanne heute. Der jährliche Niederschlag beträgt ungefähr 400 mm, die potenzielle Verdunstung jedoch 2600 mm, bis zu 60 °C kann die Oberflächentemperatur betragen. Trotz dieses Defizits ist in guten Regenjahren, wenn die letzten Zuflüsse – Ekuma, Oshigambo und Ovambo – Wasser führen, die Pfanne teilweise mit Wasser bedeckt und dient den Tieren nicht nur als Salzlecke, sondern auch als Tränke. Zudem gibt es am Südrand etliche Quellen.

Geschichte

Der Etoscha-Nationalpark geht auf das Jahr 1907 zurück, als der damalige Gouverneur Friedrich von Lindequist die 5000 km² große Salztonpfanne und ihre Umgebung als Wildreservat einstufte; ihm zu Ehren ist das östliche Eingangstor benannt. Das westliche Eingangstor trägt den Namen des ersten Weißen, der die Salzpfanne beschrieb – des schwedischen Naturforschers Charles John Andersson, der 1851 in Begleitung des britischen Universalgeistes Francis Galton (ein Cousin

» Plan S. 174-175, Info S. 194-195

Foto: Camerapix

von Charles Darwin) unter der Führung eines Ovambo bei Etoscha anlangte. 100 000 km² war das Schutzgebiet zur Zeit der deutschen Herrschaft groß und umfasste auch das Kaokoveld bis hinauf zum Grenzfluss Kunene. 1928 wurde der Park verkleinert, da man das Kaokoveld zur Besiedelung durch die Herero freigab – er maß nun nur noch die Hälfte. Mit der Durchsetzung der Apartheidpolitik durch die Odendaal-Kommission 1962 wurde der Park auf die heutigen 22 275 km² zurechtgestutzt, um Platz für die Homelands zu schaffen.

Rastlager und Wasserstellen

Okaukuejo 2 war ab 1901 ein Fort der Schutztruppen und diente als Posten in der Kette der Polizeistationen zur Eindämmung der Maul- und Klauenseuche; das Fort besteht heute nicht mehr. Das **Rastlager** liegt 18 km hinter dem Andersson-Gate. Der Komplex umfasst die **Hauptverwaltung** des Parkes, **Rasthäuser** und **Bungalows**, **Zeltplatz**, **Schwimmbad**, **Restaurant**, einen **Laden** mit Grundnahrungsmitteln, eine **Tankstelle** und einen **Wasserturm**, den man besteigen darf. Ein **Museum** erzählt die Geschichte des Nationalparks, beschreibt die Tierwelt und zeigt Erinnerungsstücke aus der Vergangenheit. Die durch Zäune gesicherte ★**Wasserstelle** mitten im Lager wird nachts mit **Flutlicht** bestrahlt. In der trockenen Jahreszeit kommen hierher viele der Wildarten, die in Etoscha leben: u. a. Elefanten, Giraffen, Antilopen und auch Nashörner und Löwen. Dicht besetzt sind dann die Bänke im Halbrund um die Tränke, und alle sind mucksmäuschenstill, wenn die wilden Tiere sozusagen vor der Haustüre trinken.

Westlich von Okaukuejo erstreckt sich **Gras- und Buschsavanne**, nur unterbrochen vom ★**Märchenwald** 3 – einer Ansammlung von Bäumen, die nur in Südwestafrika und auch hier eigentlich nur im Gebirge und nicht in ei-

Oben: Zahlreiche Spitzmaulnashörner (Black Rhinoceros) leben im Etoscha-Nationalpark. Rechts: Giraffen an der Tränke.

» Plan S. 174-175, Info S. 194-195

Foto: Günther Lahr

ner Ebene wachsen: *Moringa ovalifolia.* Bei den San rankt sich um die Moringabäume die Legende, dass sie aus dem Himmel gefallen seien und so mit der Krone im Boden wurzelten, während der Wurzelknollen in den Himmel rage.

Das Gebiet weiter im Westen unterlag einer Zugangsbeschränkung: Hier durften nur die Gäste von Lodges oder namibischen Safariveranstaltern mit spezieller Konzession auf Pirschfahrt gehen. Diese Beschränkung ist aber 2011 mit Eröffnung des neuen **Dolomite Camp** im Westen des Parks etwas gelockert worden.

Von Okaukuejo aus mäandern verschiedene Pisten durch Busch- und Grassavanne nach Norden und Osten zu Wasserstellen, an denen man Wild sichten kann: Eine 100 km lange Rundtour führt beispielsweise zu den **Wasserstellen** Ombika, Gemsbokvlakte, Olifantsbad, Aus und Ondongab, sie dauert etwa 3-5 Stunden. **Ombika** ist eine beliebte Tränke für Löwen, Zebras, Giraffen und zahlreiche Antilopen. Die **Gemsbokvlakte** ist offenes Grasland mit großen Herden von Gnus und Spießböcken. **Olifantsbad** besuchen die Elefanten; hier darf man auch in einem gesicherten Areal aussteigen. Bei **Aus** sieht man mit etwas Glück vielleicht Nashörner. **Ondongab** am Rand der Salzpfanne ist Aufenthaltsort von Antilopen, Zebras und Giraffen.

Eine andere, 125 km lange Route geht nach Westen, vorbei am Märchenwald in Richtung des für Individualtouristen gesperrten Westteil des Parkes, **Ozonjuitji m'Bari**, **Okondeka** und zurück nach Okaukuejo (etwa 5 Stunden). Ab und an hebt sich mit schwerem Flügelschlag eine Riesentrappe aus dem spärlichen Gestrüpp und pflügt mühsam in wenigen Metern Höhe durch die Luft; Hunderte von Antilopen und bisweilen Giraffen finden sich oft an der Wasserstelle Okondeka – wenn sich nicht gerade Löwen faul unter einem der Büsche räkeln und in aller Ruhe mögliche Beute beäugen; denn dann halten die Antilopen Abstand.

Halali 4, das mittlere **Rastlager** auf dem Weg zum Von Lindequist Gate, ca.

75 km von Okaukuejo, geht auf eine Signalstation der Schutztruppe zurück, die auf einem der umliegenden Dolomithügel auf optischem Weg Nachrichten weiterleitete. Auf dem „Gipfel" wurde ein Spiegel installiert, ein Heliograf, der in einer Kette die Verbindung von Windhoek bis zur deutschen Kolonie Tanganjika (Tansania) an der Ostküste Afrikas herstellte. Bei der Anfahrt kann man die **Wasserstellen** Homob und Rietfontein besuchen. Um **Homob** stehen Springböcke, Oryx und auch Gnus in der Ebene. **Rietfontein** ist von Trockenwald mit Mopane-Bäumen und Combretum umgeben, eine Vegetation, die besonders Löwen und Leoparden gefällt, und wegen des Baumbestandes auch den Elefanten.

Halali ist ein modernes, 1967 errichtetes und wie alle Camps 2008 komplett renoviertes Rastlager, schattig unter Mopane-Bäumen gelegen. Sein Name besitzt Symbolkraft: *Halali* – „Die Jagd hat eine Ende" – ist Programm für Etoscha, wo die Tiere zumindest den Großteil des Jahres vor den Jägern Frieden finden. Neben Übernachtungseinrichtungen gibt es ein großes **Restaurant**, eingestellt besonders auf Reisegruppen, die hier häufig zum Mittagessen halt machen, und ein **Schwimmbecken** für ein erfrischendes Bad in der nachmittäglichen Hitze. Auch eine **Tankstelle** und ein kleiner **Laden** sind zu finden. Die nachts **beleuchtete Wasserstelle** befindet sich etwas abseits und nicht mitten im Lager wie in Okaukuejo; dies macht das Tierbeobachtungserlebnis noch eindrucksvoller.

Entlang der Pfanne und an den Zebras, Antilopen und Elefanten bei Noniams und den riesigen Antilopenherden bei Springbokfontein vorbei, sind es 80 km bis Namutoni; nimmt man den Weg über **Rhinodrive** und **Elanddrive**, fährt man 20 km länger. Etwa 4 Stunden sollte man mit geruhsamer Tierbeobachtung für die Strecke durch den Trockenwald kalkulieren. Der Ostteil Etoschas ist mit Mischwald bestanden: wilde Feigen- und Dattelpalmen wechseln ab mit Tamboti und Marula, Akazien, Sträuchern und Mopane.

Rechts: Das Namutoni Fort, 1905 als Kolonialfestung gebaut, ist heute ein Touristenhotel und Rastlager.

★**Namutoni** 5, 12 km vor dem **Von Lindequist Gate** 6, ist das östlichste und das bekannteste **Rastlager** des Parks: weil das ★**Fort** von 1905 noch steht, wie es gebaut wurde, und weil es so malerisch ist, dass es seinen Weg in jedes Fotoalbum findet. Als einziges der drei Rastlager blickt es auf eine kriegerische Vergangenheit zurück.

Initiator des Forts war Graf Wilhelm von Saruma-Jeltsch, der den langen, mit Zinnen bekrönten Wehrbau mit über 40 Räumen, einem großen Innenhof, vier massiven Ecktürmen, einer gefassten Quelle und einem für die damaligen Zeit ungeheuerlichen Schwimmbad für die militärische Besatzung errichten ließ – die repräsentativste Verteidigungsanlage aller Kolonien des Reichs. Das Fort war notwendig geworden, da sich während des Herero-Kriegs auch die Ovambo gegen die weiße Fremdherrschaft auflehnten. Am 28. Januar 1904 zog der Feind mit 500 Mann gegen den Vorgängerbau mit vier Zimmerchen, einer Küche und einem Lagerraum. Darin hatten sich die Farmer der Umgebung und Schutztruppensoldaten verschanzt. Immer wieder rannten die Ovambo gegen die wohlgerüsteten, heftig schießenden Deutschen an. Als 200 Ovambo gegen Abend tot auf dem Schlachtfeld lagen, zog sich der Rest zurück. Die Besatzung des Forts flüchtete im Schutz der Dunkelheit nach Grootfontein. Am nächsten Morgen ließ Nehale, der Kriegsführer der Ovambo, das Fort schleifen.

Zehn Jahre nach Neuerrichtung des Fort mussten die Deutschen es verlassen, sie hatten den Krieg gegen Südafrika verloren. Die Festung verfiel. Erst 1950 entschied man sich für die Rekonstruktion und stellte die Anlage unter Denkmalschutz. 1957 konnte Na-

» Plan S. 174-175, Info S. 194-195

Foto: Thomas Stankiewicz

mutoni die ersten Gäste empfangen. An Infrastruktur gibt es ein **Restaurant**, ein **Schwimmbad**, **Zeltplatz**, **Tankstelle** und **Laden**.

Ein kurzer Ausflug ist die Fahrt (etwa 1 Stunde) auf dem **Dikdik Drive** – über Klein Namutoni, mit Antilopen, Giraffen und dem Dikdik als kleinster Antilope Namibias.

Das neue Rastlager **Onkoshi Camp**, 40 km nördlich von Namutoni, ist eine exklusive Unterkunft mit nur 15 Zelt-Chalets, Restaurant und Pool (kein Wasserloch). Gäste werden mit Fahrzeugen der Parkverwaltung in Namutoni abgeholt.

Das nördliche Etoscha-Tor **King Nehale Gate** 7 (mit vollem Namen Nehale lya Mpingana Gate, nach dem Ovambo-Führer, der Fort Namutoni angriff) erreicht man vom Rastlager Namutoni über die Wasserstelle von **Andoni**.

Abstecher nach Ombili

Etwa 50 km östlich vom Von Lindequist Gate liegt die **Farm Hedwigslust / Ombili** 8, deren frühere Besitzer, das Ehepaar Mais-Rische, dort eines der ersten San-Hilfsprojekte Namibias gründeten. Heute leben rund 400 **San** in mehreren Dorfgemeinschaften auf dem Teil der Farm, der heute einer Stiftung gehört. Sie werden in Feldbau und Viehzucht unterrichtet und können Berufe erlernen; die Kinder besuchen Kindergarten und Schule, es gibt auch einen Schulchor und eine kleine Klinik. Mit **Kunsthandwerk** wie Flechtkörbe und Schnitzereien, die an Reisende verkauft sowie über Läden in Namibia vertrieben werden, erwirtschaften die San ein zusätzliches Einkommen.

Die ursprünglich von den Mais-Risches gegründete **Ombili-Stiftung** wird heute hauptsächlich mit privaten Spenden aus Deutschland finanziert. Ob die Zukunft der San tatsächlich in der Sesshaftigkeit liegt, wie von Ombili propagiert? Nun, in der Welt der Globalisierung wird man als ungebildeter Nomade kaum Karriere machen. Tatsache ist, dass trotz Krisen wenige Projekte so erfolgreich sind wie dieses. Besucher

» Plan S. 174-175, Info S. 194-195

Foto: Erhard Pansegrau

sind willkommen, man hat eigens für sie ein **Kulturzentrum** errichtet.

★„FOUR-O-REGION" („OVAMBOLAND")

Das **King Nehale Gate** des Etoscha-Nationalparks ermöglicht den direkten Zugang zum ehemaligen Homeland „**Ovamboland**" im Norden, das heute informell ★**„Four-O-Region"** heißt und in vier Regionen aufgeteilt ist: **Omusati**, **Ohangwena**, **Oshana** und **Oshikoto**. Auf nur 6 % der Fläche Namibias leben hier wegen ergiebigerer Niederschläge und Wasserreserven mehr als die Hälfte der Namibier (über 900 000 Menschen), in erster Linie **Ovambo** (Bantu), die sich in acht Gruppen gliedern. Die Landschaften sind flach und relativ dicht mit kleinen Gehöften und Dörfern besiedelt. Die Ovambo-Bauern bauen auf ihren Feldern überwiegend Hirse, Mais und Kürbis an.

Oben: Ein San auf dem Gelände der Farm Hedwigslust / Ombili. Rechts: Badetag.

Die beiden großen Städte Ondangwa und Oshakati wachsen rapide, und ähnlich rapide steigen auch die HIV-Infektionsraten in dieser Region. Obwohl die namibische Regierung im Kampf gegen Aids vorbildliche Aufklärungsarbeit leistet, kann sie die Ausbreitung der Infektionen nicht eindämmen. Traditionelle Rollenmodelle, die den Frauen keinerlei Einfluss auf Sex-Praktiken und den Gebrauch von Kondomen zugestehen, verhindern Erfolge in der Aids-Bekämpfung. Dramatische Folgen hat auch der weit verbreitete Aberglaube, Sex mit Kindern könne Aids heilen.

Als einer der ersten traditionellen Führer erkannte König Taapopi von der Ovambo-Untergruppe der Kwalundi, dass insbesondere traditionelle Autoritäten dazu aufgerufen sind, den Kampf gegen die Seuche anzuführen, und sprach sich öffentlich für die Benutzung von Kondomen aus.

Die Fahrt auf der das Ovamboland teilenden B1 kann sich etwas mühsam gestalten. Zum Wochenende rasen halsbrecherisch die vollbesetzten und -gepackten Minibusse über den Asphalt. Sie sind auf dem Weg von und zu den Arbeitsstellen vieler Ovambo, die auf den Farmen weiter südlich oder in den Städten Zentralnamibias beschäftigt sind. Kühe grasen am Straßenrand, wo das Gras dichter wächst, da das auf den Asphalt regnende Nass den Rand bewässert. Ziegenherden queren plötzlich das schwarze Band, Kinder sausen herum, Frauen tragen ihre Einkäufe auf dem Kopf, und Fischer bieten ihren in den Kanälen des Ovambolandes erbeuteten Fang an. Immer wieder sieht man **Makalani-Palmen**, deren Kerne, kunstvoll verziert, beliebte Souvenirs abgeben.

Ondangwa

Ondangwa ❽, 219 km von Namutoni entfernt, zählt heute etwa 9000 Einwohner. Es ist eine betriebsame Stadt, die zahlreiche Neubauten vorweisen

» Karte S. 160-161, Info S. 194-195

Foto: Günther Lahr

kann, zum Leidwesen der Bevölkerung aber hauptsächlich dem Handel gewidmet ist. Die Apartheidspolitik sah im Land der Ovambo vor allem eine schier unendliche Quelle von Arbeitskräften und tat nichts, um es wirtschaftlich zu entwickeln. Die Ansiedlung von Produktionsstätten, die den zahlreichen Menschen Arbeit garantieren könnten, ist deshalb bis heute nicht auf einem zufriedenstellenden Niveau. So gibt es Arbeitsplätze fast ausschließlich im Servicebereich – in Supermärkten, Banken, Tankstellen und Handelsgesellschaften, die das Hinterland und den Nachbarn Angola versorgen, dessen Süden sich aus Kostengründen bevorzugt hier in Namibia mit Handelsware versieht.

★Missionsstation Olukonda

Am 29.7.1871 gründete die Finnische Missionsgesellschaft in **Olukonda** ❾, 12 km südöstlich von Ondangwa, eine ★**Missionsstation**. Als erster Missionar nahm Karl Emanuel Jurvelin seine Arbeit auf. Er blieb zwei Jahre und übergab dann an Missionar Malmström, dem Gustav Mauritz Skoglund ab 1879 folgte.

1880 kam dann Martti Rautanen, der bis zu seinem Tod am 19.10.1926 die Mission betreute und der Namensgeber des in seinem Wohnhaus eingerichteten Museums wurde – des **Nakambale Museum**. Rautanen erhielt den Namen Nakambale, da er Hutträger war und seine Kopfbedeckung die Ovambo an einen Kopfschutz zum Tragen schwerer Lasten erinnerte, das *okambale*. Rautanen war mit der Tochter des deutschen Missionars Kleinschmidt verheiratet, übersetzte die Bibel in die Sprache der Ovambo und schrieb Lehrbücher. Trotz vieler Missstimmigkeiten, die sich aus dem Zusammenprall der unterschiedlichen Kulturen im Missionsleben ergaben, waren die Ovambo durchaus von Rautanen angetan, sahen sein Engagement für die Bildung der Kinder und akzeptierten ihn als auch in ihren Augen ehrenwerten Mann. Mit seiner Frau zeugte Rautanen neun Kinder, von denen nur drei ein höheres Lebensalter erreichten. Eine der Töchter lebte noch bis 1966 auf der Station. Mit ihrem Tode wurde die Mission aufgelassen und verfiel zusehends. Mitte der 1990er Jahre stellte Finnland Gelder zur Rekonstruktion der Gebäude und zur Einrichtung eines Museums im Wohnhaus des Missionars zur Verfügung. Mit Fotos, Texten und Exponaten aus dem täglichen Leben wird das Wirken der Mission anschaulich beschrieben.

Die strohgedeckte **Kirche** entstand 1889 und ist heute als ältestes Gotteshaus Nordnamibias ein Nationaldenkmal. Zum Komplex gehört auch die **Replik eines Gehöfts der Ovambo**, die auf der Führung durch die Station besucht wird. Bei Voranmeldung besteht auch die Möglichkeit, an einer traditionellen Mahlzeit der Ovambo teilzunehmen.

Oshakati

35 km nordwestlich von Ondangwa liegt das Verwaltungszentrum der Region Oshana: **Oshakati** ⑩. Hier leben etwa 40 000 Menschen. Der Ort nimmt bei der Bevölkerungszahl den vierten Platz hinter Windhoek, Walvis Bay und Rundu ein. Doch Oshakati wurde erst vor einigen Jahren als „Town" proklamiert und wird nun von einem Town Council geleitet.

Wenn auch die Arbeitsmarktlage im Vergleich zu Ondangwa wegen der Regionalverwaltung etwas besser ist, besteht auch hier eine latente Unzufriedenheit über die zu geringen Investitionen in Produktionsstätten. Dabei versucht die Regierung, die sich zum Großteil aus Ovambo zusammensetzt, alles, um den dicht bevölkerten Norden mit Arbeitsplätzen zu versorgen – teils auch auf Kosten des übrigen Landes und auf Kosten des Naturschutzes. So sind zwei Projekte höchst umstritten und müssen deshalb immer wieder hinausgeschoben werden. Eines ist der geplante Staudamm bei Epupa (s. S. 190) und das zweite – noch bedenklichere – eine Eisenbahnlinie von Katima Mulilo über Rundu und Oshakati bis zum Cape Fria im Skeleton Coast National Park, wo dann ein Hafen errichtet werden soll. Die Hoffnung der Befürworter des letzteren Projektes besteht darin, dass die Eisenbahn sowohl während der Bauphase als auch nach ihrer Fertigstellung einen wichtigen Entwicklungsschub für den Norden des Landes bewirken würde.

Touristisch hat Oshakati, außer seinem **Markt** entlang der Main Road, wenig zu bieten, es sei denn, man will übernachten oder essen, oder rüstet sich im Supermarkt mit Lebensmitteln für eine Fahrt in die unwegsameren Gebiete des Nordwestens oder für eine Fahrt nach Angola aus; das 60 km entfernte Oshikango ist der wichtigste Grenzübertrittsort zwischen Namibia und dem nördlichen Nachbarland.

Oshana-Kanäle und Efundja-Flut

Die geologischen Entwicklungsprozesse, die zur Bildung der Etoscha-Pfanne führten, sind für die Entstehung des gesamten Landschaftskomplexes, der als **Ovambo-Becken** bekannt ist, verantwortlich. Es wird im Süden von den Otavibergen, der Hügelwelt um Outjo und dem Damaraland, im Norden von den angolanischen Bergen jenseits des Kunene begrenzt.

Landschaftlich ist es nur minimal gegliedert, zeigt aber als Besonderheit ein natürliches System von Kanälen – die **Oshanas**. Sie sind die Überreste der Flüsse, die für den Wasserreichtum vor der Austrocknung vor 3 Mio. Jahren sorgten. Während der Regenzeit sammelt sich in den hunderten fein verästelten Oshanas das Wasser aus den Bergen Angolas, und die Oshanas leiten es nach Süden. Sie bilden Seen und erlauben die Tierhaltung und den Anbau von Getreide auf dem sandigen Kalahari-

Rechts: In den Oshana-Kanälen des Ovambolands wird Fischfang betrieben.

» Karte S. 160-161, Info S. 194-195

Foto: Friedrich H. Köthe

Boden. *Efundja* nennen die Ovambo die jährlich wiederkehrende Flut, die ihrem Land Fruchtbarkeit und eine geradezu idyllische Szenerie beschert: Makalani-Palmen und Mopane-Bäume spiegeln sich in den Wasserkanälen, Termitenhügel ragen in bizarren Formen aus dem Boden und zeigen sich in dessen Farbgewand von Gelb über Ocker bis Rot und Braun.

Die flachen Gebäude der Gehöfte stehen auf Hügelkuppen, die aus dem Wasser ragen. Traditionell werden sie aus Holz und Stroh, doch immer häufiger auch aus Wellblech hergestellt. Ästhetisch mag es dem Besucher des Ovambolandes nicht als Gewinn erscheinen, dass Blech allgegenwärtig wird. Für das Gleichgewicht der Natur ist es aber von größter Bedeutung, dass die Menschen mit den spärlichen Ressourcen wie Holz pfleglich umgehen und es weder für den Hausbau noch zum Feuermachen verwenden. Man denke nur daran, dass das Ovamboland vor 50 Jahren noch dicht bewaldet war und guten Futtergrund für das Vieh bot. Die starke Bevölkerungszunahme hatte dann eine radikale Abholzung zur Folge. Außerdem konnte der natürliche Zufluss des Wassers den entstandenen Bedarf nicht mehr decken, so dass Stauseen angelegt und Bohrlöcher gesetzt wurden und zusätzlich eine Wasserpipeline vom Kunene gebaut werden musste.

Ein individueller Besuch des Ovambolands abseits der Hauptstraßen auf eigene Faust kann wegen der zahlreichen Oshanas und Wasserflächen riskant sein: Allzu schnell verfährt man sich zwischen den Kanälen und auf den sich ständig verzweigenden Fahrspuren. Besser ist es, sich einer geführten Tour anzuschließen. Doch einige Sehenswürdigkeiten sind auch ohne Ortskenntnis und mit einem normalen Pkw erreichbar.

Ombalantu (Outapi)

Baobab Tree Heritage Centre

Nach 90 km von Oshakati auf der Teerstraße C46 nach Westen in Richtung Ruacana gelangt man in die Ortschaft **Outapi** bzw. **Ombalantu** ⓫. Der **Baobab** im Ortszentrum nahe der ehemaligen und aufgelassenen Kasernenanlage der südafrikanischen Streitkräfte aus dem Unabhängigkeitskrieg ist ausgehöhlt und hat diverse Bewohner und Nutzer gesehen. Er diente als Festung, Gefängnis, Post, Kirche und Versteck für einen Ovamboführer. Heute gehört der Riesenbaum zu einem von NACOBTA unterstützten und von Leuten aus dem Ort verwalteten Komplex mit einem Café in der ehemaligen Kaserne, einem einfachen Campingplatz sowie einem Laden für Kunsthandwerk, der Holzschnitzereien, aber auch Flechtwaren und Tongeschirr im Sortiment hat. An einem Kiosk bekommt man Feuerholz und kann einen Grill ausleihen, nur das Fleisch und die Getränke fürs Picknick muss man selbst mitbringen.

★Tsandi

Nur selten kommen Touristen nach ★**Tsandi** ⓬, doch ist dort eine der interessantesten Begegnungen mit den Ovambo und ihren Traditionen möglich. Knapp 40 km fährt man auf einer relativ guten Piste von Outapi nach Süden bis Tsandi. Dort steht das **Uukwaluudhi Royal Homestead** – der Palast des Königs der Kwalundi, einer der Untergruppen der Ovambo. Wie die meisten anderen traditionellen Führer der namibischen Volksgruppen ist er Mitglied eines Rates, der die namibische Politik in beratender Funktion mitgestaltet. Der ausgedehnte Wohnkomplex mit zahlreichen Innenhöfen, Bereichen für Männer, für Frauen und für Kinder, Einrichtungen zur Repräsentation und zum Ausspannen darf auf einer geführten Tour besichtigt werden. Wenn man Glück hat, begegnet man sogar dem König selbst und darf ihm die Hand reichen – doch nicht direkt in die Augen schauen, denn das gilt als ausgesprochen unhöflich! Hat man sich angemeldet, besteht auch die Möglichkeit, eine Vorführung typischer Tänze zu bestaunen. Nach Abschluss der Tour lassen sich im **Andenkenladen** Tongeschirr, Schnitzereien oder Körbe erwerben.

Rechts: Der Kunene hat bei Ruacana einen Canyon in den Fels geschnitten.

Ruacana

Ruacana ⓭ liegt 204 km westlich von Oshakati und ist auf guter Asphaltstraße erreichbar. Hier wendet sich der von Norden aus Angola kommende **Kunene** nach Westen und bildet in seinem weiteren Lauf die Grenze zwischen Namibia und Angola. Die Siedlung mit wenigen hundert Bewohnern wurde für den Bau des Kraftwerkes gegründet, das heute Namibias einzige Stromquelle mit erneuerbaren Energien ist. In einem großen Oval umrundet eine Straße den Ort mit meist kleinen Einfamilienhäusern. Einige Unterkünfte, zwei Tankstellen und ein Supermarkt machen die Infrastruktur aus. Als Neugründung besitzt Ruacana keinen touristischen Reiz, vielmehr dient es als Startpunkt für Expeditionen ins Kaokoveld und für abenteuerliche Fahrten entlang des Kunene. Vor allem bei hohem Wasserstand am Ende der Regenzeit (April) lohnt es sich, die **Ruacana-Fälle** (s. S. 186) zu besichtigen.

Das Kunene-Kraftwerk

Der Kunene entspringt im westlichen Zentralangola bei Huambo und besitzt eine Gesamtlänge von 945 km. In einem 30 km breiten Delta an der als Naturpark geschützten Skelettküste – einem der wichtigsten Rückzugsgebiete für Vögel an der Westküste Afrikas – mündet der Fluss in den Atlantik. Als Grenze fungiert er auf einer Länge von etwa 350 km. Im namibischen Grenzgebiet bildet er zwei Wasserfälle: Ruacana und, 120 km westlich, Epupa.

1975 wurde auf damals noch portugiesischem Boden 430 km stromauf-

» Karte S. 160-161, Info S. 194-195

Foto: Erhard Pansegrau

wärts von Ruacana mit Unterstützung durch das damalige südwestafrikanische staatliche Stromkonsortium SWAWEK (heute NamPower) ein Staudamm fertig gestellt. Sowohl Südwestafrika als auch Angola profitierten davon: Angola konnte nun durch die Regelbarkeit des Wasserstandes diverse Wasserkraftwerke errichten bzw. verlässlicher betreiben, Südwestafrika den Bau des Calueque-Staudammes und des ihm nachgeschalteten Ruacana-Kraftwerkes ins Auge fassen. Gleichzeitig hätte man vom Calueque-Stausee aus das Ovamboland via Pipelines mit Wasser versorgen können.

Auf Veranlassung des inzwischen unabhängigen und dem sozialistischen Block zugehörigen Angola musste sich die SWAWEK aber 1976 aus Angola zurückziehen. Innerhalb von 12 Stunden hatten die Arbeiter damals die Baustelle zu verlassen. Ausrüstungsmaterial im Wert von 3,5 Mio. Rand blieb zurück. Der Damm war nur zu 70 % fertig gestellt und nicht mehr in Betrieb zu nehmen, vielmehr holte sich während des nun folgenden Krieges zwischen dem von Kuba unterstützten Angola und Südafrika die Natur das ihr Abgerungene Stück für Stück zurück und der Staudamm verfiel.

Die SWAWEK suchte eine andere Lösung: Südwestafrika besorgte sich seinen Strom nachhaltig aus Südafrika, die Leitungen wurden ausgebaut, neue Versorgungslinien entstanden – noch heute könnte Südafrika als Nettoexporteur den Strom Namibias mitproduzieren. Für Spitzenzeiten installierte man in ganz Namibia zusätzlich Steinkohle- und Dieselkraftwerke.

Doch das Projekt Ruacana wurde nicht aufgegeben: Trotz des latenten Kriegszustandes mit dem Nachbarn Angola, wo SWAPO bzw. PLAN ihre Stützpunkte unterhielten, bauten die Kraftwerksbetreiber auf südwestafrikanischem Grund weiter. Ein unterirdischer Kanal mit 8 m Durchmesser entstand, durch den das Wasser für den Betrieb der Turbinen fließen sollte, und die eigentliche Stromerzeugungsanlage wurde 140 m unter der Erde angelegt.

» Karte S. 160-161, Info S. 194-195

415 000 m^2 Abraum mussten aus dem entstehenden Höhlensystem geschafft, drei Generatoren mit insgesamt 240 Megawatt eingebaut werden. Gleichzeitig wurde eine Hochspannungsleitung von 570 km Länge verlegt, durch die der auf 330 000 Volt hochtransformierte Strom nach Süden bis Omaruru fließen sollte, wo man ihn mit 220 Volt in das Haushaltsnetz einspeisen wollte. 1978 stand das gesamte System und wäre einsatzbereit gewesen, wenn es die Angolaner denn zugelassen und die Schleusen für den unterirdischen Einspeisungskanal geöffnet hätten.

1980 war es dann aber doch soweit: Mit militärischer Unterstützung machte Südafrika dem Wasser den Weg durch den unterirdischen Kanal nach Ruacana frei, und seitdem liefert das Kraftwerk Strom.

Die ★Ruacana-Fälle

Ein Blick auf die 700 m breiten und 120 m hohen ★**Ruacana-Fälle**, ist in großer Entfernung von namibischer Seite, direkter und näher vom Niemandsland zwischen dem namibischen und dem angolanischen Grenzposten möglich. Bevor man sich zu diesem kurzfristigen Grenzübertritt entschließt, sollte man sich jedoch über den aktuellen Wasserstand und vor allem bei den namibischen Zöllnern über die aktuelle Sicherheitslage informieren! Es scheint, dass das angolanische Grenzpersonal in den Touristen eine neue Einnahmequelle entdeckt hat. Mehrere im Niemandsland befindliche Reisende wurden in letzter Zeit des illegalen Grenzübertritts beschuldigt, verhaftet und nur gegen Lösegeldzahlungen wieder nach Namibia zurückgelassen. Eindrucksvoll sind die Wasserfälle während sowie kurz nach der Regenzeit, wenn sie Dimensionen erreichen, die fast an die der Viktoria-Fälle heranreichen.

Rechts: Roter Sand und goldgelber Grasbewuchs kennzeichnen die Täler des Kaokovelds.

★KAOKOVELD

Jeder Namibier bekommt leuchtende Augen, wenn man ihm erzählt, man fahre ins Kaokoveld. Auch für die Einheimischen gelten die Regionen im äußersten Nordwesten als abgeschieden, wenig erschlossen und Abenteuer verheißend. Einsamkeit und grandiose Landschaften, wilde Tiere und seltsame Naturerscheinungen verspricht die Fantasie – und die Realität hält sich daran. Durch goldgelbe, grasbewachsene Täler mit rotem Sand wandern Antilopen, steilste Schluchten sind den Bergzebras kein Hindernis, Schakale laufen über Kuppen, mühsam quälen sich Mensch und Maschine durch Sand und über Klippen in der Hitze des Tages und hinein in die Erleichterung bringende Dämmerung zum Lagerplatz, wo man schließlich mit sich und der Sternenwelt des Südhimmels alleine ist.

Als **Kaokoveld** oder auch **Kaokoland** wird die Region von Palmwag im Süden bis Etosha, und die Region Omusati im Osten und im Westen bis an die Skelettküste verstanden. Die nördliche Grenze bildet der **Kunene**, wenngleich nur formal, denn **Himba**, die Bewohner des Kaokoveldes, leben auch nördlich davon in Angola. Mit 50 000 km^2 ist das Kaokoveld mehr als halb so groß wie Österreich. Von Westen steigt das Land allmählich bis auf 2000 m an, in den **Baynes Mountains** bis auf 2065 m.

Hartmannstal, Marienfluss, Van Zyl's Pass oder Zebraberge – die Landschaften des Nordwestens sind nur mit viel Mühe, Geduld und einem starken Geländewagen zu bereisen, die Orientierung ist schwierig, und es gibt kaum Möglichkeiten, Nachschub an Treibstoff oder Lebensmitteln zu bekommen. Die meisten Menschen, die das Kaokoveld besuchen, fahren Zivilisationsoasen wie die Palmwag-Lodge im nördlichen Damaraland oder Fort Sesfontein an und lassen sich von Experten in die Wildnis bringen. Die Wege der Reisenden verlaufen dadurch in kontrollier-

» Karte S. 160-161, Info S. 194-195

Foto: Friedrich H. Köthe

ten Bahnen, was Natur und Menschen im Kaokoveld zugute kommt. Denn im Umgang mit den Himba kann ein unerfahrener Gast viele Fehler machen und die Menschen beleidigen oder ihre sakrale Sphäre verletzten. Allein wohin man in einer Siedlung treten darf, ist genau festgelegt. Gerät man z. B. zwischen das Pontok des Oberhaupts und das heilige Feuer, hat man einen schweren Tabubruch begangen.

Die Himba

Der Hauptort des Kaokoveldes ist **Opuwo** (s. S. 192), die einzige größere Siedlung. Alle anderen auf den Karten eingezeichneten Orte sind aus Lehm, Dung und Holz errichtete *pontok*-Dörfer, die zumeist nur periodisch bewohnt werden. Die Himba führen ein halbnomadisches Leben und wandern mit ihren Viehherden, den Jahreszeiten folgend und so wie es der Wasserhaushalt gebietet, von Weide zu Weide. Rund 6000 Menschen führen noch dieses seit Jahrtausenden überlieferte Leben im Kaokoveld. Ethnisch sind die Himba eng mit den Herero verwandt, die unter dem Einfluss von Mission und Kolonisierung ihr Nomadendasein aufgegeben und auch die traditionelle Leder- und Fellkleidung gegen europäische eingetauscht haben. Die stolzen und dank großer Herden wohlhabenden Himba verloren in den 1980ern nach langer Dürre zwei Drittel ihrer Tiere; heute haben sich die Bestände wieder erholt. Man schätzt, dass rund 200 000 **Rinder** im Kaokoveld weiden.

Die Tiere stehen nicht nur im Zentrum des wirtschaftlichen, sondern auch des rituellen Lebens: Der Besitz einer großen Herde verschafft hohes gesellschaftliches Ansehen und ist deutlicher Ausdruck des Wohlstands, wenngleich die Rinder selbst nur selten Gegenstand wirtschaftlicher Transaktionen sind. Verkauft werden sie kaum, und geschlachtet wird ein Tier höchstens bei wichtigen zeremoniellen Anlässen. Die Himba nutzen nur die Milch, aus der sie eine Art Sauermilch bzw. Butter herstellen; wenn Fleisch gegessen wird, stammt

Foto: Friedrich H. Köthe

es von Kleinvieh wie Ziegen. Neben den „normalen" Rindern gibt es in der Großfamilie auch einen „Ahnenbullen", der eine besondere rituelle Funktion hat und die Familie mit den Vorfahren verbindet.

Die große Bedeutung der Rinder drückt sich in Kleidung, Frisuren, im ästhetischen Empfinden der Menschen aus. Der rötliche Glanz der Haut stammt von einer Paste aus Butter und Rotholz, mit der sich die Mädchen und Frauen einreiben, damit ihr Körper schimmert wie das Fell eines Kälbchens. Junge Mädchen tragen ihre Haare in zwei dicken Zöpfen nach vorne geflochten, wo sie wie Hörner über der Stirn abstehen. Ehefrauen setzten eine dreieckige Fellhaube auf, deren Ecken seitlich über den Kopf hinausragen und so ebenfalls Rinderhörner versinnbildlichen. In den matronenhaften Kappen hat sich diese Tracht und deren Symbolik auch bei den Herero-Frauen erhalten. Selbst das gängige Schönheitsideal orientiert sich ein wenig am Rind: Schmale Gesichter gelten als besonders attraktiv, und durch das Rasieren des Haaransatzes an der Stirn versucht man, dem Gesicht eine längliche Form zu geben. Ein ähnliches ästhetisches Empfinden und eine ebenso intensive Beziehung zu den Rindern gibt es auch bei anderen Rindernomaden wie den ostafrikanischen Massai; nicht zuletzt deshalb vermuten Ethnologen, dass die Herero ursprünglich aus Ostafrika stammen.

Oben und rechts: Die Himba sind Rindernomaden. Sie schmücken sich gern mit selbst gefertigten Lederhalsketten und Messingringen und färben ihre Haut mit einer Paste aus Butter und Rotholz.

Traditionell leben die Himba in temporären Siedlungen, die leicht auf- und abgebaut werden können. Die Hütten, **Pontok** genannt, werden aus Zweigen und Ästen errichtet und mit einer Mischung aus Lehm und Rinderdung verputzt. Sie sind stets im Kreis um den Kraal der Kälber angeordnet, damit die Jungtiere vor Raubtieren geschützt sind. Für das religiöse Empfinden der Himba von herausragender Bedeutung ist der Omumborongbonga, der Ahnen-

» Karte S. 160-161, Info S. 194-195

baum, in den Siedlungen meist durch einen Busch symbolisiert. Dem Ahnenbaum seien, so erzählen es die Mythen, die Vorfahren der Herero entstiegen. Vor der Häuptlingshütte brennt das heilige Feuer, das wie der Ahnenbulle und der Ahnenbaum die Verbundenheit mit den Vorfahren symbolisiert. Es darf keinesfalls verlöschen und wird normalerweise von einer unverheirateten Tochter des Oberhauptes gehütet.

Den Besucher erwarten im Kaokoveld unverfälschte Natur und noch relativ wenig von moderner westlicher Zivilisation beeinflusste Bewohner, die ihren traditionellen Lebensstil pflegen und auf die Segnungen der Warenwelt verzichten. Doch immer häufiger machen sich die Jüngeren auf den Weg in die Städte des Ovambolandes oder nach Süden, um dort ihr Glück zu suchen. Das Leben nach Art der Vorväter scheint ihnen zu mühselig.

Foto: Erhard Pansegrau

Natur und Tierwelt

Bis auf den Küstenstreifen, der zum Skeleton Coast National Park gehört und zwischen 20 und 30 km tief ist, ist das Kaokoveld vorläufig noch ein frei zugängliches Gebiet, für Menschen wie für das Wild. Doch es sind langfristige Bemühungen im Gange, die gesamte Region zum Naturschutzgebiet zu erklären und den Zugang zu reglementieren. Schließlich leben hier wie im nördlichen Damaraland die berühmten ★**Wüstenelefanten** (sowie Nashörner und Löwen), die sich den ariden Umweltbedingungen angepasst haben. Die Elefanten ziehen entlang der Riviere, der Trockenflussbetten, teils bis an den Atlantik. Da Oberflächenwasser fast völlig fehlt, graben sie im lockeren Sand der Riviere, bis sie auf Wasser stoßen. Ihre Nahrung bilden die Vegetationsgürtel entlang der Flussbetten. Trotz der besonderen Überlebensfähigkeit in einem für Elefanten eigentlich zu ariden Gebiet gelten sie nicht als eigene zoologische Spezies, ja nicht einmal als Sub-Spezies der Savannenelefanten; sie sind nur eine ökologisch angepasste Gruppe. Wüstenelefanten und **Wüstennashörner** sind etwas kleiner als ihre Artgenossen in Etoscha und können wesentlich länger als diese auf Wasser verzichten. Im Gegensatz zu den Nationalpark-Elefanten tolerieren die Dickhäuter des nördlichen Damaralandes und des Kaokovelds Störungen durch Fahrzeuge oder Menschen nicht: Sie reagieren schnell aggressiv!

Wenig wusste man bislang über die im Kaokoveld vorkommenden **Löwen**; nun haben Tierschützer einige mit Peilsendern ausgestattet und ihre Wanderungen verfolgt. Rund 120 Tiere stark ist die Population, die sich wohl auch aus zahlreichen, aus dem angrenzenden Etoscha-Nationalpark zugewanderten Löwen zusammensetzt. Für Menschen und Vieh stellen die Raubtiere eine Gefahr dar, und so kommt es immer wieder zu Abschüssen aus vermeintlicher oder tatsächlicher Notwehr, die aber von den Naturschutzbehörden streng verfolgt werden.

Foto: Jürgen Fahlert

Das Epupa-Staudammprojekt

Würde das Kaokoveld zum Nationalpark erklärt, stünde der gesamte Nordwesten, vom Atlantik bis einschließlich Etoscha, unter Naturschutz. Diese Pläne decken sich allerdings nicht mit den bisherigen Projekten aus dem Energieministerium, die eine radikale Umwälzung für das Kaokoveld zur Folge hätten: Ein Wasserkraftwerk stromabwärts der Epupa Falls würde das ökologische, soziale und wirtschaftliche Gleichgewicht der Region schwerwiegend beeinflussen. Ein Staudamm müsste das Wasser des Kunene ein weiteres Mal stauen, und es würde mehrere Jahre dauern, bis er vollgelaufen wäre. Dadurch wäre das Brutgebiet des Kunene-Deltas betroffen, wobei die Folgen des mehrjährigen Wassermangels für das Vogelbiotop ungeklärt sind. Das Tal, in das der Kunene mit den Epupa Falls abbricht, würde verschwinden – an seiner Stelle entstünde der Stausee, der bis Swartbooisdrift zurückreichen und eine neue und andere Tier- und Pflanzenwelt hervorbringen würde. Mehr als doppelt soviel Wasser wie Namibia heute insgesamt in einem Jahr verbraucht, würde alleine über die Oberfläche des Stausees verdunsten. Zugleich würden damit Gebiete überflutet, die den Himba heilig sind, weil dort ihre bedeutenden Oberhäupter begraben sind.

Der Bau des Damms und des Kraftwerks mit 360 Megawatt ist derzeit wegen der Proteste von Naturschützern und Einheimischen auf Eis gelegt. Was es für die noch traditionell lebenden Himba bedeutete, wenn tausende Arbeiter ins Kaokoveld kämen und die notwendige Infrastruktur auf der dann zu teerenden Straße in den Norden gekarrt und rund um Epupa installiert würde, kann man sich vorstellen. Geld würde die Tauschwirtschaft ablösen, Alkoholmissbrauch, Prostitution und Glücksspiel würden alltäglich. Nach

Oben: Das luxuriöse Camp Serra Cafema, am besten per Kleinflugzeug zu erreichen, liegt 120 km (Luftlinie) westlich der Epupa-Fälle am Kunene, nahe dem Hartmannstal. Rechts: An den Epupa-Fällen.

» Karte S. 160-161, Info S. 194-195

Foto: Friedrich H. Köthe

Inbetriebnahme des Kraftwerkes und Abzug der Arbeiter bliebe eine ruinierte Gesellschaft zurück. Und der touristische Reiz der bislang unwegsamen Gegend wäre weitgehend dahin.

Auf der Habenseite sieht man die langfristige Unabhängigkeit Namibias von Stromlieferungen durch Südafrika (das zur Zeit die Hälfte des Bedarfs deckt), einen Entwicklungsschub für die Region und Infrastrukturverbesserungen in einem bislang vom modernen Leben abgekoppelten Teil des Landes.

★★Epupa Falls

Die ★★**Epupa-Fälle** ⓮ des Kunene liegen 145 holprige Pistenkilometer westlich von Ruacana (Pistenfahrt nur im Konvoi; länger, aber schneller und bequemer ist die ohne Allrad machbare Anfahrt über Opuwo). *Epupa* ist ein Herero-Wort, das in etwa „Fallendes Wasser" bedeutet. In 22 Kaskaden und die ganze Talbreite füllend springt das Wasser hinab, bildet Tümpel, kleine Seen, saust in rasendem Lauf, fällt breiter und gemächlich, bildet glasklare Wasserwände und gischtendeSchaumwellen. Affenbrotbäume und Palmen stehen an den Hängen des feucht-heißen Tals. 60 m Höhe verliert der Kunene hier, der längste Einzelfall misst 35 m.

Hoch oben am Rand des Tals hat man eine herrliche Sicht auf die Fälle. Oberhalb und unterhalb können Mutige an bestimmten Stellen – vor Krokodilen angeblich (!) „sicher" – den Staub von der langen Pistenfahrt bei einem erfrischenden Bad abwaschen und dann das Lager errichten. Hier gibt es kaum feste Gebäude, aber Zeltplätze stehen zur Verfügung. Auch die ständig installierten Camps wie das idyllische **Omarunga Camp** bringen ihre Gäste im Zelt, allerdings bequem auf Liegen mit Matratzen und Bettzeug unter.

Das Leben spielt sich im Freien ab, tagsüber sitzt man im Schatten der Palmen, des Nachts an den Ufern. Ab und an schallt der Ruf eines Himba über das Wasser zum anderen Ufer. Wer wandern will, kann das hier tun – geführt von **Himba**, auf markierten **Trails**.

» Karte S. 160-161, Info S. 194-195

Foto: Erhard Pansegrau

Opuwo

Gut 5000 Einwohner hat **Opuwo** ⓯, die über eine (verhältnismäßig gute, auch für hochbeinige Pkw geeignete) Piste mit Epupa verbundene Hauptstadt der Region Kunene. Die auf einem Hügel gebaute Siedlung wirkt etwas marode; die Kasernen aus dem Kampf der Südafrikaner gegen die PLAN verfallen immer mehr, und der Kontakt der Himba mit der Zivilisation in Form der billigen *shebeen*-Schänken endet hier oft in Alkoholismus. Ein Krankenhaus, ein Flugplatz, einige Supermärkte, Tankstellen, Restaurants und Hotels sorgen für das Wohl der Reisenden. Hier kann man für eine Kaokoveld-Tour die Vorräte aufstocken. Einzige Sehenswürdigkeit ist das besuchenswerte kleine **Souvenirgeschäft**, das die **Himba** im **Informationszentrum** aufgebaut haben, wo man auch Führer für Touren ins Gelände engagieren kann.

Oben: Auf der Straße nach Opuwo. Rechts: Bei Sesfontein bauen die Nama Tabak an.

Die Gründung von Opuwo geht auf die Südafrikaner zurück, die diese Stelle in Absprache mit den Himba wählten. 1938 bohrte man hier den ersten tiefen Brunnen. Woher der Name kommt, der in der Herero-Sprache „das Ende" bedeutet, ist nicht geklärt. Zutreffend ist er, denn nördlich und westlich des Städtchens ist bis heute fast keine Infrastruktur vorhanden.

Etwa 170 km westlich von Opuwo zieht ein haarsträubender, nur von Ost nach West zu bewältigender Pass Allradextremisten an: der berüchtigte **Van Zyl's Pass**, an dem schon viele Geländewagen kaputtgefahren wurden. Er führt hinunter ins landschaftlich sehr reizvolle, grasbestandene ★**Marienfluss-Tal**.

★★Sesfontein

154 km sind es von Opuwo (bzw. 116 km von Palmwag) auf zumeist guter Piste (C43), die stetig bergab führend durch aride, majestätische Landschaft mäandriert. Ein Pass und ein Canyon werden passiert; Mopane- und

 » Karte S. 160-161, Info S. 194-195

Blutfruchtbäume sprenkeln die graubraunen Bergrücken mit dunklem Grün und Rot, die Joubertberge erscheinen am Horizont (der Joubert-Pass ist asphaltiert), und immer wieder kommt man an einfachen Himba-Siedlungen, weiter südlich auch an Herero-Dörfern vorbei. Dann sind die Häuschen der **sechs Quellen** – ★★**Sesfontein** ⓰ – unter den **Makalani-Palmen** erreicht. Mit ausreichend Wasser gesegnet, war dies schon immer ein bevorzugter Platz. Schon lange vor den Swartbooi-Nama, die von Jan Jonker aus ihrem angestammten Gebiet um Rehoboth vertrieben worden waren und bei Sesfontein eine neue Heimat fanden, kamen Himba und Damara zu den Quellen und lebten hier.

Als die Rinderpest 1896 zu Ende ging, entschied die deutsche Kolonialverwaltung, dass der Süden des Landes mit einer Kette von Polizei- und Veterinärposten zukünftig von der hauptsächlich aus dem Norden kommenden Maul- und Klauenseuche freizuhalten sei. Auch bei Sesfontein entstand ein kleiner Wachposten, der mit Soldaten der Schutztruppe besetzt wurde. 1901 ließ Oberstleutnant Viktor Franke einen für Ochsenkarren geeigneten Weg von Outjo nach Sesfontein anlegen. Auf ihm wurde Baumaterial in den Norden gebracht. 1906 war das prächtige Fort von Sesfontein fertig. 40 Mannschaften und Offiziere kamen und blieben.

Der Tagesablauf war eintönig, und so konnte man sich auf die Lösung des größten Problems dieses Außenpostens konzentrieren: die Versorgung. Die heftigen, alljährlich wiederkehrenden Regenfälle setzten den Wegen extrem zu, der Transport selbst der wichtigsten Gegenstände war äußerst beschwerlich. Also besannen sich die Männer auf ihre Tugenden als Bauern und legten Pflanzungen an; Gemüse, Weizen und Schößlinge für Dattelpalmen wurden gepflanzt. Auch für Tabak war gesorgt, um ihn kümmerten sich damals wie heute die Nama: Als einziger „Exportartikel" Sesfonteins ist er im ganzen Land bekannt.

Foto: Thomas Stankiewicz

Noch vor Beginn des 1. Weltkriegs konnten das Fort und die Pflanzungen nicht mehr unterhalten werden, da die Kolonialverwaltung die Besatzung reduzierte. Mit der Kapitulation der Schutztruppe 1915 war der Niedergang der Gebäude eingeleitet, die südafrikanische Armee hatte dafür keine Verwendung; das Fort verfiel. Als 1995 Unternehmer mit der Kommune von Sesfontein einig wurden und mit dem Bau der **Lodge Sesfontein** begannen, standen eigentlich nur noch die Grundmauern. Mit viel Geschick und Fantasie wurde es aber letztlich doch geschafft: Das **Fort** erstand aus Ruinen wieder, in seinen Hof pflanzte man wie einst Palmen, und ein **Schwimmbad** entstand – historisch nicht ganz einwandfrei, aber nach einer Fahrt durchs heiße Damaraland oder das trockene Kaokoveld hoch willkommen. Bei einem Ruhetag in Sesfontein hat man Zeit für einen Besuch der **Tabakfelder**, beeindruckender **Felsbilder** und einer **Edelsteinmine**.

» Karte S. 160-161, Info S. 194-195

NÖRDLICHES „DAMARALAND“

★Khowarib

Von Sesfontein in Richtung Süden verlässt man das Kaokoveld und erreicht nun das nördliche „**Damaraland**“. Die Damara betreiben hier – oberhalb des Hoanib Rivier, nahe der Khowarib-Schlucht – das kommunale NACOBTA-Projekt **Khowarib Rest Camp ⓱**, unter Mopanebäumen, mit Duschen und Toiletten und einfachen Hütten im Ethno-Stil.

Die Region um die ★**Khowarib-Schlucht** ist das Aktionsgebiet des *Save the Rhino Trust*, einer Organisation von Tierschützern, die den Lebensraum von **Breit- und Spitzmaulnashörnern** beobachten. Die von Wilderern wegen ihres Horns bedrohten Tiere können in den meisten afrikanischen Ländern nur in Schutzgebieten überleben. Das nördliche Damaraland und das Kaokoveld sind eine der wenigen Regionen, in denen sie noch in freier Wildbahn anzutreffen sind.

Von Lodges wie Khowarib Lodge, Sesfontein oder dem weiter südlich gelegenen Palmwag werden Pirschfahrten bzw. Wanderungen zu den Rhinozerossen unternommen. Am Unterlauf des Hoanib leben **Wüstenelefanten**.

Kamanjab

Nach 230 km von Sesfontein (via Palmwag Lodge und Grootberg-Pass) ist die Asphaltstraße erreicht; der Ort **Kamanjab ⓲** wartet mit einer Tankstelle, einer Bank und einem Supermarkt auf.

Das hiesige **Oase Guesthouse** vermittelt Touren zu **Felsgravuren** in der Nähe sowie zu einem **Himba-Dorf** (rund 20 km östlich an der C40).

Zum Galton Gate des Etoscha-Nationalparks sind es von hier nur 54 km, weshalb es in der wildreichen Umgebung etliche **Gästefarmen** gibt.

---

www.otjiwarongomun.org – Auftritt der Gemeinde Otjiwarongo (auf Englisch)
www.opuwo.org – offizieller Auftritt der Stadt Opuwo (auf Englisch)
www.outjomunicipality.com – offizieller Auftritt der Gemeinde Outjo (auf Englisch)

Otjiwarongo (☎ 067)

Omaue Information Office, Info-Stelle und eine ausgezeichnete Auswahl an Mineralien und Souvenirs, Mo-Fr 8-13 und 14-17, Sa 8-13 Uhr, 5 St. Georges Street, Tel. 303830.

Bäckerei Carstensen, leichte Gerichte zur Mittagszeit, St. Georges Street, Tel. 302326.

Otjibamba Lodge, A-la-carte-Restaurant, Veranda, Spielplatz für die Kleinen, gute Weinkarte und viele Wildgerichte, gigantische Steaks, 5 km außerhalb Richtung Windhoek, Tel. 303133, www.otjibamba.com.

Kameldorn Garten, Coffeeshop und Bistro in der Stadt, 17 Hindenburg St, Tel. 081-2445967.

Crocodile Farm, Mo-Fr 8-15 Uhr, Mi/Fr/Sa 18-22 Uhr, Sa/So 8-14 Uhr, Zingel Street, Tel. 302121.

Cheetah Conservation Fund, Farm Elandsvreugde, nur nach Voranmeldung, 45 km östlich von Otjiwarongo, Tel. 306225, Fax 306247, cheeta@iafrica.com.na, www.cheetah.org.

Waterberg (☎ 067)

Waterberg Camp, Restaurant in der historischen Polizeistation, relativ große Karte, zudem eine kleine Auswahl an Weinen und eine tolle Aussicht, Tel. 305001.

Auch **Tagesbesucher** des Waterberg Camps können die Infrastruktur nutzen, so das Schwimmbad, das Restaurant und die Wanderwege.

Waterberg Plateau Hiking Trails: Die Wanderungen sind geführt oder ungeführt, mehrtägig und jeweils nur April bis Nov. möglich; Verpflegung, Schlafsack (bei hüttenlosen Routen auch Zelt) muss selbst mitgebracht und getragen werden.

Game Drives auf dem Plateau täglich morgens und nachmittags, Dauer 4 Std. Auch Nachtfahrten möglich.

» Karte S. 160-161, Info S. 194-195

Okakarara (☎ 067)

Okakarara Museum, täglich 8-17 Uhr, etwas außerhalb Richtung Okahandja.

Okaepe Living Museum, 54 km östlich von Okakarara, Kontakt: Frau Rukero Tel. 317999

Outjo (☎ 067)

SWA Namibia Gemstones / Etosha i, 8 Hage Geingob St, Tel. 313072, gemstones@mweb.com.na

Museum Franke-Haus, Mo-Fr 9-12 und 14-16 Uhr, Meesterlaan.

Etosha Garten Hotel, österreichische Küche, subtropischer Garten, Otavistr. 6, Tel. 313130.

Outjo Bäckerei & Coffee Shop, deutscher Kuchen und Filterkaffee, auch kleine Gerichte, Hage Geingob Street, Tel. 313055.

The Farm House – Essenhaus & Biergarten, neues Restaurant und Biergarten, zu jeder Tageszeit Snacks, 8 Kronkel Road (gegenüber der Touristeninformation/SWA Namibia Gemstones), Tel. 081-3673377, www.outjo-essenhaus.com

SWA Namibia Gemstones, eine der besten Verkaufsausstellungen für Halbedelsteine und Mineralien Namibias, 8 Hage Geingob Street, Tel. 313072, gemstones@mweb.com.na. Zudem gibt es an der **Hage Geingob Street**, v. a. auf der rechten Seite (von Süden kommend), gute Souvenirläden.

Etosha National Park

Okaukuejo, **Halali**, **Namutoni**: Tagesbesucher sind im Park von Sonnenauf- bis -untergang zugelassen u. können die Infrastruktur der Rastlager wie Schwimmbäder u. Lokale nutzen; das exklusive **Onkoshi Camp** ist nur für Übernachtungsgäste (keine Selbstanfahrt, Abholung in Namutoni, nur organis. Pirschfahrten). Anfahrt des **Dolomite Camp** nur mit Buchung (einfache Strecke 4 Std.). Geführte Gamedrives morgens, abends, nachts. Reservierung: Tel. 061-2857200, Fax 224900, www.nwr.com.na. **Ombili**, Anmeldung Tel. 067-230050.

Ondangwa (☎ 065)

Nakambale Museum, Mo-Fr 8-13, 14-17 Uhr, Sa 8-13 Uhr, So 12-17 Uhr, 15 km südöstlich von Ondangwa, Tel. 2455668.

Protea Ondangwa Hotel, gutes A-la-Carte-Restaurant auf internationalem Niveau, an der Hauptstraße in der Ortsmitte, wo die C46 von der B1 abzweigt, Tel. 241900.

Missionsstation Olukonda, bei Voranmeldung kann man beim Nakambale Museum ein tradit. Ovambo-Essen erhalten, Tel. 245668.

Oshakati (☎ 065)

Oshakati Country Lodge, im Stadtzentrum, mit A-la-Carte-Restaurant, Robert Mugabe Street, Oshakati, Tel. 222380.

Outapi (☎ 065)

Baobab Tree Heritage Centre, Verkauf von für das Ovamboland typischem Kunsthandwerk, Outapi, Tel. 251005.

Tsandi (☎ 065)

Tsandi Royal Homestead, Kunsthandwerk und Haushaltsgegenständ, Tsandi, Tel. 258025e.

Ruacana (☎ 065)

Ruacana Eha Lodge, mit A-la-Carte-Restaurant für Lunch und Dinner, auch für Durchreisende, Tel. 270031.

Epupa

Tagesbesucher können sich vom **Omarunga Camp** eine Tour zu **Himba-Dörfern** organisieren lassen (Tel. 064-403096).

Opuwo (☎ 065)

Kaoko Information Center, am südlichen Ortseingang, Tel. 273420, www.kaokoinformationcenter.com.

Opuwo Country Hotel, von der Restaurantterrasse genießt man eine wunderbare Aussicht, weit ins Kaokoveld hinein, 2 km nördl. der Stadt, Tel. 374750.

Sesfontein (☎ 065)

Ausflüge zu einer Mineralien-Mine, zu den Tabakfeldern und zu Felsbildern werden von der **Fort Sesfontein Lodge** organisiert, Tel. 275534.

Fort Sesfontein Lodge, einzige Möglichkeit vor Ort essen zu gehen, Mahlzeiten mittags u. abends, nach Voranmeldung, Tel. 275534.

Mit einem Mokoro unterwegs in den flachen Gewässern des Okavango-Deltas

Foto: Camerapix

NORDOSTEN

OTAVI / TSUMEB
GROOTFONTEIN
BUSCHMANNLAND
OKAVANGO-REGION
CAPRIVI-ZIPFEL
BWABWATA N. P.
VICTORIA FALLS
CHOBE N. P. / MOREMI N. P.
GOBABIS

Namibias Nordosten unterscheidet sich völlig vom trockenen großen Rest des Landes. Hier liegen die fruchtbareren, **wasserreicheren Regionen**. Die Vegetation ist üppiger, Flüsse und Sümpfe sind Lebensraum für Tierarten wie z. B. Flusspferde, die sonst in Namibia nicht zu beobachten sind. Auch die Landnutzung ist anders: Kommerzielle Farmzäune begleiten die Straßen nur noch im ersten Teil bis nördlich von Grootfontein. Jenseits des **Veterinärzauns**, der die südlichen, von Maul- und Klauenseuche freien Gebiete von den nördlichen trennt, liegt **kommunales Land**. Kleine Dörfer und winzige parzellierte Felder bieten am Straßenrand des **Trans Caprivi Highway** jenes typische Bild von Schwarzafrika, das man sonst in Namibia kaum findet. In den Nachbarländern Simbabwe und Botswana wird dies noch gesteigert: Die **Viktoriafälle** sind ein atemberaubendes Naturschauspiel, in den botswanischen Nationalparks **Chobe** und **Moremi** kommt der Reisende riesigen Elefantenherden und trägen Löwen aufregend nahe, und im **Okavango-Delta** erlebt er den Zauber einer paradiesischen Wasserlandschaft mit artenreicher Tierwelt vom einheimischen Einbaum, dem Mokoro, aus. Den Abschluss bildet die **Kalahari-Wüste**, Lebensraum der San-Wildbeuter, die man früher „Buschmänner" nannte.

Links: Alte deutsche Dampfmaschine vor dem Museum in Tsumeb.

„MAISDREIECK"

In **Otjiwarongo** (s. S. 159) wendet sich die B1 nach Nordosten auf die **„Maisdreieck"** genannte Gegend zu (hier ist dank 550 mm Niederschlag pro Jahr bereits Regenfeldbau möglich), deren drei Ecken die Städtchen Otavi, Tsumeb und Grootfontein markieren. Die Straße begleitet die **Eisenbahnlinie**, die als eine der ersten in Deutsch-Südwestafrika gebaut wurde, versprach man sich doch Gewinn aus dem Bergbau. Bereits der Forschungsreisende C. J. Andersson hatte 1851 das **Otavi-Bergland** bereist und berichtet, dass Ovambo hier Kupfer gegen Salz und Getreide von den Herero eintauschten. 1900 wurde in Berlin die OMEG (Otavi Minen- und Eisenbahn-Gesellschaft) gegründet, um die **Kupferminen** auszubeuten. Dazu musste eine Transportmöglichkeit zur Küste geschaffen werden. 1906 war die 567 km lange Schmalspurtrasse von Swakopmund über Karibib und Otjiwarongo bis Otavi und Tsumeb fertig.

Otavi

Das Dorf **Otavi** ❶ ist heute eine kleine staubige Siedlung, deren historische

» Karte S. 200-201, Info S. 236-237

CUANDO
CUBANGO
OHANGWENA
OSHIKOTO
KAVANGO WEST
KAVANGO EAST
OTJOZONDJUPA
NAMIBIA
OMAHEKE
KHOMAS
Omundaungilo
Okongo
Olukula
Omauni
Katwitwi (Katitwe)
Cuangar
Lumeta
Caputene
Ekoka
Mpungu
Nkurenkuru
Nepara
Bengo
Cubango
Okavango
Rupara
Sarasunga River Lodge
Cuito
Benjengue
Mauienga
Rundu
Uru
Shitembo
Katere
Ncoco
Taratara
Livayi
Hamwiyi
Mbururu
Tsitsib
Ncaute
Khaudum
Tamsu
Khaudum National Park
Tjipongo
Oshivelo
Ovambo
Etoscha National Park
Gate
Namutoni Rc.
Tsintsabis
Mangetti
Mangetti Natl. Park
Karakuwisa
Samageigei
Nhoma
Sikereti
Nxau Nxau
Lake Otjikoto
Lake Guinas
Tsumeb
Maanlig
Historic Living Village
Maroelaboom
Kanovlei
Nhoma
Klein Dobe
Ghaub Cave
Ghaub G. F.
Omatako
Luhebu
Tsumkwe
Dobe
OTAVIBERGE
Gross Otavi 2155
Grootfontein
Otavi
Hoba Meteorite
Otjituuo
Nyae Nyae
"BUSHMANLAND"
Nyae Nyae Pan
Conservancy
Djokhoe
Makuri
Xaixa
Nama Pan
Abaehausberg 1785
Okomukandi
Waterberg Plateau Natl. Park
Okave
Otjiwarongo
Ozondjache
Otjahevita
Okakarara
Coblenz
Okamatapati
Daneib
Otjozondju
Gam
Eiseb
Okotjitundu
Hebron
Ozongarongombe
Harmse
Okondjatu
Otjiwaketambo
Osire
Otjinoko
Kaumbangere
Otjinene
Omatako 2289
Evero
Okarukurume
Okauwa
Otjiyarwa
Epukiro
Groot Laagte
Otjosondu
Dis Al
Summerdown
Okovimburu
Okatuwo
Hochfeld
Okavarumendu
Omawewozonyanda
Harnas Guest Farm
Talismanis
Steinhausen
Helena
Rietfontein
Black Nossob
Okahandja
Okamboro
Oruuwa
Gross Barmen
Otjisewa
Spandau
Drimiopsis
Karakubis
Chobokwa
Xanagas
Tsootsha (Kalkfontein)
White Nossob
Omitara
Osomba
Otjimukandi
Buitepos/ Mamuno
Makunda
Okwa
WINDHOEK
Seeis
Witvlei
Gobabis
Tsawe
Nxogodimo
Hosea Kutako Intl. Airport
Eros Airport
Okasewa
Kakus
Farm Peperkorrel
Doreenville
Haris
Brack
Eningu Clay House Lodge
Keitsas
Kule
Groot Aub
Dordabis
Nina
Garib
Hoaseb
Onderombapa
Ncojane
Naos
Girib
Kiripotib Guest Farm
Gross Ums
Ncaang
Rehoboth
Klein Nauas
Leonardville
Motsomi
Ukwi
Derm
Aminuis
Groendraai
Tsumis
Uhlenhorst
Hugus
Ngwatle
Klein Aub
Karanas

ANGOLA
ZAMBIA
LIVINGSTONE
ZIMBABWE
BOTSWANA
Luiana
Sioma Natl. Park
Cuando
Imusho
Simungona
Katima Mulilo
Simango
Schuckmannsburg
Kasane
Ferry
Zambezi
Victoria Falls
★★Victoria Falls
Bwabwata Natl. Park
CAPRIVI STRIP
Kongola
ZAMBEZI
Bukalo
Ngoma
Ngoma Bridge
Satau
Chobe
Chobe Forest Res.
Kazuma For. Res.
Matetsi
Divundu
Popa Falls
Mahango Game Res.
Lizauli
Mudumu Natl. Park
Linyandi
Linyanti
Nkasa Lupala Natl. Park
Sangwali
Quarry Hill
Savuti
Marsh
National
Park
Pandamatenga
Hwange
Natl.
Park
Sibuyu For. Res.
CHINAMBA HILLS
Shakawe
Nxamaseri
PANHANDLE
Okavango
★Tsodilo Hills
11 - 14
15 - 18
19 - 24
25 - 27
28
29
212
216
225
230
Xeko
Gabamukuni
NORTH-
WEST
DISTRICT
FOLD
Xaudum
Etsha 1
GUMARE
Thaoge
Gumare
Tubu
Nokaneng
NGAMILAND
(4x4)
Habu
Konde
Tsau
Molatswane
Sehithwa
Kareng
Bodibeng
★★Okavango Delta
Moremi Wildlife Res.
CHIEF'S ISLAND
Khwai
Sankuyo
945
Shorobe
Maun
Mababe Gate
Kudumane (Mababe Village)
Crocodile Farm
THAMALAKANE FOLD
Segoro
Xwee
Motopi
Phuduhudu
Matima
Boteti
Toteng
Lake Ngami
KHWEBE HILLS
Makalamabedi
HAINA HILLS
Kuke Corner
Xhumaga
Nxai Pan
Nxai Pan Natl. Park
Makgadikgadi Pans Natl. Park
Makgadikgadi Pans
Ntwetwe Pan
Sua Pan
CENTRAL
Tshauxaba
Bojatu
Zoroga
Gweta
Nata
Tsigara
Sowa
Tshuane
Tshwagong
Tsoe
Sukwane
Dwaga
Rakops
Mopipi
Xhumo
Mmatshumo
Mosu
Orapa
Letlhakane
Kuke Fence
Qabo
Kuke
GHANZI
Tautona Lodge
FARMS
Ghanzi
D' Kar
.1055
Central Kalahari Game Reserve
KALAHARI
Molapo
New Xade
Xade
Okwa
Rietfontein
Gope
Khwee
DISTRICT
Tswaane
Takatswaane
Bore
Kacae
Lokalane
Trans-Kalahari Highway
Naledi
Hunhukwe
onong
Make
Kang
Nicote
Lobatse
Khutse
Khutse Game Reserve
B8
C49
M10
T1
A3
A2
313
69
205
182
145
100
300
234
233
DER NORDOSTEN
0 50 100 km
© Nelles Verlag GmbH, München

7 Nordosten

Bedeutung sich – abgesehen von der Eröffnung der Otavi-Bahnstation 1906 – aus der Tatsache speist, dass hier am 9. Juli 1915 die Kapitulation der deutschen Truppe besiegelt wurde. Die **Khorab-Gedenkstätte** im Nordwesten des Ortes erinnert daran. Für die Eisenbahn war Otavi dank seiner kräftigen (mittlerweile versiegten) Quelle von großer Bedeutung, konnten hier doch die Wasservorräte für Menschen und Maschine aufgefüllt werden. 1991 wurde in den Bergen in der Nähe Otavis ein 13 Mio. Jahre alter Kieferknochen des *Otavipithecus namibiensis* entdeckt, eines hominoiden Großaffen, der als einer der potentiellen Vorfahren von Menschenaffen und Menschen gilt.

2011 eröffnete ein deutsches Unternehmen in dieser an Kalkstein und Ton reichen Gegend ein großes **Zementwerk**.

Otavi-Bergland und Gaub-Höhle

Nach Otavi ist das Bergland des Maisdreiecks benannt, das wegen der Hunderte von Millionen Jahren dauernden Erosionstätigkeit stellenweise wie ein Hochplateau mit einigen Gipfelrümpfen aussieht; die höchste Erhebung ist der **Groß-Otavi** mit 2069 m ü. M. Bezeichnend für die **Otavi-Berge** sind die hellen Kalkfelsen. In der Entstehungsgeschichte der Erde lag diese Region Namibias unter einem Meeresarm zwischen zwei Festlandsplatten; es bildete sich ein Kalkriff, das später beim Zusammenschieben der Platten aufgeworfen wurde und wahrscheinlich ein über 5000 m hohes Gebirge bildete. Die Erosion hat diesen Gebirgsstock nahezu eingeebnet.

In jüngerer Zeit, vor etwa 3 Mio. Jahren, setzte ein neuer Prozess der Gebirgsbildung ein: Eine feuchtere Klimaphase führte dazu, dass Wasser den Kalkstein auflösen und damit sowohl von außen wie auch von innen abtragen konnte. Der Prozess der Verkarstung dauerte bis vor etwa 10 000 Jahren und schuf Erosionsformen, die auch aus europäischen Karstregionen bekannt sind: Höhlen und Einsturztrichter, letztere teils mit Wasser gefüllt wie der Guinus-See und der Otjikoto-See.

Rechts: Der Förderturm der alten Kupfermine prägt weithin sichtbar die Silhouette von Tsumeb.

Eine der interessantesten namibischen Höhlen ist die fast 3 km lange **Gaub-Höhle** ❷ auf dem Gelände der **Ghaub-Gästefarm**, in der Nähe der aufgelassenen **Kombat-Mine** (Kupfer, Blei, Silber, Mangan) an der D3022. Die Besichtigung steht nach Voranmeldung jedem offen; den Schlüssel und die Genehmigung bekommt man bei der Farm. Allerdings sollte man einen kundigen Führer mitnehmen und mit Helm und Taschenlampe ausgerüstet sein. Noch wachsende Tropfsteine gibt es in diesem Höhlensystem zwar nicht – sie konnten in der jüngsten trockenen Klimaepoche nicht entstehen – Stümpfe älterer (abgebrochener) Stalaktiten sind aber noch zu erkennen.

Eine unterirdische Sensation, die nicht öffentlich zugänglich ist, birgt das 65 m tiefe **Drachenhauchloch**, nicht weit von der Gaub-Höhle: einen 26 000 m^2 großen unterirdischen See, dessen Wassertiefe 80 m beträgt – das größte unterirdische Gewässer der Welt.

★Tsumeb

Tsumeb kommt aus der Sprache der San; *tsomsoub* bedeutet „ein Loch im sandigen Boden". Der Karstboden um ★**Tsumeb** ❸ stellte die San also vor besondere Probleme bei der Wasserversorgung; er lieferte ihnen aber zugleich Kupfer, das sie an einem ominösen „grünen Hügel" schürften und bei den Ovambo gegen Salz und Eisen tauschten. Diese wiederum verhütteten es in Schmelzöfen und handelten damit dann mit den Herero und Damara. Die Verhüttung galt als ein magischer Prozess, der nur nachts durchgeführt werden durfte. Der Umgang mit Metall

 » Karte S. 200-201, Info S. 236-237

Foto: Thomas Stankiewicz

und Feuer war bestimmten Männern vorbehalten, deren Fähigkeiten bewundert wurden, die aber zugleich auch als unheimlich galten.

1851 erfuhr der schwedische Forscher und Abenteurer C. J. Andersson von dem kupferträchtigen Malachithügel, 1893 fand ihn der Prospektor M. Rogers. Mit dem Beginn des kommerziellen Kupferabbaus im großen Stil durch die deutsch-englische OMEG im Jahr 1905 wurde die **Kupfermine** zur Lebensader von Tsumeb; die Zeugnisse der Mine – OMEG-Direktionsgebäude, Fördertürme, die immer noch arbeitende **Kupferschmelze**, Maschinenhallen, Abraumhalden – sind im Stadtbild präsent. Die Erze (Blei, Kupfer, Zink, Silber) der Mine von Tsumeb sind ungewöhnlich massig und rein. Mineralienfreunde schätzen die Gegend besonders: Von den 243 in Tsumeb registrierten ★**Mineralien** – darunter Kobalt und wertvolles Germanit – kommen 56 nur hier vor, u. a. Feinglosit, Leiteit und Ludlockit. Bisher wurden rund 1,7 Mio. t Kupfer und 2,8 Mio. t Blei abgebaut. Der korkenzieherförmige Erzstock soll bis in 1700 m Tiefe reichen.

Nachdem der Tagebau am „grünen Hügel" nicht mehr rentabel war, bohrte die OMEG den knapp 600 m tiefen „Schacht Nr. 1"; der zweite, „De Wet Schacht", erschloss dann Lagerstätten in über 1000 m Tiefe. 1947 musste die OMEG ihren Besitz – Mine samt Stadt – an die amerikanische TCL (Tsumeb Corporation Ltd.) abtreten, die zuletzt Erz aus 1500 m Tiefe förderte. In den 1990er Jahren prägte das Sterben der TCL und schließlich, 1998, deren Konkurs das Leben im Ort; Arbeitslosigkeit schien alles zu ersticken. Heute arbeitet die Bergbaugesellschaft Weatherly Mines an der Erschließung neuer Erzlagerstätten, denn ab 2004 stiegen die Kupferpreise wieder. Tsumeb besitzt zudem eine Kupfererzverhüttungsanlage.

★★Tsumeb Museum

Trotz der Minenanlagen sieht Tsumeb (11 000 Ew., 1310 m ü. M.) hübsch, fast wie eine **Gartenstadt** aus: Jacaranda-

» Stadtplan S. 205, Info S. 236-237

Foto: Thomas Stankiewicz

bäume säumen die Straßen, in den Vorgärten der schmucken Einfamilienhäuser blühen Bougainvilleen, Rhododendren und Rosen. Die Stadt ist schachbrettartig in Streets und Roads gegliedert. An der Main Street findet sich die wichtigste Sehenswürdigkeit des Ortes: Das ★★**Tsumeb Museum** (1) in der 1915 erbauten ehemaligen Deutschen Privatschule beherbergt eine der interessantesten Sammlungen Namibias und ist untrennbar mit dem Namen Ilse Schatz verbunden. Die 1929 in Grootfontein geborene Deutsch-Namibierin lebte auf Farm Otjiguinas in der Nähe des Otjikoto-Sees (s. u.) und kam dort in intensiven Kontakt mit Haikom-San, die als Farmarbeiter angestellt waren. Sie lernte so deren Traditionen kennen und bekam auch Zugang zu nächtlichen Trance- und Heilungszeremonien. Sie schrieb ein sehr interessantes Buch über diese Zeit („Unter Buschleuten"),

Oben: Die Missionskirche St. Barbara in der Main Street ist der Schutzheiligen der Bergleute geweiht (Tsumeb).

das es in Windhoeker Buchhandlungen und im Museum zu kaufen gibt. 1975 gründete Ilse Schatz das Tsumeber Museum, das sich mit drei Aspekten der Region beschäftigt: der **Geologie**, die anhand von Schautafeln und Exponaten – darunter seltene **Mineralien** und **Kristalle** – ausführlich dargestellt ist; der deutschen **Kolonialgeschichte**, u. a. sind die 1915 im Otjikoto-See (s. u.) versenkten **Waffen** der Schutztruppe zu sehen; und der **Kultur der San** und anderer in der Region lebender Völker. Anschaulich zeigen z. B. Modelle der Hochöfen, wie die Ovambo das Kupfer verhütteten. Im Außengelände des Museums sind u. a. eine historische **Schmalspurlokomotive** und eine 100 Jahre alte fahrbare **Dampfmaschine** zu besichtigen.

Gegenüber, in der Post Street, steht eine weitere Institution Tsumebs, das ★**Minen Hotel** (2) – noch immer unter deutscher Leitung. Seine Attraktion ist der hübsche palmenbeschattete **Biergarten**, wo man Spezialitäten wie Kudu-Steak genießen kann; zudem lockt hier ein Swimmingpool.

In der nördlichen Parallelstraße, der 1st Street, steht einer der wenigen noch erhaltenen historischen Bauten, das 1910 errichtete **Direktionsgebäude** (3) der OMEG mit einem stolz die Stadt überragenden **Uhrturm**. 1913 wurde die Missionskirche **St. Barbara** (4) (Ecke Main und Ndikumani Cultural Troupe Street) gebaut; anders als die meisten namibischen Kirchen zeigt dieses katholische Gotteshaus nicht den neugotischen Stil, sondern klare, schlichte Linien mit nur etwas Fachwerkschmuck. Palmen und üppig wuchernde Büsche rahmen es ein.

Ein Alternativprogramm zum deftigen Essen des Minen Hotels serviert das **Etosha-Café** in der Main Street. Hier gibt es kleine Gerichte und Kuchen. Gleich nebenan befindet sich das **Arts & Crafts Center** (5), wo Besucher den Kunsthandwerkern bei der Herstellung der Souvenirs zusehen können.

» Stadtplan S. 205, Info S. 236-237

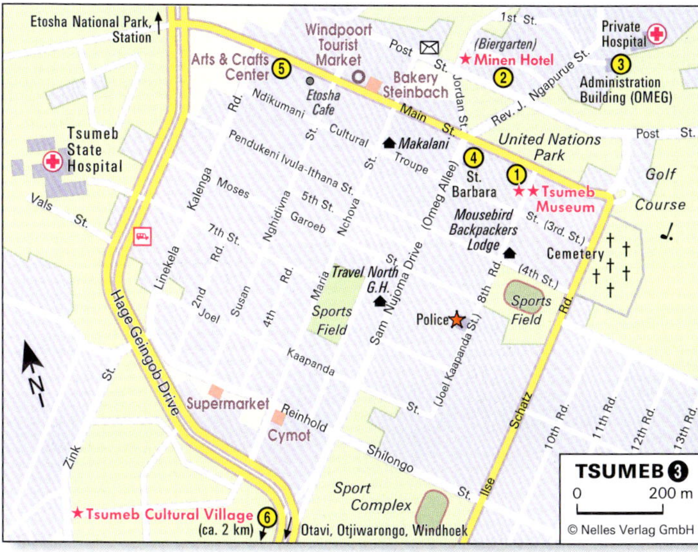

Rund 2 km in Richtung Otavi zeigt das Freiluftmuseum ★**Tsumeb Cultural Village** ⑥ traditionelle Wohnformen und Handwerk der in Namibia lebenden Volksgruppen der Nama, San, Herero, Ovambo, Himba, Damara, Caprivianer und Buren. Manchmal gibt es lokale Spezialitäten wie das aus Mahango-Hirse gebraute Bier zu kosten.

Die **Alte Mine** soll künftig Besuchern zugänglich gemacht werden.

Otjikoto-See

16 km auf der B1 Richtung Etoscha trifft man links der Straße auf den runden **Lake Otjikoto** ❹. Mit 100 m Durchmesser und 75 m Tiefe ist er ein eindrucksvolles Beispiel für einen Karstsee. Er entstand durch den Einsturz einer Höhle, deshalb besitzt er auch so steile, fast senkrecht abfallende Ufer; dann füllte sich der unter Grundwasserniveau reichende Trichter mit Wasser. Rund 20 km entfernt gibt es einen weiteren, noch größeren und tieferen Dolinen-See, den **Lake Guinas**. Beide sind die einzigen natürlichen Seen Namibias. Sie dienten seit Jahrtausenden den hier lebenden Völkern als Wasserreserve und wurden 1851 von Andersson entdeckt. Die OMEG-Minengesellschaft ließ 1907 am Otjikoto-See eine Pumpanlage errichten und sein Wasser in die Erzminen pumpen. Die **Dampfmaschine**, die die Pumpen antrieb, steht noch. 1915 versenkten die deutschen Truppen vor ihrer Kapitulation Waffen und schweres Gerät im See. Was daraus geborgen werden konnte, ist im Museum von Tsumeb zu sehen. Da der See auf privatem Farmgrund liegt, muss man Eintritt bezahlen; an einem **Kiosk** bekommt man Getränke.

★Grootfontein

★**Grootfontein** ❺ (29 000 Ew., 1460 m ü. M.), die Stadt am südöstlichen Punkt des Mais-Dreiecks, wurde von den Herero „Leopardenhügel", von den San „Große Quelle" genannt – und diese spendet bis heute Wasser. 1884 ließen sich die **Dorslandtrekker** hier

Foto: Harald Mielke

am Rand der Sümpfe nieder. Diese Buren-Gemeinschaft hatte ihre Heimat Transvaal verlassen, weil sie nicht unter britischer Herrschaft leben wollte, und war ab den 1870er Jahren nordwärts gezogen, u. a. durch die Kalahari, wo Viele verdursteten. Mehrmals versuchten die „Durstland"-Trekker, Land zu erwerben, wurden aber jedes Mal vertrieben. In Südangola fanden sie dann eine vorläufige Heimat, aber nicht die ersehnte politische Autonomie. 1884 erreichten sie in Verhandlungen mit einem Ovambo-Herrscher, Land im Kupfer-Dreieck besiedeln zu dürfen. Dort gründeten sie 1884 die burische Republik **Upingtonia**. Aber auch hier war den Buren kein Glück beschieden, denn die Herero beanspruchten das Gebiet ebenfalls, und nachdem die deutsche Kolonialverwaltung den Erzreichtum erkannt hatte, wurde die Buren-Republik 1887 der deutschen Kolonie eingegliedert. Dennoch verzichteten die meisten Familien darauf, ihren Treck fortzusetzen, blieben hier in der Region und profitierten zum Teil später, unter südafrikanischer Verwaltung, von der Enteignung deutscher Farmer.

1893 erhielt ein britisches Bergbauunternehmen die Lizenz zum Kupferabbau, und 1896 errichtete die Schutztruppe ein Fort. Damit war die Stadt Grootfontein gegründet, deren wichtigstes wirtschaftliches Standbein im 20. Jh. die (heute stillgelegte) **Berg-Aukas-Mine** wurde, die neben Blei auch Zink, Vanadium und seltene Kristalle wie z. B. Descloizit lieferte.

Die ★**Alte Feste** sieht – trotz einiger Um- und Anbauten – noch heute sehr wehrhaft aus und beherrscht auf ihrer Anhöhe das emsige Farmerstädtchen. In den historischen Räumen residiert das sehenswertes ★**Museum zur Kolonialgeschichte** mit historischem Arbeitsgerät, Fotografien, Dokumenten (u. a. die Erstanalyse des Hoba-Meteoriten), Uniformen und Waffen. Auch die **Mineraliensammlung** mit exotischen

Oben: Im Otjikoto-See bargen Taucher von Deutschen 1915 versenkte Waffen. Rechts: Der Hoba-Meteorit ist der größte der Welt.

 » Karte S. 200-201, Info S. 236-237

Foto: Friedrich H. Köthe

Kristallen (u. a. vom Berg Aukas) ist interessant. Im Hof kann man die **Werkstatt eines Wagenmachers** und eine **Schmiede** besichtigen.

★Hoba-Meteorit

Rund 25 km westlich von Grootfontein ist der größte Meteorit der Welt zu bestaunen: der **★Hoba-Meteorit** ❻. Er ist ca. 3 m lang, zwischen 55 cm und 100 cm stark und wiegt rund 60 t. Eingeschlagen hat der Eisenbrocken vor 80 000 Jahren – dass er dabei nicht in Tausende von Einzelteilen zersprang, macht ihn zu einer Sensation. Entdeckt hat ihn 1920 der Bauer der Hoba-Farm: Er stieß beim Pflügen auf eine aus dem Kalkstein herauslugende Ecke des Außerirdischen, brach ein Stück ab und ließ es von dem Wissenschaftler Jacobus Brits untersuchen. Der Eisenklotz besteht aus 82,4 % Eisen, 16,4 % Nickel und 0,76 % Kobalt, ist also ein nickelreicher Ataxit. Er ist in ein kleines Ausstellungsareal integriert; sonderbarerweise hat er keinen Krater gebildet.

OTJOZONDJUPA

Nachdem die San von den einwandernden Völkern der Herero, Nama, Ovambo und schließlich auch der Weißen immer weiter an den Rand ihres ursprünglichen Schweifgebiets gedrängt worden waren, blieb ihnen nur noch die Kalahari als Lebensraum und Rückzugsgebiet. Unter südafrikanischer Ägide wurde schließlich im Zuge der Homeland-Politik eine im Nordosten Namibias liegende Region zum „**Buschmannland**" bestimmt. Hauptort dieses früheren Homelands war Tsumkwe, rund 265 km östlich von Grootfontein. Bis heute leben dort die meisten namibischen San, viele noch in traditionellen Familiengemeinschaften und kleinen Dörfern im Busch.

Wichtigstes Entwicklungshilfeprojekt in der Region um Tsumkwe ist die von der *Nyae Nyae Foundation* betreute *Conservancy*, ein privates Schutzgebiet, in dem die San noch ihrer traditionellen Jagd mit Pfeil, Bogen und Speer nachgehen können. Die Entwicklungshelfer

» Karte S. 200-201, Info S. 236-237

ermuntern die San aber außerdem, Viehzucht und Ackerbau zu betreiben. In jüngster Zeit haben die San von Nyae Nyae mehrere Touristencamps aufgebaut, von denen aus die Übernachtungsgäste mit den Jägern auf Pirsch gehen.

Die Strecke von Grootfontein nach Tsumkwe führt durch eine relativ dicht mit Buschwerk bewachsene Ebene. Mit Passieren des **Veterinärzauns** (s. S. 209) verlässt man das Farmland, die Zäune verschwinden, und man findet sich in freier Natur wieder. Kurz nach dem Tor der „Disease Control" wurden links der C44 unter Initiative der Living Culture Foundation Namibia (www.lcfn.info) zwei **Lebende Museen** ❼ aufgebaut, die durchaus einen Besuch wert sind. Bereits 2004 wurde das **Lebende Museum der Ju/'Hoansi** gegründet. Hier erhält man einen Einblick in das traditionelle Leben der San. Es gibt ein kleines Museum, und man kann an Kulturprogrammen (z. B. zum Handwerk) und an Buschwanderungen) teilnehmen. Das **Lebende Jagd-Museum** ermöglicht einen Einblick in die traditionellen Jagdtechniken der San. Beide können ohne Voranmeldung besucht werden.

Tsumkwe und Nyae Nyae

Ausgangspunkt für Allrad-Touren in die Schutzgebiete Nyae Nyae und Kaudom ist **Tsumkwe** ❽, der Hauptort des früher so genannten „Buschmannlandes". Eine **Lodge**, eine **Missionsstation**, zwei Läden mit **Kunsthandwerk der San**, eine oft „trockene" Tankstelle und gleich mehrere *bottle stores* bilden die Infrastruktur dieses Ortes. Unter den in Tsumkwe wohnenden San ist Alkoholismus tragischerweise stark verbreitet und ein großes Problem. Der Verlust von Traditionen, Familienverband und Lebensraum führt allzuoft direkt in die verhängnisvolle Trunksucht.

Prominentester San aus Tsumkwe war N!xau, der als Hauptdarsteller im Film „Die Götter müssen verrückt sein" in den 1980er Jahren weltberühmt wurde. Nachdem er in fünf Filmen mitgespielt hatte, kehrte N!xau nach Tsumkwe zurück und starb, mittlerweile an Tuberkulose erkrankt, 2003 beim Jagen.

Rund 10 km südlich liegt die ★**Nyae Nyae Conservancy** mit der **Nyae-Nyae-Pfanne**, in der nach Regenfällen Wasser steht. Die San haben um die Pfanne mehrere **Camps** eingerichtet; **Makuri** und **Djokhoe** liegen in der Nähe riesiger **Baobabs**.

Der **Grenzübergang** nach Botswana, 50 km östlich von Tsumkwe, ist geöffnet, die Weiterfahrt in Botswana ist allerdings nur mit 4x4-Fahrzeugen möglich.

Khaudum-Nationalpark

Der **Khaudum-Nationalpark** ❾ wurde erst 1989 unter Naturschutz gestellt. Das knapp 4000 km² große Gebiet 50 km nördlich von Tsumkwe grenzt im Osten an das Nachbarland Botswana.

Die beiden parallel von Süd nach Nord verlaufenden, sehr schlechten Hauptpads durch den Park sind jeweils rund 120 km lang und durch Querpisten verbunden. Für die direkte Route durch den Wildpark nach Norden an den Okavango muss man mit mindestens zwei Tagen Fahrtzeit rechnen und offiziell im Konvoi mit einem zweiten Fahrzeug fahren. Alle Fahrwege sind tiefsandig und können nur von hochbeinigen Geländewagen mit Sandausrüstung bewältigt werden – auch hier ist man in der Kalahari, obwohl die Vegetation sehr dicht ist.

Mehrere Trockenflussbetten, hier *Omiramba* genannt, durchziehen den Khaudum-Nationalpark, parallel zu den kaum wahrnehmbaren Sandrippen der Kalahari-Dünen. Sie streben alle auf das Okavango-Delta im benachbarten Bo-

Rechts: Zwei junge Tüpfelhyänen im Khaudum Game Reserve.

» Karte S. 200-201, Info S. 236-237

Foto: Camerapix

tswana zu. In der Regenzeit saugt sich ihr torfmoorartiger Grund mit Wasser voll, das er dann in der Trockenzeit an die trockenen Böden der Umgebung abgibt.

Im Khaudum-Nationalpark erlebt man afrikanische Wildnis pur. Zeitweise leben über 500 **Elefanten** im Kaudom, ebenso zahlreiche **Giraffen**. Zu den Raubtieren zählen **Löwen**, **Leoparden**, **Tüpfelhyänen** und **Afrikanische Wildhunde** (Hyänenhunde). Tiere sind im Busch jedoch nur schwer auszumachen; einfacher ist es an den **Wasserstellen**, besonders in der Trockenzeit. Ein Erlebnis ist die Begegnung mit der größten Antilope Namibias, dem **Eland** (Elen). Zahlreich sind auch die Vögel, darunter Raubvögel wie **Weißrückengeier** und **Schlangenadler**.

Man sollte das Fahrzeug nach Möglichkeit nicht verlassen: Die zahlreichen Raubtiere sind im dichten Busch bestens getarnt! Und auch innerhalb der nicht unterhaltenen Camps ist immer mit Elefanten, Löwen und Hyänen zu rechnen, ganz besonders bei Nacht.

OKAVANGO-REGION

Wer auf den Abstecher ins Buschmannland verzichtet, fährt von Grootfontein auf der **B8** nordostwärts in Richtung Rundu. Auch wer den Ausflug nach Tsumkwe unternommen hat, sollte sich wegen der schwierigen Sandpisten und mangelhaften Infrastruktur im Kaudom-Park überlegen, ob er nicht besser nach Grootfontein zurückkehrt.

Einzige Unterbrechung auf der B8 ist das Tor der **Disease Control**, wo der **Veterinärzaun** das kommerzielle Farmland vor der Maul- und Klauenseuche schützt. Diese Unterteilung in seuchenfreies Farmland und den Norden stammt aus den 1960er Jahren. Der Zaun sollte verhindern, das durch Wanderungen beziehungsweise Transport von Wild, Vieh und Fleisch von Nord nach Süd Viehseuchen übertragen werden.

Jenseits der *Red Line* ist vieles anders: kleine Siedlungen, parzellierte Felder, Bars und Läden finden sich am Straßenrand. Dort beginnt die relativ regen-

» Karte S. 200-201, Info S. 236-237

reiche **Okavango-Region**, Namibias schwarzafrikanische Seite.

Rundu

Besiedlung und Verkehr werden immer dichter, je näher man der lebhaften Flussstadt **Rundu** ⑩ (über 80 000 Ew.) am Ufer des **Okavango**, der Hauptattraktion Rundus, kommt. Er entspringt im zentralangolanischen Hochland als **Cubango** und bildet auf einer Länge von rund 400 km die Grenze zwischen Angola und Namibia, bevor er sich nach Süden wendet, um in Botswana im Okavango-Delta in der Kalahari zu versickern.

Der Fluss ist die Lebensader der Region; seine Flut im März/April bringt Wasser und Fruchtbarkeit. Die hier lebenden Menschen vom Volk der Kavango bauen dann in den Überschwemmungsgebieten Sorghum-Hirse und Reis an.

Da die Holzschnitzerei eine lange Tradition hat, gibt es an Straßenständen und auf dem großen afrikanischen **Markt** u. a. auch Tierfiguren zu kaufen. Hübsches Kunsthandwerk bekommt man auch bei der Kooperative **Mbungura Woodcraft** in Rundus Ortszentrum.

Zahlreiche **Lodges** in Rundu und Umgebung liegen nahe oder direkt am Fluss, Übernachtungsgäste können schöne Sonnenuntergänge genießen, mit einem Führer **Bootsfahrten** unternehmen oder zur **Tierbeobachtung** fahren. Vor allem die **Vogelwelt** ist mit prachtvollen und seltenen Exemplaren wie z. B. der Grünen Fruchttaube vertreten. Im Okavango zu baden ist allerdings nicht ratsam: Die **Krokodile** sind stets hungrig.

Rechts: Flusspferde bevölkern die Gewässer des Caprivi-Zipfels. Sie gelten als die für unvorsichtige Menschen gefährlichsten Säugetiere Afrikas.

CAPRIVI-ZIPFEL

Rund 180 km sind es von Rundu am Okavango entlang bis zum **Caprivi-Zipfel** (**Caprivi Strip**) – 1890 so benannt nach dem damaligen deutschen Reichskanzler Leo von Caprivi, der für den Erwerb dieser Region u. a. auf deutsche Gebietsansprüche an der von den Briten begehrten Küste Kenias verzichtete. Dieser 32 bis 90 km breite, 460 km lange Korridor sollte die beiden Kolonien Deutsch-Ostafrika (Tansania) und Deutsch-Südwestafrika über den Wasserweg des **Sambesi** miteinander verbinden – dass das Naturhindernis der Viktoriafälle das unmöglich macht, wusste Kaiser Wilhelm II. in Berlin nicht. Der östliche Teil des Zipfels stellt heute die Region Sambesi dar; der westliche Teil gehört zur Region Kavango-Ost. Im Caprivi-Konflikt 1999 versuchte die CLA (Caprivi Liberation Army) vergeblich, die Unabhängigkeit dieses Landstrichs zu erkämpfen; der daraus resultierende Hochverratsprozess endete erst 2015.

Galeriewälder versperren meist den Blick auf den Fluss; **Rundhüttendörfer** stehen auf Lichtungen, Frauen stampfen Hirse, Kinder spielen Fußball und freuen sich über jedes Fahrzeug, dem sie zuwinken können. Afrikanisches Idyll, doch dahinter stehen Probleme: Landwirtschaft allein kann die Menschen kaum ernähren; zu unberechenbar sind Niederschläge und Überschwemmungen. Die Landflucht ist groß und die Chance, in den Städten ein besseres Leben zu finden, gering. Da auf der B8 der Schwerlastverkehr vom Hafen Walvis Bay durch den Caprivizipfel in die Nachbarländer verläuft, ist die Prostitution entlang der Straße und somit die HIV-Rate ein enormes Problem.

Der Caprivi Strip grenzt im Norden an Angola und Sambia, im Osten an Simbabwe, im Süden an Botswana. Durchflossen wird er vom Okavango, als Grenzflüsse gesellen sich Kwando / Linyanti / Chobe (im Süden) und Sambesi (Nordosten) hinzu. Im Bereich des Cap-

 » Karte S. 200-201, Info S. 236-237

Foto: Camerapix

rivi Game Park verlaufen viele *Omiramba* (Trockenflussbetten) von Nordwest nach Südost auf das Okavango-Delta zu. Die Kalahari-Böden sind sandig und von dichter Vegetation bewachsen; im Überschwemmungsgebiet der Flüsse erstrecken sich Sümpfe mit artenreicher Pflanzen- und Tierwelt.

Der Caprivizipfel ist Kommunalland im Besitz der Gemeinschaft und wird von deren Oberhaupt zur Pacht vergeben. Die kleinen Anbauflächen reichen nur für den Eigenbedarf. Um Zusatzeinkommen zu schaffen, versucht der Staat, die Gemeinden in den Naturschutz einzubinden. Das zuständige Ministerium schuf den **Bwabwata National Park** aus einem Zusammenschluss des ehemaligen **Caprivi Game Park** im westlichen Caprivi und des kleineren Naturschutzgebiets **Mahango**. International eingebunden wurde der Bwabwata Park in den **Transfrontier Park KAZA** (Kovango-Zambezi), der grenzübergreifend auf namibischem, sambischem, simbabwischem, botswanischem und angolanischem Gebiet liegt.

Die in der Region siedelnden Volksgruppen sind von soviel Naturschutz nicht begeistert, schließlich trampeln ihnen Elefanten regelmäßig die Felder nieder, Raubtiere reißen das Vieh und attackieren gelegentlich auch Menschen, und diese dürfen nichts dagegen unternehmen. Damit sie das Wild und den Nationalpark als Einkommensquelle akzeptieren, sollen sie langfristig in Tourismusprojekte eingebunden werden. Einige gibt es bereits, so z. B. das Lizauli Traditional Village (s. S. 215) und mehrere von den lokalen Gemeinschaften betriebene Campsites. Zudem können Dorfgemeinschaften *Conservancies* einrichten, in denen sie eigenverantwortlich die Hege und den Schutz der Tier- und Pflanzenwelt übernehmen. Dafür werden Wildwarte und Guides ausgebildet, Lodges und Camps eingerichtet.

Neben den Einnahmen aus Übernachtungen und Pirschfahrten mit Touristen kommen den Gemeinden auch die hohen Abschussgebühren, die Trophäenjäger zahlen müssen, zugute.

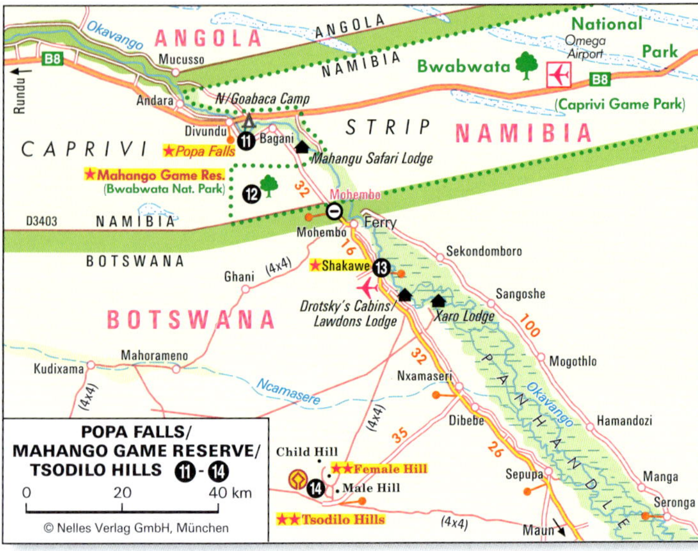

★Popa Falls und ★Bwabwata National Park

Beim Ort **Divundu** wendet sich der Okavango, der die nördliche Grenze des Caprivi-Zipfels begleitet, nach Südosten und auf Botswana zu. Der mächtige Fluss wird auf einer **Brücke** überquert. Vor der Brücke geht es nach rechts zu den Wasserfällen Popa Falls und in den Mahango-Wildpark. Dieser Straße weiter nach Südosten folgend, passiert man die Grenze zu Botswana und gelangt entlang dem Panhandle, dem nördlichen Lauf des Okavango in Botswana (s. S. 213), zu den San-Felsbildern der Tsodilo Hills und an den Westrand des Okavango-Deltas.

Die ★**Popa Falls** ⓫ sind eher als **Stromschnellen** denn als Wasserfälle zu bezeichnen, aber dennoch sehenswert. Unweit der Fälle liegt ein **Camp** der Namibia Wildlife Resorts; Tagesbesucher sind von Sonnenauf- bis -untergang zugelassen und können sich auf Holzstegen dem über eine insgesamt 4 m hohe Quarzit-Stufe sprudelnden Wasser des Okavango nähern, der hier eine stolze Breite von über 1 km erreicht. Im Fluss leben **Flusspferde** und **Krokodile**; man wird sie tagsüber aber kaum zu Gesicht bekommen. Die Flusspferde kommen nachts gerne zum Grasen an Land; wer im Camp übernachtet, sollte darauf achten, nicht in die Fluchtlinie der Tiere zum Wasser zu geraten, denn das löst eine geradezu panische Reaktion aus. Flusspferde sind sehr schnell, und wenn sie sich bedroht fühlen, sehr aggressiv. Die meisten tödlichen Wildunfälle in Afrika passieren mit Flusspferden! Eine Übernachtungsalternative an den Fällen bietet das von NACOBTA unterstützte **NGoabaca-Camp** einer San-Gemeinschaft nördlich der Stromschnellen.

Rund 250 km^2 groß war das ehemalige ★**Mahango Game Reserve** ⓬ – fast ein Zwerg im Vergleich zu anderen namibischen Wildparks – nun offiziell mit dem **Bwabwata National Park** zusammengelegt. Es ist landschaftlich erstaunlich abwechslungsreich und besitzt eine große Artenvielfalt. Von Nor-

» Karte S. 212, Info S. 236-237

den einfahrend durchquert man lichte Mopanebaum-Savanne, die dann am Okavango, der die Ostgrenze des Reservats bildet, in Galeriewälder und in mit Riedgras bestandene Sumpfgebiete übergeht. Eine besondere Attraktion ist die Gruppe mehrerer mächtiger **Baobabs** über dem Okavango, etwa auf halber Strecke, in deren Schatten man eine Rast einlegen kann. Hier am Fluss, in dem **Flusspferde** und **Krokodile** leben, ist besonders die Vogelwelt interessant: verschiedene **Reiherarten** wie der Braunkehlen- und der Rotbauchreiher, der Papyrusrohrsänger und der Klunkerkranich halten sich gerne in den mit Papyrus bewachsenen sumpfigen Zonen auf, während man am Ufer die putzigen **Glanzstare** beobachten kann. Zu den im Mahango vorkommenden Wildarten zählen Sitatungas, die **Sumpfantilopen**, die sich allerdings nur selten zeigen. Ein weiterer scheuer Bewohner des Mahango ist die schöne **Rappenantilope** (engl.: *sable*) mit ihren majestätisch gebogenen, sichelförmigen Hörnern. **Wildhunde** und **Leoparden**, seltener Löwen, sind ebenfalls im Mahango zuhause. In der Trockenzeit wird man sicher **Elefanten** sichten, da sie hier noch Wasser finden, während weiter nördlich im Caprivi die Wasserstellen bereits ausgetrocknet sind.

Abstecher nach Botswana: ★★Tsodilo Hills

Die weitere Strecke vom Mahango Game Reserve nach Botswana ist ab der Grenze asphaltiert; die Stichstraße zu den Tsodilo Hills ist eine gute Gravelroad. Ansonsten sind die Pisten in dieser Gegend tiefsandig und kaum unterhalten. **Panhandle**, Pfannenstiel, heißt der Abschnitt des Okavango-Flusses zwischen der Grenze nach Botswana und seiner Auffächerung im Binnendelta.

Etwa 10 km nach dem Grenzübertritt erreicht man den Ort ★**Shakawe** ⓭ mit seinem berühmten ★**Mokoro-Hafen**. Mokoros heißen in Botswana die aus einem einzigen Holzstamm gearbeiteten, schmalen Boote, die hier aufgereiht am Hafen liegen, um Fischer zur Arbeit, Passagiere über den Fluss oder Touristen zu einer kleinen Rundfahrt zu transportieren. Kurz hinter Shakawe befinden sich zwei **Lodges** am Flussufer, die Wild- und Vogelbeobachtungsfahrten auf dem Okavango organisieren. Der Fluss fließt hier breit und träge durch parkähnliche Landschaft, gesäumt von Galeriewäldern und Baumsavanne.

Rund 30 km nach Shakawe trifft man auf die Abzweigung zu den ★★**Tsodilo Hills** ⓮, einem UNESCO-Welterbe. Die vier bis zu 400 m hohen Quarzithügel, 40 km westlich der Teerstraße, erheben sich urplötzlich über die flache Kalahari-Landschaft: es sind dies **Male Hill** (mit Löwendarstellung), also der „Mann"; ★★**Female Hill**, die „Frau" (erschlossen durch den empfehlenswerten Rundweg **Rhino Trail**); und **Child Hill**, das „Kind", sowie eine weitere, etwas abseits liegende Erhebung, die „verstoßene erste Ehefrau".

Rund 9 km^2 der insgesamt 22 km^2 Felsfläche dieses mystischen Ortes sind mit über 4500 ★★**Felsbildern** – darunter viele Nashörner, Giraffen, Elandantilopen und Jagdszenen – bemalt; ihr Alter kann nicht genau bestimmt werden, liegt aber wohl um 1000 Jahre. Funde belegen für die Region allerdings die Anwesenheit von Steinzeitjägern schon vor 100 000 Jahren. Ab etwa 400 v. Chr. haben die Menschen hier Straußeneier bearbeitet und daraus winzige Plättchen geschnitten, wie es die San heute noch tun.

Seit Mitte des 19. Jh. leben zwei Volksgruppen im Umkreis von Tsodilo: eine Gemeinschaft von Kung-San, die möglicherweise die jüngsten Bilder, Reiter auf Pferden, schufen, und eine der Bantu-stämmigen Mbukushu. Der deutsche Geograf Siegfried Passarge besuchte Tsodilo 1898 und fertigte erste Zeichnungen der Felsbilder an.

Die San betrachten Tsodilo Hills als Wohnstatt von Geistern ihrer Ahnen

7 Nordosten

Foto: Camerapix

und von Göttern. Wer sich den Hügeln nähert, muss bestimmte Vorkehrungen treffen und darf nicht getötet haben. Der südafrikanische Schriftsteller Laurens van der Post, der Tsodilo Hills 1958 in *Die verlorene Welt der Kalahari* beschrieb, erlebte mehrere eigenartige Zwischenfälle, als er bei den Hügeln kampierte. Nachdem ihn seine San-Führer darauf aufmerksam machten, dass ein Begleiter van der Posts ein Warzenschwein erlegt und das Tabu gebrochen hatte, vollzog die Gesellschaft das dafür vorgesehene Reinigungsritual, und der Spuk hörte auf.

Die lokale San-Gemeinschaft betreut das kleine **Museum** im **Visitor Centre** unweit des **Campingplatzes** (keine Versorgungsmöglichkeit), an dem man das Fahrzeug abstellen und zu Fuß weitergehen muss. Hier kann man auch einen kundigen **Führer** engagieren, der die Besucher zu den schönsten Felsbildern begleitet.

Oben: Die Frauenkooperative Mashi Crafts in Kongola erzeugt und verkauft solche Caprivi-typischen Korbflechtarbeiten. Rechts: Im Lizauli Traditional Village.

Rund 70 km sind es vom Abzweig zur nächsten Siedlung **Etsha**, wo man meist Treibstoff und Nahrungsmittel bekommt; nach weiteren 180 km durch Botswana gen Süden trifft man in **Sehithwa** auf die Hauptstraße nach **Maun**, Ausgangspunkt für den Besuch des Okavango-Deltas (s. S. 227).

Trans Caprivi Highway / Bwabwata National Park

Nach dem Abstecher nach Popa Falls und dem Mahango Wildreservat folgt nun die recht monotone Fahrt auf dem asphaltierten **Trans Caprivi Highway**, der **B8**, durch den dicht bewaldeten, **ehemaligen West Caprivi Game Park**, der heute Teil des **Bwabwata-Nationalparks** ist.

Auf den folgenden knapp 200 km von Divundu bis Kongola gibt es links und rechts der Straße nicht viel zu sehen; die Durchfahrt auf der B8 ist gratis. Aufmerksamkeit ist geboten, denn unvermittelt kann Wild die Straße queren. **Paviane**, kleine **Antilopen**, **Warzenschweine**, vor allem aber **Elefanten** sind hier unterwegs, was man alleine schon an den riesigen Dunghaufen allerorten erkennen kann. Das Abfahren von der Hauptstraße ist allerdings verboten, so dass intensive Wildbeobachtung kaum möglich ist.

Kongola

Mit Hilfe von NACOBTA haben am östlichen Ende des Bwabwata-Nationalparks, im ehemaligen *Susuwe Triangle*, die lokalen Gemeinschaften zwei **Campingplätze** mit Wildbeobachtungsplattformen aufgebaut, **Bum Hill** (am Nationalpark-Gate) und **Nambwa** (ca. 20 km südlich, nahe der Flussschleife des Kwando). Dieses Dreieck liegt im Überflutungsgebiet des Kwando und ist außerordentlich wildreich. Unter mächtigen Dolfholz-, Sambesiteak- und

Foto: Friedrich H. Köthe

Ahnenbäumen liegen einfache Camp-Stellen; die **Beobachtungsplattformen** von Bum Hill sind in die Bäume gebaut. **Elefanten** „auf Besuch" gehören hier zur Tagesordnung, und nachts können durchaus auch einmal Hyänen oder gar Leoparden vorbeischauen. Diese **Camps** und einige **Lodges** südwestlich von Kangola sind bislang die einzigen Unterkunftsmöglichkeiten. Die weitere Entwicklung des Bwabwata-Parks unterstützt Deutschland finanziell.

Kurz vor dem „Ort" **Kongola ⓯** – bestehend aus Tankstelle, Polizeistation, Supermarkt und einigen Häusern – überquert die B8 den aus Angola kommenden **Cuando/Kwando** (von den Einheimischen **Mashi** genannt) auf der **Kongola Bridge**. Vor der Brücke zweigt die Sandpad nach Süden zum Camp Nambwa ab. Am Ortseingang von Kongola gibt es bei ★**Mashi Crafts** sehr schöne Korbflechtarbeiten zu kaufen. Über 200 Flechterinnen arbeiten für dieses Projekt; ihre Produkte werden auch in Katima Mulilo und Windhoek vertrieben.

Östlich des Flusses beginnt die **Verwaltungsregion Sambesi**.

★Mudumu National Park

Dem Lauf des **Kwando** nach Südosten folgend erreicht die **C49** das Zugangstor zum Mudumu-Nationalpark. Am Weg liegen mehrere **Lodges** und ein einfacher, von der lokalen Gemeinschaft unterhaltener Zeltplatz, **Kubunyana Campsite**.

Kurz vor dem Nationalpark befindet sich das ★**Lizauli Traditional Village ⓰**, ein „Ethno-Musterdorf", in dem die **Bafue**, eines der vielen Völker im Caprivi, Besuchern ihren Alltag und ihr Brauchtum zeigen: Traditioneller Hausrat und die Zubereitung von Mahango-Brei werden anschaulich präsentiert; die jungen Mädchen führen einige Tänze auf, und beim Heiler wird man in den Geheimnissen magischer Medizin unterwiesen. Es gibt auch von den Bafue hergestellte Souvenirs zu kaufen, und natürlich wird ein Obolus für die Besichtigung erwartet. Lizauli war eines der

» Karte S. 216, Info S. 236-237

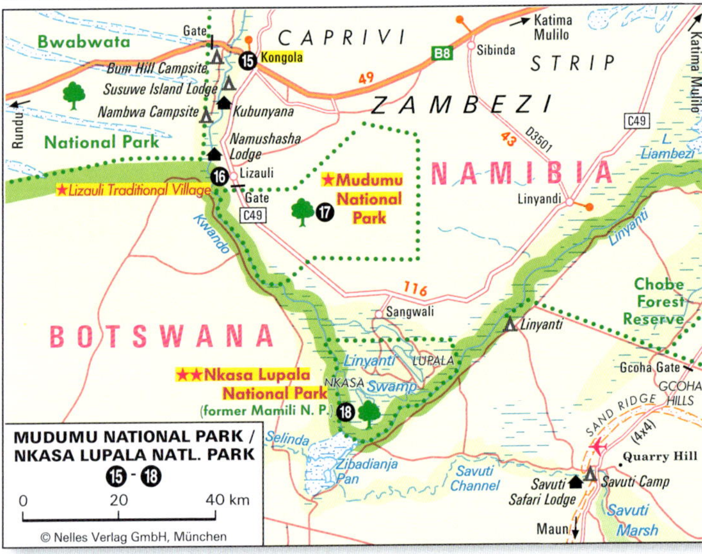

ersten Projekte des Community Based Tourism in Namibia und ist bis heute sehr ertragreich für die Gemeinschaft.

Der 1000 km² große ★**Mudumu-Nationalpark** ⓱ wurde 1990 eingerichtet. Seine Landschaften reichen von lichten Mopane-Trockenwäldern über die schilfbestandenen **Ufer des Kwando** bis zu den **Sümpfen** des sich auffächernden Flusses im Süden. Die Pisten sind zumeist tiefsandig bzw. in den Überschwemmungsgebieten sumpfig und nur mit geländegängigen Fahrzeugen befahrbar.

Im Mudumu-Park leben große Herden von **Elefanten**, Kudus, Pferde- und Rappenantilopen; in den Überschwemmungsgebieten kann man mit etwas Glück Sitatungas, die Sumpfantilopen mit ihrem langen, zotteligen Fell, beobachten. Sie können ausgezeichnet schwimmen und sind in der Lage, ihre Hufe zu spreizen; damit schaffen sie eine größere Auflagefläche auf morastigem Untergrund. An und in den Wasserläufen sind Krokodile und Flusspferde zu sehen.

Besonders artenreich ist die ★**Vogelwelt**: Klunkerkraniche, Brachschwalben, Angola-Mönchskuckucke, Namaspechte, Malahit-Eisvögel und Große Goldweber sind nur einige der vielen gefiederten Bewohner von Grasland, Sümpfen und Gewässern. Im Mudumu-Nationalpark kann man auch **Büffeln** begegnen. Sie existieren ansonsten nur noch auf dem Waterberg Plateau.

Tagesbesucher dürfen sich von Sonnenauf- bis -untergang in Mudumu aufhalten.

★★Nkasa Lupala (Mamili) National Park

Die **C49** führt nördlich am ★★**Nkasa Lupala Nationalpark** ⓲ (vormals **Mamili**) vorbei. Dieses sumpfige Naturschutzgebiet ist, wenn überhaupt, nur mit Geländewagen zu befahren; die meisten Besucher gehen in Mamili deshalb per **Boot** auf Wildbeobachtung. Gebildet wird der Nationalpark vom „Knie" des **Kwando**, der sich südlich der C49 zunächst in mehrere Arme

» Karte S. 216, Info S. 236-237

auffächert, dann einen scharfen Knick macht und nach Nordosten weiterfließt. Er wechselt nicht nur die Richtung, sondern auch seinen Namen und heißt dann **Linyanti**.

Das durch den Fluss begrenzte und seine Seitenarme bewässerte bzw. überschwemmte, 320 km^2 große Dreieck ist Namibias größtes, unter Naturschutz stehendes **Feuchtgebiet**. Durch den Selinda-Kanal, der im Knick nach Südwesten abzweigt, ist dieses Flusssystem mit dem Okavango-Delta verbunden. In guten Regenjahren gelangt Wasser aus dem Delta durch den Kanal bis in den Kwando/Linyanti. Der Fluss ändert seinen Namen übrigens noch einmal: Ab dem Lake Liambezi, nach 120 km als Linyanti, heißt er Chobe und mündet dann in den Sambesi.

Der Park kann es an Schönheit und Wildreichtum mit dem botswanischen Okavango-Delta aufnehmen, obwohl es viel kleiner ist. Altwasser, Tümpel, Sümpfe, dazwischen Grasinseln und Galeriewälder formen eine einzigartige Landschaft, in der die Grenzen zwischen Land und Wasser verschwinden. Die Hauptinseln heißen **Nkasa** und **Lupala**. Die Pirschfahrten finden, ausgehend von den außerhalb des Parks befindlichen Lodges (im Park gibt es nur zwei einfache Zeltplätze), meist per Boot statt. **Elefanten**, **Löwen**, **Warzenschweine** und **Giraffen** sieht man an den Ufern der Wasseradern; **Flusspferde** und **Krokodile** sowie **Fleckenhals-Otter** und die dem Wasser angepassten Antilopenarten **Sitatunga**, **Rote Moorantilope** (Red Lechwe) und **Wasserbock** sind zu erspähen; die vielfältige ★**Vogelwelt** reicht vom eleganten Klunkerkranich bis zum putzigen Papyrusrohrsänger.

Am Sambesi

Katima Mulilo

Hinter dem Mamili-Nationalpark wendet sich die **C49** nach Nordosten und strebt nahezu parallel dem Lauf des **Linyanti** folgend auf die Hauptstadt des Caprivi, **Katima Mulilo** ⓳ (28 000 Ew.), zu. Hier trifft man erstmals auf einen der größten und legendärsten Ströme Afrikas, den **Sambesi** – und mit etwas Glück auch auf wilde Elefanten.

Der Ort Katima Mulilo verdankt seine heutige Größe den südafrikanischen Besatzern; hier lag deren Hauptquartier für den Kampf gegen die aus Angola und Sambia operierenden SWAPO-Einheiten. Das Militärpersonal, das in Lagern rund um Katima und auf dem Gebiet des damaligen Caprivi Game Park stationiert war, kam nach Katima zum Einkaufen oder um hier seine freien Tage zu verbringen.

Nach dem Abzug der Südafrikaner erlebte die Stadt einen Absturz, den der aufkeimende Tourismus nur mildern konnte. Die prekäre Sicherheitslage Ende der 1990er Jahre, als aus Angola operierende UNITA-Rebellen im Caprivi Dörfer, Lodges und Touristenfahrzeuge überfielen, machte den Fremdenverkehr zunichte. Hinzu kam 1999 der Versuch von Separatisten, die Autonomie des Caprivi-Zipfels zu erkämpfen – die Stadtbevölkerung floh nach Botswana.

Seit 2002 gilt der Caprivi wieder als sicher, und die Touristenzahlen steigen. Ein zweites wirtschaftliches Standbein verdankt Katima der 2004 eröffneten **Sambesi-Brücke**, die für den Lkw-Verkehr nach Sambia und für Reisende auf dem Weg nach Livingstone zu den Viktoriafällen eine immense Erleichterung darstellt.

Katima Mulilo ist im Zentrum eine schwarzafrikanische Kleinstadt mit einem großen, lebhaften Markt und einem **Arts and Crafts Center**. Hier gibt es Holzschnitzereien, Korbwaren, Lederarbeiten und vieles mehr zu kaufen. Kunsthandwerk bietet außerdem auch die **Informationsstelle Tutwa Tourism** an.

Auf dem ★**Markt** handeln die Menschen mit lokalen Produkten wie Hirse, Mais oder Stockfisch; Obst und Gemü-

7 Nordosten

» Karte S. 216 u. S. 200-201, Info S. 236-237

se sind zu Pyramiden aufgetürmt; fliegende Händler versuchen lautstark, T-Shirts, Zigaretten, Zeitungen oder Lose an den Kunden zu bringen.

In Katima treffen sich Vertreter der vielen Volksgruppen, die im Caprivi und in den an den Landstreifen grenzenden Ländern leben, z. B. **Lozi**, **Mbukushu**, **Fwe** und **Subia**. Gemeinsame Verkehrssprache ist das Silozi, da die Lozi die kleineren Gruppen des Caprivi politisch lange dominierten. Durch kulturelle Überlagerungen haben die Menschen im Caprivi ein sehr ungewöhnliches Verwandtschaftssystem, das sowohl die väterliche (patrilineare) als auch die mütterliche (matrilineare) Linie berücksichtigt.

Reisende, die ihre Vorräte aufstocken möchten, finden in Katima einen sehr gut sortierten OK-Supermarkt und mehrere Tankstellen vor.

Eine Institution ist das **Protea Hotel Zambezi River** am Ufer des breiten, träge dahinströmenden Flusses, in dessen Mitte die Grenze zu Sambia verläuft. Zum Hotel gehören ein Campingplatz und ein **Restaurant**, das auch Durchreisenden offen steht. Berühmt ist die „schwimmende" **Sundowner-Bar** auf dem Sambesi. Hier genießen Gäste wie Besucher den Sonnenuntergang über dem Fluss bei einem kühlen Bier oder einem Glas Wein.

Östlich von Katima fächert sich der Sambesi in mehrere Arme auf, die ein relativ breites, im Süden bis an den Chobe reichendes Feuchtgebiet bilden. Nach starken Regenzeiten überflutet der Sambesi die Region, die Orte sind dann teils wochenlang von der Umwelt abgeschnitten.

Eine im Weiler **Bukalo** abgehende Pad (D3509) führt 37 km weit durch das Überflutungsgebiet nach **Schuckmannsburg (Lohonono)**. Hier vertrat Kurt Streitwolf als Abgesandter der deutschen Kolonialverwaltung von 1909 bis 1911 zusammen mit Feldwebel Ansorge die Territorialansprüche des Deutschen Reiches im Caprivizipfel. Die Malaria machte Hauptmann Streitwolf schwer zu schaffen, und sein Nachfolger regte 1911 deshalb die Verlegung des Postens nach Katima Mulilo an, was ihm aber nicht gewährt wurde. 1914 ergab sich der deutsche Statthalter bei Ausbruch des 1. Weltkriegs kampflos den auf dem gegenüberliegenden Ufer des Sambesi in Mwandi stationierten Briten. Aus der Kolonialzeit ist im heutigen Dorf Schuckmannsburg nur ein sehr kleines Ziegelgebäude erhalten.

Rechts: Schreiseeadler sind am Chobe-Fluss in der Abenddämmerung häufig zu hören.

Am Chobe

Die Hauptstrecke von Katima Mulilo nach Botswana und Simbabwe führt auf der **B8** entlang dem Westrand des Sambesi-Überschwemmungsgebiets zum Grenzort **Ngoma** ⓴ am **Chobe**. Jenseits des Flusses, an dem in der Abenddämmerung der markante Ruf des **Schreiseeadlers** ertönt, beginnt dann der botswanische Chobe-Nationalpark.

Nach Erledigung der namibischen Ausreiseformalitäten in Ngoma überquert man den Chobe-Fluss auf der **Ngoma Bridge** und wird im gleichnamigen Ort in **Botswana** vom Grenzpersonal empfangen.

Weiter ostwärts geht es auf der (nicht kostenpflichtigen) Straße durch den botswanischen ★★**Chobe-Nationalpark** (s. S. 223) nach Osten bis zu dem vom Durchreise- und Safari-Tourismus lebenden botswanischen Grenzort **Kasane** ㉑ (s. S. 223) am sogenannten „**Vierländereck**" – auch wenn die Grenzen von Sambia, Simbabwe, Botswana und Namibia geografisch nicht ganz exakt aneinanderstoßen.

An der Ostspitze des Caprivi-Zipfels mündet der **Chobe** in den **Sambesi**. Diese beiden Flüsse rahmen hier mit ihren Nebenarmen ein zu **Namibia** gehörendes Dreieck ein, das unter dem Namen ★**Impalila Island** ㉒ bekannt ist – erreichbar nur per Boot von Kasane

» Karte S. 200-201, Info S. 236-237

Foto: Günter Ziesler (Tierbildarchiv Angermayer)

(Botswana) aus. Auf der Insel liegt die Luxusunterkunft Impalila Island Lodge mit Gourmetküche. Mit dem Mokoro, dem traditionellen **Einbaum**, geht es von Impalila durch den Kasai-Kanal zum Chobe, an den am späteren Nachmittag große **Elefantenherden** zum Trinken kommen. Wer gerne angelt, kann von Impalila aus Jagd auf den **Tigerfisch** machen. Ornithologen können unter den über 400 auf der Insel und in den Gewässern vorkommenden Arten seltene **Vögel** wie die Afrikanische Fischeule, den Afrikanischen Scherenschnabel oder den Smaragdkuckuck sichten. Geführt von erfahrenen Lozi-Guides können Gäste auf Impalila Island auch **Naturwanderungen**, z. B. zu einem angeblich 2000 Jahre alten **Baobab**, unternehmen oder **Lozi-Dörfer** besuchen.

Auf namibischer Seite säumen weitere sehr komfortable und exklusive, ebenfalls nur von Kasane erreichbare Unterkünfte das Nordufer des Chobe-Flusses, darunter die **King's Den Lodge** und die **Sambesi Queen**, ein Flussschiff mit acht Kabinen.

SIMBABWE / SAMBIA

★★Viktoriafälle

Von Kasane ist nach rund 80 km durch **Simbabwe** Victoria Falls erreicht.

Die zweite Hälfte der Strecke verläuft im **Zambezi National Park** (s. S. 223), wo man die Straße in der Baumsavanne häufig mit Elefanten und anderem Wild teilt.

Die Geschichte des Ortes **Victoria Falls** (Vic-Falls), begann im November 1855 mit der Ankunft des Missionars und Forschungsreisenden Dr. David Livingstone (1813-1873) an den **★★Viktoriafällen** ㉓; jener Stelle, die die hier lebenden Makololo *Mosi-o-tunya* („donnernder Rauch") nannten. Was er von den spektakulären, zu Ehren der britischen Königin Victoria benannten Fällen des Sambesi berichtete, brachte touristische Initiativen auf den Weg. 1903 wurde der erste Andenkenladen eröffnet.

So richtig kam der Tourismus in Gang, als 1905 die Eisenbahnbrücke der

Foto: Camerapix

Bahnlinie „Vom Kap nach Kairo" über die Sambesi-Schlucht fertig gestellt war, und 1906 empfing das heute noch existierende noble Victoria Falls Hotel seine ersten Gäste.

Seinen großen touristischen Aufschwung erlebte Victoria Falls in den 1960er und 1970er Jahren, als eine Vielzahl weiterer Unterkünfte entstand. Bis heute scheint das Städtchen keinem anderen Zweck zu dienen, als Besucher zu beherbergen, sie zu ernähren, auszustatten, durch alle möglichen Abenteueraktivitäten für den Thrill zu sorgen und sie, beladen mit Souvenirs, wieder zu verabschieden.

Viele innersimbabwische Wirtschaftsflüchtlinge versuchen im letzten noch Einkommen versprechenden Ort Simbabwes ihr Glück; man sollte hier ganz besonders auf sich und seine Wertsachen achten.

Oben: Die Viktoriafälle; die Brücke verbindet Simbabwe mit Sambia und dient Bungee-Springern als Basis. Rechts: Das Victoria Falls Hotel bewirtet seit 100 Jahren stilvoll seine Gäste.

Auch auf der anderen, der sambesischen Seite der Fälle, bei **Livingstone**, gibt es Unterkünfte, so etwa die großen, noch relativ neuen, luxuriösen **Sun-Hotels**, und auch in **Sambia** gibt es einen Aussichtspunkt, nahe der Sambesi-Brücke. Die Stadt Livingstone liegt 8 km nördlich der Fälle, hat rund 160 000 Einwohner, etliche Kolonialstilbauten, Hotels, Lodges und Camps und ist Standort des historisch orientierten **Livingstone Museum** sowie des **Railway Museum**, wo noch einige der alten, ausrangierten Schmalspurloks vor sich hin rosten.

Erkundung der Viktoriafälle

Die zum UNESCO-Welterbe erklärten Viktoriafälle sind eines der größten Naturwunder Afrikas. Der bis zu 1700 m breite **Sambesi** ist der Grenzfluss zwischen Simbabwe und Sambia und mit 2660 km Länge der größte Strom im südlichen Afrika. Vor den Fällen fließt er träge dahin, Flusspferde tummeln sich in ihm, bis er plötzlich – für manch uner-

» Plan S. 222, Info S. 236-237

fahrenes Hippo allzu plötzlich – 110 m in die Tiefe stürzt, um unten in der im Zickzack verlaufenden ★**Schlucht** seinen Weg über Stromschnellen fortzusetzen.

Je nach Wasserstand steigt die **Gischt** der Fälle über die Abbruchkante hinauf, während oder kurz nach der Regenzeit im April/Mai 400-500 m hoch, und ist dann bis zu 60 km weit sichtbar – wenn der Fluss so viel Wasser führt, sind allerdings auf der simbabwischen Seite die Hauptfälle hinter diesem Gischtvorhang nur noch zu ahnen. Selbst in trockenen Jahren sind so viele Tröpfchen in der Luft, dass die Besucher der Fälle an ihren **Aussichtspunkten** unterhalb und gegenüber des Abbruchs schnell völlig durchnässt sind, Regenponcho und Kameraschutz sind deshalb nötig. Die Feuchtigkeit hat um die Fälle einen richtigen kleinen **Regenwald** mit Schlingpflanzen, Flechten, Orchideen Vögeln und Schmetterlingen entstehen lassen.

Auf der **simbabwischen Seite**, im gebührenpflichtigen (30 US$) **Victoria Falls National Park**, erinnert ein bronzenes **Standbild** an den Entdecker **David Livingstone**. Dort, beim **Devils Cataract** (dem westlichsten Abschnitt der Fälle), genießt man einen tollen ★★**Ausblick** auf die ganze Länge des Naturschauspiels. Ein **Aussichtsweg** führt ostwärts, vorbei an den ★★**Main Falls**, den **Horseshoe Falls** und den **Rainbow Falls**, zum **Danger Point**, der einen Nahblick auf **Armchair Falls** und den sambischen **Eastern Cataract** bietet.

Auf der **sambischen Seite** führt ein ebenfalls gebührenpflichtiger (20 US$), spektakulärer **Aussichtsweg** über eine schmale Brücke zu **Knife's Edge** und weiteren atemberaubenden Aussichtspunkten, auch ist der Abstieg zum **Boiling Pot** in der Schlucht möglich. Im November / Dezember versiegt der sambische Eastern Cataract zwar meist; im April / Mai hingegen, bei Wasser- und Gischt-Höchststand, ist der Blick

Foto: Victoria Falls Hotel (Mowani; Visions of Africa)

auf die Fälle von der sambischen Seite aus oft besser.

Besichtigungen in Victoria Falls

Neben den Fällen zählt Victoria Falls mit der nördlich gelegenen **Spencer Creek Crocodile Ranch** eine Krokodilfarm zu seinen Attraktionen. Ein Teil der gezüchteten Tiere darf seine Haut behalten und wird ausgewildert; anderen zieht man das Leder ab, das zu Taschen, Gürteln und Schuhen verarbeitet wird.

Im **Traditional Living Village** können Besucher sehen, wie die Makololo und Ndebele der Region traditionell leben. Außerdem gibt es hier – wie auch auf dem großen **Curio Market** in der Nähe – alle erdenklichen Souvenirs zu erstehen.

Ein Muss in Victoria Falls ist der **Nachmittags-Tee** im noblen ★**Victoria Falls Hotel**. Das nostalgische Traditionshaus liegt unweit der Fälle und serviert pünktlich und formvollendet britischen *five o'clock tea* auf dem gepflegten Rasen.

» Plan S. 222, Info S. 236-237

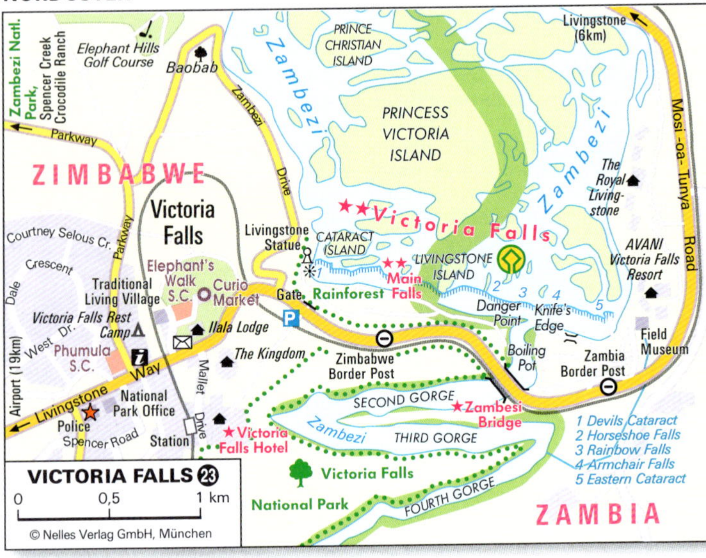

Nervenkitzel-Aktivitäten

Eine Vielzahl reizvoller und spannender Aktivitäten wird rund um die Fälle angeboten, so der berühmte ★★**Flight of the Angels**, ein Rundflug mit einem Hubschrauber oder einem Ultraleichtflieger.

Wasserratten können zwischen Rafting, Kanu- und Kayaktouren wählen, wobei das ★★**White Water Rafting** durch die Stromschnellen der Schlucht unterhalb der Fälle sicherlich zu den adrenalinträchtigsten Unternehmungen gehört. Abhängig von Niedrigstand (November / Dezember mit 20 Millionen Liter pro Minute) oder Hochwasser (April / Mai mit 550 Mio. Liter pro Minute) des Sambesi beträgt der Schwierigkeitsgrad II-VI.

Wem dieser nicht ganz ungefährliche Nervenkitzel noch nicht genügt, der springt von der ★**Sambesi-Brücke** zwischen Simbabwe und Sambia 111 m in die Tiefe – an einem **Bungee**-Seil, das hoffentlich den Sturz rechtzeitig bremst. Am 31.12.2011 riss es jedoch beim Sprung einer Australierin, die den Unfall jedoch auf wundersame Weise überlebte.

Oder man schwingt auf dem **Zambezi Gorge Swing**, 75 m über der Sambesi-Schlucht, auf einem 135 m langen Drahtseil hin und her.

Bei all diesen Aktivitäten gilt: Ein Restrisiko bleibt!

Rechts: White Water Rafting in der Sambesi-Schlucht unterhalb der Viktoriafälle ist ein feucht-fröhliches Vergnügen, aber nicht ganz ungefährlich.

Safaris

Ruhigere Naturen können ★**Sundowner Cruises**, also Bootsfahrten zum Sonnenuntergang mit Dinner auf dem trägen Flussabschnitt oberhalb der Abbruchkante, wo die Hippos baden, unternehmen oder auf **Elephant Hills Golf** mit Elefanten um die Wette einputten.

Auf Elefanten reiten kann man ebenfalls in der Nähe von Victoria Falls: Die **Elephant Back Safaris** eröffnen ein

» Plan S. 222, Info S. 236-237

Foto: Camerapix

völlig neues Naturerlebnis, denn auf dem Rücken eines Dickhäuters kommt man scheuem Wild näher als in einem Fahrzeug.

Ganz traditionell gibt es hier aber auch **Pferde-Reitsafaris**. Und wer schon immer einmal mit jungen Löwen spazieren gehen wollte, hat beim **Lion Encounter** dazu die denkwürdige Gelegenheit.

Westlich von Victoria Falls erstreckt sich der wildreiche **Zambezi National Park**, den man bereits bei der Anfahrt durchquert und dabei sicherlich schon Tiere gesehen hat. Verschiedene Veranstalter und Lodges organisieren **Game Drives** in das Naturschutzgebiet, darunter auch die oben erwähnten Elefantensafaris.

BOTSWANA

★★Chobe-National Park

Der Ort **Kasane** (s. S. 218) ist das Tor zum ★★**Chobe-Nationalpark** ㉔, bekannt für seine großen **Elefantenherden** mit insgesamt vermutlich 60 000 Tieren. Gleich mehrere hiesige **Safarilodges** unterschiedlicher Kategorien organisieren hier für ihre Übernachtungsgäste **Game Drives** in den Nationalpark – nicht nur mit Geländewagen, sondern auch per Boot auf dem **Chobe River**. Sehenswertes gibt es in Kasane selbst nicht, abgesehen von einem großen **Baobab** mit ausgehöhltem Stamm. Supermarkt und Tankstelle bieten die Möglichkeit, vor der Weiterfahrt durch das nun folgende unwegsame Gebiet bar jeglicher Versorgungsmöglichkeit die Vorräte aufzufüllen.

Auch im Park selbst gibt es **Unterkunftsmöglichkeiten**, zumeist luxuriöse Zeltcamps mit allem Komfort, von denen aus Pirschfahrten unternommen werden. Auch einfache, vom Staat unterhaltene Campingplätze sind vorhanden, aber nicht mit den gepflegten Anlagen Namibias zu vergleichen. Da die Elefanten ohnehin jede nicht bewachte Infrastruktur binnen kürzester Zeit zerstören, bestehen die Camps meist aus wenig mehr als einem gerodeten Platz

» Karte S. 225, Info S. 236-237

Foto: Günther Lahr

mit Überresten der ehemaligen Sanitäranlagen. Wie die meisten Lodges sind auch die Zeltplätze nicht eingezäunt. Das Wild kann also ungehindert durchwandern und tut dies auch. Deshalb sollte man sich stets mit großer Um- und Vorsicht bewegen und vor allem nachts das Zelt bzw. Fahrzeug nicht verlassen.

Die Übernachtung in einer der **Lodges** – im Park liegen **Chobe Game Lodge** und **Muchenje** – oder in einem der komfortablen **Zeltcamps** sollte rechtzeitig reserviert werden; auch für die staatlichen **Campingplätze** in **Ihaha**, **Savuti** und **Linyanti** benötigt man eine Reservierung der Nationalparkverwaltung.

Am **Sedudu Gate** wird Eintritt erhoben und der Nachweis einer gebuchten Übernachtung kontrolliert.

Die asphaltierten **Hauptstraßen** Kasane – Ngoma (Transit nur tagsüber, 48 km) und Kasane – Nata verlaufen teils im Chobe-Nationalpark, sind aber nicht gebührenpflichtig.

Oben: Auf Game Drives per Boot im Chobe-Nationalpark kann man häufig Krokodile beobachten.

Wer Wild sehen möchte, wählt besser die am besonders elefantenreichen ★**Chobe-Ufer** nach Westen entlangführende **Piste**, die wie alle anderen Pisten in Chobe nur mit Geländefahrzeug befahren werden kann.

Die trockenen Monate von August bis Oktober eignen sich besonders gut zur Wildbeobachtung.

Landschaftszonen im Chobe-Nationalpark

Der Chobe-Nationalpark besteht aus vier unterschiedlichen Landschaftszonen: Westlich des Einfahrtstores liegt der **Serondela** genannte Uferstreifen entlang dem **Chobe River**, dessen charakteristische **Galeriewälder** aus Mahagoni-Bäumen, Baobabs, Teak-Bäumen und Mangostan die Ufer beschatten. Fast immer sind hier **Elefanten** beim Baden und Trinken zu beobachten. Häufig halten **Krokodile** an der Uferböschung Mittagsschlaf, im Fluss dösen

» Karte S. 225, Info S. 236-237

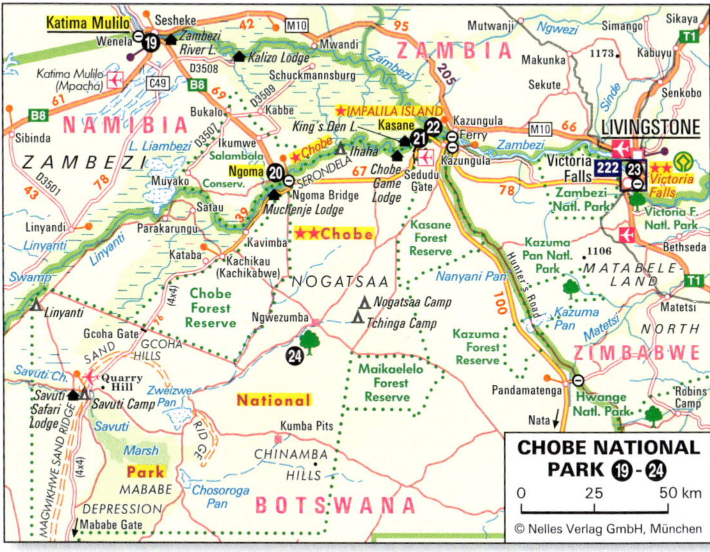

Flusspferde, seltene Wasservögel flattern umher.

Weiter südwestlich erstreckt sich die semiaride **Savuti-Ebene** mit dem Savuti-Kanal, einer trocken gefallenen Wasserader, die nach Westen hin an der **Magwikhwe Sand Ridge** – einer fossilen Kalahari-Düne – endet. Mehrere Dolomit-Hügel akzentuieren die ansonsten flache Landschaft, zu der auch das Feuchtgebiet der **Savuti-Sümpfe** gerechnet wird.

Savuti ist berühmt für seine **Löwen**, denen man bei Pirschfahrten ganz nahe kommen kann; zahlreiche **Antilopen** und wie überall in Chobe große **Elefantenherden** sind hier ebenfalls zu sichten.

Von Savuti nach Norden erreicht man die **Linyanti-Sümpfe**, die auf der namibischen Seite den Mamili-Nationalpark bilden und sich südlich des Chobe auch auf botswanisches Territorium erstrecken. Marula-, Mopane- und Mangostanbäume bilden zusammen mit Akazien und Baobabs die dichte Vegetation, in der viele **Vögel** nisten. Zwischen **Papyrusinseln** verbergen sich **Flusspferde** und **Krokodile**.

Ein besonderes Erlebnis ist die jährliche **Zebra-Wanderung** von weit über 20 000 Tieren zwischen Linyanti und der Savuti-Ebene. In der Trockenzeit ziehen die Herden nach Norden und kehren nach dem Einsetzen des Regens wieder zurück.

Der östliche Teil des Chobe-Nationalparkes, **Nogatsaa**, besteht aus Grassavanne und Trockenwald; das Klima ist trocken und heiß, Wasser ist selten und steht nur periodisch in den Pans. Zwischen Mopane- und Combretumbäumen finden **Eland- und Pferdeantilopen** gute Deckung.

Die Elefanten des Chobe-Nationalparks

Im gesamten Chobe-Nationalpark sind große Wildherden beheimatet. Rund **60 000 Elefanten** soll es geben, was die von den grauen Riesen angerichteten Zerstörungen – umgestürzte und ausgerissene Bäume verwandeln

Chobe streckenweise in eine Mondlandschaft – und die riesigen Dunghaufen anschaulich belegen. Da die Tiere in der Trockenzeit stets auf der Suche nach Wasser sind und sie es mit ihren feinen Sinnesorganen auf weite Entfernung wittern können, sind die Brunnen und Sanitärinstallationen der Camps und Lodges ihr vorrangiges Ziel. Früher versuchten die Naturschutzbehörden, die Anlagen durch Palisadenzäune zu schützen, was nur noch größere Zerstörungen zur Folge hatte. Heute lässt man das Wild ungehindert durch das Gelände ziehen und legt künstliche Wasserstellen an.

Die Verwüstungen, die zunächst wie die Folge eines sinnlosen Wütens aussehen, sind ökologisch durchaus wichtig. Kleinere Tiere kommen dank der Elefanten an das sonst für sie unerreichbare Blattwerk der Bäume heran; die Stämme zerfallen schließlich zu Nährstoffen und düngen den Boden. Auch der Elefantendung ist noch nützlich: Vögel oder Warzenschweine finden darin Nahrung wie zum Beispiel unverdaute Beeren.

Die Naturschutzbehörden haben die Aufgabe, das ökologische Gleichgewicht im Auge zu behalten: Werden die Elefantenherden zu groß, verdrängen sie anderes Wild aus ihrem Lebensraum, und die Natur kann sich von den Zerstörungen nicht mehr ausreichend erholen. Um den Bestand konstant zu halten, wird deshalb die überschüssige Zahl von Elefanten oder anderer Wildarten zum *culling* freigegeben. Das bedeutet: kontrollierter, staatlich reglementierter Abschuss, der meist Trophäenjägern überlassen wird, wodurch die Naturschutzbehörde oder Hegegemeinschaft, auf deren Grund geschossen wird, ein willkommenes zusätzliches Einkommen erzielt – ein kleiner Trost für die ursprünglichen Bewohner der Region, San, Basubiya und Batawana, die dem Nationalpark weichen und auf die traditionelle Jagd verzichten mussten.

Oben: Elefantenherden prägen das Bild des Chobe-Nationalparks.

» Karte S. 225, Info S. 236-237

★★Okavango-Delta

Der Okavango

Südwestlich des Chobe-Nationalparks verzweigt sich der von Angola via Namibia kommende Okavango in viele Wasseradern, die ganzjährig 6000 km² der sandigen Kalahari-Böden bedecken und nach der Flut ein dreimal größeres Areal unter Wasser setzen. Anders als die meisten anderen afrikanischen Ströme mündet der Okavango, mit 1600 km Länge drittgrößter Fluss im südlichen Afrika, nicht im Meer, sondern verliert sich in der Wüste. Das Delta zählt zum UNESCO-Welterbe.

Die südwestlichsten Ausläufer des Großen Ostafrikanischen Grabenbruchs zwingen den Fluss eben dort, wo er die Grenze zwischen Namibia und Botswana überschreitet, durch eine Verwerfung in sein **Panhandle** genanntes, nach Südosten gerichtetes Bett, das nach 90 km auf eine Barriere stößt: An dieser **Gomare-Falte** teilt sich der Okavango in mehrere Arme und fächert sich zu einem **Binnendelta** auf, dem größten der Welt. Hier gibt es kaum noch Höhenunterschiede (auf über 250 km lediglich 65 m), die Strömung des Okavango wird schwächer, die Wasser breiten sich aus, bilden Sümpfe und versickern schließlich im Kalahari-Sand. Die verbleibenden Flussarme werden 250 km südlich des Panhandle-Endes durch eine neue, die **Thamalakane-Falte** gestoppt, das Wasser des **Thamalakane-Flusses** aufgenommen und durch den Lake River zum **Ngami-See** transportiert.

Die jährliche Flut

Die jährliche Flutung des Deltas beginnt mit den Sommerregen ab Ende Oktober im angolanischen Hochland, wo der Okavango als Cubango entspringt. Der Fluss schwillt an, und die Flut erreicht um den Februar herum Shakawe am Panhandle; ab Mai hat sie den größten Teil des zentralen Deltas gefüllt und auch die südlichen Regionen überschwemmt. Frühestens im Juli ist die Flut auch in Maun (siehe unten), dem Verwaltungszentrum der Okavango-Region, angekommen. Es dauert bis Dezember, bis der Fluss erneut seinen Tiefststand erreicht.

Der Anblick des überschwemmten Deltas ist besonders bei einem ★★**Rundflug** sehr eindrucksvoll, doch für die Wildbeobachtung ist die Flut die falsche Jahreszeit. Die Herden finden dann nämlich überall ausreichend Wasser und unternehmen weite Wanderungen. In der Trockenzeit hingegen konzentrieren sie sich an den Wasser führenden Armen und Kanälen, wo man sie gut beobachten kann.

Unterwegs im Okavango-Delta

Die Anfahrt durch den Chobe N. P. von Ngoma im Norden erfolgt auf einer nicht unproblematischen, teils tiefsandigen, Allradantrieb erfordernden Piste ohne Versorgungsmöglichkeiten (Ngome – Maun: 315 km; die ersten 40 km (Ngoma – Kachikau) sind geteert). Vollständig asphaltiert ist die (längere) Anfahrtsstrecke Kasane – Nata – Maun. Auch die Anfahrtsrouten Shakawe – Maun und Ghanzi – Maun sind geteert.

Zugänglich ist das Okavango Delta per **Fahrzeug** nur im Osten, über das **Moremi Wildlife Reserve** (s. S. 229). Von Süden bzw. Maun kann man in der Trockenzeit ebenfalls ein Stück nach Norden in die Außenbereiche des Deltas fahren. Einen Zugang von Westen gibt es nicht. Der **ständig überflutete nördliche Teil** ist nur per **Boot** – meist einfache, mit Stroh ausgekleidete **Einbäume** – oder **Flugzeug** erreichbar.

Im gesamten Delta, auch im Moremi Wildlife Reserve, unterhalten Safari-Veranstalter kleine komfortable **Camps**, von denen sie mit ihren Übernachtungsgästen auf Pirschfahrten, Wanderungen oder Bootsfahrten gehen; die Gäste fliegen von Maun ein.

Maun

Maun ㉕ (30 000 Ew.) ist Hauptstadt des Distrikts Ngamiland, wie der nordwestliche Teil Botswanas heißt, und Ausgangs- und Endpunkt der meisten Touren ins Okavango-Delta.

In dieser lebhaften Kleinstadt haben sich die Menschen längst auf das Geschäft mit dem **Delta-Tourismus** eingerichtet. Es gibt mehrere **Campingplätze**, einfache und anspruchsvollere **Hotels** und **Lodges**. Außerdem sitzen hier alle Reiseunternehmen, die im Delta operieren. Vom Flughafen starten kleine Cessnas zu ★★**Delta-Rundflügen** oder um Passagiere zu ihrem Camp zu bringen.

Angeboten werden auch preiswerte **Mokoro-Touren** in den südlichen Randbereich des Deltas, unweit von Maun; die gebührenfreie Ditshipi-Region ist aber bei weitem nicht so wildreich wie das innere Delta und durch den unkontrollierten Tourismus stark geschädigt.

Gegründet wurde Maun 1915 von den baTawana als Hauptstadt ihres Königreichs. Der Ort war von Anfang an Stützpunkt für alle, die ins Okavango-Delta wollten, damals vor allem Jäger und einige Händler. Erst der aufkeimende Tourismus gab wirtschaftliche Impulse, die aus der staubigen Siedlung im Nirgendwo eine aufstrebende Kleinstadt machten.

Heute säumen moderne **Supermärkte** (unter anderem Shoprite, SPAR, Choppies), **Tankstellen** und ein **Hotel** die Hauptstraße, während im nördlich davon liegenden Viertel rund um den **Flughafen** die Reiseagenturen residieren.

Die Sehenswürdigkeiten lassen sich an einer Hand aufzählen: Da ist die ★**Old Matlapaneng Bridge** ①, die alte, aus Holzbohlen errichtete Brücke über den **Thamalakane River**, früher der einzige Weg nach Norden ins Delta. Links und rechts im Fluss kann man **Krokodile** und **Flusspferde** sehen, und es ist noch gar nicht so lange her, dass

Rechts: Auf Safari im Moremi Wildlife Reserve – unterwegs zu den schlammbadenden Dickhäutern.

» Stadtplan S. 228, Info S. 236-237

Foto: Günther Lahr

sogar Wild diesen Weg über den Fluss nutzte. Schon seit dem Jahr 1992 gibt es ein Stück östlich eine wesentlich modernere Brücke.

Im **Nhabe Museum** (2) geben Ausstellungsstücke einen Überblick über die Kultur der baTawana und der San. Das angeschlossene **Bailey Art Center** verkauft qualitätvolles Kunsthandwerk aus der Region.

Das nur 8 km² messende **Maun Game Reserve** (3) ist nicht mit den großen Nationalparks zu vergleichen, bietet dem Besucher aber die Möglichkeit, auf eigene Faust und ohne Führer das am Thamalakane gelegene Naturschutzgebiet zu erkunden. **Antilopen**, **Giraffen**, **Zebras**, **Gnus** und viele seltene **Vögel** sind im Riedgras am Flussufer zuhause.

Etwa 12 km nach Südwesten in Richtung Toteng befindet sich die **Okavango Swamps Crocodile Farm**, die ebenfalls besichtigt werden kann.

Rund 10 km nördlich werden auf der **Ostrich Farm** Strauße gezüchtet, auch hier sind Besucher willkommen.

★★Moremi Wildlife Reserve

Das 5000 km² große ★★**Moremi Wildlife Reserve** (26) schließt südwestlich an Chobe an und bedeckt den Ostteil des Okavango-Binnendeltas, 1/5 des Überflutungsgebietes. 30 % des Nationalparks ist Festland, der Rest temporäre und permanente Wasserflächen. Hauptattraktionen sind die Region der **Hippo Pools** am North Gate und **Chief's Island** im Südwesten, das nur per Boot zu erreichen ist.

Das Naturschutzgebiet war ursprünglich von **baNoka**, auch Fluss-San genannt, bewohnt. Sie sind Jäger und Sammler wie ihre Verwandten aus der Kalahari, nur dass nicht Wüste, sondern Wasser ihren Lebensraum bildet. Ab Ende des 18. Jh. setzten sich die **baTawana** im Delta fest; Chief's Island wurde Jagddomäne ihrer Könige. Nach dem Tod von König Moremi III. wurde 1963 ein Teil des baTawana-Landes in einen Nationalpark umgewandelt und dieser nach dem Herrscher benannt. Somit ist Moremi Wildlife Reserve das erste von

» Stadtplan S. 228, Karte S. 200-201 u. S. 230, Info S. 236-237

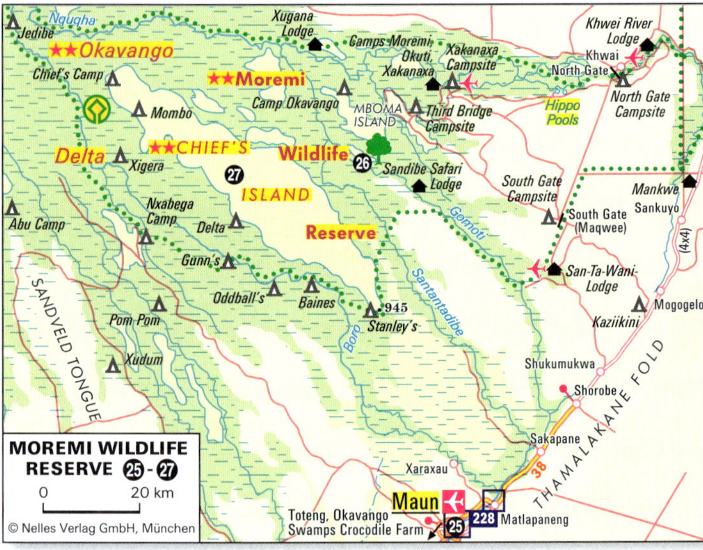

Einheimischen initiierte Schutzgebiet in Afrika. Die baNoka leben heute in kleinen Siedlungen am Rand von Moremi, so auch im Dorf **Khwai** am nördlichen Tor.

Was über den Chobe-NP zu sagen ist, gilt auch für Moremi. **Elefanten**, **Zebras**, **Giraffen**, die seltenen **Sitatunga-** und **Roten Moor-Antilopen**, **Impalas**, **Kudus**, **Gnus** und **Rappenantilopen**, **Paviane**, **Geparde**, **Warzenschweine** und **Löwen**, **Krokodile** und **Flusspferde** sind zu sichten; sogar dem scheuen und in freier Wildbahn nur schwer zu beobachtenden **Leoparden** kann man hier begegnen. Moremi besitzt 30 % des gesamten afrikanischen Bestandes an **Hyänenhunden**. Diese nächtlichen Jäger sind vielerorts vom Aussterben bedroht, hier aber haben sich die Bestände dank gezielter Hege sehr gut erholt. Ornithologisch Interessierte finden in den Sümpfen, Trockenwaldzonen und Lagunen von Moremi ein reiches Beobachtungsfeld. Wie in Chobe fehlt auch in Moremi eine Wildart, die früher in dieser Region häufig vorkam: Schwarze und Weiße Nashörner wurden so massiv gewildert, dass sie auszusterben drohten. Die letzten Exemplare wurden eingefangen und in ein Rhino-Schutzgebiet gebracht.

Es zahlreiche **Lodges** und **Camps**, die meisten sind luxuriös und teuer und gehören Safari-Unternehmen, die für einen begrenzten Zeitraum Konzessionen im Nationalpark erwerben. Feste Einrichtungen wie z. B. gemauerte Häuser sind verboten; die meisten Camps haben Luxuszelte auf Bohlenfundament oder aus Holz gezimmerte Bungalows. Wie in Chobe dürfen auch die Camps in Moremi nicht eingezäunt werden. Die Gäste sind angehalten, ihre Unterkünfte nach Einbruch der Dunkelheit nur in Begleitung eines bewaffneten Rangers zu verlassen. Mehrere Camps liegen direkt am **North Gate**, nahe des Dorfes Khwai; weitere befinden sich westlich, wo das Festland dem Delta weicht, auf

Rechts: Mokoros, von Poolern gestakte hölzerne Einbäume, ermöglichen ein fast lautloses Heranpirschen an das Wild.

» Karte S. 230, Info S. 236-237

Foto: Günther Lahr

einer mit Mopanebäumen bestandenen Landzunge.

Bewaffneten Personenschutz gibt es auf den **staatlichen Zeltplätzen** nicht; sie sind nicht sehr komfortabel, entschädigen aber mit dem unverfälschten Erlebnis afrikanischer Wildnis. Staatliche Zeltplätze sind am **North** und **South Gate** sowie bei **Third Bridge** nordwestlich der Mopane-Zunge.

★★Chief's Island

★★Chief's Island ㉗ gehört zwar zum Moremi Game Reserve, bildet aber einen eigenen Bereich mit strengem Zugangsreglement. Individualreisende können die Insel nicht besuchen; nur wer sich einer organisierten Safari mit Unterkunft in einem der Camps anschließt, hat die Möglichkeit, hier fast ins Herz des Okavango-Deltas vorzudringen. Die 1000 km^2 große Insel ist die mächtigste Landfläche innerhalb des Deltas. Sie liegt etwas höher und wird deshalb nicht überflutet. Auch hier sieht man das typische Nebeneinander der Delta-Region: Das Zentrum der Insel bedecken **Mopane- und Akazien-Trockenwald**, in den **Pans** steht saisonal Wasser, die weiten Ebenen sind grasbewachsen. An den Rändern wuchern **Papyrussümpfe**, begleiten **Galeriewälder** die Wasserarme. Chief's Island ist bevorzugtes Weideland der **Büffel**, die das süße, weiche Gras des Sandveld den zäheren, salzhaltigeren Sorten im Überschwemmungsgebiet des Deltas vorziehen.

Game Drives im Fahrzeug werden von den Camps nur selten unternommen. Vielmehr führen erfahrene Guides die Gäste zu Fuß oder in den Mokoros möglichst lautlos und nahe an das Wild heran. Diese **Mokoro-Touren** durch das Delta sind ein Erlebnis. Der schmale Einbaum wird von einem *poler* mittels eines langen Stabes durch die flachen Gewässer gestakt. Lautlos bewegt man sich durch die Wasserarme, gleitet an Wasserrosen- und Papyrusteppichen entlang, sieht und hört zahllose **Vögel**, nähert sich **Antilopen**, **Elefanten** und **Flusspferden**. Die Einbäume erschei-

Foto: Camerapix

nen allerdings Ungeübten etwas wacklig. Deshalb sind einige Lodges dazu übergegangen, die Boote aus Fiberglas herstellen zu lassen.

Panhandle / Lake Ngami

Das Wild verschwindet, und Rinderherden erobern die Straße. An der Strecke von Maun nach Toteng sorgen die Rinder dafür, dass man sich nicht allzu sehr in der Weite und Monotonie der Landschaft verliert. Im Gegensatz zu Namibia, wo Zäune die Autos vom lieben Vieh trennen, wandern die Herden hier recht ungeniert herum. Am Wegesrand tauchen immer wieder Dörfer oder kleine Siedlungen mit Westerncharakter auf. **Toteng** wurde 1824 von baTawana gegründet, später aber zugunsten Tsaus und schließlich Mauns aufgegeben. Von Bedeutung ist der Ort heute als Verkehrsknotenpunkt. Hier beginnt die Straße am Westrand des Okavango-Deltas und am **Panhandle** entlang zur namibischen Grenze. Das Teilstück von der Grenze bis zu den ★★**Tsodilo Hills** ist in umgekehrter Richtung bereits im ersten Teil dieses Kapitels als Abstecher beschrieben (s. S. 213). Im weiteren Verlauf ist diese Strecke weder von kulturellem noch landschaftlichem Reiz; nur die eigenartigen, durchnummerierten Orte Etsha 1 bis 13 wecken Aufmerksamkeit. Es handelt sich um Flüchtlingsdörfer von angolanischen **Mbukushu**, die in den 1960er Jahren hier untergebracht wurden. In **Etsha 6** betreiben sie ein **Museum** mit **Basket-Shop** – die Frauen der Mbukushu sind berühmt für ihre Korbflechterei – und vermieten Rondavel-Hütten.

Südwestlich von Toteng liegt der **Lake Ngami** ㉘. Als David Livingstone den See 1849 besuchte, beschrieb er ihn als 2 m tiefes Gewässer mit 120 km Umfang. Gespeist wurde er vom Thaoge River, einem der drei großen Arme, in die sich der Okavango aufspaltet. Dann verstopfte Papyrus den Zufluss, das Wasser suchten sich einen anderen

Oben: Ein Kudu-Bock mit prächtigem Schraubengehörn.

» Karte S. 200-201, Info S. 236-237

Weg. Heute liegt der Ngami-See oft jahrelang trocken. Die starke Okavango-Flut 2004 füllte den See nach langer Zeit zu einem guten Drittel. Zahlreiche Wasser- und Zugvögel konnten in der Folgezeit wieder an seinen Ufern beobachtet werden.

Ghanzi

Bis **Ghanzi** ㉙, der Distrikthauptstadt des Westens Botswanas, durchquert die Asphaltstraße ein sehr gemischtes Siedlungsgebiet. Hier leben baTawana, Mbukushu, Herero und auch viele San. Farmzäune sind nun häufiger zu sehen – die **Zentral-Kalahari** ist Kerngebiet der botswanischen Rinderzucht, die sich vorrangig in Händen von burischen Farmern und baTawana befindet. Der Elefantenjäger Hendrik van Zyl wird von den Chroniken 1874 als erster am Ort erwähnt. Seine „Farm No. 1" gibt es heute noch und auch *Van Zyl's Cutting*, ein 3 x 12 m großes in den Fels gehauenes Becken, in dem er angeblich Regenwasser sammelte. Es gibt zwar Geschäfte, Tankstellen, Hotels, Lodges und Camps, ansonsten geizt Ghanzi jedoch mit Reizen. Die Atmosphäre einer staubigen Grenzstadt im Nirgendwo wird an den Wochenenden durch die zahlreichen schwer alkoholisierten Menschen verstärkt, die von den umliegenden Farmen kommen und in den Bars feiern. Zahlreiche San sind darunter.

Die **San** der Zentralkalahari im Osten Botswanas haben trotz der ihrem Volk scheinbar eigenen Passivität aus eigener Kraft **Ethnotourismus-Projekte** auf die Beine gestellt, die ihre Traditionen bewahren und die Kultur retten sollen. Eines ist die Kunsthandwerkskooperative ★**Ghanzi Craft**, in der es sehr schönen Schmuck und Arbeiten aus Straußeneiern zu kaufen gibt; andere unterhalten einfache **Campingplätze** an der Straße von Ghanzi zur namibischen Grenze. Die Situation der San in Botswana ist noch dramatischer als die ihrer Verwandten in Namibia. Die traditionellen Jagd- und Schweifgebiete sind heute Nationalparks, in denen sie nicht mehr jagen dürfen. Und aus dem **Central Kalahari Game Reserve**, wo es noch bis 2002 einige San-Siedlungen gab, wurden sie unter Zwang umgesiedelt, offiziell aus Naturschutzgründen, tatsächlich wohl eher wegen der dort entdeckten neuen Diamantenvorkommen. Die Menschen wurden dann in eine trostlose Barackensiedlung am Rand des Reservats gebracht.

Auf dem letzten Teilstück von Ghanzi zum Grenzposten, rund 200 km, sieht man immer wieder einsame Farmen am Wegesrand, darunter auch „Jakkalspot", wo einer der ersten San-Aktivisten lebte und Hilfsprojekte für seine Landsleute organisierte. Die ersten Sandrippen der Kalahari sorgen für etwas Abwechslung, und rund 45 km hinter Ghanzi hören die Farmzäune auf. Rechts sieht man bereits den Grenzzaun zwischen Botswana und Namibia. Bei **Mamuno** ist der botswanische Grenzposten erreicht.

ZWISCHEN GOBABIS UND WINDHOEK

Gobabis

Von der Grenze Botswana – Namibia sind es gute 100 km nach **Gobabis** ㉚ (20 000 Ew., 1400 m ü. M.), der Hauptstadt des namibischen „Cattle Country". Farmzäune begleiten die viel befahrene Straße, die in sanfter Berg- und Talfahrt über Kalahari-Dünen westwärts führt. Bereits im Westen Botswanas ist man Herero-Dörfern begegnet; in Namibia befindet sich rund um Gobabis in der Region **Omaheke** (Sandveld) das angestammte Siedlungsgebiet der **Mbanderu** oder **Ost-Herero**.

Bereits um 1840 wollten die Wesleyaner hier am Rivier des **Schwarzen Nossob** mit der Missionstätigkeit unter den San, Nama und Herero beginnen; 1855 übernahmen die rheinischen Missionare den Platz und gründeten die Mission Gobabis. 1894 wurde eine Abteilung

» Karte S. 200-201, Info S. 236-237

der Schutztruppe in Gobabis stationiert; die Grenze zum britischen Einflussgebiet musste gesichert werden, die Region war unruhig, doch am 6. April 1896 wurden die miteinander verbündeten Herero und Nama in der Schlacht von Gobabis, einer der vielen kriegerischen Auseinandersetzungen in den ersten Jahren der Kolonie, geschlagen.

Gobabis galt nie als besonders attraktives Siedlungsgebiet; die Gefahr von Dürren und der Ausbruch der Rinderpest machten die ersten zaghaften Versuche der Farmer hier im Osten zunichte. Um die Region aufzuwerten, wurde das Farmland zu besonders günstigen Bedingungen vergeben. Den wirtschaftlichen Aufschwung brachte aber erst um 1930 die Eisenbahn. Der Osten Südwestafrikas war nun leichter erreichbar bzw. konnte sein Vieh schnell und kostengünstig nach Windhoek oder Südafrika liefern. Ungefähr 800 Farmen rund um Gobabis leben von der Rinderzucht; das am Ortseingang aufgestellte **Denkmal** eines Buckelrind-Bullen unterstreicht diese Tatsache.

Dass Gobabis heute eine lebhafte, aufstrebende Stadt ist, verdankt es auch dem **Trans-Kalahari-Highway**. Diese mit EU-Geldern durchgängig geteerte Straßenverbindung von Walvis Bay über Gobabis nach Gabaorone und Johannesburg und weiter nach Maputo in Mosambik ist eine der wichtigsten Verkehrsadern im südlichen Afrika.

Historische Spuren gibt es in Gobabis kaum; das 1896 errichtete Fort wurde später abgerissen und das ehemalige deutsche **Lazarett**, nun zum Nationaldenkmal erklärt, harrt noch der Renovierung.

Die Stadt könnte mit ihrem Schachbrett-Grundriss und der Farmerversorgungsinfrastruktur irgendwo in Texas liegen, gäbe es nicht die vielen **Herero-Frauen** in viktorianischer **Tracht** mit weiten Röcken und kunstvoll gefalteten Hauben. Die ersten Missionarsfrauen hatten den bis dahin nur mit einem Lederschurz bekleideten Herero-Schönheiten diese Tracht verpasst, vielleicht, so sagen böse Zungen, aus Sorge um das moralische Wohl ihrer Gatten.

Rechts: Solche handgewebten Bildteppiche aus Karakul-Wolle produziert beispielsweise die Farm Kiripotib (östlich von Windhoek).

Die **Mbanderu** sind die südöstlichste der vier großen Herero-Gruppen in Namibia. Im Zuge der „Truppenspieler-Bewegung", mit der die Herero auf die deutsche Kolonialherrschaft durch Imitieren des Feindes, durch Tragen von Fantasieuniformen und militärisches Exerzieren reagierten, wählten die Mbanderu für sich die grüne Flagge als Symbol ihrer ethnischen und politischen Einheit. Ihr **Ahnengedenktag** findet Ende Oktober auf dem Gelände zweier Farmen im Bezirk Gobabis statt. Er ähnelt den Feierlichkeiten Ende August in Okahandja, genießt aber bislang nicht so großes Aufsehen. Am Ahnengedenktag in Okahandja nehmen die Mbanderu ebenfalls teil, denn ihr hoch verehrtes Oberhaupt Kahimemua ist in Okahandja beigesetzt. Kahimemua wurde nach der Schlacht von Gobabis gefangen genommen und nach einem Gerichtsverfahren im Jahr 1896 als Aufrührer in Okahandja hingerichtet.

Relikte aus der deutschen Kolonialzeit wie ein „Schulwagen", Agrargeräte oder bäuerliche Möbel zeigt das **Gobabis Museum** des *Deutschen Vereins* in der Olifants Street.

In Gobabis beginnt der **Dorslandtrekker-Trail**, der auf 2000 km Länge den Spuren dieser Burengemeinschaft folgt, die Mitte des 19. Jh. durch die südwestafrikanische Kalahari irrte, um Land für einen autonomen Burenstaat zu finden, und schließlich in der Nähe von Grootfontein blieb. Die nur mit Geländewagen befahrbare Route verläuft von Gobabis nach Norden, durchquert den Kaudom-Park und Etoscha und endet im Kaokoveld.

Westlich von Gobabis erstreckt sich in regenreichen Jahren der Stausee des **Daan Viljoen Dam**.

 » Karte S. 200-201, Info S. 236-237

Foto: Camerapix

Gästefarmen östlich von Windhoek

90 km nordöstlich von Gobabis liegt die **Wild- und Gästefarm Harnas** ㉛, ein „Waisenhaus" für wilde Tiere. Auf Harnas werden in Windhoek aufgegriffene Erdmännchen ebenso aufgepäppelt wie verwaiste junge Geparde; auch Leoparden, Warzenschweine, Antilopen, Paviane, Wildhunde und Löwen leben hier. Tagesbesuche, Safaris und Übernachtungen sind nach Anmeldung (Tel. 0811-403322, www. harnas.org) möglich, auch das Mitarbeiten als zahlender „Working Guest" (Arbeitsvisum nötig). Man freut sich über Spenden; auch Angelina Jolie unterstützt die **Harnas Wildlife Foundation**.

Vom Kalahari-Becken steigt die Straße, parallel zur Eisenbahnlinie, nun stetig an, und schon bald sind die Gipfel der Auas-Berge am Horizont zu erkennen. Kurz vor Erreichen des Windhoeker internationalen Flughafens „Hosea Kutako" bietet sich in **Seeis** ein Abstecher nach Süden an: Hier führt die D1472 rund 60 km nach Südosten zur **Farm Peperkorrel** ㉜ (s. S. 35). Hier residierte früher die berühmteste Teppichweberei des Landes, wo unter Leitung des Textilkünstlers Volker Berner wunderschöne Karakul-Teppiche entstanden; heute werden sie in Ondangwa im Norden produziert. Ehefrau Dörte Berner schuf in ihrem Farmatelier Skulpturen wie die *Guinea Fowls* für einen Brunnen in Windhoek, die sie über Namibias Grenzen hinaus bekannt machten; sie veranstaltet hier Kunst-Workshops. Die Weberei dient nun als Skulpturenmuseum **Home of Sculptures**. Eine Besichtigung von Peperkorrel ist nur nach Voranmeldung möglich: Meist wird sie von der benachbarten, geschmackvoll eingerichteten **Eningu Clay House Lodge** organisiert, deren Küche zu den meistgelobten Namibias zählt.

Im Umfeld des Provinzstädtchens **Dordabis** gibt es besuchenswerte Projekte: 4 km südwestlich die **Teppichweberei Ibenstein**, oder, 70 km südöstlich, die **Gästefarm Kiripotib** ㉝, wo eine **Teppichweberei** sowie ein **Goldschmiedeatelier** zu besichtigen sind.

www.tsumeb.info – Auftritt der Gemeinde Tsumeb (auf Englisch)
www.grootfonteinmun.com.na – Auftritt der Gemeinde Grootfontein (auf Englisch)
www.caprivionline.com – allgemeine Informationsseite zum Caprivi-Zipfel (auf Englisch)
www.gobmun.com – Auftritt der Stadt Gobabis (auf Englisch)

Otavi (☎ 067)

Gaub-Höhle: Schlüssel bei Gästefarm Ghaub, Tel. 240188, E-Mail ghaub@iway.na, www.ghaub.com. Anfahrt: B 8 von Otavi nach Grootfontein (42 km), dann D2863 (34 km), schließlich D3022 (3 km).

Tsumeb (☎ 067)

The Tourism Centre, 1551 Omeg Allee, Tel. 220728, Fax 220916.

Museum, sehenswerte Sammlung von Mineralien; Schmuck, Werkzeuge und Waffen der Ovambo und San, Mo-Fr 9-12 und 14-17 Uhr, Sa 9-12 Uhr, Tel. 220447.

Tsumeb Cultural Village, Thema sind Traditionen und Tänze der namibischen Völker, Tel. 220787.

Arts and Crafts Centre, 18 Main Street, Tel. 220447.

Minen Hotel, traditionsreich, mit einladender Restaurantterrasse im Garten, Hausmannskost unter Palmen, große Portionen, gute Küche, auch Wiener Schnitzel, Pizza und deutsche Spezialitäten, Hospital Street, Tel. 221071, www.minen-hotel.com.

Etosha Café & Biergarten, leichte Küche, Toasts und Sandwiches und guter Kuchen, Main Street, Tel. 221207.

Sindano Court Café, nett gelegenes Café und Bistro unter Bäumen, gutes Essen, Tel. 222655, täglich bis 22 Uhr.

DROS Steakhouse, gemütliches Restaurant mit Pub-Charakter (südafrikanische Kette), sehr gute Fleischgerichte, im Kupferquelle Resort, Tel. 220139, www.kupferquelle.com.

Grootfontein (☎ 067)

Museum Alte Feste, Dokumente und Fotografien aus der Kolonialzeit, eine Wagenschmiede und eine interessante Mineraliensammlung, Mo-Fr 9-17 Uhr.

Hoba-Meteorit, Di-Fr 16-18 Uhr und Mi 9-11 Uhr, 18 km von Grootfontein nach Westen an der D2859.

Meteor Hotel, Restaurant und Biergarten mit landestypischer Küche, Hage Geingob Street, Tel. 242078.

Tsumkwe (☎ 067)

Infos gibt es bei der Tsumkwe Lodge und im Büro der Nyae Nyae Conservancy, Tel. 244011

G!hunku Crafts, Kunsthandwerk der San, neben dem Büro der Nyae Nyae Conservancy.

Lebendes Museum der Ju/'Hoansi und **Lebendes Jagd-Museum** bieten praktische Einblicke in das Leben der San; ganzjährig von Sonnenauf- bis -untergang ohne Voranmeldung geöffnet, Living Culture Foundation, www.lcfn.info.

Rundu (☎ 066)

Mbungura Woodcraft, im Ortszentrum.

Kalimba Home Restaurant, Inhaberin Marta hat sich auf Kavango-Küche spezialisiert; ihre Kunden sind in erster Linie Einheimische, die den frischen Kavango-Fisch mit feurig-scharfen Zutaten schätzen, ein ebenso interessantes wie unterstützenswertes Projekt; Marta Uuntunpi, etwa Ecke Independence u. Safari Street, Mobil-Tel. 081-247 3686.

Kavango River Lodge, essen mit herrlichem Blick über den Fluss, beste Adresse der Stadt, Maria Mwengere St., Tel. 255244.

Ozzy's Beerhouse, Freisitz an der Hauptstraße, Treffpunkt der Expatriats, Eugen Kakukuru Street, Tel. 256735.

Caprivi

Popa Falls, Tagesbesucher sind von Sonnenauf- bis -untergang zugelassen, Reservierung von Übernachtungen über Namibia Wildlife Resorts.

Bwabwata Nationalpark (ehemaliges **Mahango Game Reserve**), Tagesbesucher sind von Sonnenauf- bis -untergang zugelassen, 4x4 ist unbedingt angeraten.

Mudumu-Nationalpark, **Mamili-Nationalpark**, Tagesbesucher sind von Sonnenauf- bis

-untergang zugelassen. Allradantrieb ist unbedingt notwendig. Das Permit für den Besuch der beiden Nationalparks bekommt man an der D3511 etwa 40 km nach der Abzweigung von der B8. Es muss jeweils separat bezahlt werden.

Mashi Crafts, schöne Korbwaren der örtlichen Frauen-Kooperativen, an der Ortseinfahrt von Kongola.

Lizauli Traditional Village, Vorführung tradit. Tänze und Arbeitstechniken, Souvenirs, rd. 30 km südlich von Kongola an der Straße zum Mudumu-Nationalpark.

Katima Mulilo (☎ 066)

Tutwa Tourism, Rundu Road, Tel. 252739, www.tutwa.com.

Arts and Crafts Center, Kunsthandwerk in der Stadtmitte, Olifant Street.

Galinhas Flame Grilled in Africa, sehr empfehlenswertes kleines Lokal, Gerichte rund ums Hühnchen, Hage Geingob Street. **Baobab Bistro**, Hage Geingob Street.

Victoria Falls / Simbabwe

Vor der Einreise nach Simbabwe neuste Informationen zur Sicherheitslage einholen! Zahlungsmittel: **US$** und **Rand**.

Spencer Creek Crocodile Ranch, über 5000 Krokodile, die Besichtigung muss über das Hotel vorab angemeldet werden, 3 km außerhalb hinter dem Elephant's Hill Hotel.

Flight of the Angels, **White River Rafting**, **Bungee-Jumping** und **Elefanten-Safari** vermittelt z.B. der alteingesessene Veranstalter Shearwater Adventures, Tel. 00263-13-44471, www.shearwatervictoriafalls.com. Diese und andere Aktivitäten kann man aber auch in den meisten Hotels und Lodges buchen.

Zambezi Gorge Swing z.B. bei Zambezi Safari & Travel Company, Tel. 013-44427, www.victoriafalls.net. Hier ebenfalls zu buchen: **The Lion Encounter**, Masuwe. Auf dem Masuwe Estate, rund 10 km außerhalb, können Besucher nach Voranmeldung und unter Aufsicht eines erfahrenen Wildhüters mit jungen Löwen „spielen" bzw. durchs Gelände streunen.

Sundowner Cruises organisieren die meisten Hotels und Lodges in Victoria Falls.

Elephant Hills Golf, zu reservieren über die Hotels oder „afrizim", Tel. 00263-13-42209.

Botswana / Maun

Die Unterkunft auf den staatlichen Campingplätzen in den botswanischen Nationalparks muss vorab bei einer der folgenden Adressen reserviert werden; ein Allradfahrzeug ist Voraussetzung.

Parks and Reserves Reservation Office, P.O. Box 20364, Maun, Botswana, Tel. 00267-6861-265, Fax 264 (nahe Polizeistation). **Parks and Reserves Reservation Office**, P.O. Box 131, Gaborone, Botswana, Tel. 00267-580-774, Fax 775, dwnp@gov.bw, www.mewt.gov.bw.

Touristenbüro gegenüber dem Flughafen, kein Material und wenig Hilfe.

Nhabe Museum, Mo-Fr 8-13, 14-16.30, Sa ab 9 Uhr.

Bailey Art Center, wie das Museum nicht immer zugänglich.

Cresta Riley's Hotel, im Restaurant internationale Küche, angenehmes Ambiente. **Le Bistro**, beliebt bei jungen Leuten, schmackhafte internationale Küche, im BGI Shopping Centre. **French Connection**, Gartenrestaurant unter französischer Leitung, gutes Hühner-Saté. **Hilary's**, eines der besten Lokale, Mathiba I St. Außerdem gibt es zahlreiche Imbissbuden und Take Aways in Maun, beliebt sind die Brathähnchen der portugiesischen Fast-Food-Kette **Nandos**.

Gobabis – Windhoek

Gobabis Info, 62 Church Street, Tel/Fax. 564743, www.uakii.com.

Gobabis Bakery & Restaurant, preiswerte Südwester-Küche, Church Street, Tel. 062-562525.

Ernie's Bistro, bodenständige kleine Gerichte, täglich geöffnet, 29 Quinto Cuanavale Avenue, Tel. 565222.

Old Prison Restaurant, in gemütlicher Atmosphäre im historischen Gefängnis wird gute Hausmannskost gereicht, täglich geöffnet, www.transkalahariendresort.com.

Kunst-Workshops bei Dörte Berner: Tel. 00264-62-581 581. **Karakulwebereien**: **Ibenstein Weavers**, Dordabis, Tel. 062-573524; **Kiripotib**, 70 km südöstlich von Dordabis an der D1448, Tel. 062-581419, www.kirikara.com.

REISEVORBEREITUNGEN

Namibia in Zahlen

Fläche: 824 116 km^2 einschließlich der vorgelagerten Inseln. Länge der Landesgrenze: 3824 km. Länge der Küste: 1572 km. Amtssprache: Englisch. Bevölkerungszahl: etwa 2,12 Mio. Einwohner. Bevölkerungsdichte: Knapp 2,6 Bewohner pro km^2, eine der niedrigsten der Welt. Bevölkerung: 50 % Ovambo, 5 % Nama, 10 % Okavango, je 8 % Herero/Himba und Damara, 7 % Mischlinge, 6 % Weiße (Afrikaaner, Deutsche, Portugiesen), 4 % Caprivianer, 2 % San. Vorherrschende Religion: Christentum (85 %). Bevölkerungswachstum: 0,95 %. Kindersterblichkeit: 4,5 %. Lebenserwartung: Männer 52 Jahre, Frauen 51 Jahre. Alphabetisierungsrate: 85 %. Studentenrate: 0,5 %. Bruttoinlandsprodukt: 11 Mrd. US-$. Wirtschaftswachstum: 4-5 %. Auslandsverschuldung: 2,175 Mrd. US-$. Gesamtverschuldung: 5 Mrd. US-$. Inflationsrate: 7 %. Arbeitslosenrate: um 50 %. Wirtschaft nach Sektoren: Dienstleistungen 58 %, Industrie 32 %, Landwirtschaft 10 %.

Einreisebestimmungen

Bürger der EU-Länder sowie Schweizer benötigen, wenn sie als Touristen nach **Namibia** kommen, einen **Reisepass**, der noch sechs Monate über das Abreisedatum hinaus gültig sein und mindestens zwei freie Seiten haben muss. Als Urlauber darf man pro Kalenderjahr bis zu 90 Tage im Land bleiben. Bei der Ein- und Ausreise ist ein Laufzettel auszufüllen. Das Touristenvisum bei Einreise ist kostenlos. Es wird eine Aufenthaltsdauer in Tagen (z. B. 20 Tage) in den Passstempel geschrieben; ausrechnen, welches Ausreisedatum das dann bedeutet, muss man selbst: Sofort **nachkontrollieren**! Geschäftsleute brauchen ein Business Visa; wer in Namibia arbeiten möchte, muss bei der Namibia-Botschaft seines Heimatlands ein Arbeitsvisum beantragen. Studenten brauchen ein besonderes Visum, Kinder unter 16 Jahren einen Kinderausweis mit Lichtbild oder einen Reisepass. Nach Südafrika verlangt nun auch Namibia von Minderjährigen unter 18 Jahren eine internationale Geburtsurkunde, bzw. eine beglaubigte englische Übersetzung; falls nur mit einem Elternteil reisend eine Einverständniserklärung des nicht anwesenden Elternteils. Ein Totenschein muss vorgewiesen werden, wenn ein Elternteil verstorben ist.

Unbegleitete minderjährige Kinder benötigen zur Ein- und Ausreise die Zustimmung beider Elternteile („Affidavit" in englischer Sprache), dass das Kind alleine reisen darf; die beglaubigten Kopien der Reisepässe beider Elternteile müssen dem Affidavit angeheftet werden.

Für **Botswana** und **Südafrika** erhält man an der Grenze das Touristenvisum gebührenfrei (für die Einreise von Minderjährigen nach Südafrika ist u.a. eine internat. Geburtsurkunde nötig!); an der Grenze von **Sambia** zahlt man dafür 20 US$ („Day Tripper Visa" für einen Tagesausflug von Vic Falls/Simbabwe nach Livingstone kostet nur 10 US$). Das Touristenvisum für **Simbabwe** erhält man ebenfalls an der Grenze, für 30 US$.

Geld

Währung ist der **Namibia-Dollar** (N$), der 1:1 an den **Südafrikanischen Rand** gebunden ist. In Namibia kann auch mit Rand bezahlt werden, nicht jedoch mit Nambia-Dollar in Südafrika (außer in den Grenzgebieten). Ein Namibia-Dollar hat 100 Cents, die in Münzen zu 5, 10 und 50 Cents gestückelt sind. Darüber gibt es Münzen zu 1 und 5 Dollar. Banknoten werden in den Werten 10, 20, 50, 100 und 200 N$ ausgegeben. Wechselkurs des Euro zum Namibia-Dollar: 1 € ≈ 15 N$; tagesaktueller Kurs: siehe www.oanda.com

Gängige **Kreditkarten** (Visa, Mastercard) werden von den meisten Hotels,

Lodges, Gästefarmen, Supermärkten und Touristenläden akzeptiert. Dennoch sollte man bei Reisen über Land immer eine Bargeldreserve mit sich führen, da die eine oder andere Gästefarm vielleicht doch Barzahlung bevorzugt. Immer mehr (aber noch nicht alle) **Tankstellen** akzeptieren Kreditkarten (Visa oder Mastercard), u. a. in Windhoek, Etosha, Swakopmund, Solitaire, Lüderitz, Otjiwarongo, Tsumkwe, Twyfelfontein); allerdings gibt es an fast jeder Tankstelle auch Geldautomaten.

Das Filialnetz der **Banken** ist gut ausgebaut, jeder Ort besitzt eine Filiale einer der großen namibischen Banken. Die wichtigsten Banken sind Standard Bank, First National Bank, Nedbank und Bank Windhoek.

Meist haben diese Filialen auch einen Geldautomaten für Kreditkarten und Maestro-Bankkarten. Unter http://www.bankwindhoek.com.na findet sich eine Karte von deren Automatenstandorten. Girokarten mit VPAY-Logo werden jedoch von Geldautomaten nicht akzeptiert. Den Verfügungsrahmen der Maestro-Girokarte (EC-Karte) vor der Reise heraufsetzen und die Karte für das südliche Afrika freischalten lassen! Auszahlung je nach Heimatbank, Karteninstitut und namibischer Bank zwischen N$ 1000 und N$ 4000 pro Tag.

Gesundheit / Impfungen

Für Besucher aus Europa sind keine Impfungen vorgeschrieben. Als Fernreisender sollte man jedoch allgemein sinnvolle Impfungen erwägen, wie Tetanus, Polio, Hepatitis A und B, Diphtherie, ev. Typhus).

Bei normalem Reiseverhalten und den üblichen Vorkehrungen („Boil it, peel it or forget it") wird man in Namibia kaum erkranken (Ausnahme: Malaria, siehe unten). Meist werden die Hygienevorschriften, auch beim Trinkwasser aus städtischen Leitungen, eingehalten (außer im Norden), so dass Darminfektionen, wenn man nicht gerade bei den billigsten Straßenimbissen oder bei Garküchen auf Märkten isst, selten vorkommen.

Augentropfen und ein befeuchtendes **Nasenspray** gehören wegen der oft enormen Trockenheit in die Reiseapotheke. Wegen der Höhenlage weiter Landesteile und der allgemein intensiven Sonneneinstrahlung auch an der Küste ist **Sonnenschutz** immens wichtig: Kopfbedeckung, Sonnenbrille und eine Sonnencreme mit hohem Lichtschutzfaktor (von 20 aufwärts).

Da die Luft sehr trocken ist und die Temperaturen im Sommer sehr hoch sind und auch im Winter tagsüber weit über 20 °C steigen können, wird relativ viel Körperflüssigkeit über die Atemluft ausgeschieden. Schweiß verdunstet fast unbemerkt, da die Kleidung schnell trocknet. Deshalb sollte man darauf achten, viel **Flüssigkeit** zu sich zu nehmen – bis zu 4 Liter pro Tag (mischen mit Elektrolyt-Pulver sinnvoll).

In den Gewässern des Nordens (v. a. Caprivi) herrscht **Bilharziose-Gefahr**. Vor diesen Parasiten schützt man sich, indem man nicht durch verdächtige Gewässer watet oder gar darin badet.

Malaria ist eine der schwersten in Namibia vorkommenden Krankheiten. Sie tritt, besonders während der **Regenzeit**, von November bis Mai nordöstlich der Linie Khorixas – Witvlei (nahe Gobabis) auf, also ist dann z. B. auch die **Etoscha-Pfanne** betroffen. Auch wenn meist nur vom Malariagebiet im hohen Norden gesprochen wird (hohes Risiko ganzjährig im Okavango-Tal, Kunene-Tal und Caprivi-Zipfel), ist auch der Osten in regenreicheren Zeiten betroffen, so die Omaheke-Region um Gobabis. Malariafrei sind die Küste und der trockene Süden – die Malariamücke braucht eben Wasser zum Brüten.

Bester Schutz gegen die Malaria ist, nicht gestochen zu werden. Zweitbester Schutz ist die medikamentöse Prophylaxe. Stiche vermeidet man v. a., indem man wenig Haut zeigt, also langärmelige Hemden und lange Hosen trägt, und die freien Hautflächen mit einem **Antiinsektenmittel** einreibt wie dem namibischen Zitronenöl; am wirksamsten sind aber Mittel mit DEET, so das namibische Mückenschutzspray *Peaceful Sleep, Antibrumm* oder mitgebrachtes *Autan Tropical; Nobite* für die Kleidungsimprägnierung. Das muss vor Beginn der Dämmerung geschehen, denn die Moskitos sind tagsüber kaum, dafür aber nachts sehr aktiv. In nichtklimatisierten Zimmern schläft man am besten unter einem **Moskitonetz** (erhältlich auch in Postämtern), das man akribisch auf kleinste Beschädigungen hin untersucht hat. Sind die Räume klimatisiert, gibt es kein Mückenproblem.

Zur **Malaria-Prophylaxe** – deren Notwendigkeit abhängig ist von Reiseziel und Reisezeit (z. B. der Norden zur Regenzeit) – werden verschreibungspflichtige Medikamente wie z. B. *Malarone* oder *Lariam* empfohlen (ärztliche Beratung nötig!). Mit der Einnahme muss vorab begonnen werden. Zur vorbeugenden Tabletteneinnahme, Unverträglichkeiten und dem Thema „Genügt Stand-by?" kontaktiert man am besten einen Tropenmediziner. Aktuelle Infos findet auch unter www.fit-for-travel.de.

Aids ist die Geisel Afrikas, und der südliche Teil des Kontinentes ist besonders betroffen. Inzwischen geht man in Namibia und Botswana von einer HIV-Infektionsrate von 15-20 % der sexuell aktiven Bevölkerung aus. Als Begleitinfektionen sind Hepatitis, Syphilis und Tuberkulose zu nennen.

Der Standard in den Apotheken und Krankenhäusern sowie bei den niedergelassenen Ärzten und Zahnärzten ist hoch, so dass keinerlei Bedenken gegen eine Behandlung vor Ort bestehen sollten. Gute Privatkliniken gibt es in Windhoek (**Medi-Clinic**, Heliodor Street, Tel. 061-222687), Swakopmund und Otjiwarongo, Spezialkliniken sind allerdings nicht zu finden; für schwierige Behandlungen reisen Einheimische, die es sich leisten können, nach Kapstadt. Um bei einer schweren Erkrankung medizinisch optimal versorgt zu werden, ist Touristen deshalb eine **Auslandskrankenversicherung** mit **Rückholversicherung** sehr zu empfehlen.

Ein Problem bei – wegen Schotterpisten, Wildwechsel und Unachtsamkeit häufigen – **Verkehrsunfällen** und akuten Erkrankungen ist, bei den großen Entfernungen im Land schnell ärztliche Hilfe zu erhalten. In Namibia haben viele Unterkünfte deshalb eine **Luftrettungsversicherung** für ihre Gäste abgeschlossen, so dass im Notfall medizinische Hilfe angefordert werden kann, die dann per Cessna-Flugzeug kommt.

Klima und Reisezeit

Reisezeit ist in Namibia eigentlich das ganze Jahr über. Als klimatisch günstige **Reisezeit** gilt zwar im allgemeinen April bis Juni – tagsüber etwa 25 °C, blauer Himmel, nachts kühlt es ab –; man sollte jedoch die Ferienzeiten des südlichen Afrika meiden, wenn nicht nur die Namibier, sondern auch die Südafrikaner Urlaub machen: Vier Wochen um den Mai herum, außerdem zwei Wochen im August/September sowie die Sommerferien von Anfang Dezember bis Mitte Januar.

Ansonsten bestimmt sich die optimale Reisezeit nach dem, was man vorhat: Wer **Wild beobachten** will, sollte dies in der **Trockenzeit** von Mai bis November, am besten von August bis Oktober tun, wenn die Tiere zu den Wasserlöchern wandern, wo man sie beobachten kann. Wer angenehme Temperaturen schätzt, nicht zu heiß und nicht zu frisch, fährt im Südherbst von März bis April. Die **kältesten Monate** sind Juni und Juli, die **heißesten Monate** Januar und Februar.

Namibia liegt auf der Südhalbkugel. Das bedeutet: Wenn in Nordafrika Sommer ist, fällt in Namibia die Nachttemperatur unter die Nullgradgrenze; erstickt Europa im Schnee, beginnt in Namibia die Sommerfrische am Atlantik. Der Wendekreis des Steinbocks läuft ungefähr 100 km südlich von Windhoek quer durchs Land; Namibia liegt also in den Randtropen, was auch bedeutet, dass die Dämmerung relativ kurz ausfällt und die Tages- und Nachtlängen im Jahreszeitenwechsel nicht so stark schwanken wie etwa in Deutschland.

Namibia weist drei Hauptklimabereiche auf, denen aber allen die Charakteristik des Halbwüstenklimas gemeinsam ist: Im **südlichen Hochland** fallen im Jahresmittel nur 100 bis 200 mm Regen, das **zentrale Hochland** erhält etwas mehr: um 400 mm. Der **Nordosten** – dem Äquator am nächsten – hat als dritte Zone Anteil am tropischen Sommerregen und kann mit bis zu 700 mm rechnen, was den Anbau von Nutzpflanzen erlaubt.

Am trockensten sind der Süden und der gesamte Westen. Wenn überhaupt, fallen dort nur 100 mm, an der **Küstenwüste** in der Namib-Region muss die Pflanzen- und Tierwelt mit dem auskommen, was der vom kalten Atlantik nachts landeinwärts ziehende Nebel als Kondenswassertropfen hinterlässt.

Als vierte Klimazone mag noch der äußerste Süden am **Oranje** gelten, der in manchen Jahren im Juni / Juli den Einfluss der subtropischen Winterregen Südafrikas spürt.

Der meiste Regen fällt im Südsommer in der großen (Januar-April) und der kleinen (Oktober / November) **Regenzeit**. Regenzeit heißt aber nicht, dass jede Region gleichmäßig mit dem kostbaren Nass bedacht wird, in manchen Regionen fällt die Regenzeit jahrelang aus; eine Farm kann fast überschwemmt werden, während der Nachbar nicht weiß, wie er seine Rinder tränken soll. Regenzeit bedeutet auch nicht, dass es, wie in Äquatorländern, durchgehend über Wochen regnet: In Namibia heißt Regenzeit, dass es mit Glück alle paar Tage oder Wochen, und dann meist nachts, einige Stunden regnet.

Typisch für ein Halbwüstenland sind die tageszeitlichen **Temperaturschwankungen** sehr hoch. Die jahreszeitlichen Temperaturschwankungen werden nach Süden hin mit zunehmender Äquatorferne immer ausgeprägter.

Im zentralen Hochland liegen die **Temperaturen** im Südsommer tagsüber bei 28-38°C und kühlen nachts auf 15-20°C ab; im Südwinter sind die Temperaturen nachts und am Tag bis zu 10-15°C niedriger. Im Süden hingegen liegen die Sommertemperaturen am Tag zwischen 30°C und 45°C, nachts um 15-25°C. Im Südwinter kann es in Südnamibia nachts sehr kalt werden und Bodenfrost bei bis zu -8°C ist keine Seltenheit. Tagsüber wird es dann kaum wärmer als 18-23°C.

An der **Küste** ist es meist viel kühler und windiger (etwa in Lüderitz). Wenn der Wind jedoch von Osten bläst, kann es zum Beispiel in Swakopmund mit bis zu 38°C extrem warm werden. **Frühnebel** (meist bis etwa 11 Uhr) bedeckt die Küste (v.a. um Swakopmund und Walvis Bay) an fast jedem Tag, bis etwa 25 km weit ins Inland hinein.

Kleidung und Ausrüstung

Die wichtigste Ausrüstungsregel vorab: In Namibia immer eine volle **Wasserflasche** dabei haben!

Für den Südsommer sollte man Kleidung einpacken aus (wegen der starken UV-Strahlung) dichter dunkler Baumwolle oder Hightech-Fasern, möglichst langärmlige Blusen und Hemden und lange Hosen, ausgestattet mit **UV-Schutz** und „stichfest". Man sollte sich hier nicht an Einheimischen orientieren, die mit kurzen Hosen bzw. Rock, in Sandalen oder gar barfuß durchs Veld spazieren. Bei Wanderungen im Busch schützen lange Hosen zugleich vor Dornen und Ästen; wichtig zudem: feste, knöchelhohe Schuhe, auch als Schutz vor Skorpionen und Schlangen.

Zur entsprechenden Jahreszeit kann eine leichte Regenjacke sinnvoll sein. Badezeug einpacken – wer nicht in den kalten Atlantik springen will, findet sein

Vergnügen sicher in einem der zahlreichen Schwimmbecken.

Im Winter sollte man warme Unterwäsche, einen dicken Pullover und eine Windjacke einpacken. Eine **Kopfbedeckung** samt Sonnenbrille gehört das ganze Jahr über ins Reisegepäck.

Für Tierbeobachtungsfahrten (Game Drives) ist ein kleiner Tagesrucksack sinnvoll, für nützliche Utensilien wie eine Taschenlampe (die Ausflüge beginnen häufig noch bei Dunkelheit oder enden in der Nacht),Taschenmesser, Wasserflasche (für den Durst zwischendurch), Fernglas (damit die Tiere näher rücken) und den Fotoapparat – vorzugsweise mit einem langen, lichtstarken Teleobjektiv.

Verhalten / Vorurteile

Namibia ist eine multikulturelle Gesellschaft; theoretisch haben alle Bürger Zugang zu Bildung und Arbeit. Praktisch übernimmt die Mehrheit der schwarzen Namibier nach wie vor un- oder wenig qualifizierte Arbeiten, viele sind arbeitslos und folglich auch nicht wohlhabend. So intensiv der Kontakt zu den fast überall weißen Gastgebern (Lodge-Besitzer etc.) ist, so wenig Gelegenheit hat man, mit Farbigen oder Schwarzen ins Gespräch zu kommen. In den meisten Unterkünften arbeiten sie als Zimmermädchen, Koch oder Wächter. Kontakte ergeben sich bestenfalls zum Fahrer oder zum Führer, der die Pirschfahrten begleitet.

Gerade weil man der namibischen Bevölkerungsmehrheit selten auf gleicher Augenhöhe begegnet, sollte man im Umgang besonders zuvorkommend und keineswegs herablassend sein. Wer intensivere Kontakte sucht, findet in den vielen von NACOBTA unterstützten Projekten Möglichkeiten, in einem von der Dorfgemeinschaft geführten Camp oder bei einer Tanzvorführung etwas mehr über den Alltag zu erfahren.

Auch im Umgang mit den weißen Namibiern gilt es, respektvoll zu sein und Eigenheiten zu akzeptieren. In den Medien wird gerne das Bild des ewiggestrigen Deutsch-Namibiers gepflegt. Solche Leute gibt es zwar; es sind aber nicht jene, die seit Generationen im Land leben, sondern eher neu Zugewanderte. Man kann die deutsche Gemeinschaft in Namibia sicher als konservativ bezeichnen, aber nicht als rechtsradikal. Diesen Konservativismus sollte man respektieren, wenn man auf einer Farm oder Lodge zu Gast ist.

Auf Farmen und in den meisten Lodges herrscht zwischen 13 und 15 Uhr Mittagsruhe. In dieser Zeit in einer Unterkunft anzukommen wäre unhöflich.

Namibier sind normalerweise höflich und hilfsbereit. Der Gruß *more* (moorä) bedeutet „Guten Tag" und gilt den ganzen Tag über. Nach einem Essen sollte man sich immer bei den Gastgebern bedanken: Dankie for lekker kos!

REISEWEGE NACH NAMIBIA

Auf dem Landweg

Mit dem Kraftfahrzeug (Straßennutzungsgebühr: 160 N$) kann man an folgenden Hauptgrenzübergängen nach Namibia einreisen.

Grenzübergänge mit **Südafrika** sind (Namibia/ Südafrika):

- Ariamsvlei / Nakop: 24 Stunden
- Klein Menasse / Rietfontein: 8-16.30 Uhr (Sommer), 7-15.30 Uhr (Winter)
- Noordoewer / Vioolsdrift: 24 Stunden
- Rosh Pinah / Sendelingsdrift: 7-24 Uhr (Sommer), 6-23 Uhr (Winter) (2 Tage Minimumaufenthalt; nur für Touristen)
- Oranjemund / Alexander Bay: 7-23 Uhr (Sommer), 6-22 Uhr (Winter)
- Velloorsdrift / Onseepkans: 8-16.30 Uhr (Sommer), 7-15.30 Uhr (Winter)
- Welverdiend / Mata Mata: 8-16.30 Uhr (Sommer), 7-15.30 Uhr (Winter) (2 Tage Minimumaufenthalt; nur für Touristen)

Grenzübergänge mit **Botswana** sind (Namibia/ Botswana):

- Buitepos / Mamuno: 7-24 (Sommer), 6-23 (Winter) Uhr
- Tsumkwe / Dobe: 6-18 Uhr
- Muhembo / Shakawe: 6-18 Uhr
- Ngoma / Kasane: 6-18 Uhr

Grenzübergänge mit **Angola** sind (Namibia/ Angola):

- Oshikango / Santa Clara: 8-19 Uhr (Sommer), 7-18 Uhr (Winter)
- Katwitwi / Cabo: 6-18 Uhr
- Nkurenkuru / Cuangar: auf Anfrage
- Ruacana / Calueque: 8-19 Uhr (Sommer), 7-18 Uhr (Winter)
- Omahenene / Calueque: 8-19 Uhr (Sommer), 7-18 Uhr (Winter)
- Rundu / Calai: 6-18 Uhr

Grenzübergang mit **Sambia** (Namibia/ Sambia):

- Katima Mulilo / Sesheke: 6-18 Uhr

Auf dem Luftweg

Windhoek International (Hosea Kutako) Airport, 40 km östlich der Hauptstadt, wird durch Air Namibia von Frankfurt aus angeflogen, durch Condor auch ab München. South African Airways und Lufthansa fliegen von Frankfurt nach Johannesburg und Kapstadt; South African Airways bringt die eigenen Passagiere und die des Partners Lufthansa weiter nach Windhoek; der Umweg über Südafrika verlängert die Anreise um 4 Stunden im Vergleich zu den Direktflügen, die 8 bis 10 Stunden dauern.

REISEN IM LAND

Mietwagen / Verkehrsregeln

Für Mietwagen gibt es eine gute Infrastruktur, angeboten wird eine breite Modellpalette. Vorsicht beim Vertragsabschluss mit einer in Namibia ansässigen Mietwagenfirma bzw. Versicherung; es gibt immer wieder Ärger darum, wer für Schäden zahlen muss. Hat man den Wagen bei einem Reiseveranstalter in Deutschland gebucht, ist bei etwaigen Streitigkeiten um zu bezahlende Schäden wenigstens der Gerichtsstand Deutschland (siehe auch: www.auswaertiges-amt.de).

Vorgeschrieben ist zwar nur der Nationale **Führerschein** aus dem Heimatland, den Internationalen Führerschein (nur gültig zusammen mit dem nationalen) sollte man besser trotzdem mitbringen. Nötig ist meist eine **Kreditkarte** wegen der Kaution. Selbstfahrer sollten mit ihrem Autovermieter anhand der Reiseroute die Notwendigkeit einer Kurzzeitversicherung zur Rettung nach einem Unfall klären.

Das Preisniveau für Mietwagen hängt zwar stark vom Wechselkurs ab (derzeit etwa 30-60 € für einen Kleinwagen ohne Zusatzversicherungen; Allrad-Pickup ab 100 €), ist aber immer relativ hoch, da die Autos die Hälfte ihrer Kilometer nicht auf Asphalt, sondern auf verschleiß- und unfallträchtigen Schotterstraßen oder Sandpisten fahren. Das ist auch der Grund, weshalb sogar eine eigens abgeschlossene „Vollkaskoversicherung" dann doch nicht bei allen Schäden greift – etwa bei „Fahrlässigkeit": Grundsätzlich sind keine Unfälle mit unbeweglichen Gegenständen versichert. Ebenso sind Reifen- und Glasschäden nur bei Hinzubuchen einer – teuren - Extraversicherung abgedeckt.

Reifenpannen gibt es oft! Wer Touren auf Schotterstraßen vorhat, sollte den Vermieter unbedingt um einen **zweiten Ersatzreifen** und für Fahrten ins Outback um einen Reservekanister bitten. Bei jeder Reifenpanne ist sofort die nächste Stelle anzufahren, wo der kaputte Reifen repariert werden kann! Kleine SUV wie der *Dacia* haben nur einen an Bord, was ein Risiko darstellt.

An Ausrüstung muss man so ziemlich alles zusätzlich zum Fahrzeug anmieten: Dachzelt, Kochutensilien und eben alles, was man für ein zünftiges Camp in der Mitte von Nirgendwo benötigt.

Bei der Abholung des Fahrzeugs sollte man dieses sorgfältig auf etwaige Schäden prüfen, insbesondere Reifen und Stoßdämpfer. Wer einen Geländewagen mietet und vorher noch keinen gefahren hat, sollte sich einweisen lassen; immer wieder kommt es z. B. vor, dass die Mieter sich nicht mit den Freilaufnaben der zuschaltbaren Antriebsachse auskennen. Auch sind die – auf Pisten oft zu schnell gefahrenen – Geländewagen hochbeinig, was sich auf die Straßenlage, insbesondere mit Lasten auf dem Dach und in Kurven, sehr nachteilig auswirken kann – fahrlässige **Überschläge** mit trotz Vollkasko selbst zu zahlendem Totalschaden kommen häufig vor, auch bei Pkw!

Mit **Wildkollisionen**, **Steinschlag** und **Reifenplatzern** ist zu rechnen (s. S. 16). Hektische Lenk- oder Bremsmanöver auf Pisten können böse enden, auch mit Pkw. Nötig ist ein 4x4-Geländewagen nur für exotischere Ziele wie Kaokoveld, Kaudom N. P. oder die Parks im Caprivi mit ihren tiefsandigen Pisten. In tiefem Sand Reifendruck senken bis 1 bar – aber hinterher unbedingt gleich wieder aufpumpen!

Geschwindigkeitsbegrenzungen: Innerorts 60 km/h, außerorts auf befestigen Straßen 120 km/h, auf nichtbefestigten Straßen jedoch 100 km/h (empfohlen: 80 km/h). Radarkontrollen mit Laserpistole kommen vor. Es herrscht **Linksverkehr**, und es besteht **Anschnallpflicht** (auch hinten). Mit gefährlichen Überholmanövern des Gegenverkehrs, insbesondere vor Kurven und Kuppen, sollte man stets rechnen.

Für jeden **Grenzübertritt** ist eine Ausfuhrerlaubnis des Verleihers nötig, außerdem muss an der Grenze der Nachbarländer – außer Südafrika – eine Kfz-Haftpflichtversicherung abgeschlossen werden. Fahrten nach Angola sind jedoch bei keinem Vermieter erlaubt; Fahrten nach Simbabwe, Sambia, Malawi und Mosambik erlauben einige Vermieter nicht.

Flugzeug

Kleinflugzeuge sind in Namibia ein übliches Verkehrsmittel. In der Hauptstadt starten sie vom zentrumsnahen **Flughafen Eros** und steuern Flugpisten im ganzen Land an – jeder Unterkunftsort und fast jede Farm besitzt ein Flugfeld (*landing strip*). Wer das nötige Geld hat, kann die Sehenswürdigkeiten im Rahmen einer **Fly-in-Safari** mit der Cessna besuchen. Dies ist äußerst zeitsparend: An einem Tag nächtigt man unweit von Sossusvlei und bestaunt die Dünen im Abendlicht, am nächsten Tag nimmt man ein spätes Frühstück an der Skelettküste ein, und am dritten Tag schmeckt der Sundowner auf der Terrasse über dem Kunene im äußersten Norden an der Grenze zu Angola.

Flughäfen, die Air Namibia von Windhoek aus im Inland anfliegt, sind Walvis Bay, Ondangwa und Katima Mulilo (Mpacha). Zudem verbindet Bay Air Windhoek über Walvis Bay mit Lüderitz und Westair Windhoek über Rosh Pinah mit Oranjemund. Flugplätze in den Nachbarländern sind Luanda in Angola, Lusaka in Sambia, Victoria Falls in Simbabwe, Maun in Botswana, Johannesburg und Kapstadt in Südafrika.

Autobus / Truck

Neben zahlreichen Kleinbussen, die keine festen Abfahrtszeiten haben und zwischen den Großstädten und den ehemaligen Homelands verkehren, gibt es **Busgesellschaften**, die einen regelmäßigen Busverkehr unterhalten: Intercape Mainliner verbindet (von Süden aus Südafrika kommend) Karasburg, Grünau, Keetmanshoop, Mariental und Rehoboth mit Windhoek. Von Windhoek verkehren moderne Busse (teilweise mit Schlafsesseln) nach Westen über Okahandja, Usakos, Karibib und Swakopmund bis Walvis Bay. Nach Norden geht es von Windhoek über Okahandja, Otjiwarongo, Otavi, Tsumeb, Grootfontein und Rundu bis nach Katima Mulilo und weiter zu den Viktoria-Fällen. Daneben bieten verschiedene, vertrauenswürdige Gesellschaften bis zu zweimal täglich Shuttles zwischen

Windhoek und Swakopmund (zum Beispiel Trio Transfer, Townhoppers). Ekonolux verbindet Walvis Bay über Windhoek mit Kapstadt.

Interessant für Rucksackreisende sind **Overlander Trucks**, umgebaute LKWs, die die Hauptsehenswürdigkeiten zwischen Namibia und Tansania ansteuern.

Taxi

Manche Taxis sind technisch in fragwürdigem Zustand und der Fahrstil oft riskant. Keinesfalls in ein Taxi steigen, in dem schon Passagiere sitzen, und auch niemanden unterwegs zusteigen lassen – es wurden schon Fahrgäste ausgeraubt! Vor allem „Katutura-Taxis" haben in dieser Hinsicht einen schlechten Ruf.

Alle Taxis in **Windhoek** sind sicherheitshalber registriert und tragen an allen Seiten die Registrierungsnummer. Eine einfache Taxifahrt in Windhoek kostet pauschal N$ 10; wenn man dabei das Zentrum verlässt, pauschal N$ 20. Taxameter gibt es kaum. Sicherer sind Ruftaxis wie z.B. Dial-A-Cab (Tel. 081 127 0557) für pauschal N$ 60, unabhängig von der Fahrstrecke. Auch in anderen größeren Städten gibt es Taxis, die man aber besser nicht nutzen sollte!

Eisenbahn

Die Eisenbahngesellschaft TransNamib und unterhält ein Streckennetz von 2382 km Länge. Personenzüge fahren von Windhoek bis Walvis Bay und von Windhoek über Rehoboth, Mariental und Keetmanshoop nach Karasburg. Alle anderen Personenzugverbindungen wurden bis auf weiteres eingestellt.

In Besitz der TransNamib ist eines der touristischen Highlights des Landes – der Luxusreisezug **Desert Express**. Bequeme Abteile mit eigener Nasszelle in luxuriös möblierten Waggons, ein ausgezeichnetes Restaurant auf Rädern, ein Aussichtswaggon und wenn gewünscht auch ein Waggon, um das eigene Fahrzeug mitzuführen, schaukeln die Gäste geruhsam über Nacht von Windhoek nach Swakopmund und lassen ihnen bei Stopps Gelegenheit, landschaftliche Höhepunkte an der Strecke zu bestaunen.

Der Desert Express ist so erfolgreich, dass auch die in diesem Metier schon seit Jahrzehnten tätigen Südafrikaner zwei ihrer Exkursionsreisezüge – den luxuriösen **Rovos Rail** und den etwas einfacheren **Shongololo Express** – nach Namibia schicken.

PRAKTISCHE TIPPS

Alkohol

Hochprozentige alkoholische Getränke verkaufen nur die „**Bottle Stores**" (afrikaans: *Drankwinkel*), Wein und Bier auch Supermärkte und Shops der Nationalparks. Alkohol darf nur unter der Woche und am Samstag bis 13 Uhr verkauft werden. Danach, nachts und an Sonntagen ist der Alkoholverkauf in Geschäften (auch in Bottle Stores) verboten. Das gute namibische Bier wird in Windhoek nach deutschem Reinheitsgebot gebraut. Weine kommen meist aus Südafrika. Die Art der Schanklizenz der Hotels ist durch Symbole gekennzeichnet. „Y" bedeutet: nur Bier und Wein, und nur zu Mahlzeiten. „YY" bedeutet: Bier und Wein auch zwischen den Mahlzeiten. „YYY" bedeutet: Alle Spirituosen im Ausschank.

Einkaufen / Souvenirs

In größeren Städten Namibias ist das Warensortiment auf europäischem Niveau, mit Safariausrüstung und Campingartikeln in guter Qualität aus namibischer oder südafrikanischer Produktion, teils günstiger als in Europa; Preise für Gegenstände des täglichen Bedarfs und Lebensmittel liegen etwa auf deutschem Niveau. Fleisch hingegen ist sehr viel günstiger als in Deutschland, Milchprodukte sind jedoch durchweg teurer.

Souvenirs sind im ganzen Land in

Geschäften und auf Märkten erhältlich – von hochklassigen Antiquitäten, antiquarischen Büchern und aufwändigen Schnitzereien über bestickte Weißwaren wie Tischwäsche oder Bettwäsche, holzgeschnitzte Tiere aller Größen bis hin zu Mobiles der San aus Teufelskrallen, Stofftieren, Federkielen und Schmuck oder kleinen, von Kindern in die Schale von Makalani-Nüssen geschnittenen Bildchen.

Besonders wenn man auf Besuch in eines der Dörfer in den abgeschiedenen Gegenden kommt, sollte man ein Souvenir erwerben: Wenn man schon einen Blick in die Lebensweise der San oder der Himba werfen darf, sollte man ihnen dafür auch eine Verdienstmöglichkeit gewähren.

Elektrizität

Die Spannung beträgt im ganzen Land 230 Volt. Viele Farmen und Lodges auf dem Land sind nicht an das Stromnetz angeschlossen und stellen für die Abend- und Morgenstunden einen Generator an; die restliche Tages- und Nachtzeit müssen Lampen etc. mit Akkumulatoren-Gleichstrom und dessen niedrigerer Spannung (12/36 Volt) auskommen.

Zweipolige Flachstecker ohne Erdungsstift sowie deutsche Schutzkontaktstecker sind in den dreipoligen 15-A-Steckdosen Namibias nicht verwendbar. Die Unterkünfte halten meist **Adapter** bereit; diese sind auch in Supermärkten erhältlich.

Feiertage

Am 21. März ist Unabhängigkeitstag (Independence Day). Karfreitag (Good Friday), Ostermontag (Easter Monday) und Christi Himmelfahrt (Ascension Day) sind jedes Jahr an einem anderen Datum. Am 1. Mai wird der Tag der Arbeit (Worker's Day) begangen, am 4. Mai der Cassinga-Tag zur Erinnerung an das Jahr 1978, als südafrikanische Streitkräfte ein Lager der SWAPO auf angolanischem Boden angriffen. Dabei starben fast 1000 Zivilisten, darunter Frauen und Kinder. Der Afrika-Tag am 25. Mai erinnert an den Gründungstag der Union Afrikanischer Staaten (OAU). Am 26. August wird der Helden-Tag (Heroes' Day) begangen, am 10. Dezember der Tag der namibischen Frauen und internationaler Tag der Menschenrechte. Der 25. Dezember Weihnachten und der 26. Dezember der Familientag.

Öffentliche Feiertage werden jedes Jahr neu definiert, und zwar immer dann, wenn z. B. der 1. Januar (Neujahr) oder ein anderer Tag, an dem arbeitsfrei ist, auf einen Sonntag fällt und die Namibier damit um einen freien Tag „betrogen" würden.

Feste

Es gibt in Namibia nur wenige traditionelle Feste, an denen auch Fremde teilnehmen können. Es hat sicherlich seinen Reiz, unter afrikanischer Sonne **Oktoberfest** oder **Karneval** mit Funkenmariechen und Umzug zu feiern. Karnevalsvereine u. a. in Windhoek und Swakopmund, bereiten sich das ganze Jahr darauf vor, und die *Allgemeine Zeitung* berichtet ausführlich darüber.

Ein Erlebnis ist der **Ahnengedenktag** der Herero in Okahandja. Jedes Jahr am letzten Augustwochenende kommen Herero aus allen Teilen des Landes nach Okahandja, um zusammen mit ihren Oberhäuptern an den Gräbern Reinigungszeremonien zu vollziehen. Die Frauen in ihren prachtvollen viktorianischen Gewändern und die Männer in ihren Uniformen, teils hoch zu Ross, verwandeln Okahandja in eine Art fröhliches Heerlager. Die Zeremonien selbst sind sehr eindrucksvoll. Ein Rahmenprogramm mit Schönheitswettbewerb etc. sorgt für Unterhaltung.

Beliebt ist das **/Ae //Gams Festival** in Windhoek Anfang September. In den Theatern und auf Open-Air-Bühnen treten namibische Künstler auf. Das Motto ist: *Ombazu jetu, outonga uetu* – unsere Kultur, unser Stolz.

Wer richtig namibisch ins neue Jahr feiern möchte, muss zum Jahreswechsel nach Swakopmund reisen: Dort findet im „Amphitheater" Namibias größte **Silvester-Party** statt. Veranstaltungsort ist ein natürliches, von Sanddünen eingerahmtes Rund in der Namib-Wüste, das Bands und DJs in einen Hexenkessel verwandeln.

Fotografieren

Namibia ist eine Reisedestination, deren Landschaften, Tier- und Pflanzenwelt grandiose Motive bieten. Wegen der intensiven Sonneneinstrahlung und zum Schutz sollten Objektive mit einem UV-Filter versehen sein. Bei Fahrten auf Pisten wandert in die Fahrzeuge feinster Staub. Deshalb sollte die Fotoausrüstung immer gut verpackt sein und die Ausrüstung mit einem Blasebalg-Pinsel öfter gereinigt werden. Für Tieraufnahmen aus der Hand ist eine Kamera mit lichtstarkem Teleobjektiv zu empfehlen, da man meist kurz nach bzw. vor der Dämmerung unterwegs ist, wenn das Licht zwar schön weich, aber nicht mehr so kräftig ist.

Bei Tieraufnahmen sollte man je nach Spezies einen gehörigen Sicherheitsabstand einhalten, v. a., wenn die Tiere Junge in der Gruppe haben – das gilt auch für die scheinbar gemütlichen, aber hochgefährlichen Hippos.

Bei Aufnahmen von Menschen gebietet es die Höflichkeit, vorab um Erlaubnis zu fragen, und sei es auch nur in Zeichensprache. Ab und an wird man als Gegenleistung für eine Ablichtung um Geld gefragt. Für Fotos zu bezahlen ist falsch, hingegen wird ein Geschenk oder der Kauf eines Souvenirs zu einer Entspannung der Situation beitragen.

Führer

Wer als Selbstfahrer mit einem Mietwagen in unwegsamem Gebiet unterwegs ist, wird die Führung durch eine kompetente Person in Anspruch nehmen wollen. Führer werden von den Reiseunternehmen im Land vermittelt. Sie sind geschult und geprüft, so dass sie ihre Kunden nicht nur sicher durchs Land lenken, sondern ihnen auch Kultur und Natur nahe bringen können.

Neben den staatlichen Nationalparks wurden auf kommunalem Gebiet auf Gemeindeebene Zonen eingerichtet, die wegen landschaftlicher Schönheit oder der besonderen Tier- und Pflanzenwelt als schützenswert gelten – zum Beispiel um die Spitzkoppe, den Brandberg oder um Twyfelfontein. Diese werden von den dort lebenden Dorfgemeinschaften verwaltet. Aus der Betreuung des Schutzgebietes, aus dort eingerichteten Camps und aus Dienstleistungen wie z. B. als Bergführer beziehen die Menschen ihr Einkommen. Man sollte also Verständnis dafür haben, wenn der Besuch einer Natursehenswürdigkeit in diesen Gebieten nur in Begleitung und gegen Gebühr möglich ist.

Gästefarmen

Gästefarmen sind eine namibische Institution. In keinem Land wurde das Konzept des „Urlaub auf dem Bauernhof" so wunderbar umgesetzt wie in Namibia. Überall finden sich im Land verteilt „arbeitende Farmen", die auch Gäste aufnehmen. Bei vielen steht heute der Gast mehr im Vordergrund als die Farmerei, dennoch bekommt man einen Einblick in das Leben eines namibischen Rinder- oder Schaffarmers. Die Gästefarmen bieten meist nur 5-10 Doppelzimmer an, und man ist in die Farmersfamilie integriert. Hierzu zählen gemeinsames Essen (meist typisch namibische Küche mit deutschen und afrikaansen Einflüssen) und interessante Gesprächsabende rund um das Braai-Feuer. Zu unterscheiden von den Gästefarmen sind „Lodges", bei denen es sich meist um luxuriösere, größere Unterkünfte auf Farmland handelt, die nur selten noch einen richtigen Farmbetrieb aufrechterhalten. Dennoch kommt auch der Gast auf einer Gästefarm natürlich nicht zu kurz: Zum Minimumstandard gehören gut eingerichtete Zimmer mit eigenem Bad, ein Schwimmbad und häufig auch eine Bar. Farmrundfahren zur Wildtier- und Vogelbeobachtung werden von den meisten Farmen, meist am späten Nachmittag, angeboten. Viele haben Pferde für Ausritte oder bieten auch Tagestouren zu nahegelegenen Sehenswürdigkeiten an. Hier lohnt es sich einige Tage zu verweilen und einen Einblick das richtige Leben auf einer namibischen Farm zu gewinnen. Die meisten Gästefarmen werden von deutschsprachigen Namibiern geführt.

Laut verschiedener Bewertungen auf der unabhängigen Online-Tourismusplattform zu Namibia (www.bewertenamibia.de) zählen die folgenden Gästefarmen zu den beliebtesten in Namibia: **Ababis Gästefarm** (nahe von Sesriem und dem Sossusvlei), **Etango Game Ranch** (direkt beim Internationalen Flughafen), **Gabus Game Ranch** (beim Mais-Dreieck), **Hohewarte Gästefarm** (östlich von Windhoek nahe des Flughafens), **Vreugde Gästefarm** (30 km südlich von Etosha).

Mehrwertsteuer-Rückerstattung

In Namibia wird Mehrwertsteuer (Value Added Tax – VAT) in Höhe von 15 % des Warenwertes erhoben. Ausländer können bei der Ausreise, bei einem Warenwert von über 250 N$, die Mehrwertsteuer geltend machen (Mehrwertsteuer für im Land konsumierte Serviceleistungen ist nicht erstattungsfähig). Dazu ist bei Grenzübertritt eine Rechnung vorzulegen, die den Erfordernissen einer „Steuerquittung" entsprechen muss. Diese wird bei Vorlage und Vorzeigen der Ware abgestempelt. Lässt man dies am Windhoeker Flughafen oder an den Grenzübergängen Ariamsvlei bzw. Noordoewer machen, erhält man über die Summe einen in Rand ausgestellten Scheck. An anderen Grenzübergängen ist ein Formular auszufüllen und dieses mit der Rechnung dem Zollbeamten zu übergeben. Die zentrale Zollbehörde überweist dann das Geld auf ein angegebenes europäisches Konto bzw. schickt einen Scheck an die Heimatadresse. Rückerstattungsbeträge bis N$ 5000 werden auch in bar ausgezahlt.

Nachtleben

Nachtleben wie in einer Großstadt kennt man in Namibia nicht. Selbst in Windhoek ist das Ausgehen auf einige Diskos beschränkt, und nur am Wochenende. Traditionell geht man in einen Biergarten bzw. trifft sich in einem Lokal zum Essen. Allerdings findet in jenen Vorstädten, in denen Nicht-Weiße wohnen, ein wesentlich intensiveres Nachtleben statt. Manche Touristen, vornehmlich jüngere, scheuen sich nicht, dort vorbeizuschauen – viele Namibier raten jedoch aus Sicherheitsgründen vehement davon ab, solche nächtlichen Besuche in den Diskos der ehemaligen Townships zu unternehmen.

Notfälle

Notruf: Polizei 10111 (in vielen Städten, so u.a. Windhoek), per Handy 112; Ambulanzen sind auch über die jeweiligen Regionalkrankenhäuser zu alarmieren. In Windhoek ist bei Feuer und Verletzung die 211111 zu wählen. Die Stadtpolizei in Windhoek ist über 2902239, die allgemeine Windhoeker Notfallrufnummer 302302 (kostenfrei) oder per SMS unter 4444 zu erreichen.

Kosten einer **Flugrettung**: 3000-6000 Euro, Kostenübernahme muss vor dem Start bzw. dem Losfahren des **Krankenwagens** (!) durch Kreditkarte (Daten u. Limit) gesichert oder mit der Versicherung geklärt werden! Ansonsten die Botschaft einschalten. Personenbergungskostenlimit der **Auslandsversicherung** vor Reisebeginn klären!

SOS International Namibia (kostenpflichtiger Flugrettungsdienst), Tel. 081-707 oder 061-2890911.

EMED Rescue 24, kostenpflichtiger Rettungsdienst (Flug und Krankenwagen): 081924, 0026461411600. Privater Notfall-Helikopter, z.B. für Wandererunfälle im Fish River Canyon: Abe van der Merwe, Windhuk, Tel. +264 811287256, abe@mtcmobile.com.na.

Gute Tipps zur Notfallvorsorge:

http://www.bwana.de/selbstfahrer-zentrum/sicherheitstipps-namibia.html

Öffnungszeiten

Geschäfte haben an Mo-Fr zwischen 8/9 und 17/18 Uhr geöffnet, an Samstagen zwischen 8/9 und 12 Uhr. Die großen Supermärkte und Malls haben täglich von 9-17/18 Uhr geöffnet, sonntags teilweise nur vormittags.

Banken öffnen Montag bis Freitag zwischen 9 und 15.30 Uhr, samstags öffnen sie um 9 und schließen um 11 Uhr. Manche Filialen schließen für eine Mittagspause. Geldautomaten sind rund um die Uhr betriebsbereit.

Postämter empfangen Publikum zwischen 9 und 13 Uhr und zwischen 14 und 16.30 Uhr, samstags nur vormittags; sonntags geschlossen.

Die **Museen** haben keine einheitlichen Öffnungszeiten. Dies liegt unter anderem daran, dass die Träger sehr unterschiedlich und häufig privat bzw. Stiftungen sind, die auf ehrenamtliche Arbeitskräfte zurückgreifen. Manchmal ist eine Telefonnummer ausgehängt, so dass sich schnell und unkompliziert ein Besuch arrangieren lässt.

In vielen staatlichen **Camps** (von NWR verwaltet) kann man bei vorliegender Buchung zu den allgemeinen Öffnungszeiten des Schutzgebietes, also meist zwischen Sonnenaufgang und Sonnenuntergang anreisen. Hiervon gibt es nur wenige Ausnahmen!

Post

Die Postämter der NamPost sind Mo-Fr 8-16.30 Uhr und Sa 8-12 Uhr geöffnet; es ist besser, Postkarten dort abzugeben als sie in einen der roten Briefkästen zu stecken (Porto nach Europa für eine Postkarte N$ 5; „Airmail"-Vermerk nicht vergessen). Post nach Namibia erreicht den Empfänger nur, wenn ein Postfach/-sack (*P.O.Box* bzw. *P/ bag*) angegeben ist!

Preisniveau

Namibia ist kein besonders günstiges Reiseland. Die Hauptmahlzeit in einem Restaurant kostet um die 10 Euro, Mietwagen ab 40 Euro pro Tag für einen PKW, ab Euro 80 pro Tag für einen 4x4.

Die Kosten für Unterkünfte liegen bei 10 Euro pro Person und Nacht für Camping, 35 Euro pro Person/Nacht mit Frühstück in Pensionen und ab 60 Euro pro Person und Nacht mit Frühstück auf einer Gästefarm. Wenn der Südafrikanische Rand schwächelt, wird das Reisen auch in Namibia für Europäer billiger.

Reservierungen

Reservierungen sind in Namibia in der Hochsaison sinnvoll. Ansonsten reicht es meist, sich einige Tage zuvor um eine Unterkunft zu kümmern; man sollte aber stets einen Plan B haben, denn die Entfernungen sind weit, und wenn eine gewünschte Unterkunft belegt ist, sind Alternativen oft rar. Für Unterkünfte in/um Etosha und Sesriem/Sossusvlei sowie Mitte Dezember bis Mitte Januar in Swakopmund und Umgebung ist es ratsam, möglichst früh zu reservieren. Viele Gästefarmen sind im Dezember und Januar geschlossen.

Die Bungalows, Zimmer und Zeltplätze in den meisten staatlichen Schutzgebieten werden zentral gebucht: **Namibia Wildlife Resorts**, Tel. 061-2857200, Fax 224900, reservations@nwr.com.na, www.nwr.com.na.

Schutzgebiete

Namibia verfügt derzeit über 23 staatliche Schutzgebiete, die mehr als 15 % der Landesfläche einnehmen. Sie werden als Nationalpark, Meeresschutzgebiet (Marine Protected Area), Wildpark (Game Park), Reservat (Reserve) und Erholungsgebiet (Recreational Area/Resort) bezeichnet. In den meisten dieser Schutzgebiete unterhält Namibia Wildlife Resorts (NWR), als Staatsunternehmen, Camps (derzeit 18) mit Unterkünften unterschiedlicher Kategorie, vom VIP-Bungalow bis zum Zeltplatz. Einige Konzessionen in staatlichen Schutzgebieten wurden in den letzten Jahren für bis zu 60 Jahre an private Unternehmen vergeben (z.B. im Khaudum-Nationalpark, Daan-Viljoen-Wildpark, Von Bach).

Touristen aus Übersee müssen als Eintritt in die Nationalparks pro Tag und Person 80 N$ zahlen, pro Tag und Fahrzeug weitere 10 N$. Diese Gebühren kommen zu den Unterkunftspreisen hinzu. Ein Zeltplatz in Etosha kostet 200 N$ pro Tag zuzüglich 100 N$ pro Person und Tag. Ein Doppelzimmer kostet ab 650 N$ pro Person. Überall ist Bed & Breakfast die Grundlage (außer in den Luxuslodges Onkoshi und Sossus Dune). Im Rastlager Namutoni gibt es als Angebot nur Übernachtung mit Frühstück (ab N$ 800 pro Person); in Okaukuejo ist in den teureren Unterkünften auch das Abendessen obligatorisch. Onkoshi und Sossus Dune sind die einzigen NWR-Luxusunterkünfte, und die kosten all-inclusive ab N$ 1800.

Neben den staatlichen gibt es Schutzgebiete auf kommunalem Land, die gegen Pacht als Konzessionsgebiete an Lodgebetreiber abgegeben oder von den Gemeinden selbst betrieben werden. Auch können private Farmen sich zusammenschließen und ihr Gebiet als Conservancy einstufen lassen. Sie müssen bestimmte Bedingungen erfüllen, so muss die Natur nachhaltig bewahrt werden und die bestehenden Ökosysteme genutzt, aber nicht ausgenutzt werden. Im ganzen Land existieren bereits mehr als 30 Conservancies.

Der Schulterschluss der Staaten des südlichen Afrikas hat auch dazu geführt, das die Pflege der Tier- und Pflanzenwelt als notwendig grenzübergreifend begriffen wurde. Es entstanden Transfrontier Conservation Areas, grenzübergreifende Schutzgebiete, die von Besuchern aller Anrainerstaaten ohne Grenzübertritt genutzt werden sollen. Im Aufbau sind der Iona Skeleton Coast Transfrontier Conservation Area (Namibia/Angola) und Kavango Zambezi Transfrontier Conservation Area (Namibia/Botswana/Simbabwe/Angola/Sambia).

Weitere grenzübergreifende Schutzgebiete sind geplant, so an der Mündung des Oranje und beim früheren Kalahari Gemsbok Park, dem heutigen Kgalagadi Transfrontier Park.

Sicherheit

Es sind wiederholt Touristen von der Übernahme ihres Mietwagens am Flughafen bis zur Unterkunft verfolgt und bei der Ankunft ausgeraubt worden. Es kommen auch Überfälle auf Personen vor, die im Auto an der Einfahrt zur Unterkunft warten, während sich das Tor öffnet; man sollte darauf achten, dass dabei niemand in der Nähe lauert. Wer glaubt, verfolgt oder beobachtet zu werden, sollte die Polizei verständigen bzw. zur nächsten Polizeistation fahren.

Es wird schnell dunkel – im Winter gegen 18 Uhr, im Sommer gegen 19.30 Uhr. Danach ist es nicht üblich, sich außerhalb des Hauses/ Grundstücks aufzuhalten. Von Spaziergängen in der Dunkelheit wird dringend abgeraten!

Abends trifft man sich – außer in größeren Städte wie Windhoek, Swakopmund oder Walvis Bay – weniger in Kneipen, sondern eher privat; ab der Dämmerung wird außerhalb von Ortschaften nicht mehr Auto gefahren.

In den größeren Städten Namibias

– v.a. in Windhoek (z. B. am Aloe Trail) und Swakopmund, wo Diebstähle und Raubüberfälle zunehmen, aber auch in Provinzstädten wie Okahandja – sollte man seinen Besitz nicht auffällig am Körper tragen und auf Schmuck verzichten. Auch in Lodges sollte man seine Sachen nicht offen herumliegen lässt – es ist besser, das Personal nicht in Versuchung zu führen.

Bepackte Autos auf großen Parkplätzen und in Städten verführen zum Einbruch, ebenso ein Fahrzeug voller Ausrüstung, das in einsamen Gegenden sichtbar geparkt wird. Häufig bietet die lokale Bevölkerung gegen ein geringes Entgelt die Bewachung des Fahrzeugs an; dies gibt es auch in den Städten und dieser Service sollte auch in Anspruch genommen werden!

Auf **Picknickplätzen**, an Landstraßen, bei **Fotostopps** an einsamen Aussichtspunkten, Luxuslodges und Farmen ist es wiederholt zu **Raubüberfällen** gekommen.

In **Sambia** haben Raubüberfälle und Fahrzeugentführungen zugenommen.

In **Simbabwe** ist wegen der Dauerkrise die Allgemeinkriminalität hoch und Benzin öfter knapp.

Aktuelle Sicherheitshinweise unter **www.auswaertiges-amt.de** (Telefon-Hotline: 030-5000-2000)!

Telefon

Das Telefonnetz Namibias ist gut. Neben der Einführung des Selbstwählverkehrs und öffentlicher **Kartentelefone** wurde auch der Aufbau des **GSM-900-Mobilfunknetzes** betrieben; heute sind die meisten größeren Orte und ihre weitere Umgebung sowie die großen Fernstraßen versorgt, Karte der Netzabdeckung: siehe www.mtc.com.na/coverage. In den Zentren der Hauptorte gibt es bereits schnelle 4G-Verbindungen. Die Prepaid-SIM-Karte *Tango* von **MTC** bekommt man z. B. am Flughafen Windhoek im MTC-Laden; nachladen kann man unterwegs, u. a. in Supermärkten und Tankstellen.

Namibia erreicht man von Europa unter der **Vorwahl** 00264. Die wichtigsten regionalen Vorwahlen sind 061 für Windhoek, 064 für Walvis Bay und Swakopmund. Die Vorwahl nach Deutschland ist 0049, nach Österreich 0043 und in die Schweiz 0041.

Wo es kein Festnetz gibt und auch Mobiltelefone nicht funktionieren, muss auf **Satellitentelefone** zurückgegriffen werden, dies geschieht v. a. in den Lodges und Camps abseits der Zivilisation wie im Buschmannland, im Kaokoveld und im Damaraland.

Trinkgeld

In Restaurants sind 10 % der Rechnungssumme als Trinkgeld angemessen, bei höheren Beträgen wird man bei etwa 100-150 N$ ein oberes Limit setzen. Für den Gepäckträger sind 2-5 N$ pro Gepäckstück in Ordnung, ein Zimmermädchen kann etwa mit 5 N$ pro Aufenthaltstag und Zimmer rechnen.

Gerechter ist jedoch das System der „Tip Box": Eine solche Trinkgeldschachtel steht meist an der Rezeption, und das dort hineingesteckte Geld kommt dann später bei der hausinternen Verteilung allen Angestellten zugute.

Unterkünfte

Das Preisniveau der Unterkünfte ist nicht nur in den Städten sehr unterschiedlich; man kann in einfachen Häusern günstig und in Zelten extrem teuer nächtigen, wenn diese im Busch an exklusiver Stelle stehen und mit Mahagoni-Möbeln ausgestattet sind, und wenn abends ein 5-Gänge-Menü auf den Tisch kommt.

Rastlager (Restcamps) gibt es unter staatlicher Ägide (von Namibia Wildlife Resorts betrieben), aber auch privat geführt. Sie bieten meist eine ganze Bandbreite an Unterkünften – vom Bungalow bis zum Zeltplatz. In den letzten Jahren wurden die Unterkunftspreise in den staatlichen Rastlagern der Nationalparks stark angehoben. Die günstigste Unterkunft in einem einfachen Doppelzimmer in Etoscha kostet ab 650 N$ pro Person mit Frühstück und kann bei luxuriöserer Unterbringung bis zu 5000 N$ pro Person ausmachen.

Lodges sind meist luxuriöse Unterkünfte mit Bungalows oder Zelten, die möbliert sind. Teils nennen sich auch Großhotels wie Mokuti oder Twyfelfontein etwas irreführend „Lodge".

Gästefarmen (Guestfarms) sind landwirtschaftliche Betriebe, die – teils nur im Nebenerwerb – Gäste bewirten. Diese Einrichtungen haben nur wenige Zimmer, und der Aufenthalt ist ausgesprochen familiär. Auf Gästefarmen zu nächtigen ist die beste Art, das Leben in Namibia kennen zu lernen.

Außerdem gibt es Hotels, Backpacker Hostels in den Städten, Bed & Breakfast-Betriebe, Pensionen und Zeltplätze. Auf den meisten **Zeltplätzen** ist man fast „exklusiv" untergebracht, sieht und hört vom Nachbarn nichts, hat seinen eigenen, bereits mit Holz und Rost ausgestatteten Grillplatz und einen Ablution Block (WC und Dusche) zur Verfügung.

Weblinks

Interessante touristische Weblinks rund um Namibia:
www.namibiatourism.com.na – Seite des Namibia Tourist Board (NTB) (englisch)
www.namibia-tourism.com – Seite des Namibischen Fremdenverkehrsbüros (NTB) in Deutschland
www.nwr.com.na – Seite von Namibia Wildlife Resorts (englisch)
www.met.gov.na – Seite des Umwelt- und Tourismusministeriums (englisch)
www.visitwindhoek.net – Infos rund um die Hauptstadt Windhoek
www.whatonswindhoek.com – Eventkalender für Windhoek
www.travel-namibia.com – Informationsplattform rund um Namibiareisen

Zeitungen / Radio / Fernsehen

Es gibt eine Vielzahl von Tageszeitungen in Englisch und Afrikaans sowie die einzige deutsche **Tageszeitung** Afrikas, die *Allgemeine Zeitung*. Staatliche Zensur kommt kaum vor. Regierungsnah ist *New Era*, eher kritisch der englischsprachige *Namibian* und die *AZ*. Beide haben einen sehr guten Internetauftritt – als Reisevorbereitung sehr zu empfehlen (www.namibian.com.na, www.az.com.na). Der Namibische Rundfunk NBC sendet ein **Radioprogramm** in deutscher Sprache. Internationale **Fernsehsender**, auch deutsche, sind via Satellit zu empfangen. Terrestrisch kann hingegen nur NBC (zweimal wöchentlich mit deutschen Nachrichten) und OneAfrica TV empfangen werden.

Zeitverschiebung

Im Südsommer nach der Landung die Uhr eine Stunde vorstellen, im Südwinter eine Stunde zurück. **Zeitumstellung**: Am ersten Sonntag im April und am ersten Sonntag im September wird in Namibia die Zeit umgestellt (um 3 auf 2 Uhr bzw. um 2 auf 3 Uhr). Im Caprivi jedoch gilt ganzjährig Sommerzeit

Zoll

Gegenstände des persönlichen Gebrauchs dürfen zollfrei eingeführt werden (max. 400 Zigaretten, 1 Liter Spirituosen, 2 Liter Wein, 50 ml Parfüm, 250 ml Eau de Toilette), sowie Geschenke im Wert von N$ 2000.

SPRACHFÜHRER

Amtssprache – aber nur für 2% die Muttersprache – ist seit 1990 Englisch. De facto sprechen aber die meisten Namibier als Verkehrssprache Afrikaans. Englisch ist die Sprache der Gebildeten; dass es zur Amtssprache wurde, lag an der ideologischen Belastung des Afrikaans durch Südafrikas Apartheidpolitik in Namibia. Die deutschstämmigen Namibier (rd. 20 000) sprechen Deutsch. Da viele von ihnen im Tourismus arbeiten oder Gästefarmen führen und viele vom Tourismus lebende Schwarze neben Afrikaans auch etwas Deutsch können, kommen Reisende mit Deutsch und Englisch gut durch.

Wichtige Begriffe in **Afrikaans**:

Baas .... Boss / Farmer
Bakkie .... Pick-up
Beesters .... Rinder
Bergveld .... Gebirgsland
Boerwors .... Bratwurst
Braai .... Grill, auch das Grillen
Buschveld .... Dornbuschsteppe
Dam .... Stausee, Staumauer
Drift .... Furt
Jerry .... Deutscher
Kraal .... Dorf schwarzafrikanischer Namibier
Lekker .... schön, gut, schmackhaft
Pad .... Straße
Pan .... Senke
Potje .... gusseiserner dreibeiniger Kochtopf
Rivier .... Trockenflussbett
Sandveld .... Sandwüste
Trekken .... weiterziehen
Veld .... Land (im Gegensatz zu Stadt)
Winkel .... kleiner Laden

ADRESSEN

Diplomatische Vertretungen in Namibia

Deutsche Botschaft, Sanlam Centre, 6th Floor, Independence Ave., Windhoek, Tel. 061-273100, Fax 222981, www.windhuk.diplo.de.

Generalkonsulat der Schweiz, Konsulat in Kapstadt, Tel. 0027-21-4007500.

Honorarkonsulat von Österreich, Di u. Do 10-12 Uhr, Teinert St. 2, Klein Windhoek, Tel. 061-375652, Fax 375660, www.austrian-consulate.com.

Diplomatische Vertretungen Namibias in Deutschland und Österreich

Botschaft der Republik Namibia, Reichsstr. 17, 14052 Berlin, Tel: 030-2540950, Fax 25409555, www.namibia-botschaft.de.

Botschaft der Republik Namibia, Zuckerkandlgasse 2, 1190 Wien, Tel. 01-4029371, Fax 01-4029370, www.emb-namibia.at.

Fluggesellschaften in Windhoek

Infos über Direktflüge aus Deutschland unter www.airnamibia.com.na (englisch); die deutschsprachige Seite unter www.airnamibia.com ist nicht so aktuell.

Air Namibia, Shop 22, Sanlam Centre, Fidel Castro St/Carl List St, Windhoek, Tel. 061-2996333, Fax 2996146, central.reservations@airnamibia.aero.

Namibisches Fremdenverkehrsamt in Deutschland

Namibia Tourism Board (NTB), Schillerstraße 42-44, 60313 Frankfurt, info@namibia-tourism.com, www.namibia-tourism.com, ist zuständig für den gesamten deutschsprachigen Raum.

Namibisches Fremdenverkehrsamt in Windhoek

Namibia Tourism Board, Windhoek Office, Post Street Mall (Channel Life Building), Private Bag 13244, Windhoek, Tel. 061-2906000, Fax 061-254848, info@namibia-tourism.com.na, www.namibiatourism.com.na

AUTOR

Heinrich Dannenberg

A

B

C

D

E

F

G

H

I

K

L

Nelles Verlag

Foto: Volkmar E. Janicke

Namibia

Botswana

Hotelverzeichnis

HOTELVERZEICHNIS

$$$ Gehobene und Luxusklasse mit Preisen ab 1000 N$ pro Person mit Frühstück im Doppelzimmer.
$$ Gehobene Mittelklasse mit Preisen zwischen 500 und 1000 N$ pro Person mit Frühstück im Doppelzimmer.
$ Mittelklasse und günstige Unterkünfte bis zu 500 N$ pro Person mit Frühstück im Doppelzimmer.

3 WINDHOEK

Windhoek (☎ 061)

$$$ **Heinitzburg**, kleines Boutique-Luxushotel hoch über den Dächern von Windhoek, in der kolonialen gleichnamigen Burg gelegen, traumhafter Blick über Windhoek, Gourmet-Restaurant, Schwimmbad im Innenhof, herrschaftliche Zimmer (2010 komplett renoviert), 22 Heinitzburg St, Tel. 249597, 249598, www.heinitzburg.com.
Windhoek Country Club, Luxushotel, am südlichen Stadtrand gelegen, große Wasserlandschaft, Entertainment-Centre mit Spielcasino, eigener 18-Loch-Turnier-Golfplatz, kostenloser Shuttle in die Stadt, B1 Western Bypass, Tel. 2055911, Fax 2052797, www.windhoek.co.za.
Hilton Windhoek, neuestes Luxushotel der Stadt, fünf Restaurants und Bars, Schwimmbad auf dem Dach, sehr luxuriös, direkt im Zentrum an der Independence Avenue, Tel. 2962929, Fax 2962931, www.hilton.com.
Kalahari Sands Hotel, das älteste Luxushotel der Stadt mit kleinem Schwimmbad auf dem Dach und Fitness-Centre, Spielcasino, Bar, Restaurant, Zimmer wurden 2011 komplett renoviert, prominent gelegen direkt an der Independence Avenue, Teil des Gustav-Voigts-Einkaufszentrums, Tel. 280000, Fax 222260, www.suninternational.com
Villa Verdi, das kleine Hotel liegt etwas abseits vom Zentrum, viele Geschäftsleute aus Südafrika, Schwimmbad, 4 Verdi Street, Tel. 221994, Fax 225108, www.leadinglodges.com.

$$ **Protea Hotel Fürstenhof**, kürzlich komplett renoviertes Hotel der gehobenen Mittelklasse, gutes Restaurant, eigenes Wellness-Spa, fünf Gehminuten von der Independence Avenue, 4 Frans Indongo St, Tel. 237380, Fax 237855, www.proteahotels.com
Kleines Heim Hotel Garni, hübsche Anlage mit 14 Zimmern um einen Garten mit Schwimmbad, 10, Volan Street, Tel. 248200, Fax 248203, www.kleinesheim.com.
Hotel Thule, Hotel auf einem Hügel hoch über Windhoek gelegen, traumhafter Blick von der Terrasse, Gourmet-Restaurant und Schwimmbad über das Klein Windhoek Tal, ordentliche Zimmer, guter Service, 1 Georges St, Tel. 371950, Fax 371967, www.thule-namibia.com.

$ - $$ **Hotel Safari & $$ Safari Court Hotel & Conference Centre**, großer Hotelkomplex auf fast 20 Hektar Land, mehrere Restaurants und Bars, sehr beliebt für Großkonferenzen, zwei Schwimmbäder, Business-Zimmer im Safari Hotel (***) kürzlich renoivert und sehr empfehlenswert, Zimmer im Safari Court (****) heruntergekommen, kostenloser Shuttle in die Stadt, unmittelbar am Stadtflughafen Eros gelegen, Auas Road/Aviation St, Tel. 2968000, Fax 235652, www.safarihotelsnamibia.com.

$ **Onganga**, angenehme Lodge unter sehr persönlicher Leitung in dem östlichen Stadtteil Klein Windhoek an einem Hang mit Blick über die Auas-Berge, Abendrestaurant, Schwimmbad, Klein Windhoek, Tel. 241701, Fax 241676, www.onganga.com.
Kashima Bed & Breakfast, drei angenehm möblierte Zimmer mit Dusche und WC, eines auch mit einer Kochecke; Möglichkeit, den Braaiplatz zu nutzen, ausgezeichnete Beratung zu Windhoek, der nahen Umgebung und zu Reisezielen im ganzen Land, hübscher kleiner Garten mit Schwimmbad, sicheres Parken, nur mit Vorausbuchung, unweit des Zentrums am Sam Nujoma Drive, Chopin Street 1, Windhoek West, Tel. 257254, Fax 257928, www.kashima-namibia.com.
Moni, ruhige Pension mit Schwimmbad, 7 Rieks van der Walt Street, Tel. 228350, Fax 227124, www.monihotel.com.
Arebbusch Travel Lodge, Bungalows, Budget-Räume und Zeltplätze mit Restaurant und Pool, sehr sauber und bewacht, 5 km vom Zentrum Richtung Süden an der B1, Tel. 252255, Fax 251670, www.arebbusch.com.
Hotel Pension Steiner, kleine, familiäre Pension direkt im Stadtzentrum gelegen, seit Jahren eine der beliebtesten Pensionen in Windhoek, wunderschöner Innenhof mit Schwimmbad, es wird nur Frühstück serviert, 9 Wecke St, Tel. 222898, 224234, www.natron.net/tour/steiner

Umgebung von Windhoek (☎ 061)

$$ **Düsternbrook Gästefarm**, Gästefarm mit sieben Zimmern und Campingmöglichkeit, auf dem Farmgelände gibt es viel Wild und als Besonderheit Leoparden und Geparde, nur mit Halbpension und Aktivitäten buchbar, 26 km außerhalb Richtung Norden an der B1 (Farmweg noch 20 km), Tel. 232572, Fax 257112, www.duesternbrook.net.
Okapuka Ranch, große, stilvoll eingerichtete Lodge mit Bungalows und einem Restaurant, das auch Tagesgäste empfängt, viel Wild auf dem Gelände, die Game Drives und die spektakuläre Löwenfütterung stehen gegen Gebühr auch Besuchern offen, die nicht in der Lodge übernachten, 30 km außerhalb Richtung Norden an der B1, Tel. 234607, Fax 234690, wwww.okapuka-ranch.com.
Etango Game Ranch, familiär geführte Gästefarm direkt beim Internationalen Flughafen Hosea Kutako, gemütliche Zimmer in Bungalows mit allem nötigen Komfort, gute Farmküche, Rundfahrten über die Farm und Pferdereiten werden geboten, B6/Trans-Kalahari Highway 45 km östlich von Windhoek, Tel. 540451, Fax 540452, www.etangoranch.com.
River Crossing Lodge, 2009 eröffnete Lodge auf einem Hügel etwas östlich von Windhoek, traumhafter Blick über die Berge und die Stadt, Zimmer jeweils in einem eigenen Bungalow untergebracht, Schwimmbad, sehr gutes Restaurant, B6/Trans-Kalahari Highway, wenige Kilometer östlich von Windhoek, Tel. 401491/246788, Fax 243079, www.rivercrossing.com.na.

$ **Airport Lodge**, hübsch eingerichtete Bungalows, Schwimmbad, Minibus-Service nach Windhoek, 16 km außerhalb Richtung Osten in der Nähe der B6, Tel. 231491, Fax 236709, www.airportlodgenamibia.com.

4 SÜDEN

Rehoboth (☎ 062)

$-$$ **Oanob Resort**, Resort am See mit Wassersportaktivitäten, Restaurant, Bungalows und Zeltplatz, 10 km außerhalb von Rehoboth, Tel. 522370, Fax 524112, www.oanob.com.na.

Mariental (☎ 063)

$$$ **Bagatelle Kalahari Game Ranch**, luxuriöse Lodge inmitten der roten Dünen der Kalahari, besonders empfehlenswert sind die vier Chalets auf einer Düne mit traumhaftem Blick, Schwimmbad, Naturfahrten werden angeboten, großer Weinkeller, exzellentes Essen, D1268 35 km nordöstlich von Mariental ,Tel. 240982, Fax 241252, www.bagatelle-kalahari-gameranch.com.

$ **Anib Lodge**, zur Gondwana Desert Collection gehörig und dort die Region der Kalahari abdeckend brilliert die Lodge mit Wildreichtum; fast 40 Zimmer in einer grünen Oase mit Palmen, Restaurant, Schwimmbad, Raubvogelbeobachtung, Wanderungen in der Kalahari; für Camper gibt es einen eigenen Bereich, an der C20 zwischen Mariental und Stampriet gelegen, Tel. 061-230066, Fax 251863, www.gondwana-desert-collection.com.
Mariental Hotel, angenehmes Hotel mit 12 Zimmern und Schwimmbad, Restaurant, im Ort, Tel. 063-242466, Fax 242493, www.marientalhotel.com.

Keetmanshoop (☎ 063)

$$ **Mesosaurus Fossil Camp**, einfache, aber saubere Unterkünfte in einem eigenen riesigen „Köcherbaumwald", v.a. auch bei Campern beliebt, bodenständige Farmküche, 38 km nordöstlich von Keetmanshoop an der C17, Tel. 222990, www.mesosaurus.com

$-$$ **Canyon Hotel**, großes Hotel mit Schwimmbad, sicheren Parkboxen und gutem Restaurant, in Keetmanshoop, Tel. 223361, Fax 223714.

$ **Gessert's Pension**, der Bed&Breakfast-Betrieb liegt in einem Wohngebiet und besitzt ein Schwimmbad, 13th Street, Tel./Fax 223892, www.natron.net/gessert.
Garas Park Zeltplatz, wunderschöne Lage des Camps mitten in einem Köcherbaumwald, 25 km nördlich von Keetmanshoop nahe der Hauptstraße, Tel. 223217, Fax 223876.

Fish River

$$$ **Fish River Lodge**, neue Lodge direkt am Fishfluss-Canyon (gegenüber dem herkömmlichen

Aussichtspunkt), extrem puristisch angelegt und ausgestattet, dabei luxuriös, exzellente Küche, geführte Rundfahren und Canyon-Wanderungen, Tel. 683005, Fax 683006, www.fishriverlodge-namibia.com.

$-$$$ **Cañon Collection**, zur Gondwana Desert Collection gehörig und dort die Region der Welt des Canyon abdeckend, gibt es auf dem Gebiet des privaten Schutzgebietes vier unterschiedliche Unterkunftsmöglichkeiten: von der hotelartigen Lodge über das Village im Baustil des Kaplandes und das Roadhouse für die Durchreisenden bis zum Mountain Camp für Selbstversorger; allen ist eine äußerst geschmackvolle Einrichtung und zudem ein ausgezeichneter Service eigen, am Fish River Canyon gelegen (ca. 110 km von Seeheim in Richtung Ai-Ais), Tel. 061-230066, Fax 251863, www.gondwana-desert-collection. om.

$$ **Ai-Ais Hot Spring Spa** (ehemals Ai-Ais Rastlager), 2009 komplett renovierte Unterkunft von Namibia Wildlife Resorts, 7 Bungalows und 36 Zimmer mit guter Ausstattung, großes Schwimmbad, Wellness- und Spa- Angebote, Restaurant, im /Ai-/Ais Richtersveld Transfrontier Park, Tel. 061-2857200, Fax 061-224900, www.nwr.com.na

Seeheim (☎ 063)

$$ **Seeheim Hotel**, Hotel in ehemaligem Schutztruppenfort, 16 Zimmer, Restaurant, Pool, Laden, Zapfsäule für Benzin und Diesel, am Bahnhof, Tel. 063-250503, Fax 250531, seeheim@iway.na, www.seeheim.co.za.

Alte Kalköfen Lodge, 2010 neu eröffnete Lodge mit historischem Hintergrund, moderne Zimmer mit kolonialem Touch, Schwimmbad, gutes Restaurant, 90 km westlich von Keetmanshoop an der D462, Tel. 225849, Fax 88633737, www.altekalkofen.com.

Aus (☎ 063)

$$ **Klein-Aus Vista**, gehört zur Gondwana Desert Collection und deckt dort den Sperrgebiet Rand Park ab; Zimmer, Bungalows, versteckte Luxusunterkünfte, Stellplätze und zahlreiche Aktivitäten in dem privaten Schutzgebiet; Reitausflüge, Wanderungen, 2 km außerhalb von Aus,, Tel. 063-258021, Fax 258021, www.klein-aus-vista.com.

$ **Bahnhof-Hotel Aus**, kürzlich renoviertes Hotel im kolonialen Bahnhofsgebäude, gemütliche Zimmer, gute Küche, direkt in Aus gelegen, Tel. 064-461677, Fax 061-461488, www.hotel-aus.com.

Lüderitz (☎ 063)

$$ **Lüderitz Nest Hotel**, Vier-Sterne-Herberge mit ausgezeichneter Küche (viel Fisch und Meeresfrüchte), einem windgeschützten Pool im Innenhof, ruhig am Meer gelegen und doch zu Fuß vom Stadtzentrum erreichbar, behindertengerechte Zimmer, Sauna, Austernbar, am südlichen Ende der Diaz Street, Tel. 204000, Fax 204001, www.nesthotel.com.

Obelix Village Guest House, einfache Gästezimmer in großzügiger Anlage mit Strohdachhäusern im afrikanischen Stil, 15 Doppel- und Familienzimmer mit eigenem Bad, im Zentrum gelegen, Tel. 203456, Fax 203457, www.obelixvillage.com.

Sesriem

$$$ **Sossusvlei Desert Lodge**, Luxus pur für etwa 3000 N$ pro Person, dafür ist dann alles geboten, ohne dass man noch mal den Geldbeutel zücken müsste, 30 km südlich von Sesriem, Tel. ++27-11-8094300, Fax 8094400, www.andbeyondafrica.com.

Wolwedans Collection, auf dem Gebiet des privaten Schutzgebietes NamibRand bietet Woldwedans mehrere luxuriöse Unterkünfte: Dunes Lodge, Lodge Suite, Dune Camp, Boulders Camp und Private Camp; die Preise sind hoch, dafür ist alles inklusive und die Fahrten und Wanderungen durch die fragile Natur lehrreich, 60 km von Sesriem, Tel. 061-230616, Fax 061-220102, www.wolwedans.com.

Sossus Dune Lodge, die einzige Unterkunft innerhalb des Namib-Naukluft-Nationalparks, von der man ohne tageszeitliche Begrenzung zum Sossusvlei gelangen kann, höchstes Niveau was Zimmer, Service und Essen angeht, gehört zum staatlichen Namibia Wildlife Resorts, Tel. 061-2857200, Fax 061-224900, www.nwr.com.na.

Moon Mountain Luxury Tented Lodge, eine der neuesten und luxuriösesten Unterkünfte in der Nähe von Sesriem/Sossusvlei, Luxuszelte auf eigenen Holzplattformen mit Pool und atemberaubendem Blick, sehr guter Service und Essen, 40 km südlich von Sesriem, Tel. 063-683361, Fax 063-683363, www.moonmountain.biz

$$ **The Desert Homestead and Horse Trails**, eine der beliebtesten und besten Unterkünfte in der Nähe von Sesriem/Sossusvlei, Zimmer in einzelnen Bungalows im afrikanischen Stil, atemberaubender Blick, gute Reitmöglichkeiten und geführte Touren zum Sossusvlei, gutes Essen, 32 km südöstlich von Sesriem, Tel. 061-246788, Fax 061-243079, www.deserthomestead-namibia.com.

$ **Sesriem Zeltplatz**, großer Campingplatz mit wenig Atmosphäre, Teil von Namibia Wildlife Resorts, Zufahrt zum Sossusvlei ist Zeltgästen früher als anderen Gästen, die nicht hier oder in der Sossus Dune Lodge übernachten, gestattet, Reservierung dringend empfohlen, direkt am Eingang zum Park gelegen, Tel. 061-2857200, Fax 061-224900, www.nwr.com.na.

Solitaire Country Lodge, kleines Hotel direkt am „Ort" Solitaire, guter Ausgangspunkt für die Erkundung von Sesriem/Sossusvlei, sehr gutes Essen, nette Zimmer um ein großes Schwimmbad angelegen, gehört zu Namibia Country Lodges, etwa 65 km östlich von Sesriem, Tel. 061-374750, Fax 061-256598, www.namibialodges.com.

Naukluft (☎ 063)

$$ **BüllsPort Gästefarm**, klassische Gästefarm mit wenigen, aber komfortablen Zimmern, Schwimmbad, Farmküche, Reitausflügen (auch Reitunterricht), Wandermöglichkeiten und Wildbeobachtungsfahrten; Büll's Port hat sich mit Farmen aus der Umgebung zur „Naukluft Experience" zusammengeschlossen, hat das Farmgelände zum privaten Schutzgebiet deklariert und richtet sich nach den damit einhergehenden strengen Auflagen, 10 km vom Eingang des Naukluft-Parks, Tel. 063-693371, Fax 693372, www.buellsport.com.

$ **Namib Desert Lodge**, zur Gondwana Desert Collection gehörig deckt die Lodge die Namib-Wüste ab, am Fuß der versteinerten roten Dünen, ausgezeichnete Basis für Exkursionen, 70 km nördlich von Sesriem, Tel. 061-230066, Fax 251863, www.gondwana-desert-collection.com.

Naukluft Rastlager, mitten im Naukluft-Gebirge, die Übernachtung muss bei Namibia Wildlife Resorts in Windhoek (s. S. 68) gebucht werden, außer Sanitäreinrichtungen keine Infrastruktur, gute Wandermöglichkeiten.

5 WESTEN

Okahandja (☎ 062)

$$ **Okahandja Lodge**, das Hotel liegt auf einem großzügigen Areal mitten im Ort; Schwimmbad, Biergarten und Restaurant, Osmann Road, Tel. 504299, Fax 502551, www.okahandjalodge.com.

Umgebung von Okahandja (☎ 062)

$$ **Khan River Lodge**, eine herrlich grüne Oase am Flussbett des Khan, hübsche Bungalows mit geschmackvoller Einrichtung, große Lapa (überdachter, offener Raum, in dem man abends zusammen sitzt), Bibliothek und Schwimmbad, Wildbeobachtungsfahrten, Wanderungen. Attraktion sind die „zahmen" Wildtiere wie z. B. eine Oryx, ein Zeltplatz ist ebenfalls vorhanden, bei Wilhelmstal auf halber Strecke zwischen Okahandja und Karibib, 20 km abseits der Hauptstraße auf Farmgelände, Tel. 062-682222, Fax 062-682333, www.khanriver-lodge.com.

The Elegant Farmstead, neue Gästefarm-Unterkunft mit moderner Ausstattung, schöne Zimmer, aufmerksamer Service und hervorragendes Essen, Teil der Elegant Collection (zwei Gästehäuser in Windhoek), wenige Kilometer östlich von Okahandja, Tel. 061-301934, Fax 061-301933, www.the-elegant-farmstead.de.

Karibib (☎ 064)

$$ **Albrechtshöhe Gästefarm**, Albrechtshöhe diente wegen seiner Quelle als Pferde- und Bahnstation, in und um die ehemaligen Gebäude der Schutztruppe sind heute 10 Zimmer untergebracht, persönliche und angenehme Betreuung durch die Gastgeber, Schwimmbad, 25 km östlich von Karibib 2 km abseits der Hauptstraße, Tel./Fax 062-503363, www.safariwest.de.

Etusis Lodge, schöne, familiär geführte Lodge im Erongo-Gebirge, hübsche afrikanische Zimmer, gutes Essen, Schwimmbad, weitreichende Wander- und Reitmöglichkeiten in großem wildreichem Gebiet, 20 km südlich von Karibib, Tel. 550826, Fax 550961, www.etusis.de.

$ **Irmi's Lodge**, die persönlich geführte Unterkunft hieß früher Hotel Stroblhof, an der Hauptstraße von Karibib, Tel. 550081, Fax 550240.

Usakos (☎ 064)

$-$$ Ameib Ranch Gästefarm, einfache Hütten und komfortable Bungalows, Campingmöglichkeit, hierher kommen die Leute vornehmlich, um die berühmten Felsmalereien und die fantastischen Felsformationen zu bestaunen, 27 km nördlich von Usakos, Tel. 530803, Fax 530904, www.natron.net/tour/ameib.

Swakopmund (☎ 064)

$$$ Swakopmund Hotel & Entertainment Centre, Luxushotel mit Kasino im schönsten Bahnhof der Welt, Tel. 400800, Fax 4105360, www.legacyhotels.co.za.

The Stiltz, direkt im Swakop-Rivier auf 5 Meter hohen Stelzen errichtete Unterkunft, einzelne Zimmer sind durch Stege verbunden, guter Service, sehr beliebte Unterkunft, Südstrand St, Tel. 400771, Fax 400711, www.thestiltz.in.na.

$$ Hansa Hotel, Traditionshotel von 1905 mit angenehmer Atmosphäre, ausgezeichnetes Restaurant (abends mit Pianomusik), individuell und geschmackvoll eingerichtete Zimmer, Roon Street, Tel. 414200, Fax 414299, www.hansahotel.com.na.

Eberwein Hotel Garni, die ehemalige Villa Wille ist heute ein kleines Jugendstil-Hotel mit geschmackvoll eingerichteten Zimmern und üppigem Frühstücksbuffet, die Bar ist beliebter Treffpunkt für den Abendplausch, und das Auto steht sicher in der Tiefgarage, drei Minuten vom Zentrum, Sam Nujoma Ecke Otavi Street, Tel. 463355, Fax 463354, www.eberwein.com.na.

Beach Lodge, sehr beliebte Unterkunft am nördlichen Stadtrand von Swakopmund, direkt am Meer gelegen, sehr nett eingerichtete Zimmer mit Meerblick und teilweise eigenem Kamin, sehr gutes Restaurant The Wreck, auch bei Familien beliebt, 1 Stint St, Tel. 414500, Fax 414501, www.beachlodge.com.na

Sams Giardino, unter Schweizer Leitung hält man sich besonders auf Küche und Weinkeller etwas zugute, liegt etwas südöstlich des Zentrums, 89 Anton Lubowski Avenue, Kramersdorf Tel. 403210, Fax 403500, www.giardinonamibia.com.

Cornerstone Guesthouse, sehr schönes Gästehaus mit Zimmern und Ferienwohnungen, zentral gelegen in einem großzügigen Garten, schöne Zimmer, gutes Frühstück, 40 Hendrik Witbooi St, Tel. 462468, Fax 462363, www.cornerstoneguesthouse.com.

$ Meike's Guesthouse, in den vier Zimmern des Gästehauses wohnt man äußerst komfortabel zu vernünftigen Preisen, die Zimmer sind mit allem Komfort ausgestattet und haben Veranden, die charmante Besitzerin steht mit kompetenten Ratschlägen für einen Stadtbummel oder Ausflüge in die Umgebung zur Seite, sicheres Parken, fünf Gehminuten ins Zentrum, Windhoek Street 23, Tel. 405863, Fax 405862, www.meikes-guesthouse.de.

Sea Breeze Guesthouse, direkt am Strand im Norden der Stadt, Zimmer mit Frühstück und Apartments mit Küche zur Selbstversorgung, Parkmöglichkeit und Barbecue-Ecke, 48 Turmalin Street, Tel. 463348, Fax 463349, www.seabreeze.com.na.

Hotel Pension Rapmund, beliebte Pension direkt im Stadtzentrum mit Meerblick, nahe dem Leuchtturm und Holzschnitzermarkt gelegen, Zimmer sind zweckmäßig und teilweise mit Meerblick und Balkon, Charme einer deutschen Nordsee-Pension, reichhaltiges Frühstück, sehr gutes Preis-Leistungsverhältnis, Bismarck St, Tel. 402035, Fax 404524, www.hotelpensionrapmund.com.

Long Beach / Langstrand (☎ 064)

$$$ The Burning Shore Beach Lodge, klein, aber fein, bekannt geworden durch Angelina Jolies und Brad Pitts Aufenthalt, nur 14 Betten in komfortablen Suiten und Zimmer, teils mit Meerblick, angenehme Sundowner-Veranda, sehr gute Küche, am Strand, auf halbem Weg zwischen Swakopmund und Walvis Bay, Internetzugang, 4th Street, Tel. 207568, Fax 209836, www.africanpridehotels.com.

Walvis Bay (☎ 064)

$$ Lagoon Lodge, schöner Blick auf die Lagune, südfranzösisch angehaucht, Pool, Kowambo Nujoma Drive, Tel. 200850, Fax 200851, www.lagoonlodge.com.na.

Pelican Bay Hotel, die 100 Zimmer dieses Komforthotels haben jeweils eine Veranda oder einen Balkon mit Blick auf die Lagune, The Esplanade, Tel. 214000, Fax 200481, www.proteahotels.com.

$ The Courtyard, 13 Zimmer, um einen hübschen Garten herum angelegt, Hallenbad und Sauna, ru-

hig, unweit der Lagune, 3rd Road 16 / Lagoon Area, Tel. 206252, Fax 064-207271, courtyard@iafrica.com.na.
Kleines Nest, Bed&Breakfast-Betrieb, die Luxus-Zimmer haben einen Balkon zur Lagune hin, 76 Esplanade, Tel. 203203, Fax 206907, www.natron.net/tour/kleines-nest.

Henties Bay (☎ 064)

$ **Fisherman's Lodge**, kleine moderne Lodge 200 m vom Strand, Tel. 501111, Fax 501177, www.fishermanslodge.com.na.
Buck's Camping Lodge, sehr sauberer Zeltplatz, jede Stellfläche hat eigene Sanitäreinrichtungen, im Zentrum, Tel./Fax 501039.

Cape Cross (☎ 064)

$$$ **Cape Cross Lodge**, Luxusunterkunft direkt am Strand. Restaurant, großer Weinkeller, Lounge mit Kamin, 4 km nördlich des Reservates, Tel. 694012, Fax 694013, bookings@capecross.org, www.capecross. org.

Torra / Terrace Bay

$$ **Terrace Bay Rastlager**, von Swakopmund 350 km auf der C34 nach Norden, Besucher müssen so anreisen, dass sie rechtzeitig ankommen (letzter Einlass am Ugab-Tor um 15 Uhr, am Osttor nur bis 17 Uhr), die Übernachtung muss bei Namibia Wildlife Resorts in Windhoek (s. S. 68) gebucht werden. Kleiner Laden und Tankstelle, Vereisungsanlage für den Fischfang, Buchung nur mit Vollpension möglich, Unterkunft in Bungalows.

$ **Torra Bay Zeltplatz**, von Swakopmund 300 km auf der C34 nach Norden, Besucher müssen so anreisen, dass sie rechtzeitig ankommen (letzter Einlass am Ugab-Tor um 15 Uhr, am Osttor nur bis 17 Uhr), die Übernachtung muss bei Namibia Wildlife Resorts in Windhoek (s. S. 68) gebucht werden.

Twyfelfontein

$$$ **Mowani Mountain Camp**, herrlich in die Landschaft eingepasste Luxuslodge mit Schwimmbad, pilzförmigen Rund-Bungalows und Luxuszelten, die Duschen sind teils unter freiem Himmel in den Fels gebaut, ebenso der Pool, 12 km von Twyfelfontein, Tel. 067-697008, Fax 061-222574, www.mowani.com.
Camp Kipwe, luxuriöse Unterkunft in wunderschöner Landschaft, große elegante Zimmer mit teilweise offenem Bad, in den Fels gebaut, gute Küche, weitreichendes Freizeitangebot, an der D261 gelegen, Tel. 061-232009, Fax 061-222574, www.kipwe.com,

$$ **Twyfelfontein Country Lodge**, große strohgedeckte Lodge in Felsen erbaut, zweckmäßige Zimmer, viele Gruppen, gutes Essen, traumhafter Blick von der Bar über die Landschaft, nur wenige Minuten vom UNESCO-Weltkulturerbe Twyfelfontein entfernt, gehört zu Namibia Country Lodges, Tel. 061-374750, Fax 061-256598, www.namibia-lodges.com.

$ **Aba Huab Zeltplatz**, sauberer Platz, der von Einheimischen organisiert wird; Duschen und Toiletten, Feuerplätze mit Tischen und ein Kiosk mit Grundnahrungsmitteln, 15 Minuten Fahrt von Twyfelfontein, Buchungen über Tel. 067-697981.

Vingerklip (☎ 067)

$$ **Vingerklip Lodge**, man nächtigt in kleinen, luxuriösen Chalets, die über einem Hang um das Hauptgebäude verteilt sind, Schwimmbad und gutes Restaurant, der Vingerklip direkt gegenüber, Tel. 290318, Fax 290319, www.vingerklip.com.na.
Bambatsi Gästefarm, seit Jahrzehnten klassische Gästefarmunterkunft mit allem Komfort (Schwimmbad, Bar, Kamin) und sehr persönlichem Service, Sundowner- und Wildbeobachtungsfahrten, unvergleichlich die Lage auf einer Kuppe über der Mopane-Savanne, unweit des Abzweigs der Stichstraße zur Vingerklip von der C39, Tel. 313897, Fax 313897, www.bambatsi.com.

Omaruru (☎ 064)

$$$ **Erongo Wilderness Lodge**, komfortable, in die Felslandschaft eingepasste Lodge, zehn luxuriöse Chalets mit allen Annehmlichkeiten und vorzüglichem Service, 11 km außerhalb von Omaruru, Tel. 570537, Fax 570536, www.erongowilderness.com.
Epako Game Lodge, große Lodge mit afrikanisch eingerichteten Zimmern mit eigener Terrasse, Restaurant, Bar, Schwimmbad, weitreichende Frei-

zeitaktivitäten wie Wildbeobachtungsfahrten im eigenen Schutzgebiet (u.a. Nashörner, Geparde), an der C33 22 km nördlich von Omaruru, Tel. 570551, Fax 570553, www.epako.com.

$$ **Ai Aiba - The Rock Painting Lodge**, sehr schöne Lodge am Rande eines felsigen Hügels, großzügige Zimmer im afrikanischen Stil, gutes Restaurant mit Bar, D2315 45 km westlich von Omaruru, Tel. 061-257175, Fax 061-234690, www.aiaiba.com.

6 NORDEN

Otjiwarongo (☎ 067)

$$$ **Okonjima** ist ein privates Schutzgebiet, in dem sich zahlreiche Übernachtungsmöglichkeiten befinden, Unterkunftstypen sind luxuriös (Bush Camp, Main Camp) bis sehr luxuriös (Bush Suite, The Villa) und bieten neben großzügigen Zimmern auch jeweils ein eigenes Badezimmer und Terrasse, Freizeitaktivitäten reichen von Wildbeobachtungsfahrten bis hin zu Raubtierfütterungen, sehr gute Küche, sehr teuer (N$ 2000-8000 pro Person und Tag), 72 km südwestlich von Otjiwarongo, Tel. 687032, Fax 304565, www.okonjima.com.
Okonjima beherbergt auch die **AfriCat Foundation** (www. africat.org), einen Verein zum Schutz der bedrohten Großkatzen in Namibia. Besonders Geparde, Löwen und Leoparden werden hier geschützt. Gäste können Geparde zu Fuß aufspüren und beobachten oder das Cheetah Projekt besuchen. In der Rehabilitation Zone wird das Tracking von Leoparden per Peilsender angeboten. Die Gäste können die nachtaktiven Raubkatzen von einem sicheren Aussichtspunkt aus beobachten.
$-$$ **Out of Africa Lodge**, Lodge am Stadtrand, 94 Tuin Street, Tel. 303397, Fax 303397, www.out-of-afrika.com.
Otjibamba Lodge, Lodge mit Schwimmbad und einem auch wegen des Weinkellers empfohlenen Restaurant, 6 km außerhalb von Otjiwarongo, Tel. 303133, Fax 304561, www.otjibamba.com.

Waterberg (☎ 067)

$$$ **Waterberg Wilderness Lodge**, in einem grünen Dschungel zu Füßen des Waterbergs, reizvolle Wanderungen mit ausführlichen Informationen zu Flora und Fauna entlang des Plateaus, Dinosaurierfußspuren, 10 km vom Waterberg-Rastlager entfernt, Tel. 306303, Fax 306304, www.waterberg-wilder ness.com.

$$ **Hamakari Gästefarm**, klassische Gästefarm mit Rinderwirtschaft und Gastgebern, die seit mehreren Generationen im Land sind, auf dem Gebiet der Farm begann nach dem 11. August 1904 der Schicksalszug der Herero in die Omaheke und in den Tod, 20 km vor Okakarara, Tel. 067-306633, Fax 302396, www.hamakari.com.
Waterberg Camp, am Fuß des Waterberges, Buchung über Namibia Wildlife Resorts Ltd. in Windhoek (s. S. 68), Einlass nur bis Sonnenuntergang, auch wenn man eine Reservierung besitzt. Schwimmbad, Laden, Tankstelle, Bungalows unterschiedlicher Kategorie, Zeltplatz und ein meist gutes Restaurant.

Outjo (☎ 067)

$-$$ **Etosha Garden Hotel**, 20 Zimmer in einem tropischen Garten mitten im Ort, der österreichische Küchenchef kreiert k.u.k.-Cross-over mit Veldkost; Schwimmbad, Biergarten, Tel. 313130, Fax 313419, www.etosha-garden-hotel.com.

$ **Buschfeld Park**, zwischen einzigartigen Pflanzen eines Naturschutzgebietes nächtigt man in Bungalows oder auf dem Zeltplatz, Schwimmbad und Restaurant, 2 km außerhalb von Outjo auf einem Hügel, Tel./Fax 313665, bfeld@iway.na.

Etoscha

$-$$$ **Onkoshi Camp**, das 2008 eröffnete Rastlager befindet sich 40 km nördlich von Namutoni und ist eine exklusive Unterkunft mit nur 15 Zelt-Chalets, Restaurant und Pool. Gäste werden mit Fahrzeugen der Parkverwaltung in Namutoni abgeholt, organisierte Pirschfahrten (auch nachts).

$-$$ **Okaukuejo-Rastlager**, staatliches Rastlager im Etoscha-Nationalpark, es muss jedoch vor Sonnenuntergang erreicht sein und darf auch vor Sonnenaufgang nicht verlassen werden, Buchung über Namibia Wildlife Resorts in Windhoek (s. S. 68). Schwimmbad, Laden, Restaurant, Museum, Hütten und Bungalows unterschiedlicher Größe und Kategorie, Zeltplatz, ein Highlight ist das

nachts beleuchtete, Tiere anziehende Wasserloch.
Halali-Rastlager, staatliches Rastlager im Etoscha-Nationalpark, das Lager muss vor Sonnenuntergang erreicht sein und darf vor Sonnenaufgang nicht verlassen werden, Buchung über Namibia Wildlife Resorts Ltd. in Windhoek (s. S. 68). Schwimmbad, Laden, großes Restaurant wegen der vielen Tagesbesucher, Hütten und Bungalows unterschiedlicher Größe und Kategorie, Zeltplatz.
Namutoni-Rastlager, staatliches Rastlager im Etoscha-Nationalpark, das Lager muss vor Sonnenuntergang erreicht sein und darf vor Sonnenaufgang nicht verlassen werden, Buchung über Namibia Wildlife Resorts Ltd. in Windhoek (s. S. 68). Schwimmbad, Laden, Hütten und Bungalows unterschiedlicher Größe und Kategorie, Zeltplatz, am schönsten ist die Unterkunft im historischen Fort.
Das **Dolomite Camp** befindet sich ganz im Westen des Parks (Anfahrt von Okaukuejo etwa 4 Stunden).

Etoscha, Südeingang

$$ **Vreugde Gästefarm**, eine der leider immer weniger werdenden authentischen namibischen Gästefarmen, mit Familienanschluss bei der Familie Brand, köstliches Essen, freundlicher, sehr aufmerksamer Service, Zimmer in Einzel- und Doppelbungalows mit eigenem Bad, Schwimmbad, auch geführte Wildbeobachtungsfahrten nach Etosha mit Zoologin und Wildtierexperten, nur 25 Minuten bis Etosha, an der D2710 50 km südlich vom Andersson-Tor, Tel./Fax 067-687132, www.vreugdeguestfarm.com.
$ **Etosha Safari Camp**, günstige Unterkunft in Safari-Bungalows und Zeltmöglichkeit, Schwimmbad, Restaurant und Internet-Café, 10 km südlich des Andersson Gates, Tel. 061-230066, Fax 251863, www.gondwana-collection.com.

Etoscha, Osteingang

$$-$$$ **Onguma Game Ranch**, Luxusherberge mit für den gebotenen Standard erschwinglichen Preisen, einen Katzensprung vom Park entfernt, der Name heißt übersetzt „der Platz, den man nicht mehr verlassen will", vorzügliche Küche und alle möglichen Annehmlichkeiten, man kann entweder das Buschcamp oder das teurere Tented Camp buchen, wegen der vielen Raubkatzen sind auf dem Gelände keine Kinder unter 12 Jahren erlaubt, 10 km vom von-Lindequist-Gate auf einer Wildfarm, Tel. 061-232009, Fax 222574, www.onguma.com.

$ **Sachsenheim Gästefarm**, Zimmer und Zeltplatz auf einer Wiese, Schwimmbad, Bar und nette Wirtsleute, 25 km vor dem von-Lindequist-Gate, Tel. 067-230011, Fax 230072, www.sachsenheim-wild.de.

Ondangwa (☎ 065)

$$ **Protea Ondangwa Lodge**, einziges Vier-Sterne-Hotel im Norden mit gutem Restaurant und Schwimmbad, luxuriöse Zimmer, in Ondangwa an der Hauptstraße, Tel. 065-241900, Fax 241919, www.proteahotels.com.

$ **Nakambale Museum**, Museum mit Campmöglichkeit und einfachen Hütten, 15 km außerhalb im Osten, Buchungen über Tel. 065-245668.

Oshakati (☎ 065)

$$ **Oshakati Country Lodge**, 50 komfortable Zimmer um einen Garten mit Schwimmbad, A-la-Carte-Restaurant, Lounge und Bar, Robert Mugabe Avenue, Tel. 222380, Fax 222384, www.namibialodges.com.

Ruacana (☎ 065)

$$ **Ruacana Eha Lodge**, 20 Zimmer und eine Familiensuite, einige einfachere Hütten und ein Campingplatz gehören dem namibischen Stromversorger Nampower, Restaurant, Schwimmbad und eine Einrichtung mit viel Ambiente schaffen eine angenehme Bleibe, in Ruacana, Tel. 270031, Fax 270095, www.ruacanaehalodge.com.na.

$ **Otjipahuriro Campsite** (Hippo Pools), Toiletten und Duschen, eine kleine Bar und Führer für die Umgebung, das Kraftwerk kann besichtigt werden, 2 km westlich des Kraftwerkes unterhalb der Wasserfälle, Buchungen über Tel. 065-270120.

Opuwo (☎ 065)

$$-$$$ **Opuwo Country Hotel**, 40 Zimmer, Andenkenladen, Restaurant, Schwimmbad und ein fantastischer Blick über die Landschaft, Tel. 061-374750, Fax 256598, www.namibialodges.com.

$ **Kunene Village Restcamp**, Bungalows und Zeltplatz mit Bar, Führungen in die Umgebung, außerhalb 2 km Richtung Sesfontein, keine Vorausbuchungen möglich.

Kunene / Hartmann's Valley

$$$ **Serra Cafema Camp**, eines der abgelegensten Camps Namibias, 7 Zelte mit Bad und Terrasse, kleiner Pool, Speiseraum und Bar, Bootsausflüge, Quadbike-Fahrten durch die Dünen, Exkursionen; in der Umgebung leben Himba, etwa 120 km westlich der Epupa-Fälle am Südufer des krokodilreichen Kunene, Anreise per Geländewagen oder besser Kleinflugzeug zur Hartmann's-Valley-Landebahn, www.wilderness-safaris.com.

Epupa

$$ **Omarunga Camp**, Luxuscamp unter Palmen direkt an den Fällen, man nächtigt in Zelten mit richtigen Betten und speist mehrgängig, auch Zeltplatz, an den Epupa-Fällen, Tel. 064-403096, Fax 402097, www.natron.net/omarunga-camp.
Kunene River Lodge, Bungalows und Zeltplätze direkt am Ufer des Kunene, Restaurant, Quad-Ausflüge, Wildwasserfahrten, Rafting, Angeln, von Ruacana 60 km nach Westen bzw. von Opuwo über Epembe an den Kunene, Tel. 065-274300, Fax 274301, www.kuneneriverlodge.com.

Sesfontein

$$ **Fort Sesfontein Lodge**, Unterkunft in den Zimmern eines ehemaligen Schutztruppenforts, Schwimmbad, Restaurant, Stellplätze, breites Ausflugsangebot, in Sesfontein, Tel. 065-275534, Fax 275533, www.fort-sesfontein.com.

$ **Ongongo-Zeltplatz**, einfache Hütten direkt am Ongongo-Wasserfall mit warmen Quellen, 25 km von Sesfontein Richtung Palmwag, Buchungen über Tel. 081-3140216.

Palmwag

$$ **Palmwag Lodge**, 12 Zimmer und Stellplätze auf großem privaten Konzessionsgebiet, gelegentlich kommen Wüstenelefanten vorbei, auf halbem Weg von Khorixas nach Sesfontein, Tel. 064-404459, Fax 064-404664, www.palmwag.com.na.

Kamanjab (☎ 067)

$ **Oase Guesthouse**, kleines, nett eingerichtetes Gästehaus mit 12 Betten, Ausflüge unter kundiger Führung werden angeboten, in Kamanjab, Tel. 067-330032, Fax 061-220103.

7 NORDOSTEN

Tsumeb (☎ 067)

$-$$ **Minen Hotel**, 40 Zimmer und eine Terrasse, auf der deutsche Hausmannskost mit Sauerkraut serviert wird – die Traditionsadresse in Tsumeb, Post Street, Tel. 221071, Fax 221750, www.minen-hotel.com.

$ **Mousebird Backpackers**, originelle Backpacker-Unterkunft mit Küchenbenutzung und Waschmaschine, 533 4th Street, Tel. 221777, Fax 221778, www.mousebird.com.

Grootfontein (☎ 067)

$$ **Dornhügel Gästefarm**, 5 Zimmer mit jeweils eigenen Sanitäreinrichtungen, Schwimmbad, verglastes Restaurant mit Rundumsicht, Safaris ins Buschmannland und viele Informationen über den Farmbetrieb in Namibia, einer der klassischen Gästefarmbetriebe, 35 km im Nordosten von Grootfontein, Tel./Fax 240439, Fax 061-223994, www.dornhuegel.com.

$ **The Courtyard**, praktisch eingerichtete Zimmer im Ort, Schwimmbad, Internet-Anschluss, 2 Gauss Street, Tel./Fax 240027, www.natron.net/tour/courtyard.

Tsumkwe (☎ 067)

$-$$ **Tsumkwe Country Lodge**, Bungalows, Zeltplatz, Schwimmbad und Restaurant, aber kein Strom, in Tsumkwe, Tel. 061-374750, Fax 256598, www.namibialodges.com.
Nyae Nyae Safari Camps, die beiden im Aufbau befindlichen Luxuscamps im Gebiet der Nyae Nyae Conservancy sind Ausgangspunkt für Wanderungen und Gamedrives mit Ju/ Hoansi-Führern, zu buchen über Namibia Country Lodges, Tel. 061-374750, Fax 256598, www.namibialodges.com.

Rundu (☎ 066)

$$ **Kavango River Lodge**, großartige Lage mit Fernsicht über Angola, ausgezeichnetes Restaurant, über dem Fluss, Tel. 255244, Fax 255013, www.natron.net/kavango-river-lodge.
Omashare River Lodge, Drei-Sterne-Lodge, hauptsächlich Geschäftsleute als Gäste, in Rundu (Maria Mwengere Street), Tel. 066-256101, Fax 256111.

$-$$ **Sarasungu River Lodge**. Bungalows, Zeltplatz, Grillstellen, Schwimmbad und Minigolf, 3 km außerhalb am Okavango, Tel. 066-255161, Fax 256238, www.sarasunguriverlodge.com.

Popa Falls (☎ 066)

$-$$ **Mahangu Safari Lodge**, luxuriöse Chalets und ebenso erstklassige Safarizelte mit Bad en suite am Ufer des Okavango, ausgezeichnete Küche, Boots- und Pirschfahrten, Vogelbeobachtung, auch Zeltplätze, ideal am Eingang des Mahango Game Parks gelegen, Tel. 066-259037, Fax 259115, www.mahangu.com.na.

$ **Popa-Falls-Rastlager**, bei den Wasserfällen, Einlass von Sonnenauf- bis Sonnenuntergang, Übernachtung muss bei Namibia Wildlife Resorts in Windhoek (s. S. 68) gebucht werden. Hütten und Stellflächen, kleiner Laden.

Mudumu / Nkasa Rupara (Mamili) National Park

$ **Bum Hill** und **Nambwa Campsites**, 500 m vor der Kongola Bridge über den Kwando führt eine Sandpiste nach Norden, 200 m bis Bum Hill, 14 km bis Nambwa (nur mit 4x4). Camp Bum Hill liegt am Kwando, zu jedem Stellplatz gehört eine Beobachtungsplattform; WCs und Buschduschen sowie ein Küchenblock sind ebenfalls vorhanden. Buchung für Bum Hill über Tel. 081-3053085, für Nambwa über Tel. 081-3097548.

Okavango West (Botswana)

$$ **Xaro Lodge**, auf einer Halbinsel am Okavango Panhandle stehen acht Luxuszelte auf Holzplattformen (mit Bad) und Blick aufs Wasser, exzellentes Essen und nächtlicher Besuch von Flusspferden ist garantiert, Wandermöglichkeit am Ufer, Pool, Angelparadies, Bootstouren, Anfahrt per Boot (15 Min.) von Drotsky's Cabins aus, Tel. 00267-6875035, Fax 6875043, www.drotskycabins.com.
Drotsky's Cabins, am Ufer des Flusses mit zahlreichen Ausflugsmöglichkeiten auch nach Tsodilo Hills, westlich des Okavango Deltas an der Straße von Mohembo nach Sehithwa, Tel. ++267-6875035, Fax 6875043, www.drotskycabins.com.

Katima Mulilo (☎ 066)

$-$$ **Caprivi River Lodge**, Bungalows am Wasser, Restaurant, Schwimmbad, 4 km östlich von Katima, Tel. 252288, Fax 253158, www.capriviriverlodge.net.

$ **Zambezi River Lodge**, bewachter Parkplatz, Zeltplatz, Restaurant, Schwimmbad, am Ortseingang am Fluss, Tel. 253149, Fax 253631, www.proteahotels.com.

Kasane (Botswana)

$ **Water Lilly Lodge**, die Botswanerin Monica und der Spanier Walter empfangen Gäste in der 10-Zimmer-Lodge aufs Herzlichste, die Bar ist Zentrum für interessante Gespräche und die Küche ausgezeichnet, eintägige Safaris in die Umgebung und Mehrtagesreisen in den Chobe Park werden angeboten, in Kasane am Ufer des Chobe, Tel. 00267-6252709, Fax 6250759, waterlily@botmet.bw.

Victoria Falls (Simbabwe)

$$$ **The Victoria Falls Hotel**, immer noch das erste Haus am Platz mit gediegener britischer Kolonialatmosphäre, beim Five o'clock tea blickt man von der Veranda auf die Gischt der Fälle, die zu Fuß in 10 Minuten erreicht sind, Tel. 013-44751, Fax 44762, www.victoriafallshotel. com.

$ **Sprayview Hotel**, einfaches Haus am Ortseingang, Tel. 013-44344, Fax 44713.

Livingstone (Sambia)

$$$ **Royal Livingstone**, direkt an den Fällen gelegen, wer hier residiert, hat unbegrenzten und kostenlosen Zugang zur sambischen Seite der Vic'Falls, das luxuriöse Royal Livingstone gehört

zu den Leading Hotels of the World, Mosi-oa-Tunya Road, www.suninternational.com.
Avani Victoria Falls Resort, direkt an den Fällen gelegen, wer hier residiert, hat unbegrenzten und kostenlosen Zugang zur sambischen Seite der Vic'Falls, das Avani ist wesentlich preisgünstiger als das Royal Livingstone, Mosi-oa-Tunya Road, www.avanihotels.com.

$ **Jollyboys Backpacker**, auch Backpacker erwarten heute Komfort, so gibt es neben Zeltplatz und Schlafsälen auch Doppelzimmer mit Klimaanlage, wer vorausbucht, erhält ein *visa waiver package* und zahlt damit keine Visumgebühr bei Einreise nach Sambia, 34 Kanyanta Road (hinter dem Museum), Tel. 00260-3-324229, www.backpackzambia.com.

Chobe (Botswana)

$$$ **Savute Safari Lodge**, Luxuslodge mitten in der Tierwelt, 12 Safarisuiten mit eigener Aussichtsplattform, beste Küche, exklusive Lage und ein entsprechender Preis, im Chobe-Nationalpark, mit dem Geländewagen anfahrbar bzw. mit dem Kleinflugzeug auf einer Fly-in-Safari erreichbar, Buchungen in Südafrika über Desert & Delta, Tel. ++27-11-7060861, Fax 7060863, www.desert-delta.com.

Maun (Botswana)

$$ **Cresta Riley's River Lodge**, größeres Hotel im Zentrum mit Drei-Sterne-Komfort, großzügigen Zimmern und der bekannten „Harry's Bar"; viele Geschäftsleute, in Maun, Tel. ++267-6860320, Fax 6860580, www.crestahotels.com.

$-$$ **Botswana Safari (Audi) Camp**, Zeltübernachtung in allen Varianten: nur Stellfläche, Mietzelt oder Komfort-Mietzelt mit Betten oder mit eigenem Bad, Restaurant, Schwimmbad, Transfer in die Stadt, beliebter Traveller-Treffpunkt, Reservierung nicht obligatorisch, vielfältiges Safari-Angebot, 12 km außerhalb von Maun am Delta, Tel. ++267-6860599, Fax 6865388, www.okavangocamp.com.

Ghanzi (Botswana)

$$ **Kalahari Arms Hotel**, das erste Hotel in Ghanzi, Zimmer im Haupthaus, zudem Rundhütten, im Garten Pool, kleiner Zeltplatz, Restaurant, in Ghanzi, Tel. ++267-596298, Fax 596311, www.kalahariarmshotel.com.
Tautona Lodge, sehr saubere Lodge auf einer Wildfarm, mit großem Schwimmbad, öfter von Reisegruppen angefahren, Bungalows, Zeltcamp und Zeltplatz, Tierbeobachtungsfahrten, 4 km östlich von Ghanzi, Tel. ++267-6597499, Fax 6597500, http://tautonalodge.com.

Gobabis (☎ 062)

$-$$ **Goba-Goba Lodge**, wenige Zimmer, schöner Garten, Schwimmbad, etwas außerhalb auf einer Farm am Nossob River gelegen, Tel. 062-564499, Fax 564466, www.gobalodge.com.
$ **Erni's Bistro**, Bed&Breakfast-Betrieb, 29 Quito Canavale Avenue, Tel. 062-565222, Fax 565223.

Östlich von Windhoek

$$ **Eningu Clayhouse Lodge**, die ungewöhnliche Pueblo-Lehmarchitektur, das exzellente Restaurant und Ausflugsmöglichkeiten machen Eningu („Stachelschwein") zu etwas ganz Besonderem, an der D 1471, Tel. 062-581880, Fax 581577, www.eningulodge.com.
Kiripotib Gästefarm, klassische Gästefarm mit einer Dorpa-Schafzucht (Fleischproduktion), hier erfährt man allerlei Interessantes über das Farmen im ariden Süden, Farmhaus und Gästechalets sind geschmackvoll eingerichtet, eine Teppichweberei und ein Goldschmiedeatelier sind angeschlossen, Observatorium, 70 km südöstlich von Dordabis, Tel. 062-581486, www.kiripotib.com.